ANNUAL REPORT ON
INTERNATIONAL PUBLISHING INDUSTRY
2020

国际出版业发展报告

（2020版）

主 编◎魏玉山　　副主编◎王　珺　王卉莲

中国书籍出版社
China Book Press

图书在版编目(CIP)数据

国际出版业发展报告:2020版/魏玉山主编.--北京:中国书籍出版社,2021.9
ISBN 978-7-5068-8636-9

Ⅰ.①国… Ⅱ.①魏… Ⅲ.①出版业—研究报告—世界—2020 Ⅳ.①G239.1

中国版本图书馆CIP数据核字(2021)第165636号

国际出版业发展报告:2020版

魏玉山　主编

责任编辑	盛　洁　朱　琳
特约编辑	张　晴　卢安然
责任印制	孙马飞　马　芝
封面设计	闻江文化
出版发行	中国书籍出版社
地　　址	北京市丰台区三路居路97号(邮编:100073)
电　　话	(010)52257143(总编室)　(010)52257140(发行部)
电子邮箱	eo@chinabp.com.cn
经　　销	全国新华书店
印　　厂	河北省三河市顺兴印务有限公司
开　　本	787毫米×1092毫米 1/16
字　　数	505千字
印　　张	29.25
版　　次	2021年9月第1版　2021年9月第1次印刷
书　　号	ISBN 978-7-5068-8636-9
定　　价	178.00元

版权所有　翻印必究

《国际出版业发展报告（2020版）》课题组

组　　长：魏玉山
副 组 长：王　珺　王卉莲
成　　员：冀素琛　张　晴　甄云霞　刘莹晨

《国际出版业发展报告（2020版）》撰稿人名单

撰稿人：（按文章顺序排列）

张　晴　张　岩　王子衡　甄云霞

王　珺　丁丙玲　顾　牧　楼　宇

王卉莲　李梦涵　宋　毅　刘莹晨

郭永琪　秦石美　叶　子　刘振磊

前　言

全球经济形势在2019年又出现新变化，国内生产总值排名前十的国家中，亚洲和欧洲各有4个，亚洲经济活跃度不断提高，印度更是继日本和中国之后，成为第三个超过英国和法国的亚洲国家。与此同时，国际社会持续动荡，美国逐步进入新一轮大选周期、中美贸易摩擦加剧、英国"脱欧"依然胶着、欧洲"难民"危机持续恶化等，这对国际出版业而言既是挑战也是机遇。一方面，各国各区域经济、外交、社会等方面的不确定性在一定程度上影响出版业各环节，如中美贸易摩擦对全球纸价、印制成本波动推波助澜的作用，英国"脱欧"造成的英国本土与欧盟成员国图书进出口贸易受阻、行业人员流动性降低等；但另一方面，这些不确定性又为各国出版业增加新素材、增添新活力，如随着美国大选临近，政治类图书大量涌现，而欧洲"难民"问题也成为出版商聚焦之点。

《国际出版业发展报告（2020版）》为该系列第13版，研究范围不断扩大，覆盖欧洲、亚洲、北美洲、大洋洲等地区的国家。报告对相关国家图书出版、图书销售、畅销书、销售渠道、阅读率以及出版企业等方面情况进行梳理分析，并由此归纳总结出2019年度国际出版业的整体走势。2019年，国际出版业整体平稳、暗流涌动：图书出版种数与销售情况稳中有进，图书类别紧跟政策、时事；大众图书是市场稳定器，纸质书仍为基本盘，电子书不温不火，有声读物乘胜追击；畅销书市场缺乏爆品，榜单更迭速度加快，大社名社控榜严重，畅销书作者越发集中；实体零售渠道艰难维系，线上销售渠道逐步壮大，复合式经营适应时代需求；各国阅读情况有喜有忧，政府仍为主导，图书馆为阵地，青少年为主要对象；出版企业持续并购，教育出版不断调整，供应链条遭遇重创。

第一篇"主报告"由中国新闻出版研究院助理研究员张晴、研究员王珺撰写。第二篇"国别报告"中美国分报告由张晴撰写；加拿大分报告由辽宁大学新闻与传播学院副教授张岩、研究生王子衡撰写；英国分报告由中国新闻出版研究院助理研究员甄云霞撰写；法国分报告由王珺、北京语言大学研究生丁丙玲撰写；德国分报告由北京外国语大学德语学院教授顾牧撰写；西班牙分报告由中国社会科学院拉丁美洲研究所助理研究员楼宇撰写；俄罗斯分报告由中国新闻出版研究院研究员王卉莲撰写；挪威分报告由北京外国语大学新闻与传播学院研究生李梦涵、副院长宋毅撰写；澳大利亚分报告由中国新闻出版研究院助理研究员刘莹晨、辽宁大学新闻与传播学院研究生郭永琪撰写；日本分报告由华北科技学院讲师秦石美撰写；韩国分报告由韩国出版业观察员叶子、青岛社会科学院副研究员刘振磊撰写。

本报告由中国新闻出版研究院院长魏玉山审阅、统稿；王珺、王卉莲、冀素琛承担审稿工作；张晴承担组稿和联系工作；甄云霞、刘莹晨，中国书籍出版社卢安然承担部分审稿工作。

我们由衷地希望通过本报告对国际出版业发展情况的立体呈现，能成为出版管理部门、企事业单位以及从事出版业研究与学习的读者了解国际出版业的重要信息来源，也能为我国出版"走出去"战略提供更多参考。

《国际出版业发展报告（2020版）》课题组
2021年8月23日

目　录

前　言 / 001

主报告 / 001

整体平稳，暗流涌动

——2019年国际出版业发展趋势 / 003

一、图书出版稳中有进、紧随当下 / 003

二、图书销售此消彼长、不断调整 / 004

三、畅销书市场日新月异、归属集中 / 006

四、销售渠道线上坚挺、线下自救 / 008

五、国民阅读有喜有忧、积极推广 / 010

六、出版企业并购活跃、强者愈强 / 012

国别报告 / 015

2019年美国出版业发展报告 / 017

一、图书出版情况 / 017

二、图书销售情况 / 024

三、图书细分市场情况 / 031

四、图书销售渠道情况 / 040

五、国民阅读情况 / 044

六、相关企业情况 / 050

七、期刊业发展概况 / 058

2019年加拿大出版业发展报告 / 069

一、出版业发展背景 / 070

二、图书出版概况 / 073

三、图书销售情况 / 077

四、销售渠道情况 / 083

五、阅读情况 / 086

六、企业情况 / 094

七、期刊业发展状况 / 098

2019年英国出版业发展报告 / 106

一、行业发展背景 / 106

二、图书销售情况 / 111

三、图书细分市场情况 / 124

四、国民阅读情况 / 133

五、相关企业情况 / 146

六、期刊业发展概况 / 152

2019年法国出版业发展报告 / 156

一、行业发展背景 / 156

二、图书出版销售整体情况 / 161

三、文学奖项与畅销书销售情况 / 165

四、数字出版情况 / 169

五、版权贸易情况 / 174

六、图书细分市场情况 / 178

七、国民阅读情况 / 182

八、相关企业情况 / 186

九、报刊业发展概况 / 191

2019年德国出版业发展报告 / 197

一、图书出版情况 / 197

二、图书销售情况 / 204

三、图书细分市场情况 / 222

四、图书销售渠道情况 / 228

五、国民阅读情况 / 230

六、相关企业情况 / 233

七、期刊业发展概况 / 238

2019年西班牙出版业发展报告 / 242

一、图书出版情况 / 242

二、图书销售情况 / 247

三、国民阅读情况 / 254

四、相关企业情况 / 259

五、报刊业发展概况 / 262

2019年俄罗斯出版业发展报告 / 268

一、图书出版概况 / 268

二、图书销售情况 / 273

三、细分市场情况 / 283

四、销售渠道情况 / 285

五、国民阅读情况 / 296

六、相关企业情况 / 298

七、期刊业发展概况 / 301

2019年挪威出版业发展报告 / 305

  一、行业发展背景 / 306

  二、图书出版概况 / 311

  三、图书销售情况 / 314

  四、细分市场情况 / 316

  五、销售渠道情况 / 318

  六、阅读情况 / 320

  七、相关企业情况 / 326

  八、报刊业发展情况 / 329

2019年澳大利亚出版业发展报告 / 336

  一、行业发展背景 / 336

  二、图书业发展概况 / 339

  三、图书销售情况 / 339

  四、国民阅读情况 / 347

  五、相关企业情况 / 359

  六、期刊业发展概况 / 360

2019年日本出版业发展报告 / 366

  一、经济政策环境 / 366

  二、图书出版概况 / 369

  三、图书销售情况 / 373

  四、细分市场情况 / 383

  五、阅读情况 / 394

  六、主要企业情况 / 398

  七、期刊业发展概况 / 405

2019年韩国出版业发展报告 / 411

　　一、行业发展背景 / 411

　　二、图书业发展情况 / 414

　　三、数字出版情况 / 420

　　四、图书细分市场情况 / 421

　　五、图书销售渠道情况 / 429

　　六、国民阅读情况 / 434

　　七、相关企业情况 / 442

　　八、期刊业发展情况 / 446

附录 / 453

主报告

整体平稳，暗流涌动

——2019年国际出版业发展趋势

张　晴　王　珺

2019年世界持续动荡。美国国内党派之争随着大选周期到来更趋激烈，对外明确将中国视作头号战略竞争对手，在经贸、地缘政治和意识形态领域全面施压；英国"脱欧"依然胶着，国家治理模式、经济社会政策、对外关系压力加大；日韩关系因日本单方加强出口管控跌入冰点。国际出版在此背景下曲折前进，图书出版种数及销售情况稳中有进；纸质书仍为基本盘，电子书不温不火，有声读物乘胜追击；畅销书市场缺乏爆品，大社名社控榜严重，畅销作者越发集中；阅读情况不容乐观；实体零售渠道艰难维系，线上销售渠道逐步壮大，复合式经营适应时代需求；出版企业并购持续，教育出版不断调整，供应链条遭遇重创。[①]

一、图书出版稳中有进、紧随当下

图书出版种数往往是一个国家图书出版市场活跃程度的风向标，图书市场活跃度越高对图书题材丰富程度、图书内容覆盖广泛程度的要求就越高。一直以来，美国图书市场位居世界前列，其每年图书出版种数也居于高位。十年来，美国每年纸质图书新书出版种数基本保持在20万种左右，仅中国可以与之相提并论。2019年，美国纸质图书新书出版种数为20.38万种，比德国、西班牙、法国三国之和还多。欧洲市

---

① 除特别注明外，全文数据均来自《国际出版业发展报告（2020版）》"国别报告"部分。

场实力强劲，欧洲出版商联盟（Federation of European Publishers，简称 FEP）2019 年 29 个会员国新书出版种数约为 60.50 万种，约为美国的 2.97 倍，其中英国、德国、西班牙和法国新书出版种数名列前茅。近年来，俄罗斯出版开始复苏，2019 年新书出版种数为 10.20 万种，约为美国一半。在亚洲，日本是除中国外的第二大图书市场，2019 年新书出版种数约 7.19 万种，韩国次之，约 6.54 万种。

图书出版类别与政策、时事等关联性较大。图书除具有传承经典的作用外，响应相关政策、回应社会关切等也是其社会功能之一。各国图书出版品种结构虽各有特色，但近年来大多呈现出与政策、时事紧密关联的现象。2019 年，美国、法国、德国含教材、教辅在内的教育类图书出版种数受本国相关政策和市场需求影响出现较大浮动，美国教辅类图书出版种数同比增长 248.7%；法国涉及普通教育、技术教育所有分支和专业资格认证、职业会考改革动作力度之大也已多年未见，教学用书销售额一年间增长 35.9%；德国因教育政策收紧共出版教材 4435 种，同比下降 8.3%。除政策变化外，时事也成为影响各国图书出版种类的一大因素。美国政治类图书出版种数增幅明显，同比增长 24.4%。特朗普总统自上任前就为政治类图书贡献了大量题材，上任后关于其政治主张、私生活等相关题材的图书更是纷纷涌现。随着 2020 年大选周期的到来，党派之争更趋激烈，关于政治走向，各候选人以及历任总统的相关图书也备受民众关注。而挪威这种高福利、高收入、高税收的"三高"国家则更聚焦于人类福祉问题。近年来难民问题困扰着整个欧洲大陆，2019 年挪威有不少关于难民问题的图书出版。

二、图书销售此消彼长、不断调整

图书出版种数代表图书市场活跃程度，而图书销售数据情况则象征图书市场潜力和出版产品消化能力。目前，国际出版市场集中化现象逐步凸显。据智研咨询公司数据，美国、中国、日本、德国、英国、法国六大出版市场占据全球 67% 的图书市场份额。其中，作为全球最大的出版市场，2019 年美国图书销售额为 259.30 亿美元；日本出版市场销售额约为 141.88 亿美元；德国图书销售市场整体状况良好，销售额约为 104.08 亿美元；英国图书销售额约 48.53 亿美元，其中约有 20.99 亿美元来自海外市场，海外竞争力突显；法国图书零售环节销售额约为 43.69 亿美元。

大众图书是市场稳定器。国际通用图书分类方法大致将图书分为大众、教育、专业三大类。对于大多数国家而言，大众图书是整个图书市场占比最大、增速最稳的图书类别，其或许能决定一国图书市场的体量，故可看作维持图书市场整体规模的稳定器。2019 年，大众图书在美国图书销售市场占到极高的市场份额，其图书销售收入占整体市场 62.6%，销售量更是占到 90.8%；包括虚构类小说、非虚构类和参考类图书以及儿童类图书在内的英国大众图书销售额占比也高达 63.7%；德国大众类图书占到整个图书市场 78.9% 的份额，其中纯文学图书一类就占 30.9%；法国畅销书 50 强的销售额占整个图书零售收入的 3.8%。

精装书、平装书是纸质书销售基本盘。近年来图书市场销售数据证明，纸质书并未被电子书所替代，且越发成为产业中坚。这其中离不开精装书（Hardback）与平装书（Paperback）这两大纸质装帧类型的贡献。2019 年，美国精装书和平装书占总销量的 58.0%；德国精装书和平装书不仅是创造图书市场销售额的主力军，而且市场份额也进一步扩大，2019 年已增加至 76.2%。与精装书和平装书优异表现不同的是大众市场平装书（Mass Market Paperback）、口袋书（Pocket Book）、电子书等近年来市场份额的萎缩，这在美国、德国表现较为突出。美国 2010 年大众市场平装书市场占比约为 6.5%，2019 年为 4.3%，2010 年下滑 2 个百分点；德国口袋书市场份额也从 2015 年的 23.3% 下降到 2019 年的 21.7%。面对口袋书市场的萎缩现状，德国出版业将其归因于消遣类、快餐式的口袋书具有较大的可替代性，随时随地可供阅读的电子书、视觉听觉冲击更为全面的数字媒体抢占了口袋书的市场与风头。

电子书不温不火。近年来，电子书市场逐年降温，呈现低速增长甚至负增长的态势。2019 年，美国电子书销售收入约为 19.40 亿美元，同比下降 4.9%，2015—2019 年间下降 30.7%；英国包括营利性电子书、非营利性电子书、网上订阅和其他非营利性电子书在内的数字出版物销售额为 6.13 亿英镑，增幅并不显著；德国大众类电子书发展平稳，销量约为 3240 万册。相比之下，2019 年法国电子书销售额约为 2.32 亿欧元，同比增长 9.2%，这虽对法国电子书市场整体有一定推动作用，但主要得益于电子教材及教学用书销量的大幅增长，而不是来自大众类电子书的贡献。电子书市场的低迷表现并未使传统出版业界对自身发展表现出更为乐观的估计，因为在"后数字时代"纸质书与电子书不应是此消彼长的竞争死敌，而应是超越载体之争且一起并肩作战、共同捍卫出版市场的亲密战友。

有声读物乘胜追击。近年来，有声书这一新兴出版模式在全球出版市场迅速发展。凭借迅猛的发展速度以及逐步多元化、广泛化的内容架构，有声书逐步成为政府保证阅读率、出版商深度挖掘利润、平台提供商赚取用户流量的潜力市场。近年来，随着有声书市场稳健发展，几大有声书市场初见雏形，分别为美国、中国和欧洲三大市场。美国音频出版商协会（Audio Publishers Association）数据披露，2019年美国有声书销售总额为12亿美元，同比增长16%。据艾媒咨询公司（iiMedia Research）数据，2019年中国有声书行业市场规模达9.12亿美元，持续三年增速高于30%，用户数量为4.78亿，同比上升19.0%。结合法兰克福书展发布的《全球有声书市场报告》的数据来看，中国、美国这两大头部市场占据全球75%的有声书市场份额。欧洲有声书市场销售额大约在5亿美元，位列第三位。其中包括瑞典、丹麦、芬兰和挪威四国在内的北欧市场，销售额大约在1亿美元左右。有声书市场的国际化合作和全球化发展较为引人瞩目。美国哈珀·柯林斯宣布与赫斯特英国公司（Hearst UK）、数字零售商库博（Kobo）共同成立有声图书俱乐部；阿歇特有声书业务在所有地区都继续保持增长，特别是在美国，其销量连续五年大幅增长28%。2019年，法兰克福国际书展在全球范围内首次增设有声书专区。亚马逊旗下有声书应用听讯（Audible）、德国数字媒体发行商泽博路讯（Zebralution）、德国有声书公司书网（Bookwire）、加拿大有声读物发行商音联（Audio Alliance）、瑞典有声读物公司斯德拓（Storytel）、德国信息技术与通信新媒体协会（Bitkom）等地区乃至世界有声书平台巨头均在本届有声书展台有所展现。这说明，有声书市场不但是出版商大有可为的广阔天地，也是平台供应商的逐鹿战场。

三、畅销书市场日新月异、归属集中

畅销书不仅是图书市场的定心丸，也是拉动市场增长的动力引擎。因文化特点、市场需求的不同，各国纸质畅销书市场呈现出别具一格的自身特点，美国畅销书市场以政治人物传记、现实、科幻等题材的虚构类作品见长；英国畅销书本土性强，题材方面更侧重于无关乎政治的虚构类作品以及提高生活品质的非虚构作品；法国畅销书中本土作品表现强势，漫画类、口袋书、获得龚古尔文学奖等奖项的本土文学作品都有较强的市场号召力；德国畅销书榜上榜图书题材往往能将其严谨、精细、关注政治的国民性格特点体现一二，斯蒂芬·霍金（Stephen Hawking）、米歇尔·奥巴马（Michelle Obama）的作品近两年在德国非虚构类榜单上均榜上有名，移民题材文学作品因欧洲难民问题迟迟未能妥善解决，而在德国虚构类畅销书榜上有所展现；多年来，西班牙畅销书榜单更依赖本土文学作品，鲜有他国作者作品；日本畅销书榜更青睐关注内心需求的相关作品。

缺乏头部爆品，榜单更迭速度加快。近年来，畅销书榜虽然不乏现象级图书，但却缺乏爆品，更缺乏长销作品。同时，上榜图书更迭速度也越发加快。回望近十年，没有作品能与《五十度灰》"三部曲"和《饥饿游戏》"三部曲"两大头部爆品比肩。据尼尔森图书调查公司（NPD BookScan）数据，《五十度灰》"三部曲"在2010—2019年成为世界级畅销书，仅美国市场销量就约为1520万册，西班牙、意大利、荷兰等国畅销书榜当年也纷纷被《五十度灰》系列占据，直至今日，被企鹅兰登书屋视为王牌的前美国第一夫人米歇尔·奥巴马的传记《成为》在政治题材备受关注的加持下也无法与其相较。不仅头部爆品匮乏，上榜图书更迭速度也越发加快。2019年，美国纸质图书年度前20强榜单中，当年新书为10种，2018年出版图书的6种，2017年及以前出版的4种；德国2019年度虚构类畅销书前十名榜单中有9种出版于2019年，占比高达90%，非虚构类畅销书前十名榜单中有7种出版于2019年，占比70%。这一方面说明近年来经典的长销畅销书匮乏，另一方面也印证"短、平、快"的信息获取模式已渗透至图书阅读中，读者希望在图书市场获得更新、更快的图书内容。

大社名社控榜现象严重。长期以来，大型出版企业在畅销书市场占据不可动摇的支配地位。2019年，美国畅销书榜单基本被五大集团所包揽，全年精装书榜单上五大集团占据92.5%，仅企鹅兰登书屋一家就占到39.7%，五大集团在平装书畅销榜中占据83.7%；法国阿尔宾·米歇尔出版社（Albin Michel）成为畅销书领域的大赢家，在畅销书前100强中占24种，合计销量160.90万册。大型出版商之所以在畅销书市场表现如此强势，主要有三点原因：第一，聚合之力，大型出版商大多历经几十年乃至上百年的发展，在作者和读者心目中有着较为崇高的地位，号召力巨大。第二，并购之果，除购买渠道、开拓市场外，购买内容也是出版商频繁并购的原因之一，优秀作品作家和译本资源可以较快速地聚拢至自身名下。第三，新媒介之光，在数字媒体崛起的当下，畅销榜打榜、线下书店宣传等传统方法已成效甚微，而新媒体营销推广手段对立体营销、打造畅销书所起的作用越发重要。2019年，《人生十二法则》就是线上线下双驱动的产物，作者乔丹·彼得森的演讲视频在优途（YouTube）平台上播放次数过亿，此番操作迅速打开作者知名度，从而拉动作者相关作品的销量。

畅销作者越发集中。畅销书榜单中不仅存在出版巨头霸榜的现象，一些知名作者也成了榜单的常客，甚至榜单中有多部作品都出自同一作者之手。以英国为例，喜剧演员大卫·威廉姆斯（David Walliams）转战少儿出版领域后，近年来凭借天马行空的想象力和风趣幽默的语言在童书市场上频获佳绩。2019年，按作者统计英国大众市场图书销售额榜单中，大卫·威廉姆斯以1917.25万英镑的傲人成绩稳居第一位，英国年度畅销前十名榜单中有3种都是他的作品。英国畅销绘本作家朱莉娅·唐纳森以1405.60万英镑的销售额位居第二位。英国2019年销售总额前5000种图书中，朱莉娅·唐纳森入选了75种。作者集中的现象同样出现在俄罗斯，自2008年以来，侦探小说作家东佐娃、乌斯季诺娃、波利亚科娃、马里宁娜4人是文学类畅销书作者榜单的常胜将军；苏俄作家丘科夫斯基、布拉托、诺索夫、马尔沙克4人，俄罗斯当代儿童作家古里娜，则是儿童类畅销书作者榜单的常青树。

四、销售渠道线上坚挺、线下自救

当今时代，数字出版发展迅猛、销售渠道日益多元。在此背景下，线上销售渠道蓬勃发展。对于图书销售市场而言，线上销售渠道份额的加大则以其他渠道的萎缩为代价。而代价的最大承担者非实体销售渠道莫属。在现阶段，如何依然坚守甚至实现逆势发展成为各类实体书店的痛点与难点。或许维护图书品种多样化、打造丰富阅读空间，与线上销售渠道实现差异化发展才是实体渠道的自救之道。

实体零售渠道艰难维系。近年来，大部分国家的实体书店正在以惊人的速度减少，即便存活也属艰难度日，就连两大欧美连锁图书销售巨头巴诺（Barnes & Noble）和水石（Waterstones）也不得不成为资本市场的两枚棋子。2019年，美国实体书店大众图书销售额为32.20亿美元，同比下降6.6%，不及大众图书零售市场整体规模的1/5；德国实体零售渠道销售额占整体市场46.2%；日本实体书店数量同比减少3.3%，中小书店生存艰难。不仅中小型书店困难重重，曾经全球最大的连锁书店巴诺也在与亚马逊等在线图书零售商的竞争消耗中逐步衰落。巴诺公司营收呈连年下降趋势，2012—2019年下降近20亿美元，在美国的门店数量也减少近百家。为扭转颓势，巴诺书店选择水石书店的道路走向资本市场，获得对冲基金艾略特管理公司（Elliott）6.83亿美元资金，由水石书店詹姆斯·当特（James Daunt）兼任CEO，希望为后续发展提供新思路。

线上销售渠道逐步壮大。 与实体零售渠道对比鲜明，线上渠道目前来看形势一片大好。前有电商巨头亚马逊的跑马圈地，后有出版商自有线上销售平台的纷纷上马，线上销售渠道近乎撑起整个图书销售市场的半壁江山。在美国，网络书店是大众类图书重要的销售渠道，其增长部分抵消了实体书店销售额的下降。2019年传统出版商在网络书店实现的销售额增长3.7%，达到70.60亿美元，占市场份额的43.5%；加拿大线上渠道销售占整体市场的近51%；俄罗斯线上销售渠道所占市场份额由2011年的10.2%增至2019年的23.2%；2019年德国线上图书销售额达到18.60亿欧元，占德国整体图书销售额的20%；虽然占比不大，但西班牙线上销售渠道增速十分迅猛。2019年西班牙线上渠道销售额同比增长7.6%，较2015年增长30.2%。从全球线上渠道看，亚马逊依然如日中天，其2019年净销售收入为2805.22亿美元，同比增长14.8%。其中，线上商店净销售收入1412.47亿美元。

复合式经营适应时代需求。 为适应时代需求以及自救，越来越多书店开始开展多样化经营，开辟线上线下复合销售渠道，创新商业模式、增加盈利内容以及开展海外业务。目前，越来越多书店开展多渠道销售业务，如通过提供线上购物、线下提货服务，将线上线下结合，这种方式使得不少书店从中受益。早些年，巴诺书店已开始将一部分重点放在扩大产品范围上，除销售图书外，巴诺书店还在其门店推出餐饮、展览、文创等相关服务。日本纪伊国屋书店在整个实体销售行业普遍不景气的背景下却实现销售逆势增长，2019年其销售额达到1212.50亿日元，纯利润达9.80亿日元，同比增长11.0%。纪伊国屋书店能够保持良好经营业绩的主要原因在于海外市场的扩张。2019年6月，纪伊国屋书店将其美国子公司合并，并增加在美国直接经营的店铺数量，由此，纪伊国屋书店在海外的店铺数从29家增加到36家。同年10月，纪伊国屋书店成为德国著名学术出版社德古意特（De Gruyter）电子书日本销售总代理店。线下渠道追求多样性的同时，线上渠道也在积极拓宽业务范围。近年来，亚马逊在线上线下零售渠道双管齐下、频频发力，不仅收购电子商务公司，还将资本投向实体，以期扩大自身的零售业务范围。

五、国民阅读有喜有忧、积极推广

阅读，于国家而言对提高文化软实力和提升国民素养起着至关重要的作用，于个人而言可以开阔眼界、提升人格修养。这也是一直以来各国将推广全民阅读作为国策的根本原因。阅读于出版业而言也十分重要，图书销售不是出版业最终目的，有效阅读才是出版的终端环节。近年来，随着数字媒体这一"热媒介"迅速崛起，图书阅读这一传统的知识获取来源和日常消遣方式在某种程度上被碎片化资讯与短视频所取代。当下，阅读推广活动的目的不仅是与其他媒介的对抗，更是系统化阅读和碎片化阅读、经常性阅读和偶然性阅读的对抗。

阅读现状有喜有忧。目前，大部分国家正面临阅读率、阅读量双双降低的窘迫局面，即便出版产业相当发达的美国、英国、法国、德国、日本等国家也未能幸免。2011—2019年间，美国成人整体阅读率由79%下降至72%；德国"每周多次阅读"的受访者也呈现连年下滑的态势，由2014年的20.4%下降至2019年的16.7%；日本阅读情况也不容乐观，2019年日本人"读书率"为45%，低于51%的"不读率"；韩国成年人纸质图书阅读率为52.1%，同比减少7.8%。近年来，儿童青少年阅读情况越发严峻。2019年，英国儿童青少年每日阅读量为2005年以来的最低水平，并且仅有53%的儿童与青少年表示喜欢阅读，为2013年以来最低；法国学生对于阅读的兴趣也在持续下降，43%为被迫阅读，同比增长9.1%，出于兴趣阅读的学生为30.6%，同比下降0.6%。但在一片哀鸿之中也有乐土，西班牙和挪威等国国民阅读率保持稳定且居世界前列。一直以来，西班牙国民拥有良好的阅读习惯，14岁及以上人群每季度阅读一次的阅读率由2008年的90%增加至2019年的95.5%；挪威人年均阅读13.2本书，较2017年增长3.9%，83%的挪威人年均至少阅读1本书，同比增长2%。

政府主导为关键。国民阅读推广一旦上升到国家发展战略层面，且由政府自上而下地主导推进，必定会得到经费的持续性投入和政策上的倾斜，这也是决定阅读推广能否成功的关键。2019年，虽然特朗普政府在2019年3月时曾再度提议取消联邦政府对图书馆的资金资助，但是美国图书馆协会最终获得图书支出法案支持，博物馆和图书馆服务协会因此增加1000万美元资金。美国《图书馆服务和技术法案》（LSTA）的支持资金与其他专项图书馆支持资金累计1.89亿美元；2019年，英国政府共向公共图书馆补助1451.60万英镑，同比增长10.9%，教育部支持图书信托基金会（Booktrust）等公益机构开展儿童及青少年阅读活动；2019年韩国政府投入9.95亿韩元，向小学、初中学生发放7.3万张图书兑换券，鼓励其在书店和书展上换购图书。

图书馆为阵地。服务大众的定位和读者至上的服务理念使得图书馆在国民阅读推广中扮演十分重要的角色。尤其是公共图书馆，作为图书借阅服务的提供者以及各类活动的承办者为国民阅读推广做出卓越贡献。多年前，美国就以图书馆为阵地成立经典阅读俱乐部，同时以大学图书馆、公共图书馆为阵地构建经典文献阅览室作为阅读推广中心。参观图书馆是"美国人迄今为止从事的最常见的文化活动"。2019年美国成年人去图书馆的年平均次数为10.5次；英国博物馆、图书馆和档案馆委员会也将英国公共图书馆作为民众提升阅读水平的重要阵地，61.0%的成人和87.2%的儿童拥有图书馆借书证。同时，各国对图书馆在政策和资金方面的鼎力支持也足以证明图书馆在提高国民阅读率、受教育水平等方面的突出作用。为使图书馆更好地发挥社会效用，翻修图书馆、向公众提供现代化服务成为2019年法国图书馆界的重头戏，黎塞留图书馆、巴黎蓬皮杜中心公共资讯图书馆进行了局部翻新工作。

儿童青少年为主要对象。儿童时代不仅是启迪思维的黄金阶段，也是培养各类习惯的最佳时期，而且在此阶段所培养的习惯大多会相伴终身。首先，同样力度的阅读习惯培养作用于儿童青少年相较于成年人收效倍增，这也是各国将阅读从娃娃抓起的最重要原因之一；其次，相对于成年人，儿童青少年远离工作生活压力、更远离数字媒介侵蚀，是阅读活动的最佳对象人群；再次，儿童阶段的阅读大多需要家长参与，亲子阅读能使家长回归到阅读活动中。为此，各国将儿童青少年作为阅读推广活动主要开展对象。在美国，2019年"每个孩子都是读者"（Every Child a Reader）、"从出生就阅读"（Born to Read）、"暑期阅读计划"等针对儿童青少年的阅读推广活动持续开展；英国小学自1998年起设置的每天一小时文学课程和政府拨专款实施的"阅读起跑线"计划的持续开展，让每一个儿童都能够在早期阅读中受益，并培养他们对阅读的终身爱好；2019年法国"读与促读"活动（Lire et faire lire）在4273个市镇开展，其中针对贫困山区儿童的作家交流活动达10次，与重点关注地区儿童的见面会达710次，惠及学龄儿童76.4万人。

六、出版企业并购活跃、强者愈强

与其他行业相同，资本逐利性也控制着整个出版行业的发展走向。在强者愈强、弱者淘汰的时代，"独角兽"们不断加快并购步伐，以争取自身战略布局的最有利棋子。然而，当今世界风云变幻、"黑天鹅"现象频现，很难预料谁将成为这个时代的牺牲品。激烈厮杀、静待涅槃、惨淡退市将成为出版企业面临的三种选择。

并购活动持续。出版企业为扩大服务范围、争夺渠道、开展多样化业务等原因频频开展并购成为2019年全球出版企业的主基调。为扩充服务范围，2019年培生集团收购吕美特（Lumerit）教育公司和斯麦斯帕（Smart Sparrow）公司，以增强其在数据分析和个性化学习方面的服务水平。霍顿·米夫林·哈考特（Houghton Mifflin Harcourt）与威立公司（John Wiley and Sons）合作并成为威立基础教育课程目录独家分销商，与全球教育服务提供商福莱（Follett）合作将其基础教育课程推广至阿联酋，购买学习平台维格（Waggle）以获取2~8年级的学生的相关教学业务资源。汤森路透收购安全审计确认服务提供商康福美（Confirmation）以及法律和监管市场的协作平台海克（HighQ）以获取平台相关业务及其客户。为开展多样化业务，阿歇特出版集团收购游戏公司极格米克（Gigamic）全部股权，以此搭建图书内容与游戏开发相连接的"高速路"。

教育出版不断调整。近年来，教育出版企业表现不佳。数字化成本的提高远超过收益的增加，用于教材的公共开支不断下降，教材价格的飞涨等原因使越来越多学生选择租借、复印或购买二手教材。大学入学人数下降、教材预订渠道发生调整等变化导致高等教育出版市场近年来长期呈现疲软状态。为此，多家教育出版集团都出现销售收入减少、业绩下滑的现象。培生在2018年被励迅集团超越，落至"全球出版50强榜"第二位；2019年更是被汤森路透捷足先登位列榜单第三位。据业内分析，培生集团营收的缩水与近年来疯狂抛售与教育出版无关业务有关联。从接连出售旗下两大传媒资产《金融时报》和《经济学人》到陆续将所持有的企鹅兰登书屋的股份全部出售给贝塔斯曼集团，这在一定程度上对其营业收入有所影响。但更主要的原因是近年来培生在教育出版领域的失利。尤其是在其业务重心北美市场，教材和教辅业务发展并不顺利。市场不景气和业务单一化使培生陷入被动状态。2019年，美国两大教育出版集团麦格劳-希尔和圣智宣布以50对50基金持股的方式合并。这对于教育出版业

乃至整个出版界而言都是重磅并购案。这场年轻品牌和百年老店的联手主要是为在数字技术压力下增强竞争力并与培生集团分庭抗礼。两家集团的合并，一方面可以降低成本，另一方面将帮助双方更好地应对数字化挑战。然而，由于美国司法部驳回和合并成本过高等原因，两家企业合并方案无果而终。像培生集团一样，两家企业面对低迷的教育市场未来道阻且长。

供应链条遭遇重创。由于供应链成本增加和亚马逊区域性供应能力的不断加强，不少传统批发商陷入困境。2019年，贝克和泰勒公司（Baker & Taylor）宣布自2019年7月起退出零售书店批发业务。退出零售业务主要是因为运营成本持续上升，并且客户即时交货的要求为其供应链和运营带来巨大压力，同时亚马逊越发成熟的供应能力也抢占了贝克与泰勒不少市场。为此，贝克与泰勒决定将重心集中于公共图书馆服务和出版商服务。然而，贝克与泰勒的退出对独立书店的图书供应极为不利。同样，德国最大图书中盘批发商KNV（Koch，Neff und Volckmar）于2019年2月宣布破产，这一破产风波加剧了德国图书出版业的不确定因素，对德国独立出版社来说也影响颇深。

2019年的国际出版业，外有日益复杂的国际经济、政治与交往环境，内有数字化出版的市场分化、传统畅销书市场的不断集中、供应链条在零售领域的困境，找到适合本国市场状况并能满足读者需求的发展之路，将成为各国出版领域企业面临的持续性课题。

（作者单位：中国新闻出版研究院）

国别报告

2019年美国出版业发展报告

张 晴

2019年美国经济增速高开低走,明显趋缓,增长动力不足;特朗普政府与主要贸易伙伴达成一系列双边或区域贸易协定,但财政状况继续恶化,美联储降息引人关注。同时,美国社会分裂日益加剧,随着2020年大选周期的到来,党派之争更趋激烈。在此背景下,2019年美国出版业表现为:纸质图书回暖,电子书增速放缓,有声读物蓬勃发展;精装书表现坚挺,袖珍平装书市场份额逐渐缩小;网络销售渠道风头正劲,实体书店艰难度日;大型出版商继续争夺市场份额。

一、图书出版情况

经历多年发展,美国图书出版情况基本稳定,且纸质出版与新兴出版间的格局也基本成型:纸质图书出版种数近年来趋于平稳;电子书出版种数虽变化幅度不大,但种数大有超越纸质图书的势头;有声读物虽体量不大,但增速十分耀眼。

(一)纸质图书出版情况

近年来,美国纸质图书出版种数趋于稳定,年度之间上下浮动几百种,变化幅度不大。据今日资讯公司(Information Today, Inc.)出版的《图书馆与图书贸易年鉴》中所收录的相关数据[①],2019年美国纸质图书出版种数为203757种,较上年减少1011种。尽管图书出版种数下降超过千种,但是该数据为初步数据,随着数据库不断

---

① 该数据来自美国第一图书批发商贝克与泰勒(Baker & Taylor)的发行数据,此数据按图书行业研究集团(Book Industry Study Group)下属书业标准与通讯委员会(BISAC)颁布的目录和关键词对图书进行分类,并对各科目图书出版种数进行分类统计。

更新和修订，2019年的数据也会有相应变动甚至是增长。

在图书内容方面，政治学类图书出版种数涨幅明显，较2018年上涨1921种，涨幅达24.4%。排除数据库统计误差等因素，政治学类图书在出版种数方面表现着实亮眼。特朗普总统上任前就为政治学类图书贡献了大量题材与素材，上任后更是爆料频频，相关题材大量涌现。政府虽极力阻止，但事实却适得其反，关于总统政治主张、私生活的相关图书更备受民众关注。随着2020年大选周期的到来，党派之争更趋激烈，关于政治走向、各候选人的相关图书也大放异彩。除政治类图书外，2019年学习辅助类（Study Aids）图书出版种数为2469种，较上年增长十分瞩目，增幅高达248.7%。如此巨大的增幅不排除统计口径的变更，但更多的也是美国教辅市场需求内生动力所致。（见表1）

表1 2017—2019年美国纸质图书出版种数情况

单位：种

类别	2017	2018	2019
古旧书	247	190	185
建筑	1809	1648	1814
艺术	3917	3777	3958
圣经	968	959	812
传记、自传	4227	4283	3766
身体、思想、心灵	886	961	1061
商业、经济	12595	12030	11080
儿童	27099	28404	27831
漫画、绘本小说	2727	2972	2869
计算机	4136	4582	4645
烹饪	2156	2080	1913
工艺	991	884	736
设计	611	591	618
戏剧	751	626	555
教育	8544	7188	6407
家庭、人际关系	716	808	819
小说	18534	17954	16873

续表

类别	2017	2018	2019
外语学习	1290	1100	1163
游戏	1397	880	771
园艺	262	244	240
健康、健身	1486	1422	1353
历史	12722	12280	12796
家居	226	209	238
幽默	606	611	544
语言	3392	3028	3179
法律	5811	5900	5401
文学选集	702	689	717
文学批评	4531	4550	4928
数学	2696	2830	2600
医学	7585	8334	8095
音乐	2685	2424	2645
自然	1107	1005	1106
表演艺术	1812	1766	1753
宠物	213	181	175
哲学	3223	3488	3741
摄影	1347	1123	1115
诗歌	2353	2433	2254
政治学	7850	7876	9797
心理	3924	3594	4935
参考书	846	759	639
宗教	9802	9626	8864
科学	7332	8902	8451
励志自助	1311	1540	1674
社会学	10388	10377	10979
运动、娱乐	1659	1513	1518
学习辅助	772	708	2469
科技、工程	6416	7177	6062
交通	802	790	676
旅游	1782	2095	1736

续表

类别	2017	2018	2019
犯罪纪实	246	304	306
青少年	5131	5073	4895
合计	204621	204768	203757

资料来源：《图书馆与图书贸易年鉴（2020版）》

在图书载体格式方面，过去三年间，精装书（Hardcover）出版种数和价格相对稳定，而2019年的数据显示大众市场平装书（Mass Market Paperback）[①]出版种数略有下降，平均价格保持稳定。尽管平装书（Paperback）的前景并不明朗，但是《图书馆与图书贸易年鉴》数据显示，2017—2019年平装书出版种数趋于稳定，较精装书、大众市场平装书等纸质图书类型仍居榜首，占纸质图书出版种数一半以上。（见表2）

表2　2017—2019年美国各类纸质图书出版种数情况

单位：种

类别	2017	2018	2019
精装书	92349	84180	87476
大众市场平装书[②]	2961	2997	2674
平装书	106414	115804	111866

资料来源：《图书馆与图书贸易年鉴（2020版）》

（二）电子书出版情况

近年来，美国电子书的市场份额增速放缓，与纸质图书达到一种共存共续的平衡状态。尽管如此，单就出版种数而言，电子书表现却令人刮目相看，年出版种数甚至有超越纸质图书的趋势。《图书馆与图书贸易年鉴（2020版）》统计数据显示，2019年美国电子书出版种数为246451种，同比减少5.36%，变动幅度不大，较纸质图书203757种，在数量上确有一定优势。就图书内容分类而言，增幅最大的电子书当属文

---

① 除装帧质量外，大众市场平装书与平装书的最大区别在于销售渠道，平装书通过图书批发商和零售书店的销售渠道，而大众市场平装书则是通过报刊的销售渠道，如超市、杂货店、报刊亭等。

② 大众市场平装书部分图书类别出版种数未能获取，故此处数据为不完全统计数据。

学选集和学习辅助类，增幅分别为310.85%和165.54%；降幅较大的为游戏、音乐和计算机类，降幅分别为76.91%、43.98%和40.90%。（见表3）

表3 2017—2019年美国电子书出版种数情况

单位：种

类别	2017	2018	2019
古旧书	118	171	153
建筑	818	381	420
艺术	2356	1397	1530
圣经	2148	418	267
传记、自传	7908	7111	6859
身体、思想、心灵	2580	2898	3407
商业、经济	9248	27580	23692
儿童	26145	26960	25264
漫画、绘本小说	876	980	810
计算机	3177	3653	2159
烹饪	2691	2690	2747
工艺	1176	608	545
设计	170	112	122
戏剧	1546	1085	1317
教育	7660	4145	3989
家庭、人际关系	1762	2310	2321
小说	75766	82846	81312
外语学习	1678	2282	1527
游戏	930	1481	342
园艺	555	301	280
健康、健身	3002	3059	2884
历史	13019	9416	8451
家居	392	244	211
幽默	848	1110	805
语言	2844	2930	2537
法律	2657	3020	2521
文学选集	2159	1512	6212

续表

类别	2017	2018	2019
文学批评	3136	3629	2920
数学	1506	993	731
医学	3574	3289	2213
音乐	2538	3031	1698
自然	806	850	719
表演艺术	1879	2073	1934
宠物	805	443	413
哲学	3608	2747	2491
摄影	514	313	260
诗歌	5189	5010	4623
政治学	5231	4714	3509
心理	2720	2073	1751
参考书	2999	1268	872
宗教	13497	11560	10170
科学	5749	3554	2828
励志自助	5351	5275	6575
社会学	6985	4750	3813
运动、娱乐	1920	1453	1320
学习辅助	2388	1332	3537
科技、工程	3996	2531	1626
交通	271	322	313
旅游	2521	1937	2877
犯罪纪实	411	515	584
青少年	5501	6052	5990
合计	257324	260414	246451

资料来源：《图书馆与图书贸易年鉴（2020版）》

（三）有声读物出版情况

近年来，有声书迅速崛起，成为出版业不容小觑的一匹黑马。虽然市场体量无法与纸质图书或电子书比肩，但是其增速却十分耀眼。美国音频出版商协会（Audio Publishers Association，简称APA）披露的数据显示，美国有声书（Audiobook）出版种数自 2012 年起出现指数级增长态势，2007—2019 年 13 年间增长近 20 倍。2019 年美国有声书出版种数高达 60303 种，而这一数据在 2007 年仅为 3073 种。（见图 1）2019 年，美国有声书销售总额为 12 亿美元，同比增长 16%，销量也有相应增长，延续了 8 年来两位数收入增长的趋势。有声书市场的井喷一方面显示出技术的完善与成熟，另一方面也意味着市场需求的持续扩张。

然而，有声书内容类别却有一定的局限性，主要集中在成人小说、青少年小说等虚构类图书以及政治类、人物传记类、心灵成长类等非虚构类图书。美国音频出版商协会委托爱迪生研究公司（Edison Research）对美国有声书消费情况进行全国性调查。调查结果显示，2019 年有 31% 的受访者最喜欢听神秘、惊悚、悬疑等虚构类图书，这一数据在所有图书类别中高居榜首。该调查同样显示，2019 年受访者年平均听书量为 6.8 种；51% 经常收听有声书的受访者年龄在 45 岁以下；43% 有声书购买者更偏爱篇幅较短的有声书。

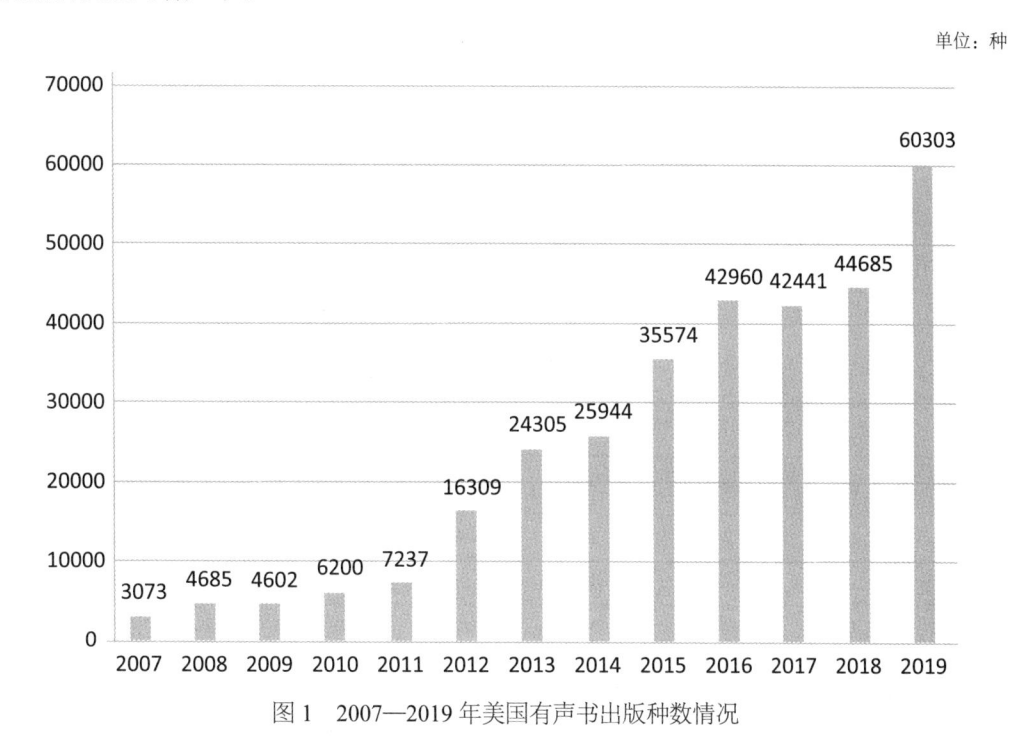

单位：种

图 1 2007—2019 年美国有声书出版种数情况

资料来源：美国音频出版商协会

二、图书销售情况

2019年，美国图书销售市场较为平稳，无论销售量还是销售收入均起伏不大。其中，纸质图书市场份额稳步增长，电子书市场持续下滑。

（一）图书销售量情况

2019年，美国图书销售量达到27.59亿册，较上一年略有上升，为2.0%。自2014年以来，美国图书销量趋于稳定，基本维持在27亿～28亿册之间，并无较大起伏。这也在一定程度反映出美国出版市场的成熟性和稳定性，只有市场足够成熟才能抵抗来自各方的影响。

美国图书出版业由大众类、高等教育、基础教育、专业出版以及大学出版5大细分市场组成。2019年，美国各类图书销量都较为稳定，尤其是大众类和大学出版类图书：大众类图书销量为25.06亿册，同比增加1.5%；大学出版类图书虽在出版业的体量微不足道，销售方面却表现十分平稳，销量为0.21亿册，与上一年基本持平。专业出版类图书实现触底反弹，较2018年增长4.3%，销量达0.84亿册，一改往日逐年下降的趋势。基础教育类图书销量上浮较为明显，达9.8%，为0.81亿册。而对比鲜明的是，高等教育类图书销量为0.43亿册，同比减少7.3%，略有缩水，一再延续该类图书持续多年的颓势。近年来，在在线教育兴起、教科书预算削减、教材预订渠道调整以及大学入学人数减少等因素影响下，高等教育类图书销售情况不佳，更多消费者分流至二手书市场和数字出版市场。（见表4）

表4 2015—2019年美国出版物各细分市场销售量情况

单位：亿册

类别	2015	2016	2017	2018	变化（2017—2018）	2019	变化（2018—2019）
大众类	24.51	24.84	24.9	24.67	−0.90%	25.06	+1.5%
高等教育	0.57	0.51	0.5	0.47	−6.00%	0.43	−7.3%
基础教育	0.75	0.68	0.69	0.73	+6.00%	0.81	+9.8%
专业出版	1.11	0.87	0.88	0.81	−8.50%	0.84	+4.3%
大学出版	0.15	0.15	0.16	0.21	+30.80%	0.21	+1.9%
其他	0.01	0.1	0.11	0.16	+38.10%	0.24	+51.0%
合计	27.10	27.15	27.24	27.05	−0.7%	27.59	+2.0%

资料来源：美国出版商协会年度报告（*Statshot Annual Report 2020*）

2019年美国各类型出版物销量各有喜忧,据美国出版商协会年度报告的数据,2019年纸板书(Board Book)、平装书表现一如既往地稳定。2019年,以儿童图画书、绘本为主的纸板书销量为1.14亿册,同比增长5.2%;平装书以其能满足纸质图书阅读体验和高性价比的双重特点同样实现了稳步增长,2019年销量为9.87亿册,占所有类型出版物销量的35.8%,位列第一。与此形成鲜明对比的是,大众市场平装书、实体有声书、电子书销量持续下滑,尤其是大众市场平装书和实体有声书跌幅十分明显,均接近20%。2019年,大众市场平装书销量为1.19亿册,同比下降18%;实体有声书销量为0.06亿册,跌幅则高达21.5%。电子书跌幅虽未如此明显,但3.36亿册的销量、2.6%的降幅足以说明电子书已风光不再。令人稍感意外的是,精装书未能延续前些年持续上扬的态势,出现了小幅下滑。2019年,精装书销量为6.14亿册,同比下降0.8%。上述局面可以总结为,纸质图书仍为中坚,平装书高性价比满足读者对纸质图书阅读需求;可下载有声书让阅读更加便捷,实体有声书或将逐步淡出受众视野。(见表5)

表5 2015—2019年美国各格式出版物销售量情况

单位:亿册

类别	2015	2016	2017	2018	2018较2017增减率	2019	2019较2018增减率
精装书	5.75	5.90	5.96	6.19	+3.9%	6.14	−0.8%
纸板书	0.90	0.93	1.00	1.08	+8.0%	1.14	+5.2%
平装书	10.11	10.44	10.02	9.52	−5.0%	9.87	+3.7%
大众市场平装书	1.96	2.06	1.76	1.46	−17.4%	1.19	−18.0%
实体有声书	0.13	0.11	0.10	0.08	−24.4%	0.06	−21.5%
可下载有声书	0.65	0.81	1.15	1.67	+45.2%	1.98	+18.3%
电子书	4.23	3.66	3.52	3.45	−2.0%	3.36	−2.6%
教学材料	2.43	2.06	2.08	2.01	−3.1%	2.09	+3.6%
其他	0.94	1.18	1.65	1.59	−3.5%	1.76	+10.6%
合计	27.1	27.15	27.24	27.05	−0.70%	27.59	+2.00%

资料来源:美国出版商协会年度报告

(二)图书销售收入情况

根据美国出版商协会发布的年度报告来看,2019年美国图书出版市场销售收入为259.3亿美元,与2018年相比有小幅增长,增幅为1.1%。在5大细分市场中,除高等教育和专业出版两大市场外,其余板块均实现了或多或少的增长。2019年,大众图书销售收入仍占整个出版市场总收入的半壁江山,所占比重高达62.59%,为162.3亿美元,与上一年基本持平。同样,大学出版销售收入也与上年基本持平,为2.6亿美元。2019年,基础教育类市场表现十分抢眼,其销售收入为40.7亿美元,同比增长20.4%,已接近2015年数据。近年来,基础教育出版与高等教育出版类似,市场份额一直在走下坡路,然而基础教育出版却在2019年能够逆势上扬一改往日颓势。高等教育出版与专业出版依然持续走低。尤其是高等教育出版,近年来都以10%左右的幅度下跌。这其中原因复杂,既有教育体制方面因素,又有出版业转型的原因,现阶段高等教育出版与专业出版均已实现数字化转型,由线下实体走向线上数字化,所以这两个板块的市场份额出现连年大幅下滑也不足为奇。(见表6)

表6 2015—2019年美国出版物各细分市场销售收入情况

单位:亿美元

类别	2015	2016	2017	2018	2018较2017增减率	2019	2019较2018增减率
大众类	158.2	159.0	159.5	161.6	+1.3%	162.3	+0.4%
高等教育	45.3	39.6	39.8	36.2	-8.9%	32.3	-10.9%
基础教育	41.1	37.3	36.2	33.8	-6.8%	40.7	+20.4%
专业出版	30.5	23.7	23.5	21.5	-8.4%	20.8	-3.7%
大学出版	2.9	2.8	2.9	2.6	-11.5%	2.6	+1.1%
其他	0.1	0.4	0.4	0.6	+56.7%	0.7	+3.9%
合计	278.0	262.7	262.3	256.3	-2.3%	259.3	+1.1%

资料来源:美国出版商协会年度报告

在图书类型方面,2019年精装书、纸板书、平装书、大众市场平装书四大类别的纸质图书为美国出版销售收入贡献47.55%份额。其中,平装书和纸板书销售收入较上年实现稳步增长。2019年,纸板书销售收入为3.8亿美元,同比增长1.3%,该市场份额的坚挺在一定程度上也反映出美国绘本、图画书市场的稳定性;平装书销售收入达到 55.2 亿美元，同比增长 3.6%。相对于此，精装书和大众市场平装书销售收入则出现或多或少的下滑。2019 年，精装书表现不及平装书强势，销量、销售收入双双下滑，本年度其销售收入为 59.4 亿美元，同比下降 3.1%；大众市场平装书市场表现更为逊色，2019 年其销售收入同比下跌 13.6%，较 2015 年降幅高达 38.75%。众所周知，大众市场平装书主要依赖超级市场、杂货店、礼品店等场所销售，而随着实体经济的萎靡，原本售卖大众市场平装书的渠道被迫重新调整自身选品，利润微薄、销量不佳的大众市场平装书自然也不是架上宠儿。

虽同属数字出版范畴，但电子书和可下载有声书表现却有喜有忧。可下载有声书销售收入仍是业界增长最快的数字出版类别，同时也是所有出版物类别中增长势头最为迅猛的类别。2019 年，可下载有声书销售收入为 13.1 亿美元，较 2018 年增长 15.9%，在 2015—2019 年间收入涨幅高达 142.6%。与其形成鲜明对比的是实体有声书市场份额的大幅削减，2019 年实体有声书销售收入仅为 0.9 亿美元，同比下降 22.7%，2015—2019 年间销售收入下降 50%。2019 年，电子书销售收入延续 5 年下滑态势，为 19.4 亿美元，同比下降 4.9%，2015—2019 年间下降 30.7%。

教学材料销售收入包含基础教育和高等教育类纸质和数字课程材料收入，以及专业图书销售收入，较上一年有所上扬，为 93.7 亿美元。（见表 7）

表 7　2015—2019 年美国各格式出版物销售收入情况

单位：亿美元

类别	2015	2016	2017	2018	2018 较 2017 增减率	2019	2019 较 2018 增减率
精装书	55.6	57.8	58.8	61.3	+4.3%	59.4	-3.1%
纸板书	3.1	3.1	3.4	3.8	+9.5%	3.8	+1.3%
平装书	54.3	56.2	54.4	53.3	-2.0%	55.2	+3.6%
大众市场平装书	8.0	8.2	7.1	5.7	-19.8%	4.9	-13.6%
实体有声书	1.8	1.6	1.5	1.2	-22.1%	0.9	-22.7%
可下载有声书	5.4	6.4	8.8	11.3	+28.7%	13.1	+15.9%
电子书	28.0	22.0	20.8	20.4	-1.9%	19.4	-4.9%
教学材料	116.9	100.5	99.5	91.5	-8.0%	93.7	+2.4%
其他	5.1	6.8	8.0	7.9	-1.1%	8.8	+12.0%
合计	278.0	262.7	262.3	256.3	-2.3%	259.3	+1.1%

资料来源：美国出版商协会年度报告

(三)畅销书情况

畅销书为了解美国人和美国文化体系打开了一扇窗。畅销书不仅能为读者提供话题、展现美国真实图景,也是反映美国人思想和性格的一面镜子。美国有多家报刊发布畅销书排行榜,如《纽约时报》星期日图书评论版、《今日美国报》《出版商周刊》《商业周刊》等,其中以《出版商周刊》《纽约时报》畅销书排行榜影响力最大。除此之外,贝克与泰勒、英格拉姆等批发商,巴诺书店等实体书店,亚马逊等线上平台都有基于自身平台的畅销书榜单。本报告在此选取出版业广泛认可的《出版商周刊》畅销书榜单予以分析。

1. 整体情况

2019年《出版商周刊》纸质图书畅销排行榜冠亚军均为2018年下半年上市的新书,分别是:迪莉娅·欧文斯(Delia Owens)的《蝲蛄吟唱的地方》(*Where the Crawdads Sing*)和米歇尔·奥巴马(Michelle Obama)的《成为》(*Becoming*)。(见表8)《出版商周刊》源引尼尔森图书调查公司(NPD BookScan)的数据,《蝲蛄吟唱的地方》纸质图书销量超过180万册,当之无愧成为2019年最畅销的小说。前第一夫人的《成为》纸质图书销量也超110万册,位居第二。《成为》也是2019年美国精装非虚构类图书排行榜上榜最久的书,上榜时间长达45周。(见表8)

此次《国际出版周刊》发布的榜单以年度销量为依据进行排名。一般来说,年度销量排名并不一定与畅销书排行榜上榜时间成正比。比如,亚历克斯·马凯利德斯的处女作《沉默的病人》(*The Silent Patient*)在精装小说排行榜上表现出色,与《蝲蛄吟唱的地方》上榜周数并列。但该书在2019年销量仅为28万余册,所以无缘该年度榜单。2019年备受吹捧的两本热门书,劳拉·普雷斯科特(Lara Prescott)的《我们保守的秘密》(*The Secrets We Kept*)和皇冠出版社(Crown)寄予厚望的罗布·哈特(Rob Hart)的《零售商店》(*The Warehouse*)虽在精装小说排行榜上上榜时间较久,但销售成绩仍不足以登上年度榜单。

表8 2019年美国纸质图书畅销书排行榜情况

排名	中文书名	英文书名	作者	出版社中文名	出版社英文名	销量(册)
1	《蝲蛄吟唱的地方》	*Where the Crawdads Sing*	迪莉娅·欧文斯	普特南(哈珀·柯林斯旗下)	Putnam	1845515

续表

排名	中文书名	英文书名	作者	出版社中文名	出版社英文名	销量（册）
2	《成为》	Becoming	米歇尔·奥巴马	皇冠出版社（贝塔斯曼旗下）	Crown	1155879
3	《神探狗狗：球为谁滚》	Dog Man: For Whom the Ball Rolls	达夫·皮尔基	格拉菲科斯（学乐旗下）	Graphix	1085519
4	《你当像鸟飞往你的山》	Educated: A Memoir	塔拉·韦斯特弗	兰登书屋	Random House	880884
5	《小屁孩日记：浴室里的大魔怪》	Wrecking Ball	杰夫·金尼	阿密莱特（阿布拉姆斯出版社旗下）	Amulet Books	853626
6	《神探狗狗：野地之战》	Dog Man: Brawl of the Wild	达夫·皮尔基	托马斯-尼尔森（哈珀·柯林斯旗下）	Thomas Nelson	785328
7	《小屁孩日记》	Diary of an Awesome Friendly Kid	杰夫·金尼	阿密莱特（阿布拉姆斯出版社旗下）	Amulet Books	720807
8	《姑娘，洗把脸吧》	Girl, Wash Your Face	瑞秋·霍利斯	格拉菲科斯（学乐旗下）	Graphix	672859
9	《姑娘，停止道歉》	Girl, Stop Apologizing	瑞秋·霍利斯	哈珀·柯林斯	HarperCollins Leadership	667258
10	《奥斯维辛的文身师》	The Tattooist of Auschwitz	希瑟·莫里斯	哈珀平装书（哈珀·柯林斯旗下）	Harper Paperbacks	655319
11	《你要前往的地方》	Oh, the Places You'll Go!	苏斯博士	兰登书屋青少读物部（企鹅兰登书屋旗下）	Random House Books for Young Readers	633947
12	《神探狗狗：取得-22》	Dog Man:Fetch-22	达夫·皮尔基	格拉菲科斯（学乐旗下）	Graphix	574227
13	《守护者》	The Guardians	约翰·格里森姆	双日出版社（企鹅兰登书屋）	Doubleday	514022
14	《摇摆的毛驴》	The Wonky Donkey	克雷格·史密斯	学乐	Scholastic Paperback	498326
15	《盖洛普优势识别器2.0》	Strengthsfinder 2.0	汤姆·拉思	盖洛普出版社	Gallup Press	462701
16	《异能研究所》	The Institute	斯蒂芬·金	斯克里布纳出版社（西蒙与舒斯特旗下）	Scribner	453661
17	《勇气》	Guts	雷娜·泰格米尔	格拉菲科斯（学乐旗下）	Graphix	443738
18	《好饿的毛毛虫》	The Very Hungry Caterpillar	艾瑞·卡尔	夜莺出版社（贝塔斯曼旗下）	Philomel	441454
19	《先锋女厨师》	The Pioneer Woman Cooks	德拉蒙德	莫罗出版社（哈珀·柯林斯旗下）	Morrow	422419
20	《你是个惯犯》	You Are a Badass	珍·辛塞罗	乐宁出版社（柏修斯出版集团）	Running Press	422013

资料来源：《出版商周刊》

放眼2019年度美国精装虚构类图书排行榜，共有6部小说持续15周或以上，2018年有8部，2017年有7部。伴随这些的是四位文学巨匠的名字，他们是玛格丽特·阿特伍德（Margaret Atwood）、约翰·格里沙姆（John Grisham）、斯蒂芬·金（Stephen

King）以及乔治·R. R. 马丁（George R. R. Martin）。

尽管各类与政治相关的信息充斥在各个媒体平台，但是在精装非虚构类图书排行榜上唯一一本具有影响力的政治类图书是美国保守党阵营的政治评论员马克·R. 莱文的新作《新闻不自由》（*Unfreedom of the Press*）。他在新作中对新闻中的自我审查、预设偏见、假事件、谎言等进行了深刻揭露和批评。2018 年上榜时间最长的精装非虚构类图书大多为建议类和自助类图书。2019 年上榜图书类别发生了变化，带有宗教色彩的图书和历史类图书纷纷上榜。在平装书榜单中同样有不少霸榜图书，以 A. J. 芬恩的《窗里的女人》（*The Woman in the Window*）和汤米·奥兰治的《一切都会好的》（*There，There*）为首。

2. 五大出版巨头依然霸榜

《出版商周刊》共有四个畅销书榜单，分别为精装小说畅销榜、精装非小说畅销榜、平装书畅销榜和大众市场平装书畅销榜，每个榜单每周有 20 个席位，那么全年精装书和平装书名额各有 2080 个。就精装书来说，企鹅兰登书屋占据 39.7% 的席位，高于 2018 年的 38.3%；哈珀·柯林斯占 15.5%，排名第二，较 2018 年略有下降；阿歇特占 15%，位居第三；麦克米伦牢牢占据 12.7% 的份额，位居第四；西蒙与舒斯特从第三名滑至第五名。五大出版集团在榜单中囊括了高达 92.5% 的精装畅销书，留给其他出版商的空间较小。

在平装书方面，虽然肯辛顿（Kensington）在大众市场平装书的出色表现对五大出版集团统治地位有一丝冲击，但是五大巨头在 2019 年仍占据 83.7% 的平装畅销书份额。企鹅兰登书屋在损失约 5 个百分点的情况下依然位列第一；哈珀·柯林斯以 25.4% 的份额紧随其后；阿歇特仍保持第三名的位置；西蒙与舒斯特在平装本畅销书的份额从 7.5% 上升至 8.8%；麦克米伦仅占 6.3%，在五大巨头中占比最少。（见表 9）

表 9　2019 年五大出版集团畅销书榜上榜情况

企业	精装本				平装本			
	图书	占据席位	2019 年份额	2018 年份额	图书	占据席位	2019 年份额	2018 年份额
企鹅兰登书屋	215	825	39.7%	38.3%	93	578	27.8%	32.4%
哈珀·柯林斯	103	322	15.5%	16.0%	165	529	25.4%	22.8%
阿歇特	76	313	15.0%	13.4%	60	320	15.4%	17.0%

续表

企业	精装本				平装本			
	图书	占据席位	2019年份额	2018年份额	图书	占据席位	2019年份额	2018年份额
麦克米伦	66	264	12.7%	8.0%	28	132	6.3%	4.4%
西蒙与舒斯特	57	200	9.6%	11.5%	35	184	8.8%	7.5%
合计			92.5%	87.2%			83.7%	84.1%

资料来源：《出版商周刊》

3. 五巨头之外的出版商争奇斗艳

在大众市场平装书方面，共有35本畅销书上榜，肯辛顿在五大出版集团之外的出版商中表现尤佳。它在平装畅销书中以6.5%的份额居麦克米伦（6.3%）之上。肯辛顿的出色表现并不意外，多年来肯辛顿一直致力于在浪漫题材上深挖内容、拓宽市场，并在业内独树一帜，具有一定的市场竞争力。

诺顿（Norton）的表现也十分令人瞩目，其出版的理查德·拉索（Richard Russo）的小说《上层林冠》（*The Overstory*）上榜时间高达36周。索布兰曼克（Source books Landmark）凭借克莉斯汀娜·迈克莫瑞（Kristina McMorris）的小说《周一起售》（*Sold on a Monday*）引起了一些轰动，在大众平装本榜单上停留17周。

三、图书细分市场情况

在美国，图书出版业由大众类、高等教育类、基础教育类、专业出版以及大学出版5大细分市场组成。其中，大众类、高等教育类和基础教育类市场占比最大。2019年，大众类图书依然主宰整个出版市场，高等教育类持续缩水，而基础教育随着近年来教辅类图书的突出表现而有所拉动。

（一）大众出版情况

整个美国图书出版市场中，大众图书占据很高的市场份额，2019年美国大众图书销售收入占整体市场的62.59%，销售量更是占整体市场的90.83%，可以说大众图书决定美国图书市场体量。

按美国出版商协会的分类方法，大众图书分为成人虚构类、成人非虚构类、儿童青少年虚构类、儿童青少年非虚构类以及宗教类五大类，囊括出版市场需求量最大的类别。其中，成人虚构类、成人非虚构类、儿童青少年虚构类三类图书市场份额所占比重最大。2019年，上述三类图书销售收入占到整个大众图书出版市场的87.5%，销售额则占整个大众图书出版市场的86.15%。近年来，成人虚构类图书因缺乏头部爆品加持，从而出现一定程度的下滑趋势，2015—2019年间其销售收入共下降13.8%。2019年成人虚构类图书销售收入为42.6亿美元，同比减少3.7%；销量为5.94亿册，同比减少7.7%。相对于此，成人非虚构类图书则表现强势，2015—2019年间销售收入实现稳步增长，增幅为7.2%。2019年成人非虚构类销售收入为59.9亿美元，与上一年基本持平，仅下降0.6%；销量为6.39亿册，较上一年同期增加3%。成人非虚构类抢眼表现主要归因于政治类图书的纷纷涌现。近年来，美国政治风云变幻、事件频频，且面对政治风格迥异的商人出身的总统特朗普，民众对政治类图书兴趣倍增，这类图书成为各出版商争相进军的领域。《成为》《火与怒：特朗普白宫内幕》（*Fire and Fury*）《恐惧：白宫中的特朗普》（*Fear*）等畅销政治类图书就是极好的例证。

儿童青少年虚构类市场体量在大众出版领域仅次于成人虚构类与成人非虚构类图书市场。儿童青少年虚构类图书为广大儿童青少年提供了大量精神补给，在开拓儿童青少年思维、开发想象力方面扮演着十分重要的角色。2019年《出版商周刊》畅销书榜前20位中，有7种属于儿童青少年虚构类。学乐出版社的《神探狗狗》系列和《摇摆的毛驴》，阿密莱特出版社的《小屁孩日记》系列均为各大畅销书榜单上的畅销书和长销书。这也足以说明儿童青少年虚构类图书受众群体的力量。2019年，儿童青少年虚构类销售收入为39.5亿美元，同比增长5.3%，2015—2019年间实现了10.1%的增长率；销量为9.26亿册，同比增长7.4%。相对儿童青少年虚构类图书市场体量来说，儿童青少年非虚构类图书市场份额相去甚远。2019年，儿童青少年非虚构类图书销售收入为7.9亿美元，仅占整个大众图书市场销售收入的4.9%；销量为1.57亿册，仅占整个大众图书市场销量的6.3%。儿童青少年非虚构类图书虽市场体量不大，但近年来则一路呈现出稳步上升的态势，2015—2019年其销售收入共增长24.1%，销量共增长8%。

宗教类图书包括圣经、赞美诗、祈祷书以及有关精神和灵魂主题的图书。近年来，宗教类图书实现稳步增长，2015—2019年其销售收入增长16.5%。2019年，宗教类图书也表现较为突出，销售额达 12.3 亿美元，同比增长 0.6%，总销量为 1.91 亿册，同比下跌 3.1%。销量下滑、销售收入却增加主要归因于宗教类图书平均定价的上涨。2019 年，宗教类图书平均定价为 6.46 美元，比 2018 年的 6.23 美元增加 0.23 美元。（见表 10、表 11）

表 10　2015—2019 年美国大众类图书各子类别销售收入情况

单位：亿美元

类别	2015	2016	2017	2018	2018 较 2017 增减率	2019	2019 较 2018 增减率	2019 较 2015 增减率
成人虚构类	49.5	44.3	43.9	44.3	+0.9%	42.6	−3.7%	−13.8%
成人非虚构类	55.9	58.7	61.8	60.3	−2.5%	59.9	−0.6%	+7.2%
儿童青少年虚构类	35.9	38.2	36.6	37.5	+2.3%	39.5	+5.3%	+10.1%
儿童青少年非虚构类	6.4	6.5	6.5	7.4	+12.8%	7.9	+7.8%	+24.1%
宗教类	10.6	11.3	10.7	12.2	+14.7%	12.3	+0.6%	+16.5%
合计	158.2	159.0	159.5	161.6	+1.3%	162.3	+0.4%	+2.6%

资料来源：美国出版商协会年度报告

表 11　2015—2019 年美国大众类图书各子类别销量情况

单位：亿册

类别	2015	2016	2017	2018	2018 较 2017 增减率	2019	2019 较 2018 增减率
成人虚构类	7.06	6.73	6.46	6.43	−0.4%	5.94	−7.7%
成人非虚构类	5.85	6.16	6.41	6.20	−3.2%	6.39	+3.0%
儿童青少年虚构类	8.44	8.63	8.74	8.62	−1.3%	9.26	+7.4%
儿童青少年非虚构类	1.37	1.38	1.44	1.45	+0.8%	1.57	+8.0%
宗教类	1.8	1.94	1.85	1.97	+6.3%	1.91	−3.1%
合计	24.52	24.84	24.90	24.67	−0.9%	25.06	+1.5%

资料来源：美国出版商协会年度报告

从出版类型来看，在大众图书中纸质图书所占比重更大。2019 年，美国大众图书约 74.7% 的销售收入来自纸质图书，纸质图书销量占整个大众图书市场的 72.5%。而曾试图与纸质图书比肩甚至已经赶超的电子书销售收入仅占大众图书的 11.7%，销量仅占大众图书的 13.3%。由此可见，与教育出版、专业出版领域不同，大众出版的命脉仍被牢牢把握在纸质图书手中。

纸质图书中，精装书销售收入下降 3.1% 至 58.4 亿美元，平装书销售收入增长 3.6%，达 54 亿美元。精装书销售收入占大众图书总收入的 36.0%，平装书销售收入占大众图书总收入的 33.3%。

2019 年，纸质图书销量占大众图书总销量的 72.5%。平装书销量占大众图书总销量的 38.9%，所占比例最大。精装书销量占大众图书总销量的 24.2%。相对于此，电子书销量占大众图书总销量的 13.3%。

尽管可下载有声书的收入在 2019 年大幅增长，但是仅占大众图书销售收入总数的 8.1%。相比之下，电子书销售收入占 11.7%。2015—2019 年，大众市场平装书所占份额一直在下降，2019 年大众市场平装书销售收入下降 13.6% 至 4.9 亿美元，占大众图书销售收入总数的 3.0%。（见表 12 至表 15）

表 12　2015—2019 年美国各类大众图书销售收入情况

单位：亿美元

类别	2015	2016	2017	2018	2018 较 2017 增减率	2019	2019 较 2018 增减率
精装书	54.5	56.8	57.7	60.3	+4.6%	58.4	-3.1%
纸板书	3.1	3.1	3.4	3.8	+9.5%	3.8	+1.3%
平装书	52.9	54.8	53.0	52.1	-1.6%	54.0	+3.6%
大众市场平装书	8.0	8.2	7.1	5.7	-19.8%	4.9	-13.6%
实体有声书	1.8	1.6	1.5	1.2	-22.2%	0.9	-22.7%
可下载有声书	5.4	6.4	8.8	11.3	+28.7%	13.1	+15.9%
电子书	27.7	21.6	20.5	20.0	-2.1%	19.0	-5.2%
其他	4.8	6.4	7.5	7.2	-4.2%	8.2	+13.0%
合计	158.2	159.0	159.5	161.6	+1.3%	162.3	+0.4%

资料来源：美国出版商协会年度报告

表 13　2015—2019 年美国各类大众图书销售收入所占比重情况

类别	2015	2016	2017	2018	2019
精装书	34.5%	35.7%	36.2%	37.3%	36.0%

续表

类别	2015	2016	2017	2018	2019
纸板书	1.9%	2.0%	2.2%	2.3%	2.4%
平装书	33.5%	34.5%	33.2%	32.2%	33.3%
大众市场平装书	5.0%	5.2%	4.5%	3.5%	3.0%
实体有声书	1.1%	1.0%	0.9%	0.7%	0.6%
可下载有声书	3.4%	4.0%	5.5%	7.0%	8.1%
电子书	17.5%	13.6%	12.8%	12.4%	11.7%
其他	3.0%	4.0%	4.7%	4.5%	5.0%
合计	100.0%	100.0%	100.0%	100.0%	100.0%

资料来源：美国出版商协会年度报告

表14　2015—2019年各类大众图书销量情况

单位：亿册

类别	2015	2016	2017	2018	2018较2017增减率	2019	2019较2018增减率
精装书	5.704	5.850	5.908	6.121	+3.6%	6.068	−0.9%
纸板书	0.899	0.931	1.004	1.084	+8.0%	1.140	+5.2%
平装书	10.022	10.357	9.932	9.405	−5.3%	9.758	+3.8%
大众市场平装书	1.959	2.059	1.762	1.456	−17.4%	1.194	−18.0%
实体有声书	0.125	0.114	0.103	0.078	−24.4%	0.061	−21.5%
可下载有声书	0.655	0.805	1.150	1.670	+45.2%	1.975	+18.3%
电子书	4.215	3.640	3.495	3.420	−2.2%	3.328	−2.7%
其他	0.936	1.081	1.541	1.440	−6.5%	1.530	+6.2%
合计	24.516	24.839	24.895	24.674	−0.9%	25.055	+1.5%

资料来源：美国出版商协会年度报告

表15　2015—2019年各类大众图书销量所占比重情况

类别	2015	2016	2017	2018	2019
精装书	23.3%	23.6%	23.7%	24.8%	24.2%
纸板书	3.7%	3.8%	4.0%	4.4%	4.6%
平装书	40.9%	41.7%	39.9%	38.1%	38.9%
大众市场平装书	8.0%	8.3%	7.1%	5.9%	4.8%
实体有声书	0.5%	0.5%	0.4%	0.3%	0.2%

续表

类别	2015	2016	2017	2018	2019
可下载有声书	2.7%	3.2%	4.6%	6.8%	7.9%
电子书	17.2%	14.7%	14.0%	13.9%	13.3%
其他	3.8%	4.4%	6.2%	5.8%	6.1%
合计	100.0%	100.0%	100.0%	100.0%	100.0%

资料来源：美国出版商协会年度报告

2019年，大众类图书平均单价为6.48美元，2015—2019年间该类图书平均单价保持平稳，仅增长0.5%。其中，成人虚构类平均单价增长0.31美元，宗教类图书增长0.23美元。在不同类型图书中，大众市场平装书是唯一单价有所增长的类别，较2018年增长0.21美元。大众市场平装书单价上浮也在一定程度上加剧了其市场份额的萎缩。（见表16、表17）

表16　2015—2019年美国大众图书板块不同类别图书平均单价情况

单位：美元

类别	2015	2016	2017	2018	2019
成人虚构类	7.01	6.59	6.79	6.88	7.19
成人非虚构类	9.56	9.53	9.64	9.72	9.38
儿童青少年虚构类	4.25	4.43	4.19	4.35	4.27
儿童青少年非虚构类	4.68	4.71	4.53	5.07	5.06
宗教类	5.84	5.82	5.77	6.23	6.46
合计	6.45	6.40	6.41	6.55	6.48

资料来源：美国出版商协会年度报告

表17　2015—2019年美国大众图书板块不同格式图书平均单价情况

单位：美元

类别	2015	2016	2017	2018	2019
精装书	9.55	9.71	9.76	9.85	9.63
纸板书	3.40	3.37	3.43	3.48	3.35
平装书	5.28	5.29	5.33	5.54	5.53

续表

类别	2015	2016	2017	2018	2019
大众市场平装书	4.08	4.01	4.04	3.92	4.13
实体有声书	14.25	14.22	14.57	15.00	14.76
可下载有声书	8.19	7.91	7.64	6.77	6.63
电子书	6.58	5.94	5.85	5.86	5.70
其他	5.15	5.91	4.89	5.01	5.33
合计	6.45	6.40	6.41	6.55	6.48

资料来源：美国出版商协会年度报告

在销售渠道方面，2019年传统出版商在网络书店销售额实现3.7%的增长，达到70.6亿美元，占市场总份额的43.5%。网络书店仍然是大众类图书重要的销售渠道，网络书店销售额的增长部分抵消了实体书店销售额的下降。

2019年图书直销销售收入增长最快，增幅12.1%，这表明传统出版商通过网站直销图书的方式对消费者的吸引力逐步变大，但是直销收入在大众类图书销售收入中比例仍然很小，仅为3.6%。2019年，中间商销售收入下降2.1%。实体书店和中间商合计占大众类图书市场份额的一半左右，占销售总额的45.4%。

2019年，美国图书出口销售收入和销量分别增长5.2%和3.2%。出口是美国大众类图书销售渠道中所占比重最小的一个板块。（见表18至表21）

表18　2015—2019年美国大众类图书不同渠道的销售收入情况

单位：亿美元

类别	2015	2016	2017	2018	2018较2017增减率	2019	2019较2018增减率
实体书店	42.2	41.5	39.6	34.5	−12.8%	32.2	−6.6%
网络书店	58.1	58.1	63.0	68.0	+8.0%	70.6	+3.7%
中间商	40.4	41.1	38.8	42.3	+9.2%	41.4	−2.1%
直销	5.7	6.2	4.6	5.2	+12.9%	5.8	+12.1%
出口	7.4	8.5	10.0	8.7	−12.5%	9.2	+5.2%
其他	4.3	3.7	3.6	2.9	−19.9%	3.1	+8.1%
合计	158.2	159.0	159.5	161.6	+1.3%	162.3	+0.4%

资料来源：美国出版商协会年度报告

表19 2015—2019年美国大众类图书不同渠道销售收入所占比重情况

类别	2015	2016	2017	2018	2019
实体书店	26.7%	26.1%	24.8%	21.3%	19.9%
网络书店	36.7%	36.6%	39.5%	42.1%	43.5%
中间商	25.5%	25.8%	24.3%	26.2%	25.5%
直销	3.6%	3.9%	2.9%	3.2%	3.6%
出口	4.7%	5.3%	6.3%	5.4%	5.7%
其他	2.7%	2.3%	2.2%	1.8%	1.9%
合计	100.0%	100.0%	100.0%	100.0%	100.0%

资料来源：美国出版商协会年度报告

表20 2015—2019年美国大众类图书不同渠道的销量情况

单位：亿册

类别	2015	2016	2017	2018	2018较2017增减率	2019	2019较2018增减率
实体书店	6.21	5.91	5.89	5.33	−9.5%	5.08	−4.6%
网络书店	7.94	8.07	8.68	9.16	+5.6%	9.59	+4.5%
中间商	6.40	6.56	6.12	6.52	+6.5%	6.619	+1.5%
直销	1.49	1.82	1.73	1.75	+0.7%	1.799	+3.1%
出口	1.25	1.46	1.68	1.33	−20.6%	1.376	+3.2%
其他	1.23	1.02	0.79	0.59	−26.1%	0.601	+2.6%
合计	24.52	24.84	24.90	24.67	−0.9%	25.06	+1.5%

资料来源：美国出版商协会年度报告

表21 2015—2019年美国大众类图书不同渠道销量所占比重情况

类别	2015	2016	2017	2018	2019
实体书店	25.3%	23.8%	23.6%	21.6%	20.3%
网络书店	32.4%	32.5%	34.9%	37.1%	38.2%
中间商	26.1%	26.4%	24.6%	26.4%	26.4%
直销	6.1%	7.3%	7.0%	7.1%	7.2%
出口	5.1%	5.9%	6.7%	5.4%	5.5%
其他	5.0%	4.1%	3.2%	2.4%	2.4%
合计	100.0%	100.0%	100.0%	100.0%	100.0%

资料来源：美国出版商协会年度报告

美国大众图书市场仍然是五大集团的天下，2019年美国市场上仅企鹅兰登书屋、哈珀·柯林斯、西蒙与舒斯特、阿歇特四家图书出版种数之和就近10万种（包含纸质图书和电子书）。其中，企鹅兰登书屋图书出版种数就达8.5万种。（见图2）这主要归因于近年来企鹅兰登书屋通过合并而逐步缔造起的大众图书帝国，该集团旗下分支机构众多且分工明确、运行有效。在企鹅兰登书屋的上述8.5万种图书中，电子书7万种，纸质图书1.5万种；哈珀·柯林斯出版1万种图书；西蒙与舒斯特出版0.2万种，阿歇特出版0.18万种，这其中既包含纸质图书，也包括电子书。

单位：万种

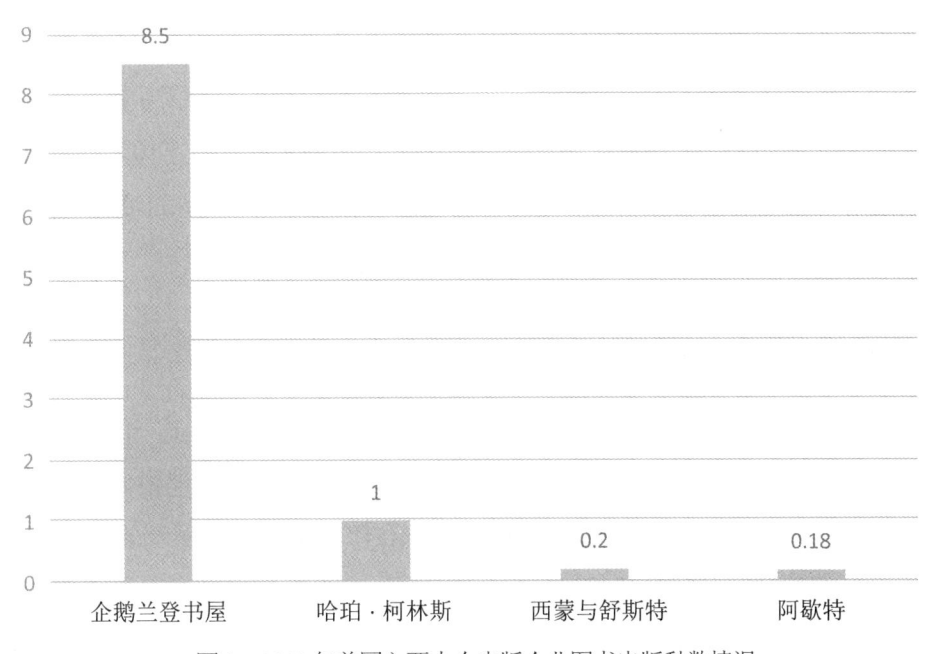

图2 2019年美国主要大众出版企业图书出版种数情况

资料来源：Statista 网站

（二）教育出版情况

对比在大众出版领域的受挫，数字技术在教育出版领域却发展迅猛。目前，"数字优先"已成为整个教育行业、教育出版行业的普遍共识。作为信息化技术的发源地，美国各行业数字化进程均走在世界前列，教育出版行业也不例外。美国教育及其相关产业数字化转型一直以来都被作为国家信息化战略的核心一环。早在20世纪90年代初，美国政府就提出"国家信息基础设施"（National Information Infrastructure，简称 NII）计划。该计划不仅显现出美国继续领跑第四次工业革命的决心，也为教育信息化改革奠定坚实基础。1996 年美国国会启动基于教育数字技术的"教育优惠"（E-rate）项目，帮助美国学校和图书馆进行数字化升级。2013 年，为与数字时代同步，缩小教育资源不均的鸿沟，奥巴马政府宣布启动"连接学校"项目（ConnectED），并呼吁具备技术研发能力的数字教育公司持续投入研发基础教育相关的数字化教育产品。

长期以来，美国定价高昂的纸质教科书为教育出版商带来丰厚利润，但也给学生和家长带来极大经济负担。教育产品数字化大大节省了传统纸质教材的纸张、印刷、装帧等成本，且从环境保护角度来说也更符合相关政策要求，因此美国对数字教育、相关出版产品及服务的需求日益增加。需求增加不仅使得培生、圣智等教育出版商纷纷转型，同时也吸引苹果、谷歌、微软、亚马逊、IBM 进入并抢占市场。目前，美国教育出版基本实现数字化。根据科技咨询公司泰克纳威（Technavio）的数据，2019 年包括数字教材收入在内的美国教育技术市场规模已达 430 亿美元。

四、图书销售渠道情况

与其他零售行业境遇相同，美国销售渠道也呈现出网络销售渠道一头独大，实体零售市场逐渐萎缩的局面。2019 年，美国通过网络零售渠道的图书销售收入为 82.2 亿美元，较上一年小幅上扬，仅增长 1.7%。但 2015—2019 年间网络零售渠道销售收入共增长 19.1%。相对网络零售渠道蓬勃发展而言，实体零售渠道作为曾经的中流砥柱则越发显得萧条。2019 年，实体零售渠道销售收入为 58.6 亿美元，较上一年下降 9.2%。2015—2019 年间实体零售渠道销售收入降幅高达 35.9%，仅凭这一数据就足以说明图书实体零售渠道的萎缩程度。

除实体零售渠道和网络零售渠道两者此消彼长外，中间商和出口等渠道表现较为稳定，2019 年通过中间商这一渠道图书销售额为 45.8 亿美元，较上一年减少 1.2%，规模不容小觑。2019 年通过实物出口这一渠道销售的图书总额达 12.5 亿美元，较上一年增加 3.8%。（见表 22、表 23）

表22　2015—2019年美国各销售渠道图书销售情况

单位：亿美元

类别	2015	2016	2017	2018	2018较2017增减率	2019	2019较2018增减率
实体零售	91.5	79.5	74.1	64.6	−12.8%	58.6	−9.2%
网络零售	69.0	71.3	75.8	80.8	6.6%	82.2	1.7%
中间商	47.7	44.9	43.3	46.3	6.9%	45.8	−1.2%
直销	52.1	48.6	49.9	47.2	−5.3%	54.6	15.5%
出口	12.2	11.5	12.9	12.0	−6.8%	12.5	3.8%
其他	5.6	6.9	6.2	5.4	−13.9%	5.7	5.7%
合计	278.0	262.7	262.3	256.3	−2.3%	259.3	1.1%

资料来源：美国出版商协会年度报告

表23　2015—2019年美国各销售渠道图书销售收入变化情况

类别	变化幅度
实体零售	−35.9%
网络零售	19.1%
中间商	−4.1%
直销	4.8%
出口	2.1%
其他	0.8%
合计	−6.8%

资料来源：美国出版商协会年度报告

2019年，增幅最大的图书销售渠道当属直销，同比增长15.5%，为54.6亿美元。（见表22）直销主要指出版商通过自有平台销售其图书的一种销售形式。长期以来，亚马逊等电商巨头对纸质图书和电子书的定价干预过多，令出版商苦不堪言。为此，不少出版商纷纷借用自己的官方平台衍生出线上图书销售平台。以企鹅兰登书屋和哈珀·柯林斯两家大众出版商为例，其线上销售平台简洁直观、分类明晰，甚至以即将上市、新书、畅销书、获奖书等分类导览模式来帮助读者快速匹配阅读喜好。对比亚马逊网站价格，出版商自有线上直销平台甚至具备一定的价格优势，与其被亚马逊牵着鼻子走，还不如将成本让利读者，同时还能增加平台流量。（见图3、图4）

图 3　企鹅兰登书屋官网畅销书《成为》销售页面

资料来源：企鹅兰登书屋官方网站

图 4　哈珀·柯林斯官网畅销书《木兰桌 2》销售页面

资料来源：哈珀·柯林斯官方网站

在网络零售渠道中，各类图书应有尽有。美国出版商协会年度报告也对网络零售渠道各类图书销售情况进行专门统计，报告数据显示，在各类图书中销售额最高、比重最大的为精装书，以 25.2% 的比重高居榜首，为 20.7 亿美元。其次为电子书，其销售收入占整个网络销售渠道收入的 22.3%，为 18.3 亿美元。再次为平装书，所占比重达 21.4%，为 17.6 亿美元。因大众市场平装书和实体下载有声书更依赖商超、机场、报刊亭、书店等实体销售渠道，所以上述二者在网络销售渠道收入中所占比重甚微，均不足 1%。（见表 24、表 25）

表 24　2015—2019 年各类图书网络零售渠道销售额情况

单位：亿美元

类别	2015	2016	2017	2018	2018 较 2017 增减率	2019	2019 较 2018 增减率
精装书	12.3	14.5	17.0	20.0	17.6%	20.7	3.7%
纸板书	0.5	0.5	0.7	0.8	16.0%	0.8	6.6%
平装书	12.2	14.2	15.7	16.4	4.0%	17.6	7.6%
大众市场平装书	0.6	0.7	0.7	0.7	3.5%	0.7	−7.8%
实体有声书	0.3	0.3	0.3	0.2	−24.9%	0.2	−19.4%
可下载有声书	5.2	6.2	8.5	9.8	15.6%	11.1	13.2%
电子书	26.6	21.0	19.8	19.4	−2.2%	18.3	−5.8%
教材	10.2	12.2	11.8	11.6	−1.8%	10.4	−10.4%
其他	1.1	1.8	1.4	2.0	45.9%	2.4	21.9%
合计	69.0	71.3	75.8	80.8	6.6%	82.2	1.7%

资料来源：美国出版商协会年度报告

表 25　2015—2019 年各类图书网络零售渠道销售额所占比重情况

类别	2015	2016	2017	2018	2019
精装书	17.8%	20.3%	22.4%	24.7%	25.2%
纸板书	0.7%	0.7%	0.9%	1.0%	1.0%
平装书	17.7%	19.9%	20.8%	20.3%	21.4%
大众市场平装书	0.9%	0.9%	0.9%	0.9%	0.8%
实体有声书	0.4%	0.4%	0.3%	0.2%	0.2%
可下载有声书	7.6%	8.7%	11.2%	12.1%	13.5%
电子书	38.6%	29.5%	26.2%	24.0%	22.3%

续表

类别	2015	2016	2017	2018	2019
教材	14.7%	17.1%	15.5%	14.3%	12.6%
其他	1.6%	2.5%	1.8%	2.4%	2.9%
合计	100.0%	100.0%	100.0%	100.0%	100.0%

资料来源：美国出版商协会年度报告

五、国民阅读情况

近年来，美国国民阅读率相对稳定，纸质图书依旧是民众最为青睐的阅读选择，有声读物接触率逐年攀升。随着政策和资金的持续性投入，美国图书馆为民众提供的环境越发开放、服务也更加人性化。同时，图书馆在国民阅读推动过程中扮演的角色也更加重要。

（一）图书馆情况

1. 图书馆数量

由美国今日资讯公司出版的《美国图书馆指南》（*American Library Directory*，简称 ALD）每年发布北美地区图书馆数据，内容涵盖美国、加拿大各图书馆的相关情况，号称目前信息最完备、更新最及时的北美图书馆信息指南。《美国图书馆指南 2020—2021》最新统计数据显示，截至目前，除中小学图书馆外，美国本土共有 26148 家图书馆，其中公共图书馆 16912 家、学术图书馆 3575 家、军队图书馆 227 家、政府图书馆 813 家以及专业图书馆[①]4621 家。

2. 图书馆采购情况

《美国图书馆指南 2020—2021》[②]对图书馆采购情况做了统计，数据显示美国公共图书馆和政府图书馆中，图书支出所占比重较大，而学术图书馆出版物采购支出则较多用于期刊馆藏，专业图书馆在电子参考资料采购方面支出相对较高。（见表 26）

---

① 专业图书馆（Special Library）有别于公共图书馆、学术图书馆、军队图书馆和政府图书馆，其馆藏和服务更具针对性，如法律图书馆、医学图书馆和宗教图书馆等。

② 因每年选取调查统计的各类图书馆数量不同，故此处不与往年数据作对比。

表26　2019年美国各类图书馆采购支出情况

图书馆类别	数据类别	采购总支出	图书支出	期刊支出	视听材料支出	电子参考资料支出
公共图书馆	金额（美元）	706647712	181746166	14905726	66484136	84643479
	比例（%）	100	25.72	2.11	9.41	11.98
学术图书馆	金额（美元）	784655245	49443249	156558572	2858506	92780938
	比例（%）	100	6.3	19.95	0.36	11.82
专业图书馆	金额（美元）	8151228	661698	347384	26390	1190148
	比例（%）	100	8.12	4.26	0.32	14.6
政府图书馆	金额（美元）	4411780	1018317	929559	1000	913793
	比例（%）	100	23.08	21.07	0.02	20.71

资料来源：《图书馆与图书贸易年鉴》

3. 图书馆相关政策

2019年1月，美国图书馆协会理事会一致通过《美国图书馆权利法案》第七项新条款："所有人无论出身、年龄、背景或观念在使用图书馆时均享有隐私和保密的权利。图书馆应倡导、教育和保护民众隐私，保护所有图书馆使用数据，包括访客个人身份信息。"这项新条款极大地保护了图书馆用户的隐私权。

2019年，美国图书馆获得了史无前例的资金支持。虽然特朗普政府在2019年3月时曾再度提议取消联邦政府对图书馆的资金资助，但是在美国图书馆协会成员的不懈努力下，2019年12月国会最终批准并与总统签署图书馆支出法案。此项法案包括为博物馆和图书馆服务协会增加1000万美元支出，这也是该协会近十年来获得的最大一笔政府资金支持。

2019财年，用于国家《图书馆服务和技术法案》（LSTA）的支持资金为1.608亿美元、用于美国原住民图书馆服务的支持资金为510万美元、用于劳拉·布什21世纪图书馆馆员的支持资金为1000万美元、用于图书馆全国领导力的支持资金为1340万美元。

4. 图书馆使用情况

据盖洛普咨询公司（Gallup）最近的一项民意调查显示，参观图书馆是"美国人迄今为止从事的最常见的文化活动"。2019年，美国成年人去图书馆的平均次数为10.5次，这一频率超过其他娱乐活动。由于向公众免费提供共享网络（Wi-Fi）、电影租赁和儿童活动等服务，美国图书馆吸引了大量民众前往，其中包括青少年和低收入成年人。

作为推广数字信息化的排头兵，图书馆在弥补家庭因缺乏智能手机和平板电脑等设备带来的数字鸿沟方面有着积极作用。2019年1月，斥资100万美元的"图书馆领导数字技能"倡议开始启动，并在全美50个州开展巡回活动。每次州际巡回结束后，公共图书馆协会都会向当地致力于发展数字服务的公共图书馆开放拨款申请。一直以来，博物馆和图书馆服务研究所将无障碍服务作为其工作重点之一。美国各类图书馆努力为所有民众提供开放的环境和人性化的服务。

（1）公共图书馆

在2020年的人口普查工作中，公共图书馆发挥了实现公平、准确计数的关键性作用。凭借美国图书馆协会和公共图书馆协会所提供的人员和资源支持，公共图书馆成为人口普查的重要支撑。

同样，公共图书馆在促进家长参与教育方面也扮演着重要角色。公共图书馆为各年龄段青少年提供丰富项目，帮助孩子跟父母一起学习来增进亲子关系。公共图书馆还通过公益讲座等形式帮助父母缓解生活压力、焦虑情绪，从而减少青少年行为问题和家庭暴力风险。研究表明，父母的参与对减少甚至消除不同教育水平之间的教育差距有很大帮助。

多年来，公共图书馆为其所在社区提供各种健康信息和宣传服务，包括向民众宣传健康生活方式、健康食谱、多媒体体育教学和发放自助心理健康资料等。此外，部分公共图书馆还举办相应体育活动，如步行、骑行、徒步旅行等。近23%的公共图书馆提供健身或瑜伽课程。部分公共图书馆也会招募社工从业人员、实习生或学生，以满足用户对上述服务的需求。公共图书馆通过技能培训和寻求企业支持等为社区民众提供就业机会，近90%的公共图书馆会提供数字扫盲培训项目。社区民众通过学习简历书写、求职技巧等课程获得职业发展新技能。

（2）学术图书馆

学术图书馆通过举行具有影响力的实践活动，对学生保留率、毕业率、毕业时间和平均绩点都产生积极影响。这些实践活动包括国际交流学习、创新学习项目、校外实习等。美国近27%的学术图书馆为教育实践活动提供过支持。学术图书馆会通过一对一指导、课堂讨论以及课外活动等方式帮助并促进学生学习。每年图书馆工作人员为700多万名学生提供面对面或线上指导课程。在近80万次教学中，有超过57%为数字化或电子课程。

在使用率方面，博士学位授权点图书馆平均每周开放时间109.75小时，年均访问量96.6万余人次。综合大学图书馆平均每周开放91.02小时，年均访问量29.6万人次。本科生图书馆每周平均开放89.74小时，年均访问量17.9万人次。社区学院图书馆每周平均开放63.77小时，年均访问量20.3万人次。学术图书馆电子资源使用量持续增长。机构资料库的资料使用次数超过6.22亿次，电子书使用超过5.32亿次。此外，各大学图书馆通过馆际互借为其社区从其他图书馆借阅的图书超过630万册。

5. 问题与挑战

2019年，图书馆就电子书版权和定价一事与出版商持续博弈。麦克米伦出版社禁止向图书馆出售新电子书版权，在图书馆界掀起了不小波澜。2019年7月，麦克米伦宣布将这一禁例的实施范围扩大到所有下属出版品牌。这也是迄今为止麦克米伦在电子书版权和定价方面最具争议性的决定，也成为图书馆和出版商之间的重大分歧事件之一。自2019年11月1日起，麦克米伦限制所有规模的图书馆系统仅可购买一本其新书的电子书，同时规定在新书发行8周后，图书馆才可无限制地购买两年期的电子书版权。麦克米伦的决定瞬时引起强烈反响。2019年8月，美国图书馆协会及其公共图书馆协会（PLA）发起一项"人人都能读电子书"（eBooks for All）的活动，并将该网站打造成一个信息和资源的枢纽。倡导者向赞助者宣传这场运动，并在当地新闻媒体上发表评论文章，发布反对禁例的组织声明。最终，麦克米伦高管宣布将参加2020年ALA仲冬会议，讨论并回答有关电子书禁例问题，并听取更多图书馆的意见。

2019年8月27日，在一则发给图书馆客户的信息中，图书馆电子书供应商书库（Bibliotheca）高级副总裁汤姆·默瑟（Tom Mercer）直言不讳地指责亚马逊干预图书馆电子书市场，他提醒图书馆对此要认真对待，并积极应对亚马逊在数字领域给图书馆带来的挑战。长期以来，图书馆一直对亚马逊的做法表示担忧，亚马逊的数字内容并不会提供给图书馆，并且一直在积极寻求与重要作者以及出版商独家交易。在电子书市场氛围紧张和形势不明的情况下，图书馆能否准备好迎接亚马逊等电商的挑战成为迫在眉睫要解决的问题。

2019年2月，加州大学作为美国支持开放获取的大型领先机构做出了迄今为止最大胆的决定，终止与爱思唯尔的订购协议，并要求爱思唯尔同意开放获取。作为世界上最大的专业出版商，爱思唯尔经常就获取学术期刊的高成本与图书馆、机构发生冲突，谈判陷入僵局的情况时有发生。但此次不同，加州大学不仅在价格上讨价还价，而且更是明确其原则和立场，希望学生和公众都能接触到最前沿的学术研究成果，从而更好地履行大学图书馆的使命。

（二）阅读情况

皮尤研究中心2019年初的一项调查显示，大约72%的美国成年人表示在过去12个月内曾读过多种类型的书。这一比例自2012年以来基本保持不变。纸质图书目前仍然是最受欢迎的阅读方式，有65%的成年人表示在过去12个月里读过纸质图书。

尽管2016年的一项调查显示美国人中纸质图书和电子书的读者数量相似，但有声读物的受众所占比重从14%上升到20%。总的来说，美国人平均每年读12本书。自2011年该中心首次开始对美国人的读书习惯进行调查以来，这些数字基本上没有变化。（见图5）

图5　2011—2019年美国国民阅读情况

资料来源：皮尤研究中心

尽管近年来电子书和有声读物发展快速，但很少美国人只购买数字类图书，而不购买纸质图书。约37%的美国人表示只阅读纸质图书，28%的人表示既阅读数字类图书，也阅读纸质图书。只有7%的美国人表示只读数字类图书（包括电子书和有声读物）。（见图6）

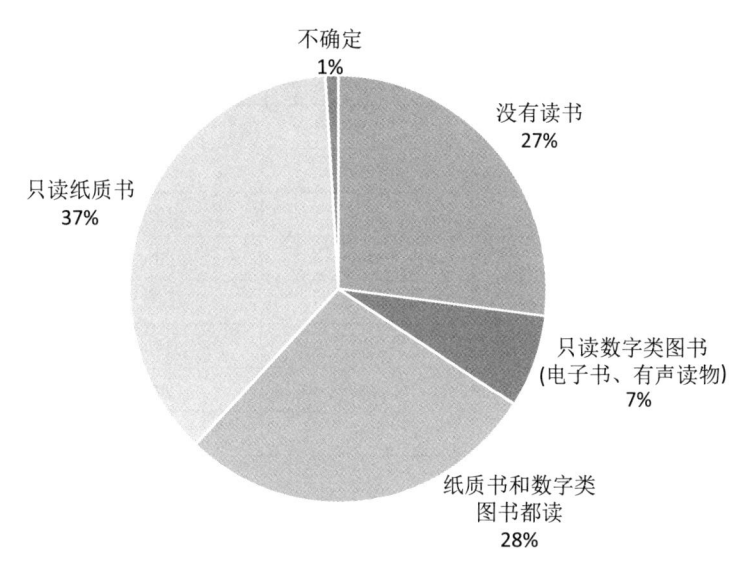

图 6　2019年美国纸质图书、电子书阅读情况

资料来源：皮尤研究中心

皮尤研究中心的此项调查还对性别、年龄、学历、家庭收入、居住区域等进行差异性分析，结果与过去几年调查结果相似。例如，拥有学士学位或高级学位的成年人比上过大学的人、高中毕业生或高中以下学历的人读书率更高；18岁至29岁的成年人比65岁以上的人更喜欢读书。与此同时，与2018年相比，不同群体阅读某种特定类型图书的可能性有的增加，有的则减少。这些群体分别为：大学毕业生，自2018年以来，过去12个月听过有声读物的大学毕业生比例增加7个百分点，大约占34%，而2018年为27%；经济富裕的成年人，家庭年收入在75000美元或以上的成年人听过有声读物的比例从2018年的23%上升到30%，增加了7个百分点；男性，本次调查中有67%的男性表示在过去12个月内读过一本书，2018年这一比例为73%。（见表27）

表27　2019年美国国民阅读率情况

类别	阅读任何格式的图书	阅读一本纸质图书	阅读一本电子书	听一部有声读物
全部受访者	72%	65%	25%	20%
性别			
男性	67%	60%	24%	17%
女性	76%	70%	27%	22%

续表

类别	阅读任何格式的图书	阅读一本纸质图书	阅读一本电子书	听一部有声读物
族裔				
白种人	76%	70%	27%	22%
非洲裔	65%	58%	19%	13%
拉美裔	59%	54%	20%	15%
年龄				
18~29 岁	81%	74%	34%	23%
30~49 岁	72%	65%	28%	27%
50~64 岁	67%	59%	22%	16%
65 岁以上	68%	63%	17%	8%
学历				
高中以下学历	32%	25%	5%	6%
高中毕业生	61%	55%	15%	12%
大学未毕业	75%	70%	26%	17%
大学以上学历	90%	82%	41%	34%
收入水平				
低于 30000 美元	62%	56%	18%	14%
30000~49999 美元	67%	63%	19%	13%
50000~74999 美元	78%	71%	28%	27%
75000 美元以上	86%	78%	38%	30%
居住区域				
城市	75%	68%	27%	23%
郊区	74%	68%	27%	19%
农村	66%	58%	20%	18%

资料来源：皮尤研究中心

六、相关企业情况

与其他行业相同，出版企业也处在一个强者愈强、弱者淘汰的时代。出版巨头已不再满足于并购中小型公司来壮大自身，而胃口越来越大，要么是巨头间联姻，要么是巨头四处吞并。近年来，全球出版 50 强正经历着重新洗牌。多年来的榜首培生也于 2018 年滑落至第二名，2019 年更是跌落至第三名，位列励迅与汤森路透之后。以巴诺书店为代表的实体书店在线上销售渠道的步步紧逼下，不得不积极自救。

（一）出版企业情况

随着贸易全球化的不断深入及国际市场自由度不断提高，一些大型企业跨国业务范围也错综复杂。其区域间业务相互渗透，很难厘清各自业务重心。为此，本报告依据国际出版行业公认的，由《法国图书周刊》（*Livres Hebdo*）发起、国际书业研究院（Ruediger Wischenbart Contentand Consulting，简称 RWCC）研究并发布的《2019年全球出版50强报告》，选取其中母公司所属国家为美国的9家出版集团的数据并对其2019年经营状况予以呈现。（见表28）

表28 2019年美国出版集团出版业务营收情况

单位：亿美元

排序	出版公司	2019年营收	2018年营收	增减率
1	汤森路透	52.77	51.33	+2.81%
2	企鹅兰登书屋	37.82	38.42	-1.56%
3	威立	18.00	17.96	+0.22%
4	哈珀·柯林斯	17.54	17.58	-0.23%
5	学乐	16.54	16.28	+1.60%
6	麦格劳-希尔	15.71	15.97	-1.63%
7	圣智学习	14.60	14.61	-0.07%
8	霍顿·米夫林哈考特	13.19	13.22	-0.23%
9	西蒙与舒斯特	8.14	8.25	-1.33%

资料来源：《图书周刊》

1. 汤森路透

2008年，汤姆森公司（Thomson Corporation）和路透集团（Reuters Group PLC）合并成立汤森路透（Thomson Reuters）。汤森路透为金融、法律、税务、会计、医疗保健、科学和媒体市场的企业和专业人士提供信息。汤森路透是一家双重上市公司，由汤森路透（加拿大）（Thomson Reuters Corporation）和汤森路透（英国）（Thomson Reuters PLC）组成。

2018年10月，汤森路透以约170亿美元价格，将其之前的金融与风险业务55%的股权出售给黑石管理的私人股本基金，并保留了新公司45%的股权，该公司现在被称为路孚特（Refinitiv）。由于此次出售行为，汤森路透也将财务风险、法律税务、会计三个业务部门重组为法律、规划管理、税务、路透社新闻、全球印刷五个业务部门。

2019年,汤森路透整体营业收入增长4%,达到59.06亿美元,较上一年同期55.01亿美元有所增长。其中,出版业务收入为52.77亿美元。2019年7月,汤森路透宣布已完成对安全审计确认服务提供商康福美(Confirmation)和法律监管市场协作平台海克(HighQ)的收购。

2. 企鹅兰登书屋

2019年,企鹅兰登书屋(Penguin Random House)收入因大量畅销书和在多区域市场份额增加而得到显著增长。包括德国兰登书屋在内,企鹅兰登书屋收入增长6.2%,至36亿欧元,其未计利息、税项、折旧及摊销前的营业利润增长6.2%,至5.61亿欧元。此外,贝塔斯曼于2019年12月宣布收购企鹅兰登书屋的全部所有权。

2019年5月,企鹅兰登书屋收购书源(Sourcebooks)的45%股份。书源是内帕维(Naperville)的一家独立出版商,提供大多数类别的非小说类图书、商业和文学小说、爱情小说、礼品图书、日历和儿童图书等。同年5月,企鹅兰登书屋集团西班牙出版业务收购巴塞罗那的艾迪斯萨拉曼(Ediciones Salamandra)出版社。2019年3月,企鹅兰登书屋收购了总部位于伦敦的儿童图书出版商小虎集团(Little Tiger Group)。作为重组的一部分,企鹅兰登书屋宣布关闭旗下的格劳(Spiegel & Grau)出版社,这家出版社曾出版商业小说、高雅小说和非虚构类作品。

2019年,企鹅兰登书屋在美国共有496种图书入围《纽约时报》畅销书榜,并有3种荣登美国年度最畅销图书:迪莉娅·欧文斯的《沼泽深处》、塔拉·韦斯特弗的自传处女作《你当像鸟飞往你的山》以及米歇尔·奥巴马的《成为》。

3. 威立

截至2019年4月30日,威立公司(Wiley)收入与前一年基本持平,为18亿美元。按照固定汇率计算,营业收入较2018年增长2%。这一增长被出版销售的下降所抵消,这归因于2018年威立对学舍(Learning House)的收购。威立出版部门在2019财年结束时销售业绩为5.74亿美元,较2018年的6.17亿美元有所下降。

2019年1月,霍顿·米夫林·哈考特(Houghton Mifflin Harcourt)和威立达成合作关系,成为威立在基础教育(K-12)市场上的高级课程和选修课独家分销商。4月,威立公司宣布与谷歌云开展新合作,旨在为快速增长的谷歌云用户群体提供一系列资源。7月，威立宣布收购计算机科学和科学、技术、工程、数学（STEM）课程课件提供商赞特（Zyante）。威立计划将赞特与其最近收购的纽特（Knewton）系统相结合，为学生提供更具适应性、高影响力的学习体验，同时降低教学成本。

4. 哈珀·柯林斯

截至2019年6月30日，哈珀·柯林斯（HarperCollins）营业收入为17.54亿美元，同比减少0.23%，降幅不大。国际方面，哈珀·柯林斯在全球17个国家开展业务，并同步出版发行纸质图书、电子书和有声读物。此外，哈珀·柯林斯还提供超过20万种不同格式、16种语言的出版物目录。哈珀·柯林斯会为作者授权，并承诺将作者作品以50多种语言版本在全世界出版。2019年3月，出版商宣布推出哈珀维亚（HarperVia），这是一家专注于为世界英语出版物获取国际图书的新品牌。该出版社计划每年出版大约24种图书。

数字化方面，随着电子书被消费者广泛接受，哈珀·柯林斯在出版纸质图书之前实施电子书先行策略。如今，哈珀·柯林斯的数字产品包括面向平板电脑、电子书阅读器和移动设备的电子书和有声读物。截至2019年6月30日，公司大约出版了10万种数字格式出版物，数字出版物的销售收入（包括电子书和有声读物）约占其收入的20%。2019年9月，哈珀·柯林斯宣布与英国赫斯特集团和数字图书零售商Kobo合作，成立有声图书俱乐部。

5. 学乐

2019年，学乐（Scholastic）营业收入增长1.6%，达16.54亿美元，这是由于在国内和国际市场上大众出版势头强劲。儿童图书出版和发行部门收入从2018年的9.62亿美元增至2019年的9.90亿美元。在教育领域，该板块收入为2.97亿美元，占2019年总营业收入的18.0%。国际市场2019年营业收入为3.66亿美元，同比降幅为1%。

国际方面，学乐在美洲、欧洲、亚洲及大洋洲的15个国家开展业务。通过实物出口业务，该公司向全球165个国家的学校、图书馆、书店和其他图书经销商销售教材、数字教育资源和儿童图书。学乐在阿拉伯联合酋长国和哥伦比亚也有分支机构，在中国也设有分公司。此外，学乐还与世界各地的其他出版公司以及政府和非政府机构合作，为发展中国家的公立学校创作和发行图书，授权45种语言图书。

2019年12月，学乐公司宣布其全资子公司学乐书展已根据2019年10月25日的购销协议相关条款和条件，完成对位于加州的纳尔逊夫人书展（Mrs. Nelson's Book Fairs）的资产收购，具体交易条款并未披露。

6. 麦格劳-希尔

2019年5月，圣智与麦格劳-希尔（McGraw-Hill Education）宣布合并，希望创建一家由现任圣智首席执行官迈克尔·汉森领导的公司，合并后总收入为32.2亿美元。但由于监管等问题，该合并申请在2020年5月被撤销。在过去几年里，麦格劳-希尔所有业务板块收入都在持续下降，亏损也在增加。行业观察人士认为，基础教育和高等教育市场的根本性挑战是此次合并的主要推动力。

7. 圣智学习

截至2019年3月财年，圣智学习（Cengage Learning）营业收入下降至14.6亿美元，主要原因在于教育板块营业收入的下降。此外，调整后的息税、折旧、摊销前利润从2018年的4.06亿美元下降至2019年的3.73亿美元。

2019财年，国际部门营业收入增长2%，总计达到2.98亿美元，主要与澳大利亚学校产品的强劲销售有关，包括大型印刷合同以及在亚洲和拉丁美洲的英语教学（ELT）产品销售增长。营业利润与上一年持平，为7200万美元。圣智学习数字产品总销售额约占总营业收入的55%。

8. 霍顿·米夫林·哈考特

2019年1月，霍顿·米夫林·哈考特（Houghton Mifflin Harcourt）与威立公司达成合作关系，成为威立高级课程目录的基础教育独家分销商，以此加强其核心课程，为更多学生提供高等教育材料和就业准备。同月，霍顿·米夫林·哈考特宣布购买Waggle，一个基于网络的自适应学习平台，为2~8年级学生提供差异化的数学和环评指导。2月，霍顿·米夫林·哈考特宣布推出霍顿·米夫林·哈考特音频，该音频品牌将从2019年秋季开始，出版霍顿·米夫林·哈考特热门成人和青少年读物的有声读物。5月，霍顿·米夫林·哈考特宣布与全球教育服务提供商福莱特（Follett）扩大合作伙伴关系，向阿拉伯联合酋长国的学生、教师和学校提供霍顿·米夫林·哈考特的基础教育学习解决方案，涵盖课程、专业发展和服务。福莱特将成为霍顿·米夫林·哈考特在该地区的独家经销商。10月，霍顿·米夫林·哈考特公司批准《2019年重组计划》，其中包括简化公司业务模式、加快战略转型等。这些举措导致霍顿·米夫林·哈考特在减少额外运营和资本成本的同时也使员工减少约 10%，还计划在未来三年内将原先计划的内容开发支出减少约 20%。

9. 西蒙与舒斯特

2019 年 4 月，西蒙与舒斯特（Simon & Schuster）成立了一个新非小说类出版品牌 Tiller Press。该品牌出版关于健康、自我表达、饮食和烹饪、育儿、家庭、职场、娱乐、旅行等方面的相关图书。11 月，母公司哥伦比亚广播公司（CBS）和维亚康姆（Viacom）完成合并，合并后营业收入几乎翻了一番。在哥伦比亚广播公司与维亚康姆合并后，西蒙与舒斯特出版部门贡献了合并后收入的 3%。2020 年 3 月，维亚康姆哥伦比亚广播公司（ViacomCBS）在经过"战略评估"后宣布了出售出版部门的意图。

（二）书店情况

1. 巴诺书店

2019 财年，美国巴诺书店（Barnes & Noble）收入为 34.8 亿美元，低于 2018 年的 36.6 亿美元。（见图 7）巴诺书店在美国拥有 627 家门店，比上一年减少 3 家。近年来，巴诺公司收入每年都呈下降趋势，从 2012 年到 2019 年下降近 20 亿美元。2018 年净亏损近 1.255 亿美元，2019 年净收入仅为 377 万美元。近年来，该公司还大幅缩减员工数量，以工资较低的兼职员工来取代年薪制全职员工。

巴诺书店曾经是全球最大的连锁书店，近年来由于亚马逊（Amazon）等在线图书零售商带来的竞争加剧而陷入衰落。该公司在实体店和电子书领域的净销售额都有所下降，公司经营的实体店数量也开始逐渐减少。与实体书店相比，网上订购图书对读者而言更具送货上门便利性和更丰富多样的选择性，因此越来越多的消费者开始倾向于选择网上订购图书。

尽管巴诺在与在线书店的竞争中举步维艰，但实体书店吸引力并未减弱。传统纸质图书仍然是当下最受消费者欢迎的类型。虽然电子书和有声书在该行业已占有一席之地，但是即便如此，读者对纸质图书的喜爱依然并未减退。然而，巴诺书店逐步将重点放在扩大产品范围上，除图书外，还包括在其门店内推出餐厅，这使得消费者乃至出版业都对该书店发展现状和未来前景提出质疑。

总体来说，电子商务对实体零售产生了深远影响。2019 年美国的一项研究显示，通过第三方市场是消费者购买图书的最主要方式，有 42% 的受访者表示过去一年中曾从第三方网络书店购买过图书。研究还表明，第三方市场对于购买图书来说比其他任何产品类型都更受欢迎，图书是最不可能在零售店购买的产品之一。图书也是亚马逊消费者购买的主要产品类型之一。美国图书零售店的月销售额往往会出现明显的季节性变化，很少超过 7 亿美元，这样的市场环境使巴诺这样的连锁书店前景艰难。

2019 年 6 月，艾略特投资管理公司（Elliott）宣布将以每股 6.50 美元的现金价格收购巴诺公司，交易价值约 6.83 亿美元，包括承担债务。这距离艾略特公司收购英国图书连锁店水石（Waterstones）的多数股权仅过了一年。交易结束后，艾略特公司将持有巴诺和水石两家书店。虽然两家书店仍独立运营，但是它们将拥有共同的首席执行官。目前水石已经成功地恢复了销售增长和可持续的盈利能力。在艾略特的管理下，这种对卓越图书销售的承诺将加强两家公司在快速变化的零售格局中取得成功的能力。

单位：亿美元

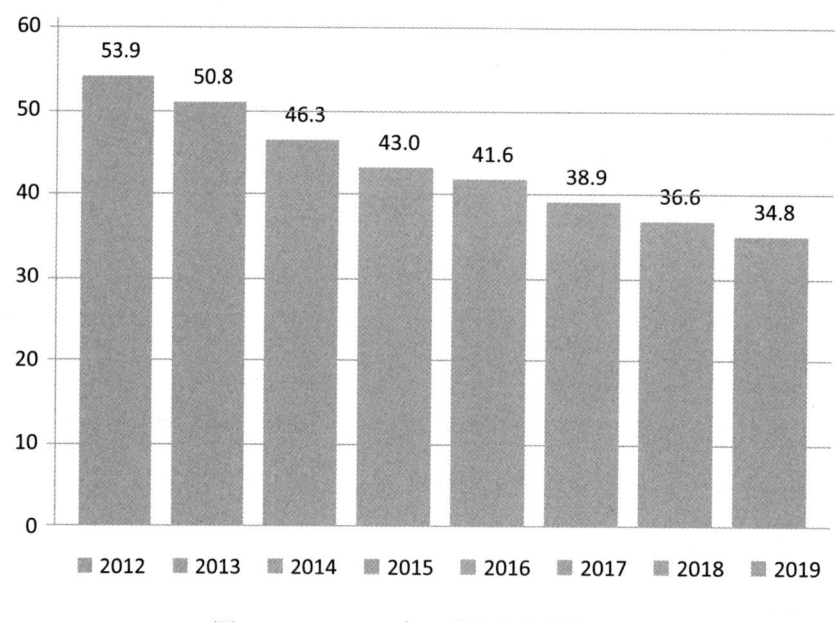

年份	营收
2012	53.9
2013	50.8
2014	46.3
2015	43.0
2016	41.6
2017	38.9
2018	36.6
2019	34.8

图 7　2012—2019 年巴诺书店营收情况

2. 亚马逊

2019 年，亚马逊（Amazon）销售情况依然形势大好，全年净销售收入为 2805.22 亿美元，同比增长 14.8%。其中，线上商店净销售收入 1412.47 亿美元，包括实体产品销售和数字媒体内容销售，如纸质图书、电子书、音乐、视频、游戏和软件等。实体商店净销售收入为 171.92 亿美元，同比略有下降但依然稳定，降幅仅为 0.2%。实体商店收入主要依赖于亚马逊在全美的实体店面布局，但需要指出的是，在亚马逊网上订货、实体店面提货这部分销售额被计入"线上商店"净销售收入中。

第三方卖家服务净销售收入为 537.62 亿美元，其中包括佣金及第三方委托的运输费用等。订阅服务净销售收入为 192.1 亿美元，包括 Prime 会员、有声读物、数字视频、数字音乐、电子书和其他非亚马逊云服务等会员年费和月费的订阅服务。

亚马逊云服务（Amazon Web Services，简称 AWS），是亚马逊销售收入增长最为强劲的业务部门之一，为个人、公司和政府提供计算、网络、存储、数据库、分析和应用等云计算服务。截至 2019 年第一季度，AWS 约占全球云基础设施服务供应商市场的 31.5%，2019 年净收入 350.26 亿美元。其他项目净销售收入为 140.85 亿美元，主要包括广告服务收入，以及与亚马逊提供的其他服务相关销售收入。（见表 29）

表 29　2017—2019 年亚马逊各业务板块净销售收入情况

单位：亿美元

类别	2017	2018	2019
线上商店	1083.54	1229.87	1412.47
实体商店	57.98	172.24	171.92
第三方卖家服务	318.81	427.45	537.62
订阅服务	97.21	141.68	192.10
亚马逊云服务	174.59	256.55	350.26
其他	46.53	101.08	140.85
总计	1778.66	2328.87	2805.22

资料来源：亚马逊年报

从地域上看，2019 年美国仍然是亚马逊公司最主要的市场，净销售收入为 1936.36 亿美元，所占比重 69.0%，同比增加 20.9%；德国净销售收入 222.32 亿美元，所占比重 7.9%，同比增加 11.8%；英国净销售收入 175.27 亿美元，所占比重 6.2%，同比增加 20.7%；日本净销售收入 160.02 亿美元，所占比重 5.7%，同比增加 15.7%；其他地区净销售收入 311.25 亿美元，所占比重 11.1%，同比增加 27%。（见表 30）

表 30 2017—2019 年亚马逊各地区市场净销售收入情况

单位：亿美元

类别	2017	2018	2019
美国	1204.86	1601.46	1936.36
德国	169.51	198.81	222.32
英国	113.72	145.24	175.27
日本	119.07	138.29	160.02
其他地区	171.50	245.07	311.25
合计	1778.66	2328.87	2805.22

资料来源：亚马逊年报

亚马逊从未停下并购脚步，持续开疆拓土。2017 年 5 月 12 日，亚马逊以约 5.83 亿美元价格收购电子商务公司苏克（Souq Group Ltd.）。2017 年 8 月 28 日，亚马逊以约 132 亿美元（净收购现金）收购杂货店连锁店全食超市（Whole Foods Market）。这两笔收购都是为扩大亚马逊公司的零售业务。2018 年 4 月 12 日，亚马逊以大约 8.39 亿美元的现金对价收购门铃制造商铃（Ring），2018 年 9 月 11 日，亚马逊以大约 7.53 亿美元的现金对价收购丸药包装（PillPack），从而扩展公司的产品和服务。2019 年，亚马逊在收购方面总花费约 3.15 亿美元。

七、期刊业发展概况

2019 年对于美国期刊业特别是消费类杂志（Consumer Magazine）而言可谓是可喜之年，无论是发行种数、出版商收入还是阅读情况均为近年来最佳。

（一）基本情况

美国期刊可分消费类杂志、行业杂志（Trade Magazine）以及学术期刊（Scholar Journals）三类。在此选取美国受众面最大的消费类杂志相关数据予以介绍。美国杂志媒体协会（The Association of Magazine Media，简称 MPA）发布的《2020 年杂志媒体实况》（*Magazine Media Factbook 2020*）数据显示，2019 年美国纸质消费类杂志共有 7357 种，较上一年增加 139 种，增幅 1.9%，为近 5 年来最高。（见图 8）

单位：种

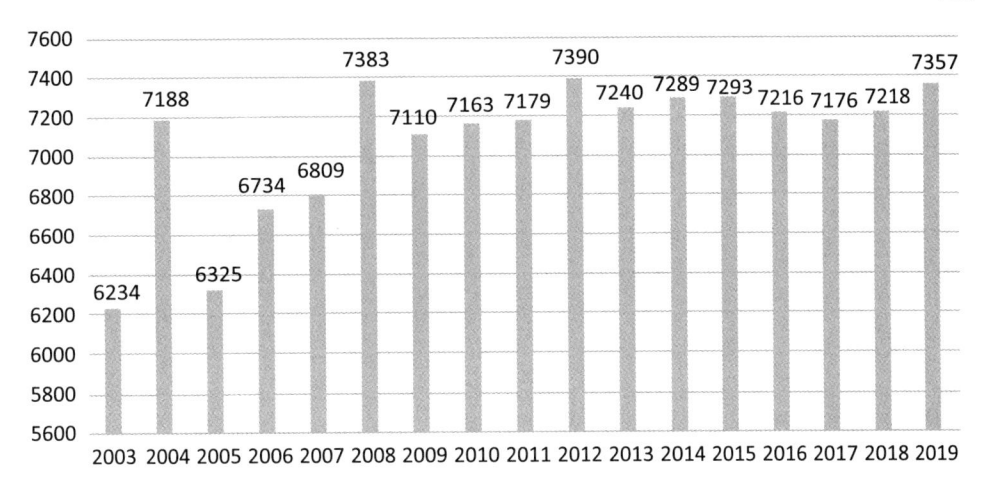

图8 2003—2019年美国消费类杂志出版情况

资料来源：美国杂志媒体协会

2019年新投放市场的消费类杂志为139种。其中，特别爱好类杂志新发行品种数为49种，数量最多。排名第二的是大麻科普类杂志，发行品种数有13种。科学/技术、政治和音乐类杂志新发行品种数最少。（见表31）

表31 2019年美国不同类别新发行杂志品种情况

单位：种

类别	品种数
特别爱好（Special Interest）	49
大麻（Cannabis）	13
手工艺/游戏/爱好（Crafts/Games/Hobbies）	9
美食（Food）	7
区域（Regional）	7
旅行（Travel）	6
枪支（Guns）	5
居家（Home）	5
狩猎和捕鱼（Hunting and fishing）	4
娱乐（Entertainment）	4
儿童（Children's）	4
文学（Literary）	4

续表

类别	品种数
非裔美国人/民族（Black/Ethnic）	4
时尚/美容（Fashion/Beauty）	3
青少年（Teen）	2
漫画（Comics）	2
健康（Health/Wellness）	2
露营/户外（Camping/Outdoors）	2
女性（Women's）	2
艺术（Arts）	2
科学/技术（Science/Technology）	1
政治（Politics）	1
音乐（Music）	1

资料来源：美国杂志媒体协会

美国杂志媒体协会发布的数据显示，2019年美国最受欢迎的是著名体育类杂志《ESPN杂志》，拥有约1.07亿人次的受众；排名第二的是《人物》，拥有约0.99亿人次受众。《人物》是全球定位最精确、传播最有效的杂志之一，聚焦主流风云人物，强调短小文章，迎合时代阅读习惯，由于其编辑方向的精确，便被封为最适合在闲暇时间阅读的主流杂志；《在线医疗服务杂志》以0.57亿人次的受众位居第三位。面向退休老年的《现代老年》（AARP）未进前三位着实有些意外。（见表32）除这些老牌杂志外，一些新兴杂志也迅速成长。2019年，受众增长最快的杂志品牌是《建筑文摘》，受众数量同比增长112.9%；《远方》《木兰花杂志》分别以54.5%和50.2%的增长速度紧随其后。（见表33）

表32　2019年美国受众数最多的消费类杂志情况

单位：百万人次

排名	杂志名称	受众数量
1	《ESPN杂志》（ESPN The Magazine）	106.76
2	《人物》（People）	98.51
3	《在线医疗服务杂志》（WebMD）	57.07
4	《十全菜谱》（Allrecipes）	53.13
5	《现代老年》（AARP）	47.27

续表

排名	杂志名称	受众数量
6	《好主妇》（Good Housekeeping）	46.27
7	《美好家园》（Better Homes and Gardens）	40.75
8	《时尚》（Cosmopolitan）	38.49
9	《国家地理》（National Geographic）	35.89
10	《名利场》（Vanity Fair）	34.90
11	《纽约杂志》（New York Magazine）	34.64
12	《美国周刊》（US Weekly）	32.63
13	《家的滋味》（Taste of Home）	32.41
14	《服饰与美容》（Vogue）	28.37
15	《好胃口杂志》（Bon Appetit）	28.22
16	《乡村生活》（Country Living）	27.9
17	《读者文摘》（Reader's Digest）	24.69
18	《连线》（Wired）	24.36
19	《南方生活》（Southern Living）	23.38

资料来源：美国杂志媒体协会

表33　2019年美国成长最迅速的杂志品牌情况

排名	杂志品牌	同比受众增长率
1	《建筑文摘》（Architectural Digest）	112.9%
2	《远方》（AFAR）	54.5%
3	《木兰花杂志》（Magnolia Journal）	50.2%
4	《骑行运动杂志》（Bicycling）	43.7%
5	《住宅美化》（House Beautiful）	43.3%
6	《城市与乡村》（Town & Country）	36.9%
7	《滑雪》（Ski）	34.9%
8	《悦游杂志》（Conde Nast Traveler）	28.3%
9	《大西洋月刊》（The Atlantic）	27.6%
10	《名车志》（Car and Driver）	26.3%

资料来源：美国杂志媒体协会

随着数字技术的兴起，纸质杂志不再是受众的唯一选择。美国杂志媒体协会的数据显示，杂志在线阅读对受众来说占据一定分量。2019年美国在线受众最多的杂志为《ESPN杂志》，在线访客数量为1579万人次；位于第二的是《在线医疗服务杂志》，

在线访客数量为 1080 万人次；而数量较少的《好主妇》《远方》，访客数量也超过 300 万人次。（见表 34）

表 34 2019 年美国在线受众最多的杂志情况

单位：百万人次

排名	杂志品牌	受众数量
1	《ESPN 杂志》（ESPN The Magazine）	15.79
2	《在线医疗服务杂志》（WebMD）	10.8
3	《十全菜谱》（Allrecipes）	7.48
4	《人物》（People）	5.86
5	《纽约杂志》（New York Magazine）	5.55
6	《大西洋月刊》（The Atlantic）	5.03
7	《家的滋味》（Taste of Home）	3.59
8	《好主妇》（Good Housekeeping）	3.06
9	《远方》（AFAR）	3.00
10	《连线》（Wired）	2.52

资料来源：美国杂志媒体协会

除在线阅读外，移动设备端也是受众接触杂志的一种重要方式。截至 2019 年 6 月，移动设备端受众最多的杂志是《人物》，访客数量约为 4989 万人次；其次是《ESPN 杂志》，访客数量约为 4671 万人次；数量较少的杂志有《美国周刊》《大西洋月刊》；最少的为《家的滋味》，访客数量约为 1449 万人次。（见表 35）

表 35 2019 年美国移动设备端受众最多的杂志情况

单位：百万人次

排名	杂志品牌	受众数量
1	《人物》（People）	49.89
2	《ESPN 杂志》（ESPN The Magazine）	46.71
3	《在线医疗服务杂志》（WebMD）	37.14
4	《十全菜谱》（Allrecipes）	32.44
5	《纽约杂志》（New York Magazine）	26.07
6	《好主妇》（Good Housekeeping）	19.92
7	《时尚》（Cosmopolitan）	19.19
8	《美国周刊》（US Weekly）	17.03

续表

排名	杂志品牌	受众数量
9	《大西洋月刊》（The Atlantic）	16.10
10	《家的滋味》（Taste of Home）	14.49

资料来源：美国杂志媒体协会

（二）收入情况

美国人口普查局对近些年来期刊出版商（Periodical Publishers）的收入情况进行跟踪统计。统计显示，2005—2019 年 15 年间，美国期刊出版商收入经历了起伏兴衰。2005—2007 年，美国期刊出版估计总收入呈上升趋势，2007 年为最高水平，总收入约为 460 亿美元。自 2008 年起开始逐年下降，2008—2009 年降幅最大。这一时间点也正与 2008 年席卷全球的金融危机和风头正劲的数字化革新相吻合。2018 年为最低水平，期刊出版商总收入约为 258 亿美元。对于期刊出版商可喜的是，2019 年收入有所回升，与 2018 年相比增加了 3.6 亿美元。（见图 9）

单位：亿美元

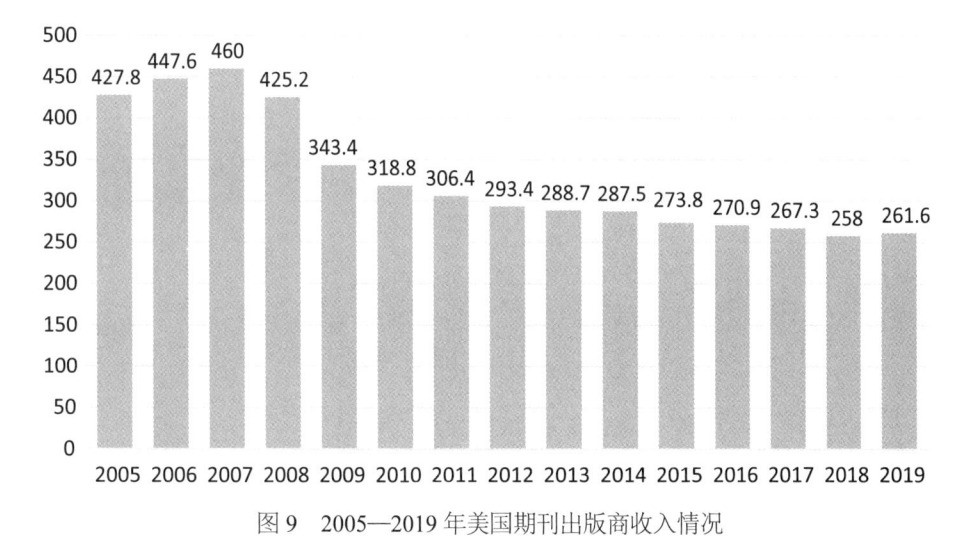

图 9　2005—2019 年美国期刊出版商收入情况

资料来源：美国人口普查局（U.S. Census Bureau）

按媒体类别来分，2010—2019 年通过纸质期刊创造的收入逐年下降，反观通过网络期刊创造的收入总体上升。2019 年，美国期刊出版通过网络期刊创造了超过 700 万美元的收入，是 2010 年网络期刊收入的 2 倍有余。（见图 10）

单位：万美元

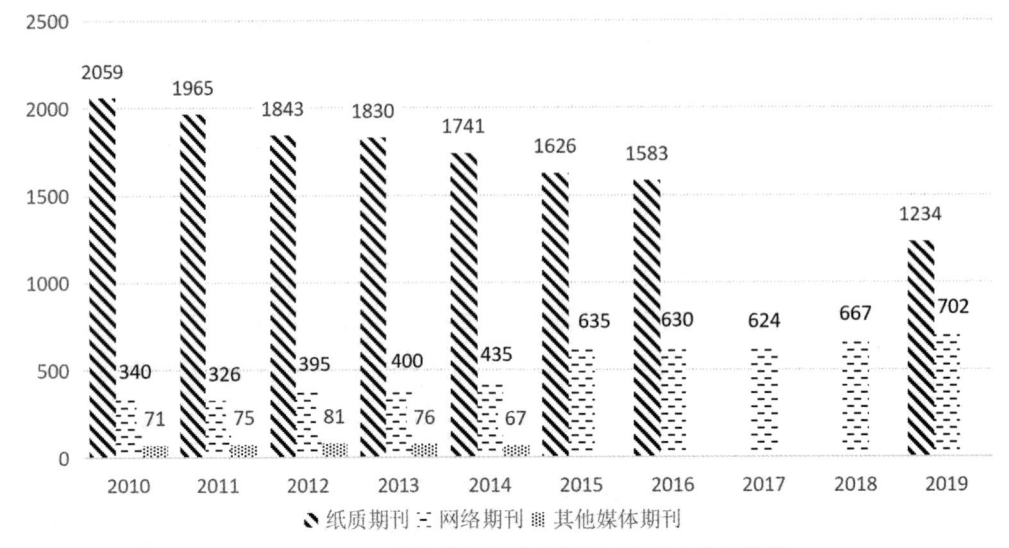

图 10　2010—2019 年按媒体划分美国期刊出版商收入情况

资料来源：美国杂志媒体协会

按收入来源划分，2019 年美国期刊出版商通过广告位创造了 96.8 亿美元的收入，通过订阅与销售实现了同样数额的收入，与 2018 年同期相比均增长 11.7 亿美元。（见图 11）

单位：亿美元

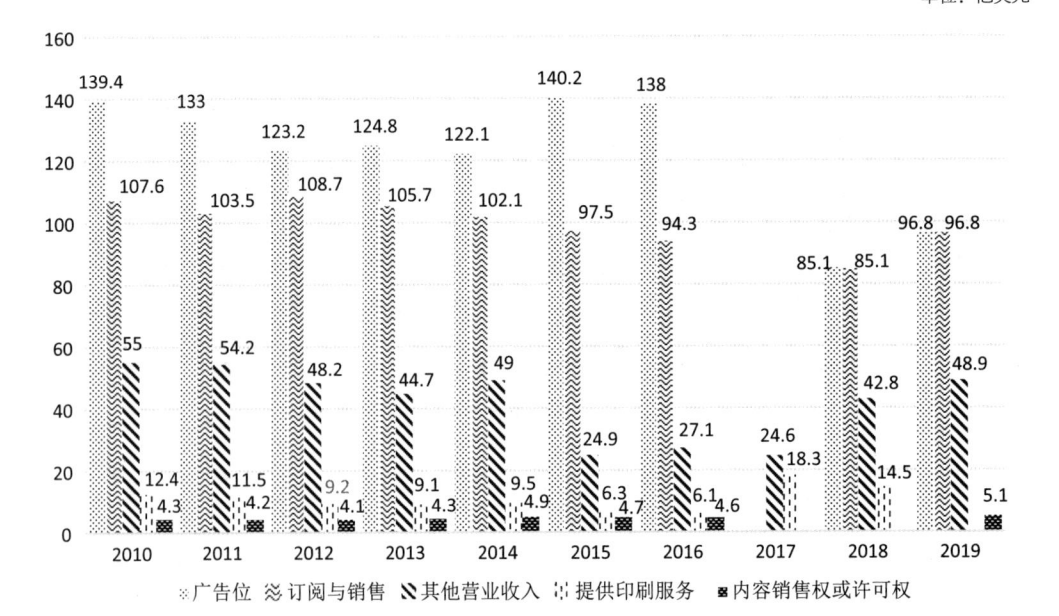

图 11　2010—2019 年按来源划分美国期刊出版商收入情况

资料来源：美国杂志媒体协会

期刊出版商收入除发行收入之外，所占比重较大的收入来源于广告。以美国消费类杂志出版商梅雷迪思（Meredith Corporation）为例，2020年《人物》为梅雷迪思公司创造了约194万美元的广告收入，而2019年约为215万美元。《优家画报》排名第二，2020年的广告收入为93.3万美元。《美好家园》位列第三，2020年的广告收入为86.0万美元。（见表36）

表36　2014—2020年梅雷迪思公司杂志全球广告收入情况

单位：万美元

类别	2014	2015	2016	2017	2018	2019	2020
《人物》（People）	—	—	—	—	96.2	214.7	194.1
《优家画报》（InStyle）	—	—	—	—	55.0	105.0	93.3
《美好家园》（Better Homes and Gardens）	117.4	109.9	100.9	104.3	97.9	90.1	86.0
《南方生活》（Southern Living）	—	—	—	—	32.5	69.5	73.8
《返璞归真》（Real Simple）	—	—	—	—	28.6	69.3	73.8
《漫旅》（Travel + Leisure）	—	—	—	—	27.3	71.9	73.5
《父母世界》（Parents）	125.6	107.4	99.4	88.5	80.3	81.7	70.1
《美食与美酒》（Food & Wine）	—	—	—	—	18.2	55.7	57.3
《健康》（Health）	—	—	—	—	21.2	48.4	50.6
《塑形瘦身》（Shape/Fitness）	72.9	72.0	90.5	88.5	70.8	53.3	50.4
《成功农业》（Successful Farming）	—	—	—	—	—	—	46.4
《饮食健康》（Eating Well）	29.3	25.7	28.6	30.5	31.4	38.1	46.1
《玛莎斯图尔德生活》（Martha Stewart Living）	—	30.1	56.5	60.2	56.7	53.0	45.3
《人物西班牙语版》（People en Espanol）	—	—	—	—	—	—	37.5
《家庭圈》（Family Circle）	96.2	95.6	94.8	95.4	84.7	77.9	34.2
《娱乐周刊》（Entertainment Weekly）	—	—	—	—	21.6	45.4	30.7
《十全菜谱》（Allrecipes）	9.6	16.4	25.2	29.9	28.9	27.8	28.5
《美国中西部生活杂志》（Midwest Living）	40.2	35.8	37.3	41.6	36.2	33.4	26.9
《木业》（Wood）	—	—	18.1	20.6	21.7	21.3	17.9
《雷切尔·雷》（Rachael Ray In Season）	62.8	51.3	49.1	51.9	42.3	37.2	16.8
《传统住宅家居设计》（Traditional Home）	49.5	49.3	49.6	44.0	37.1	33.5	6.9
《海岸生活》（Coastal Living）	—	—	—	—	11.7	6.4	—

续表

类别	2014	2015	2016	2017	2018	2019	2020
《家庭趣》（Family Fun）	54.3	44.1	41.8	31.7	18.3	—	—
《烹饪之光》（Cooking Light）	—	—	—	—	20.8	24.9	—
《孕婴杂志》（Fit Pregnancy and Baby /American Baby）	34.8	30.7	25.4	22.9	9.1	—	—

资料来源：梅雷迪思官网

（三）阅读情况

2019 年，美国杂志共有 2.287 亿名成年读者，其中包含了纸质版和电子版杂志，较 2018 年增加约 400 万名读者。这是 2012 年以来的最高数字，变化趋势显示近年来读者数量以缓慢的增长速度增加。（见图 12）

单位：亿人次

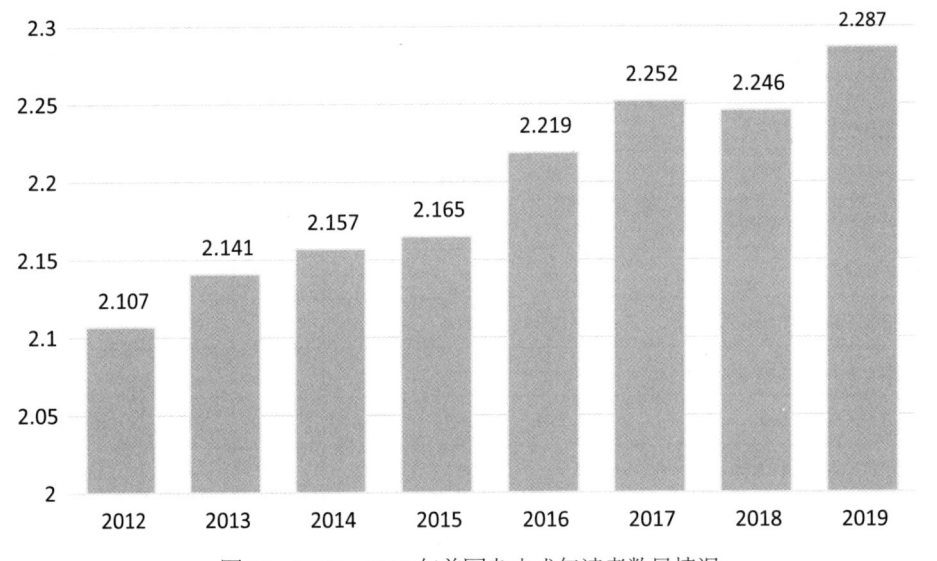

图 12　2012—2019 年美国杂志成年读者数量情况

年份	数量
2012	2.107
2013	2.141
2014	2.157
2015	2.165
2016	2.219
2017	2.252
2018	2.246
2019	2.287

资料来源：美国杂志媒体协会

美国杂志媒体协会的数据显示，2019 年美国成年人月均阅读 7.4 期纸质杂志，非裔美国人每月阅读 9.2 期，拉美裔每月阅读 7.6 期纸质杂志，亚裔平均每月阅读 7.4 期纸质杂志。（见图 13）

单位：期

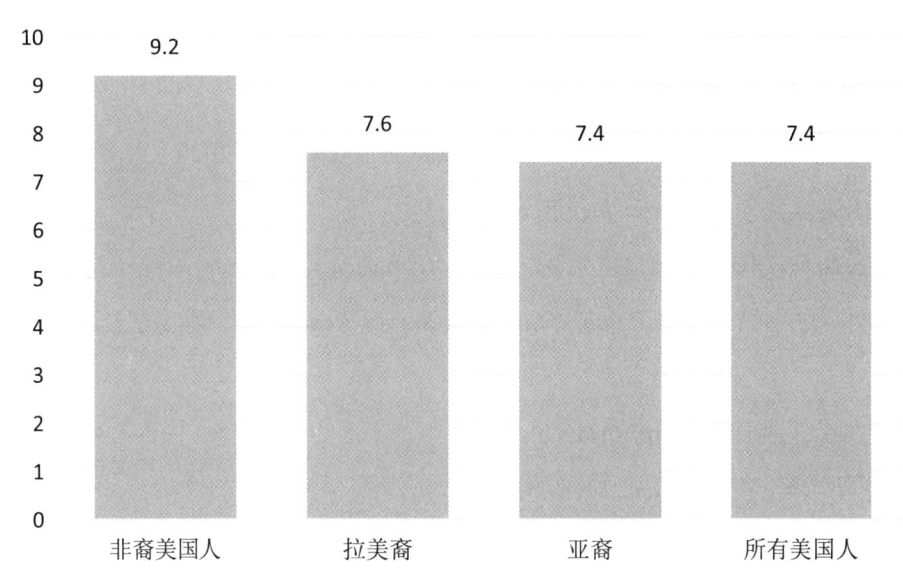

图13 2019年美国纸质杂志月阅读量情况（按族裔划分）

资料来源：美国杂志媒体协会

在杂志支出方面，美国人口普查局的数据显示，2019年美国家庭在杂志上的平均年度支出较2018年有所增加，约增加2美元。（图14）

单位：美元

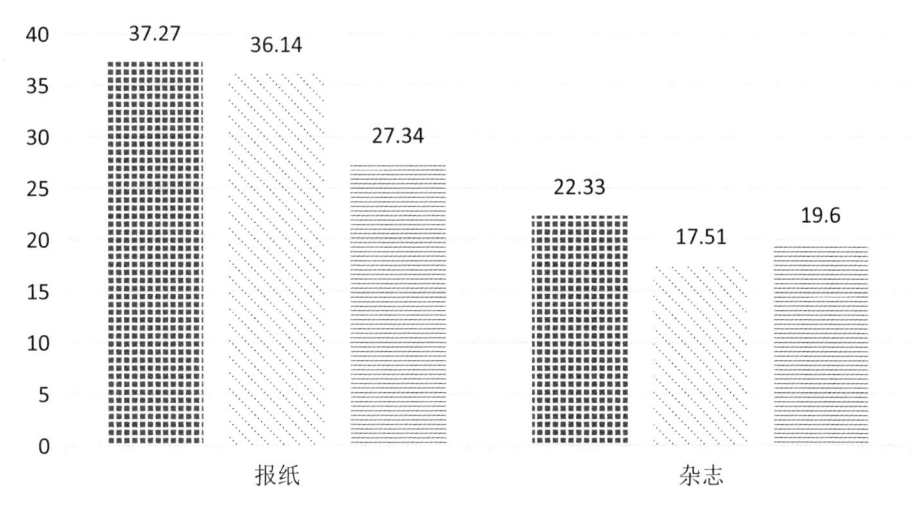

图14 2017—2019年美国家庭人均报刊支出情况

资料来源：美国人口普查局

参考文献

1. *Statshot Anuual 2020.* Association of American Publishers.

2. *Library and Book Trade Almanac.* Information Today Inc., 2020.

3.《出版商周刊》, *Publishier Weekly.*

4.《2020 年美国图书馆白皮书》, *State of America's Libraries Report 2019.*

5.《公共图书馆调查》, *Public Libraries Survey Report.* 美国博物馆及图书馆服务协会.

6. 美国劳工统计局. https://stats.bls.gov.

7. 美国经济分析局. https://www.bea.gov.

8. 皮尤研究中心. https://www.pewresearch.org.

9. 企鹅兰登书屋官方网站. https://www.penguinrandomhouse.com.

10. 哈珀·柯林斯官方网站. https://www.harpercollins.com.

11. 学乐官方网站. https://www.scholastic.com/aboutscholastic.

12. 麦格劳-希尔官方网站. https://www.mheducation.com.

13. 圣智学习官方网站. https://compose.cengage.com/content/home.

14. 霍顿·米夫林·哈考特官方网站. https://www.hmhco.com.

15. 西蒙与舒斯特官方网站. https://www.simonandschuster.com.

16. 贝克与泰勒官方网站. http://www.baker-taylor.com.

17. 英格拉姆官方网站. https://www.ingramcontent.com.

18. 亚马逊官方网站. https://www.aboutamazon.com.

19. 美国人口普查局. https://www.census.gov.

20.《2020 年杂志媒体实况》, *Magazine Media Factbook 2020.* The Association of Magazine Media.

（作者单位：中国新闻出版研究院）

2019年加拿大出版业发展报告

张 岩 王子衡

近年来，作为文化产业的重要组成部分，加拿大图书出版业发展迅速。根据普华永道统计数据，近年来，加拿大出版业增长速度已经超过美国，预计到2023年行业收入将达到20亿美元。在出版体系构成上，法语与英语两种语言并存的文化环境决定了两种语言出版体系并存的格局。魁北克省是加拿大最大的法语区和法语出版业集中地，英语出版中心则位于安大略省，重点集中于靠近世界出版中心纽约的多伦多市。

加拿大出版生态系统主要包括少数几家大型跨国出版集团和五百余家中小型出版商，受历史、地理、人口等因素制约，加拿大本土出版业长期受到英、美等出版大国的挤压，企业规模与盈利能力都处于较为弱势的状态。为保护本土产业，加拿大通过行业相关投资法对外商投资出版业的举措予以控制，并发布图书期刊项目基金为中小型出版商提供组织或资金上的支持。作为一个移民型国家，加拿大注重文化的多元性、包容性发展，特别是有色人种、残障人士、土著等少数群体文化权益的保障。2019年，加拿大遗产部（Department of Canadian Heritage）宣布将在5年内投资2200万美元，用于支持加拿大独立出版商可持续生产和分发可无障碍阅读的数字图书。面对技术的发展对读者阅读与消费习惯的改变，加拿大出版行业也在不断调整以纸质书为主的传统商业出版布局。2019年大部分中小型出版商均加强了在电子出版领域的人员与资金投入，行业协会也多次举办出版技术主题的行业会议，以继续探索数字化浪潮下加拿大图书出版业发展的新路径。

一、出版业发展背景

图书是加拿大第二大出口文化产品，出版业在本国文化产业中占据着重要地位，该行业的蓬勃发展离不开国内自由的出版环境和相对宽松的出版政策，与政府相关部门所下发的一系列项目和资金扶持密切相关。

（一）政策法律情况

加拿大直接或间接扶持本土图书出版的政策法律主要有：《图书出版发行外商投资政策（修订版）》(*Revised Foreign Investment Policy in Book Publishing and Distribution*)、《版权法》(*The Copyright Act*)、《图书进口条例》(*Book Importation Regulations*)等。在外商投资图书出版业方面，加拿大主要通过《加拿大投资法》(*Investment Canada Act*)和《图书出版发行外商投资政策（修订版）》予以控制。《加拿大投资法》要求外国对图书出版和分销部门的投资需符合国家文化相关政策，包括外国投资者在加拿大开展图书出版和分销业务，仅限于投资加拿大控制的合资企业，非特殊情况下不得收购现有的加拿大控制企业；由加拿大遗产部对外商投资进行审查，判断其投资是否为加拿大带来了"净收益"，具体来说，通常会要求投资者做出一项或多项承诺，例如：致力于扶持加拿大本土作者、支持图书分发系统基础设施的建设、为开展出版研究项目的机构提高财政和专业援助等。

在版权保护方面，加拿大现行的《版权法》于1985年起生效，其中，对图书、期刊等作品版权归属、转让、放弃和侵权行为进行了基本界定。针对进口图书版权的保护，《版权法》规定，进口图书的副本制作需同时经过原产国版权所有者，以及加拿大引进该书的版权所有者的同意，否则将被视为侵权。[①] 这一规定是对加拿大本土图书分销商的保护，除此之外，在1999年生效的《图书进口条例》中，对进口图书的分发标准做出进一步详细要求，包括该进口图书的独家经销商需及时向零售商、图书馆等其他机构告知自身独家经销商的身份；需在接收订单后的固定时间内将订购图书运送给预定收件人；进口图书价格根据出版国的差异需要在原书价格基础上增加转化汇率后价格的10%（图书原版出版国为美国）或15%（图书原版出版国为欧洲或除

---

① 加拿大政府（Government of Canada）.版权法（*Copyright Act*）R.S.C., 1985, c. C-42[EB/OL]. 2020-07-01. https://laws-lois.justice.gc.ca.

美国外的任意国家）。

为了促进和激励国民教育与知识普及，加拿大政府还在非营利组织的纸质图书采购上实行了一定程度的税费减免。具体方式是：市政当局、学校、经营图书馆的慈善机构或非营利组织等公共服务机构，可以申请联邦部分商品及服务税的退税服务，以购买和进口纸质图书。

由加拿大图书网、加拿大遗产部、文学出版社集团和数字基金会联合主办的技术论坛于2019年3月在多伦多举办，论坛主题聚焦图书业发展的新变化，包括可发现性、多样性、有声读物、播客、元数据、人工智能和零售等专题。技术论坛吸引了来自出版创意和技术领域的近300名与会者，共同探讨出版业从业者如何利用所有可用的工具，向读者推广贴近其需求的内容及出版物。该会议以其可观的举办规模与影响力被誉为"加拿大出版业最大的以技术为重点的专业发展活动"。技术论坛前身为电子书工艺论坛，专门用于讨论电子书制作相关事宜。

2019年5月，加拿大遗产部常设委员会向议会提出建议，应对该国自2012年《版权现代化法》（Copyright Modernization Act）颁布以来对版权所有者造成的损害进行期待已久的关键审查。加拿大出版商估计，由于"公平交易"危机，他们每年的版权收入将损失超过5000万美元。归根结底，这个问题是由"教育例外"的语言被解释为在教育环境中不适当地复制和免费使用受版权保护的作品是可以接受的而造成的。这场危机使出版界和教育界与加拿大出版商协会、作家联盟、其他组织围绕联邦授权的版权收入收藏机构（Access Copyright）发生过一系列激烈的冲突与争论。19日，Access Copyright宣布将采纳加拿大遗产部提出的包括审查、澄清或删除《版权法》中的例外情况在内的多项建议。

2019年7月，加拿大艺术委员会向一个名为Prescient的"创新实验室"发放了共计37.89万美元的资金，以支持由Access Copyright总裁兼首席执行官罗妮·利维牵头进行的区块链版权保护项目的研发。在该项目的第一个迭代中，艺术家可通过这种基于区块链工具的数字工具识别他们的作品和版权所有者，追踪作品的实际使用者和使用时间并确保补偿。

（二）行业资助项目情况

加拿大面向出版行业的资助项目主要包含加拿大图书基金（Canada Book

Fund）、加拿大期刊基金（Canada Periodical Fund）、加拿大文化艺术理事会（The Canada Council for the Arts）等组织提供的各类项目资金支持。

加拿大遗产部于2018年6月启动了一项创意出口战略。该战略分为三个部分：一是增加现有的加拿大图书基金、加拿大期刊基金等加拿大遗产项目的出口资金；二是向准备在国外发展创意产业的公司提供加拿大贸易专员服务；三是建立新的创意出口融资计划，协调贸易代表团、国际贸易活动和伙伴关系，以创造贸易机会并提高出口能力。该战略计划五年内投资1.25亿美元，以帮助加拿大创意企业家最大限度地发挥其出口潜力。①

加拿大遗产部通过加拿大图书基金为加拿大图书业提供支持，主要有两种方式：组织支持和出版商支持。组织支持致力于帮助加拿大本土图书的营销与推广，以及加强加拿大出版业的基础设施建设，提高行业效率。出版商支持包括两个部分：出版支持和商务发展，出版支持项目通过抵消在加拿大出版的高昂费用以及增强该部门的能力和竞争力，来确保加拿大原创图书的可持续生产和销售。商务发展部分，包括为新进入出版行业人员提供出版和技术培训，帮助申请者制定战略方法，提供商业计划等方面的帮助，以改善其商业活动的竞争力。申请资金支持需满足以下条件：申请企业需为总销售额低于100万美元的独立出版商；曾在2019—2020年期间获得过加拿大图书基金子部门或加拿大文化艺术理事会艺术实践与文学出版商计划的资助。从2019年开始，加拿大图书基金开始接受有关无障碍数字图书计划的新项目申请。

加拿大联邦政府通过加拿大文化艺术理事会实施的"公共借阅权计划"（Public Lending Right Program），每年向17000多名加拿大作家发放总计1014万美元的款项，作为在加拿大公共图书馆免费提供其图书借阅服务的补偿。同时，加拿大文化艺术理事会对于加拿大文学创作作品（表演与出版作品）、文学类非盈利组织以及本土出版商，均有资金资助项目提供，以支持和鼓励本土艺术和文学发展。

除了联邦政府以及相关基金会的行业资助项目外，加拿大各省"因地制宜"设立资金扶持项目，或举办相关创意产业活动，支持本省及加拿大本土出版产业发展。

萨斯喀彻温省的"创意萨斯喀彻温"（Creative Saskatchewan），每年为音乐、媒体、

---

① 王清，唐伶俐. 加拿大出版政策的新变化 [J]. 出版科学，2015（3）14-19.

视觉艺术、数字媒体、图书出版等创意产业的发展提供共计 770 万美元的资金援助。2019 年，"创意萨斯喀彻温"为 23 家出版社及个人提供了 2000 到 60000 美元不等的资助，以帮助新书的出版及面向国内外市场的宣传营销。

自 2019 年起，安大略省的出版商可以通过"安大略创造"（Ontario Creates）项目和税收抵免来获得省级资金，如图书基金（Book Fund）、出口基金（Export Fund-Book）和安大略省图书出版税收抵免（Ontario Book Publishing Tax Credit）等。除了资金支持外，"安大略创造"还通过各种举措帮助安大略出版商寻找合作伙伴，包括一年一度的"从书本到屏幕（From Page to Screen）"活动，旨在促进安大略小说、非小说和儿童文学的影视化改编，加强图书行业与电影行业的交流互动。通过其行业发展计划，"安大略创造"项目还为促进图书出版业发展的行业组织活动提供支持，其中也包括教育市场。

在报纸期刊方面，加拿大期刊基金会负责为符合申请条件的加拿大纸质期刊出版商、纸质社区报纸出版商和数字期刊出版商提供财政援助、商业创新项目支持，使他们能够克服市场劣势，继续向加拿大读者提供他们选择阅读的内容。

除此之外，政府针对销售端的扶持同样帮助了本土出版业的发展。独立书店在加拿大本土文化发展方面有着独特作用，它们除了售卖图书，还承担起资助研究、开展营销活动和推广加拿大本土创作的责任。在魁北克省，政府要求公共机构（例如公共图书馆和学校）以规范价格在经认可的独立书店购买图书，为全省范围内独立书店的运营提供补贴。

二、图书出版概况

一直以来，大型国际出版集团都占据着加拿大图书行业的大部分市场，主导着向加拿大国内进口图书的市场；而绝大多数本土出版商都是年收入低于 100 万美元的中小型独立出版商，专注于出版大众或商业类图书。面对着数字化发展的浪潮的冲击，除了传统纸质图书的出版外，大多数出版商也在积极探索电子书或有声书出版、定制出版等新的发展方向。

值得注意的是，在 2019 年，近半数中小型出版商均减少了本土图书的出版数量，长此以往将可能造成加拿大民众对本土文化认同感的下降。除此之外，近年来出版商及从业者收入状况同样较为不理想,与加拿大其他行业相比,出版业(编辑、设计师、公关人员)的工资较低,许多中小型独立出版商的经营状况也岌岌可危。鉴于出版行业的产品除了具备经济价值外,还具有特殊的文化价值,行业组织及从业者督促政府采取修订版权保护法、完善外资所有权政策等措施以此来保护本土出版业的可持续发展。

(一)行业整体概况

宣必思世界(IBISworld)发布的行业调研报告显示,近5年来加拿大出版业盈利状况虽较为不理想,下降幅度较大(−4.1%),但总体规模与从业人数均有小幅提升。

在地域分布上,大量出版行业机构都位于安大略与魁北克两省。安大略省的机构数量占总数的38.1%,许多有着悠久历史的图书出版机构都在安大略省创立,大部分都是英语出版机构;魁北克地区则占有32.1%的行业份额,该地区的独特之处在于,法语图书的出版与销售数量大于英语图书,因此,魁北克省的大多数机构更关注法语出版。在其余省份中,出版业较为发达的还有不列颠哥伦比亚省和阿尔伯塔省,各省机构数量与人口规模分布基本近似。

加拿大图书网(BookNet Canada)《2019年加拿大出版产业调查报告》(*The State of Publishing in Canada 2019*)显示:此次调查对象多为小型出版商,总体营收与人员规模普遍较小;其中63%的出版商2019年总收入低于100万美元,约50%的出版商的总收入低于50万美元;平均员工人数为20名,中位数为5名。绝大多数(90%)出版商是出版业协会会员,近九成出版商是省级协会会员。

在出版图书类型上,大多数公司主要销售大众或商业图书(81%),10%的出版商主要出版学术或专业图书,另有8%的出版商更关注高等教育类图书。2019年,近半数(43%)出版商出版的加拿大本土作家创作或关于加拿大的图书数量与2018年持平,另有48%的出版商减少了加拿大本土图书出版的数量。个别出版商认为:"和美国重量级作家作品相比,推广和销售加拿大作家的作品无疑是艰难的,特别是加拿大本土法语作品。"[1]

随着数字技术的发展,在图书出版格式上,纸质图书出版占主导地位的局面正在被改变,小型出版社对电子书、有声书等类型图书的重视度有所提升。产业调查报告显示:对于传统纸质图书出版,大多数小型出版商持悲观态度,他们认为,到2020年,他

---

[1] 2019年加拿大出版产业调查报告(*The State of Publishing in Canada 2019*)[R]. 加拿大图书网(BookNet Canada),2020.

们的纸质图书销量仍将继续下滑（60%）。在电子书的出版、发行和销售方面，几乎所有接受调研的出版商目前已经开始生产电子书（91%），近3/4的出版商在发行纸质图书同时发行该书的电子版本（71%），向图书馆销售电子书的出版商从2014年的75%上升到2019年的90%。但在人员构成上，数字化程度仍有提升空间：近一半出版商没有为数字图书专门指定员工，大约1/4出版商没有辅助功能测试人员参与工作流程（24%）。在有声读物制作方面，目前有近2/3的出版商直接或通过合作伙伴制作实体或数字形式的有声读物（63%）。大多数出版商在纸质版发行之后发行了有声读物（76%）。21%的出版商从零售商那里获得71%~100%的有声读物收入。只有3%的出版商没有向图书馆出售有声读物。

在行业认知方面，大约3/4的出版商认为他们的公司在2019年的发展是健康的（72%），总体认知较为乐观。但同时，加拿大的出版商也认为他们正面临着一些挑战，59%的出版商认为在公司架构的革新上存在着财务方面的问题。在行业收入方面，总体形势也不容乐观，加拿大书评杂志《手稿与鹅毛笔》（*Quill & Quire*）2020年工作场所调查显示，26.5%的图书出版业受访者的收入不足以支付基本生活费用，另有41%的人出于财务原因而从事自由职业。[1]

（二）本土与外资出版情况

近年来，加拿大出版市场总体呈现蓬勃发展的态势。加拿大新出版的图书类型主要分为五种，大众消费类图书占比最高（40%），在拥有全国1/3出版机构的安大略省，非小说类图书依然是该省最畅销的类型图书。其次是儿童和青少年类图书（30.1%），但随着电子书等代替品的增加，儿童类图书目前所持有的市场份额可能会降低（见图1）。而学术性、专业性和技术性图书的出版与销售情况往往与经济状况紧密相连：一般来说，在经济低迷时期，民众对此类图书的需求量会增加，未来新冠肺炎疫情的蔓延是否会对专业类书籍收入份额造成影响，还有待时间检验。

---

[1] 苏·卡特（Sue Carter）.工作场所调查结果（*Workplace survey: the results*）[EB/OL]. [2020-5-11]. https://quillandquire.com/omni/qqs-workplace-survey-the-results/.

图中数据：
- 儿童和青少年类图书 30.10%
- 大众消费类图书 40%
- 学术性、专业性和技术性图书 8.70%
- 教育类图书（含教材）6.90%
- 电子书 11.80%
- 其他 2.50%

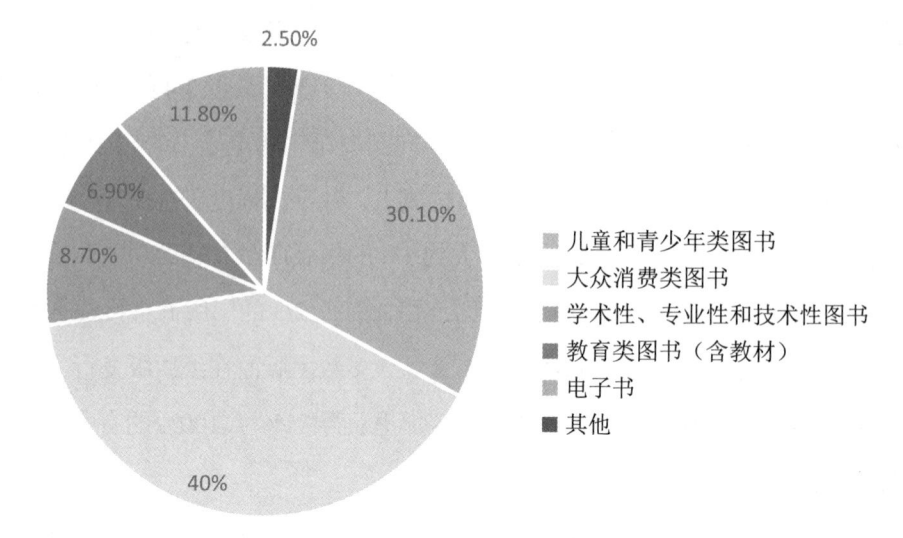

图 1　2015—2020 年加拿大新出版图书不同类型占比情况

资料来源：宜必思世界（IBISworld）《加拿大图书出版市场报告》(*Book Publishing in Canada Industry Report*)

在企业分布上，加拿大出版市场整体垄断性趋势较为严重。从行业收入角度来看，汤森路透社（Thomson Reuters Corporations）2015—2020 年收入占据整个出版市场收入的 44.3%，此外，哥伦比亚广播公司（CBS Corporation）与培生集团（Pearson PLC）在行业内也有着一定地位和影响力。（见图 2）2019 年汤森路透社与培生集团的营业收入分别下降 10.8%（540 万美元）和 52.1%（7460 万美元），市场占有率均较 2018 年有所回落。

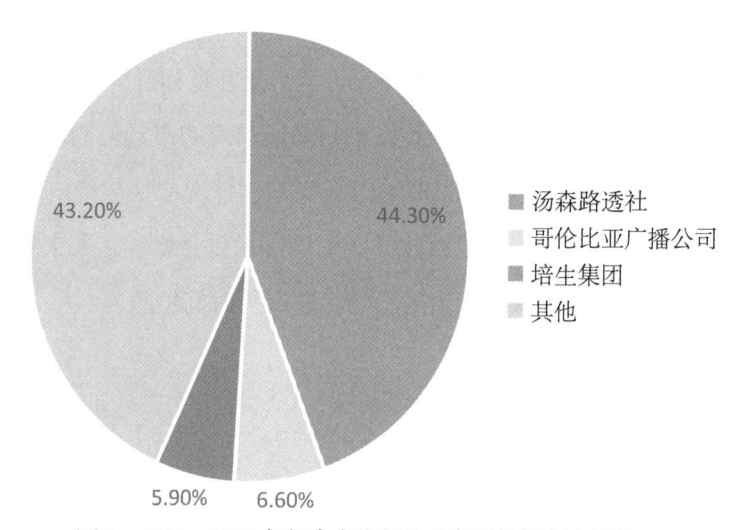

图中数据：
- 汤森路透社 44.30%
- 哥伦比亚广播公司 5.90%
- 培生集团 6.60%
- 其他 43.20%

图 2　2015—2020 年加拿大出版企业市场份额占比情况

资料来源：《加拿大图书出版市场报告》

三、图书销售情况

2019年，加拿大图书总销售量为5459万册，与2018年基本持平，具体到各种类型和体裁的图书市场中，通俗小说类图书销售降幅比较大，漫画小说和期刊漫画增幅较为明显。在畅销书榜单上，该变化趋势也有一定的体现，根据加拿大广播出版公司（Canadian Broadcasting Corporation Books，简称CBC Books）和加拿大图书网的统计数据，在2019年的畅销书排行中，文学或小说类图书占比较低，儿童或青少年读物表现则较为突出。

（一）图书总体销售情况

根据加拿大图书网提供的销售数据，2019年加拿大英语贸易市场的纸质图书销售量为5459万册，总销售额11.28亿美元，销售总量与2018年基本持平，销售额有所提升。（见图3）在不同体裁的图书市场中，这种趋势有所变化。以通俗小说市场为例，2019年通俗小说销售数量与销售额均有一定幅度的下降。（见表1）

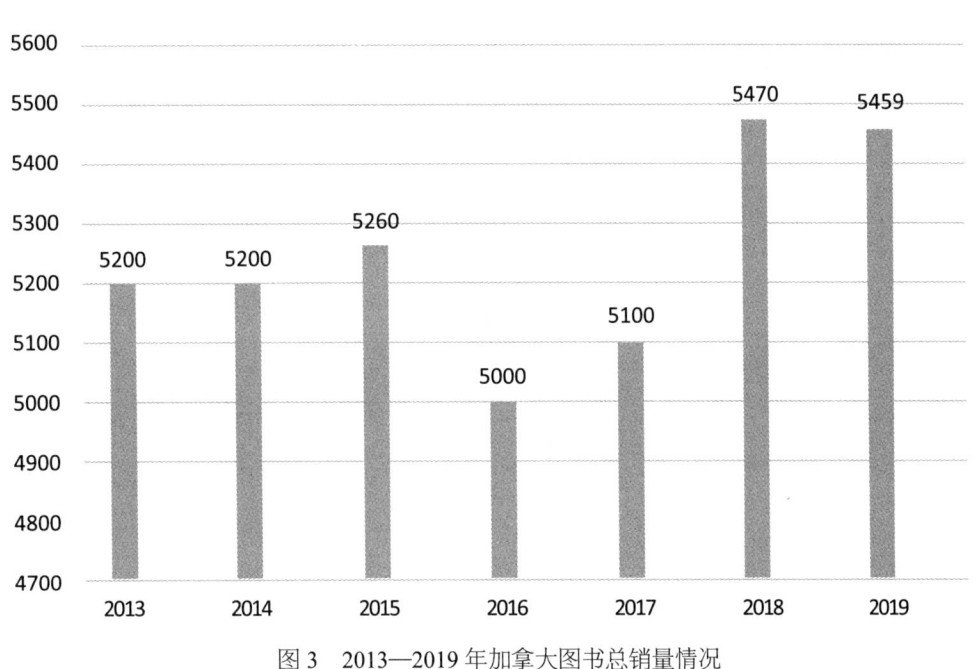

单位：百万册

年份	销量
2013	5200
2014	5200
2015	5260
2016	5000
2017	5100
2018	5470
2019	5459

图3 2013—2019年加拿大图书总销量情况

资料来源：加拿大图书网

表 1 2019 年加拿大图书销售情况

类别	总销售额（万美元）	总销售数量（册）	总书号（种）
2019 年总体市场	112817.68	54587071	806420
2019 年通俗小说市场	529.04	271247	15451
2018 年通俗小说市场	789.72	401864	20091
百分比变化	−33.01%	−32.50%	−23.90%

资料来源：《2019 年加拿大图书市场》（*The Canadian Book Market 2019*）

在纸质图书市场总体较为疲软的情况下，近年来包括加拿大在内的北美地区漫画市场的发展情况较好，总体销量逐年提高。根据漫画图书行业新闻网站 ICV2 & Comichron 的最新联合统计，在漫画小说销量持续增长的推动下，2019 年北美地区漫画小说和期刊漫画的总销售额较 2018 年增长了约 11%，估值约为 12.1 亿美元。（见图 4）其中期刊漫画的销售额约为 3.55 亿美元，数字漫画的销售额约为 0.9 亿美元。调查显示，漫画的主要销售渠道包括连锁书店、在线零售商、大众市场商店和学术书展，书店是儿童漫画小说销售的重要途径。通过直销漫画商店（指既销售期刊漫画，也出售图书格式漫画的书店）的漫画销售额达到了 5.25 亿美元，约 0.25 亿美元的漫画销售额来自"其他渠道"，包括报摊和众筹平台。

单位：亿美元

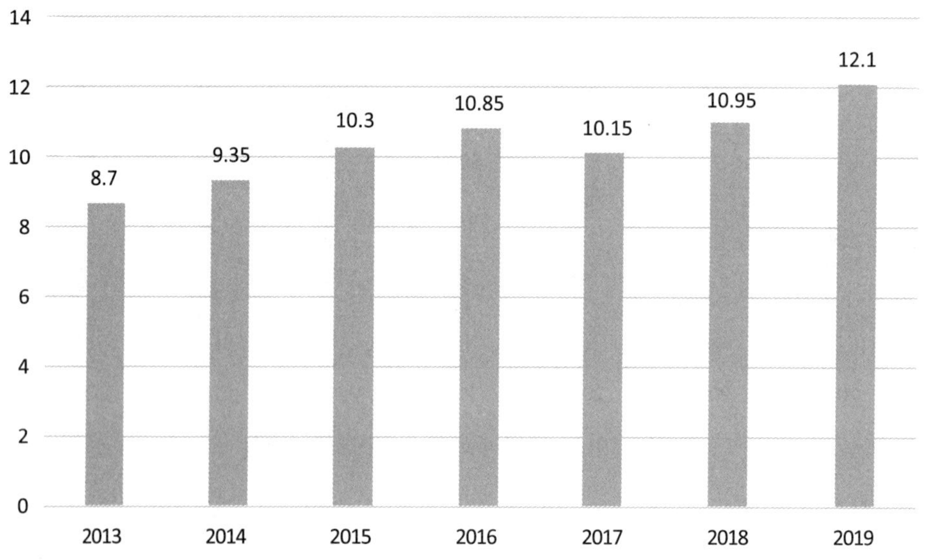

年份	销售额
2013	8.7
2014	9.35
2015	10.3
2016	10.85
2017	10.15
2018	10.95
2019	12.1

图 4 北美地区 2013—2019 年漫画小说和期刊漫画总销量变化情况

资料来源：ICV2 & Comichron

书店与报刊经销商数量上，2019年，加拿大全境的书店与报刊经销机构数量为986家，总数与往年基本持平。各地区书店与报刊经销商数量呈不均衡态势，超六成书店与报刊经销商经营地点都位于安大略省、魁北克省和不列颠哥伦比亚省辖区范围内。（见图5）

单位：家

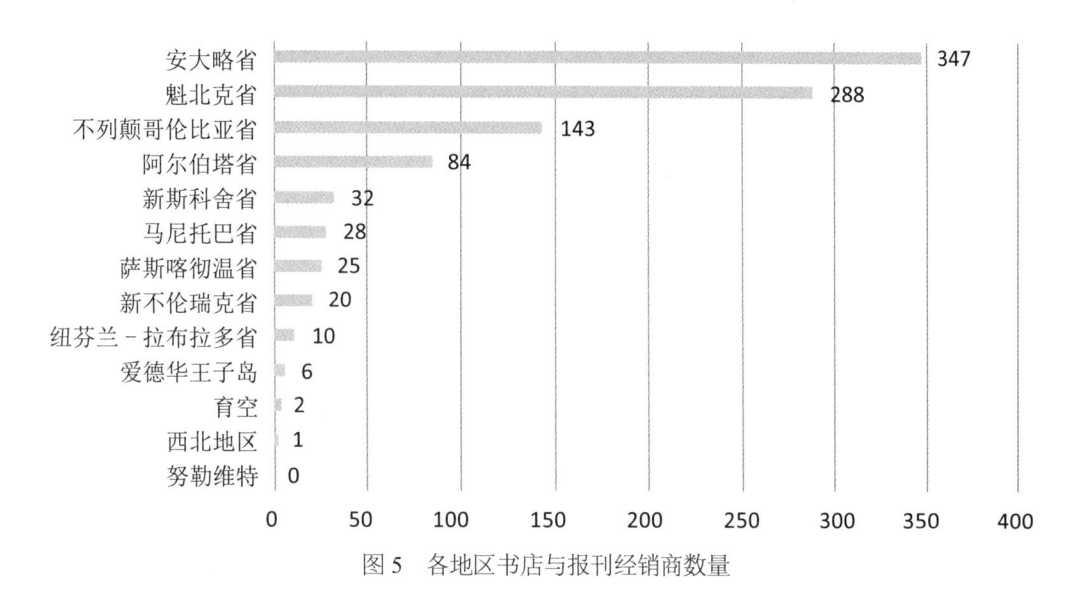

地区	数量
安大略省	347
魁北克省	288
不列颠哥伦比亚省	143
阿尔伯塔省	84
新斯科舍省	32
马尼托巴省	28
萨斯喀彻温省	25
新不伦瑞克省	20
纽芬兰-拉布拉多省	10
爱德华王子岛	6
育空	2
西北地区	1
努勒维特	0

图5 各地区书店与报刊经销商数量

资料来源：加拿大统计局（Statistics Canada）

（二）畅销书情况

2020年初，加拿大广播出版公司利用来自近300家加拿大独立书店的数据，对2019年加拿大十大畅销书进行了统计。[①]（见表2）2019年最畅销图书是加拿大著名作家玛格丽特·阿特伍德（Margaret Atwood）的经典反乌托邦小说《使女的故事》（The Handmaid's Tale）续作《证据》（The Testaments），在这本新书中，阿特伍德以三位身份背景不同的女性为主角，从不同的视角讲述了《使女的故事》中基列国统治衰败的关键时刻。

---

① 加拿大广播出版公司（CBC Books）.2019年加拿大十大畅销书（The top 10 bestselling Canadian books of 2019）[EB/OL]. [2019-12-26]. https://www.cbc.ca/books/the-top-10-bestselling-canadian-books-of-2019-1.5407567.

表2　2019年加拿大畅销书总排行榜

排行	书名	作者
1	证据（The Testaments）	玛格丽特·阿特伍德（Margaret Atwood）
2	一个更好的人（A Better Man）	路易斯·佩妮（Louise Penny）
3	骨髓盗贼（The Marrow Thieves）	切丽·迪玛琳（Cherie Dimaline）
4	使女的故事（The Handmaid's Tale）	玛格丽特·阿特伍德
5	与陌生人交谈（Talking to Strangers）	马尔科姆·格拉德威尔（Malcolm Gladwell）
6	战光（Warlight）	迈克尔·翁达杰（Michael Ondaatje）
7	华盛顿黑人（Washington Black）	艾斯·伊多格彦（Esi Edugyan）
8	偶然的独处（By Chance Alone）	马克斯·艾森（Max Eisen）
9	余烬（Embers）	理查德·瓦加梅斯（Richard Wagamese）
10	关于印度法案，你可能不知道的21件事（21 Things You May Not Know About the Indian Act）	鲍勃·杰森（Bob Joseph）

资料来源：加拿大广播出版公司（CBC Books）

非小说/纪实文学类型图书中，销量最高的是美国前第一夫人米歇尔·奥巴马（Michelle Obama）的回忆录作品《成为》（Becoming），在书中米歇尔首次讲述了她的过往经历——从她在芝加哥南区长大的童年到她作为一名平衡母亲和工作需求的高管的岁月，以及她帮助丈夫竞选总统成功后在白宫中度过的时光。该书自2018年发行以来已售出1100余万册，有望成为有史以来最受欢迎的回忆录之一。上榜的两本加拿大本土作品《清凉食品 全心全意》（Fraiche Food, Full Hearts）、《美味与好滋味》（YUM & YUMMER）均为烹饪美食主题图书。（见表3）

表3　2019年加拿大畅销书图书排行榜——非小说/纪实文学类

排行	书名	作者
1	成为（Becoming）	米歇尔·奥巴马（Michelle Obama）
2	你当像鸟飞往你的山（Educated）	塔拉·韦思特弗（Tara Westover）
3	根本不在乎的微妙艺术（The Subtle Art of Not Giving a F*ck）	马克·曼森（Mark Manson）
4	人类简史（Sapiens）	尤瓦尔·诺亚·赫拉利（Yuval Noah Harari）
5	与陌生人交谈（Talking to Strangers）	马尔科姆·格拉德威尔（Malcolm Gladwell）
6	女孩，洗把脸吧（Girl, Wash Your Face）	瑞秋·霍利斯（Rachel Hollis）
7	女孩，别再道歉了（Girl, Stop Apologizing）	瑞秋·霍利斯

续表

排行	书名	作者
8	清凉食品 全心全意（Fraiche Food, Full Hearts）	吉莉安·哈里斯（Jillian Harris）
9	一切都被搞砸了（Everything Is F*cked）	马克·曼森
10	美味与好滋味（YUM & YUMMER）	格雷塔·波德莱斯基（Greta Podleski）

资料来源：加拿大图书网

小说类图书中，较为畅销的作品除了玛格丽特·阿特伍德的经典小说《证据》，还有新西兰小说家希瑟·莫里斯（Heather Morris）的历史题材小说《奥斯维辛的文身师》（The Tattooist of Auschwitz），这本小说根据真实故事改编，讲述了一个犹太人文身师如何爱上了被关押在奥斯维辛集中营中的女孩的特殊浪漫故事。（见表4）

表4　2019年加拿大畅销书图书排行榜——小说类

排行	书名	作者
1	证据（The Testaments）	玛格丽特·阿特伍德
2	奥斯维辛的文身师（The Tattooist of Auschwitz）	希瑟·莫里斯（Heather Morris）
3	清算（The Reckoning）	约翰·格里舍姆（John Grisham）
4	蝲蛄吟唱的地方（Where the Crawdads Sing）	迪莉娅·欧文斯（Delia Owens）
5	女猎手（The Huntress）	凯特·奎因（Kate Quinn）
6	异能研究所（The Institute）	斯蒂芬·金（Stephen King）
7	完美女友（The Perfect Girlfriend）	凯伦·汉密尔顿（Karen Hamilton）
8	使女的故事（The Handmaid's Tale）	玛格丽特·阿特伍德
9	杰克·达克系列：过去式（Series: Jack Reacher Past Tense）	李·恰尔德（Lee Child）
10	—	

资料来源：加拿大图书网

儿童类图书销售量排名前十的图书中，《神探狗狗》（Dog Man）系列丛书占据三席，该系列包括八本书，目前在美国、加拿大、澳大利亚等国都十分畅销，据统计，截至当前，该系列图书已连续95周霸占《纽约时报》畅销书排行榜，在全球的销量逾1300万册。在十本儿童类畅销书中，来自加拿大本土作家的作品只有一本，为常年畅销的经典童书《永远爱你》（Love You Forever），作者在书中深情描述了父母与孩子之间永恒的爱，该书自 1986 年出版以来，销量超 1500 万，并已有包括法语与西班牙语在内的上百种外语译本，影响力遍及全球。（见表 5）

表 5　2019 年加拿大畅销书图书排行榜——儿童类

排行	书名	作者
1	神探狗狗系列 7：球滚给谁（Series: Dog Man 7: For Whom the Ball）	达夫·皮尔基（Dav Pilkey）
2	勇气（Guts）	雷娜·泰格米尔（Raina Telgemeier）
3	神探狗狗系列 6：荒野之战（Series: Dog Man 6: Brawl of the Wild）	达夫·皮尔基
4	一个超友好小孩的日记：罗利·杰雯逊的日记（Diary of an Awesome Friendly Kid: Rowley Jefferson's Journal）	杰夫·金尼（Jeff Kinney）
5	摇摆的毛驴（The Wonky Donkey）	克雷格·史密斯（Craig Smith）
6	沉船球：一个懦弱孩子的日记 14（Wrecking Ball: Diary of a Wimpy Kid Book 14）	杰夫·金尼
7	永远爱你（Love You Forever）	罗伯特·蒙施（Robert Munsch）
8	保姆俱乐部图形小说系列 7：疯狂男孩史黛西（Series: The Baby-Sitters Club Graphic Novel #7: Boy-Crazy Stacey）	安·马丁（Ann M. Martin）
9	神探狗狗系列 5：跳蚤之王（Series: Dog Man 5: Lord of the Fleas）	达夫·皮尔基
10	哦，你会去的地方！（Oh, the Places You'll Go!）	苏斯博士（Dr. Seuss）

资料来源：加拿大图书网

（三）2019 年加拿大作家文学获奖情况

2019 年 1 月 11 日，加拿大著名女作家艾斯·伊多格彦（Esi Edugyan）的小说《华盛顿黑人》（Washington Black）获美国太平洋西北书商协会奖（The Pacific Northwest Booksellers Association Awards）。3 月 12 日，加拿大小说家大卫·克兰迪（David Chariandy）与爱尔兰女作家丹尼尔·麦克劳克林（Danielle McLaughlin）同获美国唐纳德·温德姆·坎贝尔文学奖（Windham Campbell Prizes）之小说奖。6 月 6 日，加拿大大西洋图书奖（Atlantic Book Awards）揭晓，加拿大女作家丽莎·摩尔（Lisa Moore）的《为每个人准备的东西》（Something For Everyone）获加拿大托马斯·海德·拉德尔奖（Thomas Head Raddall Award）和阿利斯泰尔·麦克洛德短篇小说奖（Alistair Macleod Prize for Short Fiction），前者可获 25000 美元奖金。

2019 年延龄草图书奖（Trillium Book Award）得主于 2019 年 6 月宣布。狄昂·布

兰德（Dionne Brand）的小说《蓝职员》(The Blue Clerk)赢得了延龄草图书奖（英语类），丽莎·拉·赫勒（Lisa L'Heureux）凭借 Et si un soir 赢得了延龄草图书奖（法语类）。罗宾·理查森（Robin Richardson）在《想如何》(Sit How You Want)中获得了英语类诗歌奖，迪亚·林（Diya Lim）凭借《商人，歌颂，月球与夜曲》(La marchand, la sorcière, la lune et moi)赢得了法语类诗歌奖。除了获得"延龄草书"奖外，狄昂·布兰德（Dionne Brand）还凭借她的小说《理论》(Theory)赢得了多伦多图书奖。

2019 年 10 月 14 日，加拿大女作家玛格丽特·阿特伍德（Margaret Atwood）凭借《证据》（《使女的故事》续集）和美国出生的非洲裔女作家伯娜丁·埃瓦里斯托共获 2019 年度英国布克文学奖。此后阿特伍德还凭借其作品的国民影响力获得了美国艺术科学院爱默生·梭罗奖章、澳大利亚图书业年度奖（Australian Book Industry Awards）、美国理查德·C·霍尔布鲁克杰出成就奖等多项奖项。

2019 年 11 月 5 日，黎巴嫩裔加拿大著名作家拉维·哈格获加拿大恩格尔 / 芬德利作家基金奖（Writers Trust Engel / Findley Award），加拿大作家安德烈·亚力克西的《月光下的日子》获加拿大作家联合会罗格斯作家基金小说奖（Rogers Writers' Trust Fiction Prize）。11 月 14 日，蓝诗玲（Julia Lovell）凭借作品《毛主义：一部全球史》(Maoism: a global history)获得 2019 年度的加拿大坎迪尔历史奖（Cundill History Prize），奖金 7.5 万美元。蓝诗玲是伦敦大学伯克贝克学院的现代中国专业教授，她最近出版的著作有《阿 Q 正传》(The Real Story of Ah-Q)、《长城》(The Great Wall)和《鸦片战争》(The Opium War)，《鸦片战争》曾荣获 2012 年扬·米哈尔斯基奖。12 月 19 日，加拿大著名女诗人安妮·卡森获西班牙曼努埃尔·阿库尼亚国际诗歌奖（Premio Internacional Manuel Acuña de Poesía），奖金 12 万美元。

四、销售渠道情况

近年来，随着数字技术的发展和人们使用媒介习惯的改变，在图书的阅读和购买渠道方面，传统渠道式微，线上网店等在线渠道的影响力一直处于稳步提升的状态，但近两年来，这一趋势有所变化。

据关于加拿大图书购买者的相关调查显示，2019 年 51% 图书购买通过线上渠道（包括网站、电子书 / 音频下载和移动应用程序）进行，比 2018 年（52.5%）略有下降。

与此同时，线下渠道的购买量则略有上升，从 2018 年的 47% 上升至 49%。（见图 6）

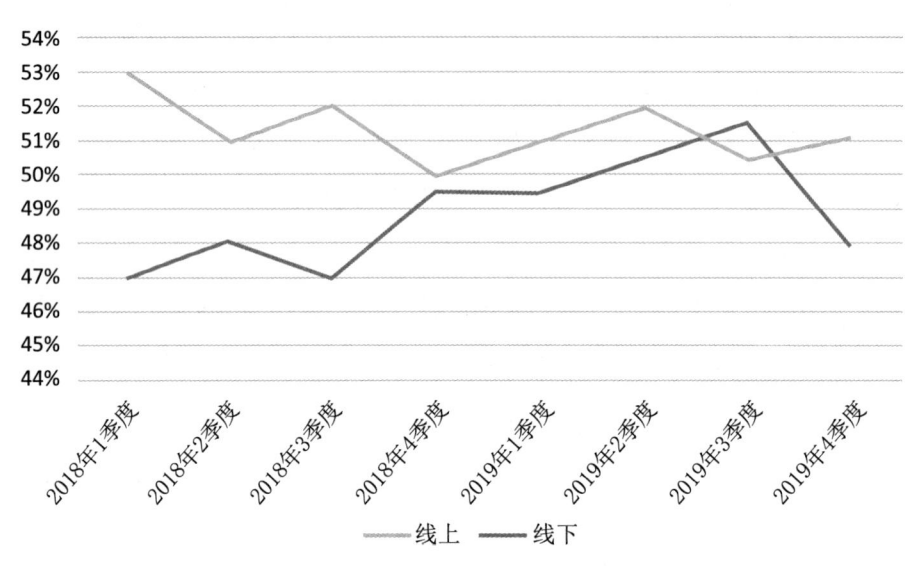

图 6　2018—2019 年图书线上线下购买渠道变化情况

资料来源：《CBC 博客系列：加拿大购书者》（*CBC Blog Series: Canadian Book Buyers*）

针对电子书的销售渠道，出版商更偏向于多渠道分销，如下图所示，最受欢迎的平台是亚马逊及库博（均为 64%），其次是苹果图书（60%），与 2017 年数据接近。（见图 7）

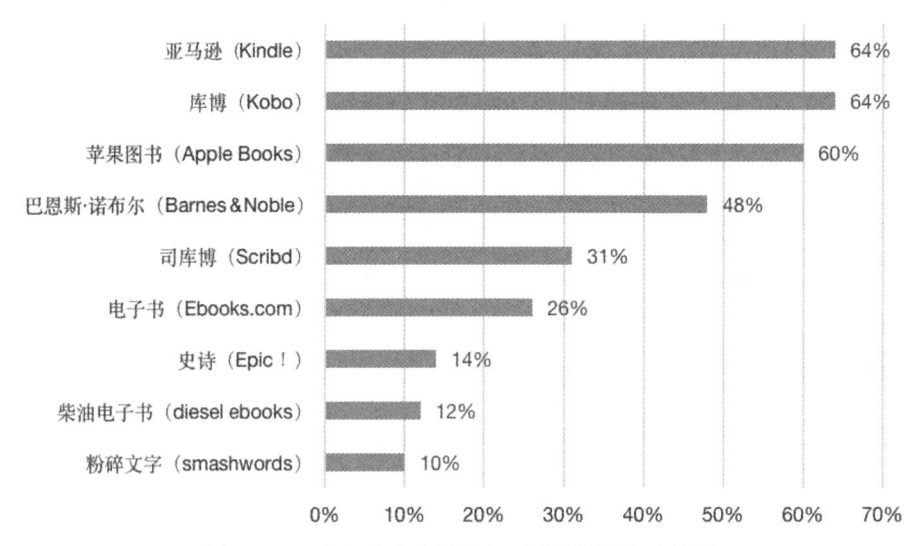

- 亚马逊（Kindle） 64%
- 库博（Kobo） 64%
- 苹果图书（Apple Books） 60%
- 巴恩斯·诺布尔（Barnes & Noble） 48%
- 司库博（Scribd） 31%
- 电子书（Ebooks.com） 26%
- 史诗（Epic！） 14%
- 柴油电子书（diesel ebooks） 12%
- 粉碎文字（smashwords） 10%

图 7　2019 年加拿大电子书主要零售渠道占比情况

资料来源：《2019 年加拿大出版产业调查报告》（*The State of Publishing in Canada 2019*）

在有声书的销售渠道选择上，出版商更倾向于选择苹果（iBooks/iTunes）或者有声书应用听讯（Audible）（均为72%），其次是亚马逊（Kindle）或者库博（Kobo）（均为66%）。（见图8）

渠道	占比
苹果（iBooks/iTunes）	72%
听讯（Audible）	72%
亚马逊（Kindle）	66%
库博（Kobo）	66%
谷歌图书（Google Books Play）	55%
有声书网（Audiobooks.com）	48%
司库博（Scribd）	34%
史诗（Epic！）	10%

图8 2019年加拿大有声书主要零售渠道占比情况

资料来源：《2019年加拿大出版产业调查报告》

加拿大图书零售行业中的线下渠道既包括历史悠久的连锁书店、独立书店，也包括开市客（Costco）、沃尔玛等大型超市的非传统书店、图书批发商。

独立书店在加拿大文化和商业领域发挥着独特作用。在文化方面，独立书店为推广加拿大本土作家著作做出了重要贡献。历年数据显示，加拿大本土作家创作图书销量占独立书店总销量的19~20%，超过同类图书占所有零售渠道销售份额的平均值（12%）。每年加拿大本土作家创作的图书有75%由独立出版商出版，独立书店则是这些图书销售的重要渠道。独立书店之所以特别有文化价值，正是因为它们在支持发现和阅读加拿大创作的图书（尤其是独立出版商出版的图书）方面发挥着重要作用。

此外，独立书店也是其所在社区的文化生活的核心，它们根据其社区读者的品味和兴趣，精心挑选各类图书来支持和鼓励读者阅读，并向读者提供连锁店和在线零售无法提供的个人阅读建议。同时，独立书店还会开展广泛的宣传活动：它们为作家和图书组织活动，帮助老师和父母为学生和孩子们选择图书。独立书店在一年中通常会安排数百项活动和图书展示，规模较大的书店每年举办近 600 项活动。一项面对 100 家独立书店的调查显示，75% 的独立书店经营时长超过 10 年，80% 的独立书店所有者／经理从业时长在 10 年以上。如今，加拿大在培养本土作家作品的读者数量方面取得的巨大成功，其背后是独立书店所有者／经理对文化事业的热情和长久的坚持。除了其文化角色外，独立书店作为许多读者购买图书的目的地，也为同一地区的其他零售商带来了商业流量。在任何零售地带或购物中心，独立书店都具有很大的吸引力，它们创造了更多就业机会，也为社区经济做出了独特贡献。

五、阅读情况

在加拿大，国民的识字率位居世界前列，读者群体规模庞大，这与政府对国民文化教育的重视程度密不可分。具体措施上包括图书馆和档案基金会等基础设施的建设、文化资金的发放、文学交流活动的开展等等，此外加拿大政府还非常重视本土作者的图书推广：除了在出版和销售方面采取一定的政策倾斜外，还通过举办"阅读加拿大（Canada Read）"等活动促进加拿大民众对本土图书的认识与了解。

（一）国民阅读推动情况

加拿大政府定期组织举办文学节、文学交流等活动，让作家与公众面对面交流，提高公众的阅读兴趣。各级政府的文化委员会设有专门的公共资金，资助各地作家写作。此外，加拿大文化部门或组织还会举行各类阅读活动以鼓励大众阅读，如加拿大广播公司（CBC）自 2001 年起每年 3 月开展一场年度加拿大阅读辩论赛，该辩论赛以各类名人的出场为特色，每个人都在比赛中为一本书做辩护，每年设置不同主题，评选出一本能够代表加拿大的小说。2020 年 2 月，由儿童作家埃里克·沃尔特斯（Eric Walters）与加拿大儿童图书中心（CCBC）、加拿大儿童作家、插画家和表演者协会（CANSCAIP）以及安大略省图书馆协会（OLA）等个人和组织牵头举办了"阅读加拿大（Read Canada）"活动。该活动通过号召广大年轻群体在 2 月 19 日当天阅读加拿大本土出版的图书 15 分钟，并在社交媒体分享他们在学校、图书馆、家中和家人朋友阅读的经历，来扩大加拿大本土图书的影响力。截至目前，这项全国性的倡议活动已举办两届。

为了激发加拿大儿童的阅读兴趣和提高阅读能力，加拿大儿童图书中心选择在每年 5 月推出"加拿大儿童图书周（Canadian Children's Book Week）"，加拿大作家、插画家、说书人将在这一周内访问加拿大各地的学校、图书馆、书店，与数千名儿童、青少年分享阅读的喜悦。此外类似的阅读支持活动还有自1999年起由慈善组织"加拿大第一本书（First Book Canada）"与儿童出版社、麦当劳加拿大公司合作举办的"家庭扫盲日"活动，内容主要是为当地社区中心、图书馆、麦当劳餐厅免费提供儿童读物或含有书本的开心乐园餐，以促进父母和其他照顾者与青少年一起阅读。当前，该计划已新增一家赞助商——霍德儿童图书公司（Hodder Children's Books）。

（二）国民阅读调查情况

据《多伦多星报》（The Toronto Star）在2020年初进行的一项研究显示，在2019年，纸质书仍然是安大略人的首选阅读方式。大约80%的安大略人会阅读纸质图书，而2018年这一数据为70%；在35岁以下的读者中更是如此，其中许多人阅读的纸质图书比2018年更多。另外，28%的人会阅读电子书，16%的人会聆听有声书。

加拿大图书网对2019年加拿大人全年的休闲活动，特别是阅读行为和偏好，比如读者从何渠道获取图书，偏好使用的设备、应用程序和主题等等进行了调查研究，并发布了《加拿大休闲与阅读研究（2020版）》（Canadian Leisure & Reading Study 2020），报告中将读者界定为去年曾经阅读或聆听过一本或以上的纸质图书/电子书/有声书的群体。报告显示，加拿大读者群体数量逐年略有下降，在2019年，读者群体占受访者总人数的比例约为78%。（见图9）

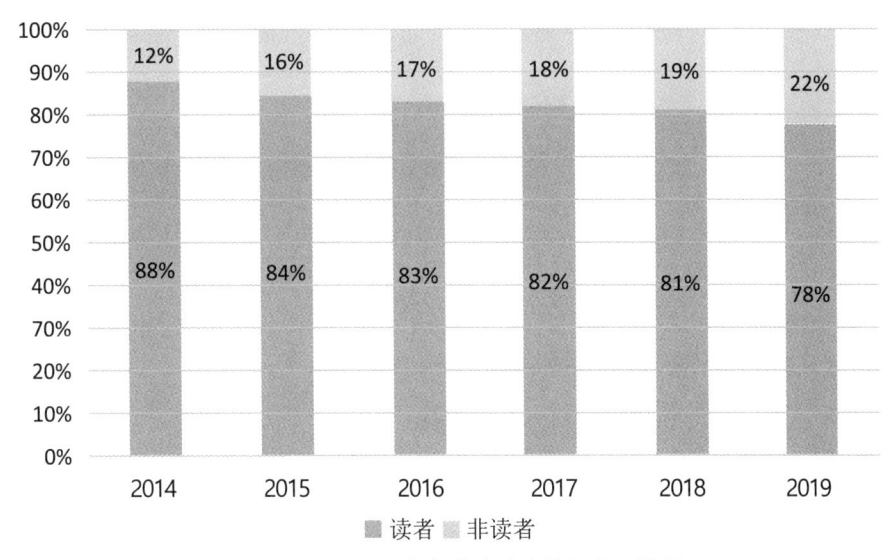

图9 2014—2019年加拿大读者数量占比情况

资料来源：《加拿大休闲与阅读研究（2020版）》

性别分布上，女性读者占比53%；年龄分布上，18~29岁年龄阶段中读者所占比例最高，达86%，随着年龄增长，这一比例有所下降，55~64岁年龄阶段中读者所占比例最低，为71%，其次是65岁以上人群读者占比为76%。（见图10）

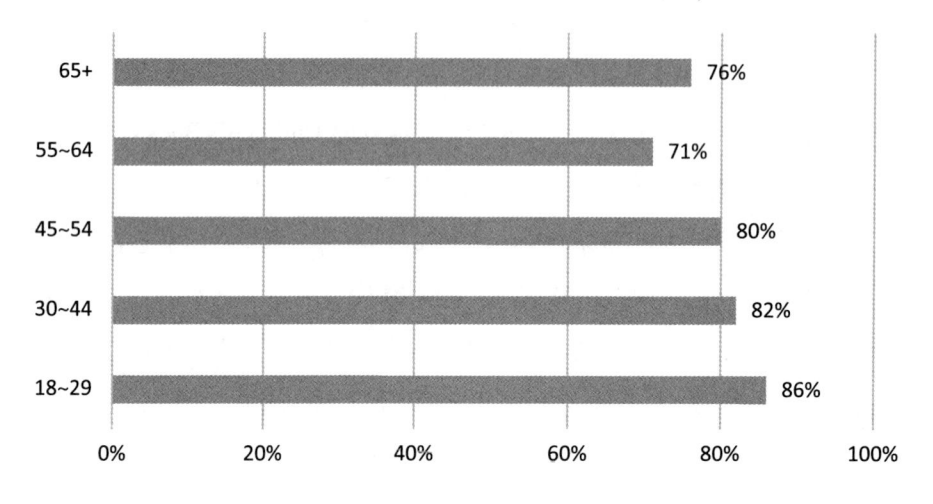

```
65+     76%
55~64   71%
45~54   80%
30~44   82%
18~29   86%
```

图10　2019年加拿大不同年龄阶段读者占比情况

资料来源：《加拿大休闲与阅读研究（2020版）》

在阅读频率上，大多数读者习惯每天（28%）或每周（26%）阅读，只有13%的读者是狂热的阅读爱好者，他们倾向于一天内多次阅读。（见图11）19%的65岁以上的读者每天多次阅读，占比最高，其次是18~29岁年龄阶段的读者，阅读频率为每天多次的占比14%。

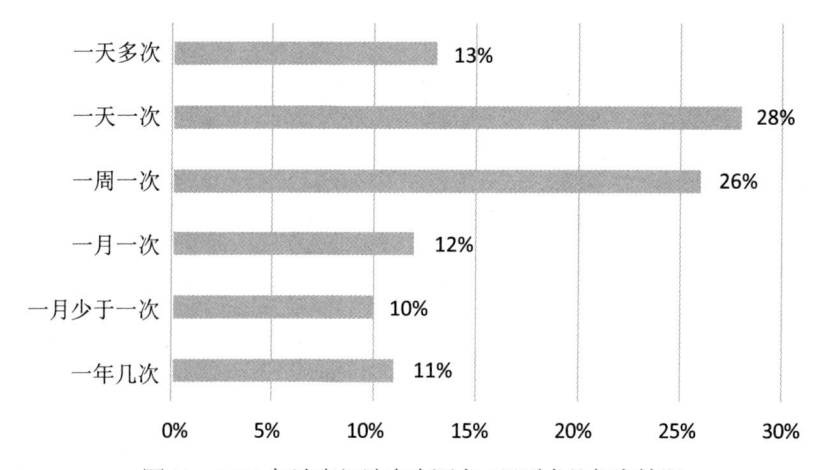

```
一天多次      13%
一天一次      28%
一周一次      26%
一月一次      12%
一月少于一次  10%
一年几次      11%
```

图11　2019年读者阅读有声图书/纸质书的频率情况

资料来源：《加拿大休闲与阅读研究（2020版）》

在阅读图书的类型和形式方面，64%的读者阅读多种形式，45%的读者只阅读电子图书，不到1%的读者只阅读有声图书。将近一半的读者2019年曾经至少阅读过一次有声图书。

读者获取目标图书不同渠道的难易程度有所不同，对大部分受访者来说，线上平台（线上书店&线上零售）较线下渠道普遍更容易获取目标图书，其中约一成受访者表示从零售商（包括售卖书籍的其他店铺）渠道获取目标图书非常困难。（见图12）

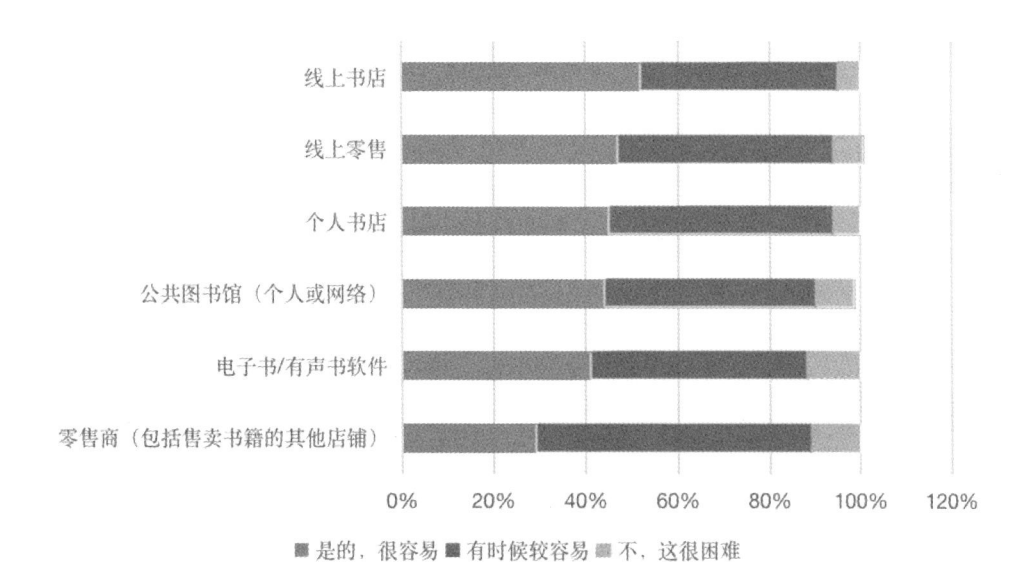

图12 2019年读者获取目标图书不同渠道的难易程度情况

资料来源：《加拿大休闲与阅读研究（2020版）》

在2020年初，加拿大图书网向来自加拿大各地的500名成人有声读物听众对有声读物的偏好和使用情况进行了调查，深入分析了2019年加拿大有声读物听众是如何发现、使用和感受有声读物的，包括他们喜欢听什么，什么时候喜欢听，以及如何获得有声读物内容。《加拿大有声书使用情况研究（2020版）》（*Press Play: Audiobook Use in Canada 2020*）报告显示，大多数用户都是中轻度用户，即2019年全年阅读有声书数量在十本以下的读者，占八成（84%）。

在有声读物使用频率方面，2018年只有7%的听众表示每天都会听，但到2019年，这一比例上升到24%。（见图13）37%的受访者通常在上下班途中收听有声书，37%的人在做家务时听，26%的人在散步时听，24%的人在从事业余爱好时听，也有

38%的人会专门抽时间用来听有声读物。

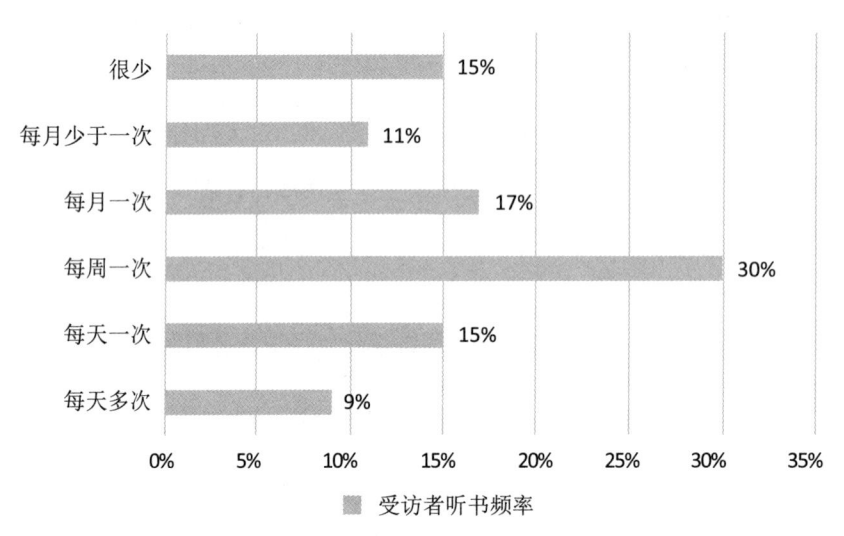

图 13　2019 年加拿大读者听书频率占比情况

资料来源：《加拿大有声书使用情况研究（2020 版）》

在寻找想要收听的有声读物时，36% 的人希望得到有针对性的推荐，这些推荐可能来自朋友、图书管理员、书店员工或社交媒体。按图书主题在图书馆或书店随意浏览是了解有声读物的第二大流行方式，占 30%。有 21% 的听众表示，他们听有声读物是因为他们也会阅读同一本书的纸质书或电子书。（见图 14）

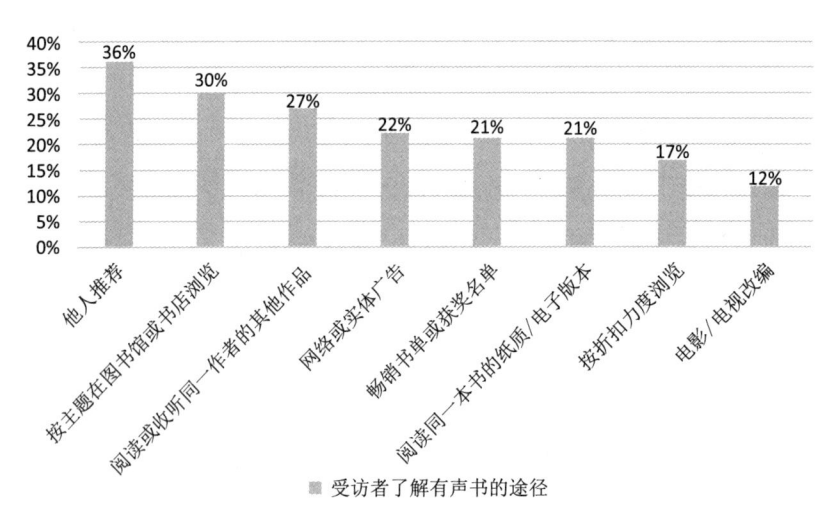

图 14　2019 加拿大读者了解有声书的途径情况

资料来源：《加拿大有声书使用情况研究（2020 版）》

关于听众获得有声读物的渠道和路径问题，调查结果显示：38%的听众使用应用程序或在线免费下载、播放有声读物。34%的人从实体书店或者网店购买（2018年这一比例略高，为49%）。从公共图书馆借阅有声书以及利用订阅服务购买有声书的听众均占31%。（见图15）

根据数字阅读服务平台赛阅（OverDrive）的数据，在2018年至2019年之间，加拿大图书馆中有声读物的发行量增长了32%；年龄在18岁到24岁之间的听众中，69%的人会为有声读物付费。

当人们同时使用线上和线下两种方式阅读时，在渠道的选择上亚马逊（音频和实体格式）以51%位居榜首，其次是提供实体和数字格式的图书馆（占48%）。用智能手机收听有声读物的比例已从2016年的45%上升到2019年的67%。智能手机之所以受到广泛青睐，因为它们可以让听众在进行其他活动（例如散步、通勤或做家务）的同时欣赏自己喜欢的有声读物。另外，有66%的受访者表示，他们可以通过查找特定标题找到自己想要的有声读物，只有6%的受访者表示他们很难找到自己想听的有声书。

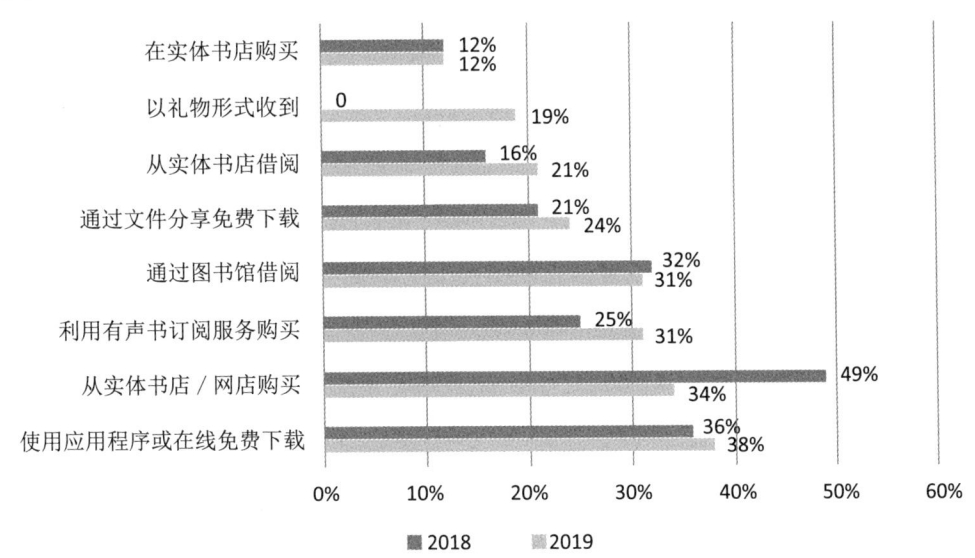

渠道	2018	2019
在实体书店购买	12%	12%
以礼物形式收到	0	19%
从实体书店借阅	16%	21%
通过文件分享免费下载	21%	24%
通过图书馆借阅	32%	31%
利用有声书订阅服务购买	25%	31%
从实体书店/网店购买	49%	34%
使用应用程序或在线免费下载	36%	38%

图15 2019年加拿大读者获取有声书的渠道占比情况

资料来源：《加拿大有声书使用情况研究（2020版）》

以上调查大多针对加拿大普通读者，此外，加拿大出版商协会（Association of Canadian Publishers）还通过在2019年10月—2020年3月进行的"无障碍出版研究项目"（Accessible Publishing Research Project）调研了此期间加拿大特殊人群的阅读习惯与偏好。该项目是由国家图书馆平等服务网络（National Network of Equitable Library Service，简称"NNELS"）在数字基金会（eBOUND）和加拿大出版商协会的资助下进行、加拿大政府支持无障碍数字图书可持续生产和发行五年倡议的子项目，五年倡议政府拨付资金总额为2280万美元。国家图书馆平等服务网络是一个面向加拿大纸质书阅读障碍人士（print disabilities）的数字公共图书馆，也是加拿大所有人无障碍和公平阅读生态系统的倡导者。纸质书阅读障碍者往往因为视力障碍、特定学习障碍或其他身体状况，需要另一种格式或专门格式（如盲文、音频、数字文本），以便从传统纸质材料中获取所需信息。该服务网络的目标是通过推进"天生无障碍（born accessible）"出版（从一开始就可以阅读的出版物）议程，进一步加强加拿大公共图书馆网络建设，为加拿大纸质书阅读障碍人士提供更多数字化格式无障碍出版物。

  研究项目显示，大多数受访者想要和需要更多的可供选择的无障碍出版物，目前只有10%的受访者认为找到足够容易阅读的图书"非常容易"。如何更好地满足纸质书阅读障碍人士的需求，实现更加"容易"的阅读，是亟待解决的重要课题。即使图书在技术上是可以获得的，但对于阅读障碍者而言，阅读的完成往往是非常困难的。相当多的研究参与者表示，学习和使用阅读技术非常困难、不方便和耗时。人们越来越认识到，学习障碍者在纸质书阅读障碍者中所占的比例比以前所理解的要大。因此，迫切需要在这一领域进行更多的研究，并需要扩大对学习障碍者的推广和服务。许多有纸质书阅读障碍的人不知道或无法利用他们可以利用的资源、服务和技术。在目前这些资源服务不足的群体中尤其如此：法语读者、有学习障碍、身体残疾和视力低下的人、妇女、低收入者、土著人民、有色人种、生活在非大都市地区的人、儿童和青少年、老年人，以及最近出现有纸质书阅读障碍的人。在如何使用阅读技术以及如何为纸质书阅读障碍人士获取其他资源方面，需要更多低成本或免费的培训和支持。

  有声读物是迄今为止最流行的无障碍格式，尤其是小说和娱乐类图书。81%的受访者阅读过有声读物，包括数字和CD格式。如果在阅读电子书和有声读物之间做出选择，61%的受访者会选择有声读物。90%的受访者更喜欢人声叙事。在购买图书类型与格式上，大约一半的受访者（51%）购买图书，58%购买有声书，54%购买电子书。大约33%的受访者每月在图书上的花费在6美元到15美元之间。尽管收入较低，但女性购买图书的比例高于男性（55%∶47%）。（见表6）绝大多数受访者从公共图书馆或为纸质书阅读障碍人士提供共享服务的图书馆机构获取图书。

表6　纸质书阅读障碍人士阅读图书方式/格式情况

阅读方式/格式	法语读者百分比	英语读者百分比
电子书	49%	55%
有声书	73%	73%
CD有声书	27%	33%
盲文	27%	12%
大号字体打印文本	29%	21%
常规字体打印文本	19%	10%
其他	10%	12%

资料来源：加拿大出版商协会《无障碍出版研究》

对于纸质书阅读障碍人士，非常需要及时诊断和支持性随访，尤其是有阅读障碍和其他学习障碍的儿童。许多研究参与者反映，残疾补助计划不足以满足他们的阅读需求，而且这些计划在不同类型的残疾人和生活在加拿大不同地区的人之间是不平等的。研究参与者希望医疗、教育、图书馆和社会工作部门的专业人士能够更好地了解纸质书阅读障碍人士的需求。

（三）图书馆情况

与美国和英国相比，加拿大在公共图书馆领域的代表性不够典型，分布的合理性有待提高。与书店位置分布情况类似，安大略省的公共图书馆数量同样也是最多的，全国637个图书馆中有468个位于安大略省，占比超70%。公共图书馆的首要任务是向用户提供图书并免费借阅。以多伦多公共图书馆（Toronto Public Library，简称TPL）为例，该馆拥有相当成熟的公共图书馆系统，有100个分支机构。2019年，该机构的用户访问次数超过1700万次，在线访问量达到2900万次。此外，有超过100万人参加了46000多个图书馆项目。该馆的服务为多伦多各界人士提供了新的成长机会，并加强了彼此及社区间的联系。

加拿大境内 500 家公共图书馆的统计数据显示，2019 年上半年，所有借阅图书中，儿童和青少年读物借阅量占比最高，达 44%；小说与非小说分别占比 26.5% 和 26.4%。加拿大本土作家作品中最有人气的是《纽约时报》畅销书作家路易斯·佩妮（Louise Penny）的推理悬疑类小说《盲人王国》（Kingdom of the Blind）。其他非本土作家作品中，最受欢迎的借阅图书有三本为儿童 / 青少年读物，排名第一的是《内裤队长系列》（The Captain Underpants series）。（见表 7）

表 7 2019 年加拿大图书馆最受欢迎的借阅图书排名情况

来源	排名	书名	作者
加拿大本土作家作品	1	盲人王国（Kingdom of the Blind）	路易斯·佩妮
	2	华盛顿黑人（Washington Black）	艾斯·伊多格彦
	3	探讨女人（Women Talking）	米利亚姆·陶斯（Miriam Toews）
	4	粗心的爱（Careless Love）	彼得·罗宾森（Peter Robinson）
	5	人生十二法则（12 Rules for Life）	乔丹·彼得森（Jordan B. Peterson）
其他作家作品	1	内裤队长系列（The Captain Underpants series）	达夫·皮尔基（Dav Pilkey）
	2	哈利·波特系列（The Harry Potter series）	J. K. 罗琳（J. K. Rowling）
	3	怪诞少女日记系列（The Dork Diaries series）	蕾切尔·勒妮·拉塞尔（Rachel Renée Russell）
	4	成为（Becoming）	米歇尔·奥巴马
	5	你当像鸟飞往你的山（Educated）	塔拉·韦斯特弗（Tara Westover）

资料来源：加拿大图书网

六、企业情况

20 世纪 60 年代，加拿大出版业在政府的投资帮助下建立并发展，逐渐形成了当下跨国出版商与本土出版商并存的局面。跨国出版商的数量虽然较少，但市场占有额较高，平均收入占行业总体收入的 44%，占 K12 教育书籍市场收入的 67%。本土出版商收入占出版业总收入的 56%，但生产了 80% 的加拿大作者的著作，在推广本土作家作品方面发挥着重要作用。目前，加拿大共有 300 余家独立出版商，每年出版一万多种新书。

在地域分布上，加拿大图书出版行业的大多数行业机构位于安大略省和魁北克省，预计 2020 年该地所拥有的机构数量将达到总数的 70.2%。安大略省是加拿大英语图书出版的集中地，也是许多最古老的图书出版商的所在地，包括新闻公司的子公司哈勒昆企业有限公司，各种图书出版初创企业都起源于该省。有 32.1% 的图书出版机构坐落在魁北克省，出版商数量、产业规模仅次于安大略省。该地区的独特之处在于，法语书籍的销量超过了英文书籍，是加拿大法语图书出版的集中地。

（一）跨国出版商情况

1. 哈珀·柯林斯

哈珀·柯林斯（HarperCollins）是世界领先的英语出版商之一。公司总部位于纽约，是新闻集团（News Corp.）的子公司，在美国、英国、加拿大、澳大利亚、新西兰和印度拥有分社。加拿大哈珀·柯林斯出版社成立于 1989 年，目前已成为一家在文学、商业小说、儿童读物、食谱和参考类图书领域享有盛誉的著名出版企业。过去十年间曾出版包括艾斯·伊多格彦、希瑟·奥尼尔（Heather O'Neill）、劳伦斯·希尔（Lawrence Hill）等几十位加拿大本土杰出作家的优秀作品。例如加拿大总督文学奖得主琼·托马斯（Joan Thomas）的作品《五个妻子》（*Five Wives*），加拿大吉勒奖得主艾斯·伊多格彦《混血布鲁斯》（*Half-Blood Blues*）。在 2020 年推出的畅销书作家肯尼斯·奥佩尔（Kenneth Oppel）新作《绽放》（*Bloom*）斩获亚马逊年度最佳图书、CBC 年度最佳图书等多项大奖。

除了支持加拿大本土出版计划，加拿大哈珀·柯林斯还负责哈珀·柯林斯旗下国际知名大 IP 作品在国际领域的宣传、营销和销售，包括 J. R. R. 托尔金（Tolkien），阿加莎·克里斯蒂（Agatha Christie），C. S. 刘易斯（C. S. Lewis）等作家的经典作品。在数字出版领域，哈珀·柯林斯是第一个将其内容数字化并创建全球数字仓库以保护作者权利、满足消费者需求和创造更多商业机会的出版商。

2. 汤森路透

汤森路透公司（Thomson Reuters）是一家总部位于加拿大的跨国媒体集团，该集团成立于 2008 年 4 月，由加拿大汤姆森公司（The Thomson Corporation）与英国路透集团（Reuters Group PLC）合并而成。该企业业务涵盖面广泛，涉及金融、医疗保健、法律法规、科技、税务等多个领域，其中出版业务近年来发展态势良好，在整个出版行业中处于领先地位。《汤森路透社 2019 年度报告》（*Thomson Reuters Annual Report 2019*）显示，2019 年汤森路透社出版业务在全球总收入有所下降的情况下，其

在加拿大地区的收入保持住了上涨态势，增长率约为 5.8%。（见表 8、表 9）

表 8 2018—2019 年汤森路透社收入情况

单位：亿美元

类别	截至 12 月 31 日	
	2018	2019
经常性收入	41.38	46.04
交易收入	6.37	6.10
出版收入	7.28	6.93
总收入	55.01	59.06

资料来源：《汤森路透社 2019 年度报告》（*Thomson Reuters Annual Report 2019*）

表 9 2018—2019 汤森路透社出版业务在各地区的收入情况

单位：亿美元

类别	美洲地区				英国	其他	欧洲、中东及非洲	亚太地区	总收入
	加拿大（本土）	美国	其他	总收入					
2018	0.86	5.13	0.25	6.24	0.47	0.16	0.63	0.41	7.64
2019	0.91	4.82	0.22	5.95	0.45	0.18	0.63	0.35	6.93

资料来源：《汤森路透社 2019 年度报告》

3. 学乐

在非本土出版商的国际出版业务方面，具有一定影响力的还有美国学乐出版社（Scholastic），其成立于 1957 年的加拿大分社是加拿大英语和法语儿童读物的领先出版商和发行商，也是加拿大贸易市场上儿童图书的主要供应商之一。自 1965 年以来，美国学乐出版社加拿大分社出版了许多优质的加拿大人撰写的图书和教育材料，其中还包括面向 K 年级到六年级学生的早期阅读计划所用图书。

（二）加拿大本土出版商情况

安尼克出版社（Annick Press）是加拿大一家著名的儿童和青少年图书出版商。它成立于 1975 年，创立人是里克·威尔克斯（Rick Wilks）和安妮·米尔亚德（Anne Millyard）。它以出版畅销作家的原创图画书而著名，如罗伯特·蒙施（Robert Munsch）《纸袋公主》（*Paper Bag Princess*）的纸质图书销量超过了 700 万册。此外，还出版当代小说和非小说类读物,如讲述加拿大原住民反抗与复兴的非虚构作品《鹰看到什么》(*What the Eagle Sees*),获得了加拿大广播公司最佳图书奖、鹦鹉螺图书奖银奖等诸多荣誉。安尼克在版权贸易方面同样非常活跃,它拥有40多个国家、10多种语言作品的版权,另外,也向电影、电视、舞台剧和有声书提供授权。

安尼克出版社致力于为儿童和青少年创作教育性、娱乐性的图书,激发人们对书面文字的热爱,除此之外,该出版社对加拿大社会的多元化、平等化问题也十分关注,并积极推出相关举措。

(三)加拿大大学出版社情况

多伦多大学出版社(University of Toronto Press)成立于1901年,是加拿大历史最悠久、规模最大的学术出版机构,同时也是北美地区最大的大学出版社之一,在学术期刊与高等教育题材出版方面享有盛誉。该出版商每年出版200余种新书,其人文学科、社会科学、土著研究和文化研究等方面的图书得到广泛认可,曾推出诺斯罗普·弗莱(Northrop Frye)、罗伯逊·戴维斯(Robertson Davies)、哈罗德·英尼斯(Harold Innis)等学者著作。多伦多大学出版社自成立以来一直致力于加拿大本土历史和文化研究,出版了一批诸如《加拿大历史地图集》(*Historical Atlas of Canada*)、《加拿大传记词典》(*the Dictionary of Canadian Biography*)等在加拿大历史上具有里程碑意义的图书。其出版的《雅典和耶路撒冷:上帝、人类和自然》(*Athens and Jerusalem: God, Humans, and Nature*)获得加拿大犹太文学奖(Canadian Jewish Literary Award-Scholarship),《受伤的感觉:魁北克的诉讼情绪,1870—1950年》(*Wounded Feelings: Litigating Emotions in Quebec, 1870-1950*)获得总督学术研究卓越历史奖(Governor General's History Award for Excellence in Scholarly Research)、加拿大历史奖最佳学术图书(CHA Best Scholarly Book in Canadian History Prize)。

多伦多大学出版社在为加拿大国内顶尖大学服务的同时,在国际出版业务方面也是中世纪、意大利,以及城市研究等相关领域的领先出版商。另外,该出版社还与北美著名商学院罗特曼管理学院(The Rotman School)合作,为商业领域的学术研究与实践架起沟通桥梁,联合出版多种商业图书。这些书多出自著名学者和领导人,为行动导向型图书,注重如何处理日常遇到的各种挑战。

（四）加拿大独立出版社情况

阿南西出版社（House of Anansi Press）是一家加拿大本土独立出版公司，由作家丹尼斯·李（Dennis Lee）和戴夫·戈弗雷（David Godfrey）于1967年创立。该公司专注于寻找和推广新生代加拿大本土作家的文学小说、诗歌和非虚构作品，代表性作家包括如玛格丽特·阿特伍德（Margaret Atwood）、马特·科恩（Matt Cohen）、迈克尔·奥达杰（Michael Ondaatje）等人。地木图书（Groundwood Books）是阿南西出版社的重要子部门，该部门自1978年成立以来一直致力于为所有年龄段的儿童提供小说、图画书等多种类型的高质量儿童读物。

近年来，阿南西出版社出版了大量本土作家的优秀作品。例如加拿大文学界的领军人物莫里茨（A. F. Moritz）的第二十本诗集《就你所知》（*As Far As You Know*），安·赫伯林博士（Dr. Ann Heberlein）的《关于爱与暴君：汉娜·阿伦特的生活与政治》（*On Love and Tyranny: The Life and Politics of Hannah Arendt*）。在数字化浪潮之下，阿南西出版社也在安大略政府的支持下不断探索自身的数字化转型路径。

七、期刊业发展状况

总体来说，北美的期刊市场近年来呈萎缩趋势。加拿大的杂志读者人数自2014年以来一直在减少，仅2014—2016年间，读者人数便从1720万下降到1590万。同期，报摊销售收入减少了0.79亿美元。其原因可能是年轻读者的消费低于老一辈。最近的数据显示，在21~34岁的加拿大人中，有44%的人每周阅读纸质期刊，而在50~69岁的人中，这一比例为67%。如果这种趋势继续下去，可以预见的是，随着越来越多的千禧一代的休闲方式从阅读转向其他类型的娱乐活动，加拿大纸质期刊的读者人数将难以避免地持续减少。

相对于规模较小的期刊在增加读者方面的难度，规模较大、市场品牌认可度较高，且市场运营方式更成熟的期刊仍然表现良好。根据最近的调查结果，加拿大最为领先的英语期刊是《读者文摘》（*Reader's Digest*），读者人数为436万；在法语期刊中，《里卡多期刊》（*Ricardo Magazine*）是最受欢迎的，拥有178万读者。当然，不能保证这种良好态势在未来几年能够继续保持，2019年，42%的加拿大人减少了在纸质期刊上的消费。

2019年，加拿大期刊广告收入同样呈下降趋势。据加拿大统计局官方统计显示，2013—2019年间加拿大期刊出版商相关广告收入下降明显，其中总广告收入锐减近五成，2019年总广告收入较2017年下降约6%。其中按需生产的定制出版物收入稳定，数字产品发行收入则略有下降。（见表10）

表10　2013—2019年加拿大期刊出版商广告、发行和定制出版物收入情况

单位：亿美元

类别	2013	2015	2017	2019
总广告收入	10.715	8.042	6.083	5.695
数字产品广告收入	—	—	1.081	0.953
总发行收入	4.842	4.092	3.805	3.055
数字产品发行收入	—	—	0.393	0.329
定制出版物总收入	—	—	0.368	0.358
定制出版数字产品收入	—	—	0.015	0.08

资料来源：加拿大统计局

（一）大众消费类期刊情况

根据加拿大统计局的最新统计数据，加拿大期刊市场呈现出多语种出版并存的现状，除了英语、法语期刊外，还有少量双语、土著语期刊。其中英语类期刊近五年占比均在八成以上，保持着领先地位。（见表11）

表11　按语言划分的历年加拿大新出版期刊类型占比情况

类别	2015	2017	2019
总计	100%	100%	100%
英语期刊	81.9%	80.6%	81.5%
法语期刊	—	14.2%	13.3%
双语（英语&法语）期刊	—	3.9%	—
土著语期刊	—	—	0.0%
其他语言期刊	—	—	—

资料来源：加拿大统计局

在加拿大发行量排行前十的期刊中，英语类期刊中，《读者文摘》（*Reader's*

Digest）是当今美国发行量第四的期刊品牌。该期刊成立于 1922 年，内容主要围绕旅行、健康、家庭和美食等话题展开，读者群体经济条件整体较为优渥，多为年收入 10 万美元以上的中产阶级。《现代期刊》（NOW Magazine）是加拿大安大略省多伦多市的一份免费的特殊周报和在线出版物，该期刊立足多伦多，面向全国提供可靠的社会、文化、政治、生活资讯。《加拿大生活》（Canadian Living）是一本关于加拿大生活方式的月刊，发表有关食品、时尚、手工艺、健康和家庭建议的文章。《蔚蓝》（Azure）曾获得加拿大国家杂志奖，内容主要聚焦当代建筑和设计。《房子和家》（House & Home）是一家首屈一指的设计、装饰和生活方式品牌期刊，由 Lynda Reeves 主编。《闪耀》（FLARE）是一家加拿大在线时尚期刊。《今天的父母》（Today's Parent）是一本加拿大双月刊，面向从出生到 14 岁的孩子的父母，内容围绕健康、教育和营养等话题展开。《曲棍球新闻》（The Hockey News）是一家总部设在加拿大的曲棍球期刊。由肯·麦肯齐（Ken McKenzie）和维尔·科特（Will Côté）于 1947 年创立，此后成为北美最受认可的曲棍球出版刊物。《世界时装之苑 加拿大》（Elle Canada）是一本来自法国的世界生活方式期刊，专注于时尚、美容、健康和娱乐。

发行量靠前的法语期刊中，艺术与时尚类期刊占据重要地位。其中《眨眼》（Clin d'oeil）是一本魁北克时尚期刊，每月出版一次，由魁北克媒体的一个分支 TVA Publications 出版。《新闻》（L'actualité）是一本在蒙特利尔出版的加拿大法语新闻和一般兴趣期刊。《美好时代》（Le Bel Âge）向读者提供实用的建议和健康、旅行、经济等问题的答案。（见表 12）

表 12　加拿大发行量前十的英语、法语期刊情况（数据截至 2020 年 8 月）

排名	英语期刊	法语期刊
1	读者文摘（Reader's Digest）	腰带（Châtelaine）
2	现代期刊（NOW Magazine）	一周（La Semaine）
3	加拿大生活（Canadian Living）	亚麻屑政变（Coup de Pouce）
4	装备期刊（The Kit Magazine）	新闻（L'actualité）
5	蔚蓝（Azure）	美好时代（Le Bel Âge）
6	房子和家（House & Home）	自我保护（Protégez-Vous）
7	闪耀（FLARE）	酷！（Cool!）

续表

排名	英语期刊	法语期刊
8	今天的父母（Today's Parent）	七小时（7 Jours）
9	曲棍球新闻（The Hockey News）	眨眼（Clin d'oeil）
10	世界时装之苑 加拿大（Elle Canada）	世界时装之苑 魁北克（Elle Québec）

资料来源：敏捷的公关解决方案（Agility PR Solutions）

《2019年加拿大人媒体使用多样性研究》（Diversity Canadian Media Usage Study 2019）显示，经常阅读加拿大期刊的读者年龄普遍较大，55岁以上的中老年人群中，每周阅读加拿大期刊的读者占比58%；而年龄在18岁至24岁之间的加拿大人中，仅有33%的人每周阅读期刊。且近五年来，各个年龄阶段的期刊读者占比都有所波动，总体呈下降趋势。（见图16）

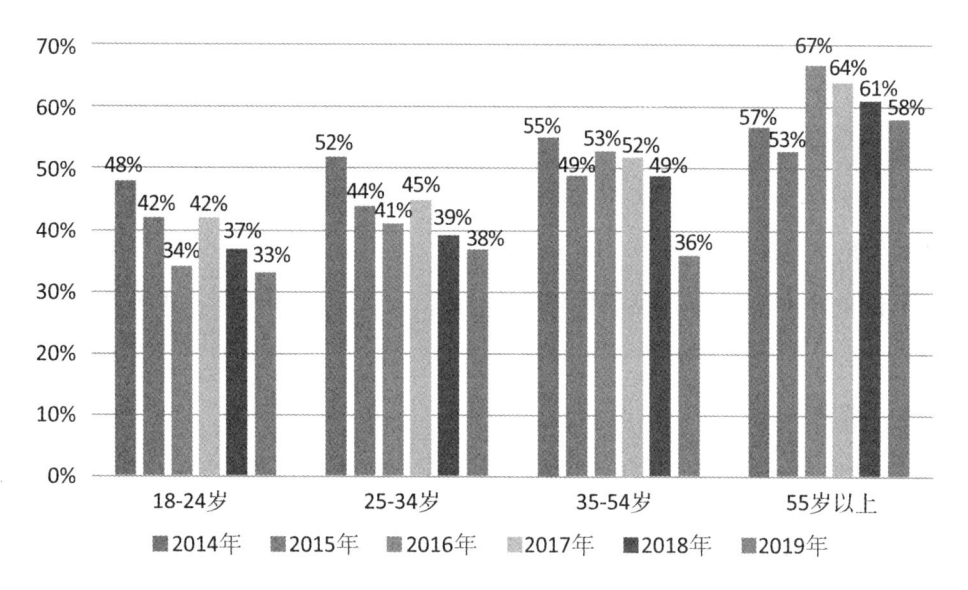

图16 2014—2019年加拿大不同年龄阶段每周阅读期刊的读者占比情况

资料来源：《2019年加拿大人媒体使用多样性研究》

在期刊类型上，食品、旅游和健康类加拿大期刊最受读者欢迎。（见图17）

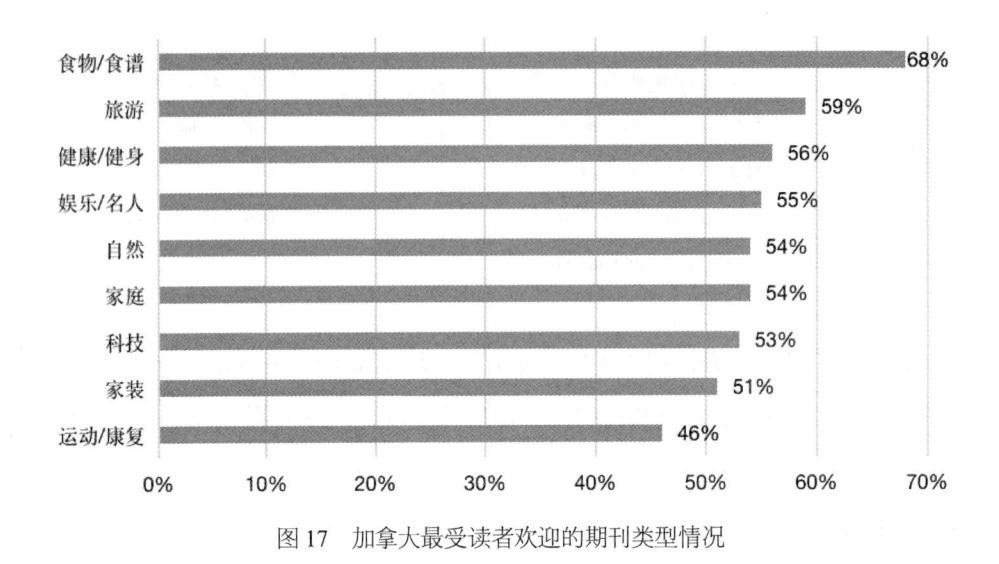

类型	百分比
食物/食谱	68%
旅游	59%
健康/健身	56%
娱乐/名人	55%
自然	54%
家庭	54%
科技	53%
家装	51%
运动/康复	46%

图 17　加拿大最受读者欢迎的期刊类型情况

资料来源：维维数据（Vividata）

随着数字媒体技术的进步，近年来，电子期刊越来越受到大众欢迎，加拿大数据收集机构维维数据（Vividata）受众调查的结果显示：53% 的读者仅阅读纸质期刊，还有 16% 的读者在阅读纸质期刊的同时利用一种以上的电子设备阅读电子期刊。特别对于年轻的 Y 世代（1980—1995 年间出生的人）和 Z 世代（1996—2006 年间出生的人）群体来说，他们更习惯利用手机和电脑等设备，通过社交媒体非直接性地浏览电子期刊内容。

（二）报纸

加拿大新媒体 2019 年出版的调查报告显示：该年度，每周有 1600 万份社区报纸在加拿大主要城市、乡村及偏远地区发行，全年报纸广告支出约为 11.25 亿美元（按同期汇率换算），较 2018 年下降约 4%，较 2010 年降幅达到近 60%，依然无法摆脱下降态势。

在全国发行量前 10 的报纸中，如表 13 所示，《环球邮报》（*The Globe and Mail*）是加拿大两大全国性报纸之一，成立至今已有 170 年，主要针对国家、国际、商业、技术、艺术、娱乐和生活方式新闻进行生动权威的报道。《国家邮报》（*National Post*）则是加拿大国内另一全国性报纸，它的宗旨是基于《金融邮报》的力量和传统，为来自全国各地和世界各地的读者提供全面的报道，所有这些报道都具有明显的加拿大特色。从政治立场上来看，两者的差异之一在于《环球邮报》以更自由著称，而《华盛顿邮报》则更为保守。《多伦多星报》（*Toronto Star*）是加拿大最大的日报，拥有全国最大的读者群。它作为日报每周七天在大多伦多地区出版。《汉密尔顿观察者》（*Hamilton Spectator*）成立于1846年，是一份每天在加拿大安大略省汉密尔顿出版的报纸。《蒙特利尔公报》（*Montreal Gazette*）成立于1778年，是魁北克最古老的日报，也是加拿大最古老的日报。《温哥华太阳报》（*Vancouver Sun*）是一份立足温哥华的小型日报，于1912年2月12日在不列颠哥伦比亚省首次出版。该报目前由邮媒网旗下太平洋报业集团出版。《卡尔加里先驱报》（*Calgary Herald*）是一份在加拿大阿尔伯塔省卡尔加里出版的日报。出版始于1883年，当时名为《卡尔加里先驱报》、《矿业和牧场倡导者》和《总广告商》。《多伦多太阳报》（*Toronto Sun*）是一份英语小报，每天在加拿大安大略省多伦多出版。《温莎之星》（*Windsor Star*）是安大略省温莎的一份日报。它由后媒体网络公司（Postmedia Network）拥有，周二至周六出版。

法语报刊中发行量最高的是《太阳报》（*Le Soleil*），这是一家位于魁北克省魁北克市的法语日报，成立于1896年。《魁北克日报》（*Le Journal de Quebec*）是加拿大魁北克市的一家法语日报。该报纸以小报形式发行，是魁北克市报纸发行量最高的法语报纸。《蒙特利尔日报》（*Journal de Montreal*）是一份在蒙特利尔出版的日报。它是魁北克省发行量最大的报纸，也是北美全地区发行量最高的法语日报。《论坛报》（*La Tribune*）成立于1910年，是一份在魁北克省舍布鲁克出版的法裔加拿大日报。《地铁》（*Métro*）成立于2001年，是一份在加拿大魁北克省蒙特利尔出版的免费法语日报。（见表13）

表13 加拿大发行量前十的英语、法语报纸情况（数据截至2020年8月）

排名	英语报纸	法语报纸
1	环球邮报（*The Globe and Mail*）	太阳报（*Le Soleil*）
2	多伦多星报（*Toronto Star*）	魁北克日报（*Le Journal de Quebec*）
3	汉密尔顿观察者（*Hamilton Spectator*）	蒙特利尔日报（*Journal de Montreal*）
4	蒙特利尔公报（*Montreal Gazette*）	每日邮报（*Le Quotidien*）
5	省报（*The Province*）	出版社（*La Presse*）
6	国家邮报（*National Post*）	论坛报（*La Tribune*）
7	温哥华太阳报（*Vancouver Sun*）	地铁报（*Métro*）

续表

排名	英语报纸	法语报纸
8	卡尔加里先驱报（Calgary Herald）	东方之声（La Voix de l'Est）
9	多伦多太阳报（Toronto Sun）	商业（Les Affaires）
10	温莎之星（Windsor Star）	北方报（Journal Le Nord）

资料来源：敏捷公关解决方案（Agility PR Solutions）。

参考文献

1. 埃德纳·沃特卡（Ed Nawotka）. 加拿大出版 2020：内省的一年（Candian Publishing 2020: A Year of Introspection）[EB/OL]. 出版商周刊（Publisher Weekly），2020-10-09.

2. 鲁迪格·维森巴特 & 米凯拉·安娜·弗莱什哈克（Rudiger Wischenbart, with Michaela Anna Fleischhacker）. 全球 50 强出版业世界排名（Global 50 The World Ranking of the Publishing Industry）[R]，内容与咨询（Content and Consulting），2020.

3. 2019 年加拿大出版状况（The State of Publishing in Canada 2019）[R]. 加拿大图书网（BookNet Canada），2020.

4. 2019 年加拿大图书市场（The Canadian Book Market 2019）[R]. 加拿大图书网（BookNet Canada），2020.

5. 2020 年加拿大人休闲与阅读情况调查（Canadian Leisure & Reading Study 2020）[R]. 加拿大图书网（BookNet Canada），2020.

6. 加拿大广播公司（图书）（CBC Books）. 2019 年加拿大畅销书排行（The top 10 bestselling Canadian books of 2019）[EB/OL]，2019.

7. 加拿大广播公司（图书）（CBC Books）. 2020 年加拿大畅销书排行（The top 10 bestselling Canadian books of 2020）[EB/OL]，2020.

8. 加拿大出版商协会（Association of Canadian Publishers）. 有声读物：为加拿大创作与出版提供潜力（Audiobooks: building capacity for Canadian creation and publishing）[R]，2020-1-27.

9. 国家平等图书馆服务网络（National Network of Equitable Library Service）. 无

障碍出版研究项目（Accessible Publishing Research Project）[R]，加拿大出版商协会（Association of Canadian publishers），2020.

10. 加拿大学术与研究图书馆协会（Canadian Association of Research Libraries）.2017—2018年数据统计2018—2019收入情况（*Canadian association of research libraries CARL Statistics 2017-2018 Salaries 2018-2019*）[R]，2019-12-20.

11. 敏捷的公关解决方案（Agility Pr Solution）.加拿大发行量十大期刊（*Top 10 Canadian Magazines by Circulation*）[EB/OL]. https://www.agilitypr.com/resources/top-media-outlets/top-10-canadian-magazines/，2020.

13. 2020年加拿大期刊——统计与事实报告（*Statista Magazine in Canada*）[EB/OL]. https://www.agilitypr.com/resources/top-media-outlets/top-10-canadian-magazines/，2020.

14. Alexander Kunst. 消费：2020加拿大各品牌期刊/周报消费量（*Magazine/weekly newspaper consumption by brand in Canada 2020*）[EB/OL]. statista，2020.

15. Amy Watson. 概述：2014—2019加拿大期刊覆盖范围（按年龄划分）（*Reach of magazines in Canada 2014-2019, by Age Group*）[EB/OL].statista，2021.

16. Amy Watson. 2014—2019加拿大法语期刊的覆盖范围（按年龄划分）（*Reach of magazines in French Canada 2014-2019, by Age Group*）[EB/OL].statista，2021.

17. A. Guttmann. 2012—2021年加拿大期刊广告支出（*Magazine Advertising Revenue in Canada 2012-2023*）[EB/OL]. statista，2021.

18. 加拿大新媒体（New Media Canada），报纸收入（*HOME RESEARCH & STATISTICS NEWSPAPER REVENUE*）[EB/OL]. 2020-12-25. https://nmc-mic.ca/wp-content/uploads/2020/11/2019-Net-Advertising-Volumes-Report_NAV-11.25.2020.pdf.

19. 加拿大统计局 http://www.statcan.gc.ca/[EB/OL]. 2020.

20. 汤森路透社2019年度报告（*Thomson Reuters Annual Report 2019*）[R]. 汤森路透社，2020.

21. 美国学乐出版社2019—2020年度报告（*Annual Report 2019-2020*）[R]，美国学术出版社，2020.

（作者单位：辽宁大学）

2019年英国出版业发展报告

甄云霞

2019年英国国内生产总值增长1.4%，比2018年1.3%的增速略有回升，相对发展平稳。2019年下半年以来，英国内政外交和经济社会发展面临脱欧问题挑战，与日趋复杂的国际环境相互叠加，给英国国家治理模式、经济社会政策、对外关系带来多方面冲击和压力。然而，在如此严峻的环境下，出版业销售逆势上扬，始终保持坚挺，甚至取得空前的增长。2019年英国出版业实现3.5%的增长，总销售收入达63亿英镑，不仅表现出坚强的韧性，而且更呈现出繁荣发展的态势。

一、行业发展背景

作为整个创意产业的核心，英国的出版业从文化、教育等政府管理部门及非政府部门公共机构获得政策、资金的持续大力支持。在十年发展战略（2010—2020年）框架下，国内出版市场屡创佳绩，同时，政府极为重视英语和英国文化在海外市场的传播，通过各项推广措施使得英国稳居世界上实体图书出口规模第一位。2019年英国出版业在国内外市场取得较大发展，成为有史以来最成功的一年。然而，与此同时，由于英国脱欧进程屡遭延迟，社会波动加剧，经济下行压力不断增大，为出版业的未来发展又带来许多不确定因素。

（一）文化管理模式和扶持政策情况

英国尚未有专门的出版行政管理机构，而是通过相关政府部门将出版作为文化创意产业的一部分进行间接管理和调控。英国数字化、文化、媒体与体育部（Department for Digital，Culture，Media and Sport，简称DCMS）作为英国出版业管理最主要的牵头部门，与其他相关直属非政府部门公共机构[①]和独立的行业机构共同合作完成出版业的管理。英国数字化、文化、媒体与体育部依照相关法律和国际条约，行使对出版行业的行政管理权。与此同时，对于儿童与青少年阅读的研究和管理主要由英国教育部（Department for Education，简称 DfE）负责。

1. 数字化、文化、媒体与体育部

数字化、文化、媒体与体育部是英国文化领域最高行政机构。该部前身是 1992 年创建的国家遗产部（Department of National Heritage，简称 DNH），1997 年国家遗产部更名为文化、媒体与体育部（Department for Culture，Media and Sport，简称 DCMS），2017 年再次更名为数字化、文化、媒体与体育部，以体现本部在文化数字化转型中的重要职能。由英国数字化、文化、媒体与体育部大臣（Secretary of State for Digital，Culture，Media and Sport）代表英国数字化、文化、媒体和体育部主持该部全面工作，现任数字化、文化、媒体和体育部大臣为奥利弗·道登（Oliver Dowden）。此外，该部还设有 5 个部长分管不同专业领域的工作，分别是数字和文化部长（Minister for Digital and Culture）、媒体和数据部长（Minister for Media and Data）、数字基础设施部长（Minister for Digital Infrastructure）、体育和旅游部长（Minister for Sport and Tourism）以及公民社会部长（Minister for Civil Society）。该部下设 45 个公共机构，其中与出版业密切相关的两大非政府部门公共机构为英格兰艺术委员会（Arts Council England）和大英图书馆（British Library）。该部每年负责将国家彩票基金（The National Lottery Community Fund）的部分收入分配给各文化公共机构，这部分资金也是对政府文化领域财政预算的补充。

2. 教育部

自 2010 年以来，教育部一直致力于提高学生整体阅读水平，缩小弱势学生群体与同龄人之间的阅读能力差距。在资金方面，截至 2016 年英国政府为弱势学生群体提供超过 88 亿英镑的额外阅读资源，同时，每年为学校提供一部分专门用于校园图书角建设的资金；在教学方面，鉴于基础教育阶段语音学习对学生阅读能力有重要影

[①] 非政府部门公共机构（non-departmental public body，简称 NDPB）是英国政府、财政部、苏格兰政府和北爱尔兰行政院采用的一种半官方机构分类方式，并非政府部门的组成部分，但却行使政府部门的职权，同时对政府直属部门负责。

响，该部对基础语音教学投入更多关注与支持；该部通过发布各学校学生阅读能力对比分析研究结果，激励学校培养学生阅读兴趣、提高学生阅读能力；为充分发挥图书馆在学生自身素质提升中的文化枢纽作用，该部要求各学校为三年级以上学生统一注册公共图书馆会员，并在日常教学中穿插图书馆校外教学活动。此外，该部还与图书信托基金会（Booktrust）等公益机构合作开展儿童及青少年阅读活动。例如，每年合作开展儿童图书捐赠计划，在新冠肺炎疫情暴发期间各地方公共图书馆在教育部号召下，开通经典儿童读物网络免费下载通道，避免文化教育缺席儿童日常生活。

3. 非政府部门公共机构

英格兰艺术委员会是英国数字化、文化、媒体与体育部的直属非政府部门公共机构之一，旨在服务国家文化创意发展、丰富公民文化生活，致力于到2030年将英国打造成为充分重视并繁荣发展个体创造力、保证公民获得卓越高质量文化体验的国家。为此，2018—2022年英国政府计划通过该机构投入14.5亿英镑公共资金、向国家彩票投资约8.6亿英镑支持文化产业发展。该机构下设专门负责图书馆、文学、青少年事务有关部门，通过管理国家彩票基金、文化复苏基金等定向资助图书馆、文学阅读、青少年阅读活动等。在文学方面，英格兰艺术委员会支持诗歌、小说、生活写作、口语、儿童写作、文学翻译以及其他形式的创造性写作，资助范围涵盖印刷出版、网络、现场表演以及广播等一系列媒体形式。

为应对新兴电子书对于传统纸质图书、商业化文学对传统美学文学的冲击，保证图书出版业健康发展，英格兰艺术委员会于2018年首次正式全面地规范了文学支持模式。虽然整体来看，相对其他艺术文化领域，该委员会对于文学的资金支持比重较小，但其重要性不可忽视。2015—2018年，该委员会在文学领域投入约4600万英镑，国家在文学领域投入共计超过13亿英镑。同时，该委员会全方位扶持文学事业，出资建立出版商和阅读公益机构、举办文学节等。在2018—2022年文学扶持计划中，该委员会将资助分为支持作家个人、跨部门多样性发展、独立出版商、个人与机构的新兴技术普及、读者发展5个领域。目前，该委员会对出版领域的支持集中在"艺术价值较高但商业价值较低"的诗歌、短篇小说和翻译小说出版领域。

英国文化教育协会（British Council）成立于1934年，1938年设立第一个海外办事处，是英国外交、联邦和发展事务部（Foreign, Commonwealth and Development

Office）直属非政府部门公共机构之一，致力于国际文化交流，在全球超过 100 个国家和地区开展工作。根据《皇家宪章》（Royal Charter），该协会的发展目标为促进英国文化与英语的海外传播，构建与其他国家更加紧密的文化合作关系。该协会设有董事会、高级领导团队和咨询专家小组。董事会为最高决策机构，对协会负责；高级领导团队聚集不同文化领域专家，执行董事会批准的战略，统领、管理协会工作开展，设置英国、欧盟、欧洲、美洲、东亚、南亚、中东北非和撒哈拉以南非洲区域 8 个地区事务主任，统筹管理各地区事务；咨询专家小组聚集不同文化领域和不同地区专家为协会提出专业性建议。

在出版领域，英国文化教育协会主要负责国际出版交流合作与研究。该协会委任专家在不同地区办事处短期或长期从事当地出版行业研判工作。例如，2019 年该协会委派一名专家顾问对乌克兰进行为期半年访问，对该国出版行业进行调研，撰写两国出版业合作发展报告。此外，该协会也走进民众生活，通过专家约稿向民众介绍自助出版电子书的渠道与方法等。一年一度的伦敦书展（London Book Fair）为该协会的图书出版跨文化交流提供绝佳平台。每年书展期间，该协会与不同国家地区的出版文化部门合作开展市场文化聚焦项目，邀请数名来自该国家地区的知名作家来伦敦访问交流，届时举行读者见面会、行业研讨会等相关民间活动与学术活动。2019 年，该协会与爱沙尼亚文学中心（Estonian Literature Centre）、文茨皮尔斯—作家和译者之家（Ventspils–Writers' and Translators' House）以及拉脱维亚和立陶宛文化研究所（Latvia and the Lithuanian Culture Institute）联合开展波罗的海国家市场文化聚焦项目（Baltic Countries Market Focus Cultural Programme）。2020 年，该协会与伊斯兰图书管理局（Sharjah Book Authority）联合开展伊斯兰市场文化聚焦项目（Sharjah Market Focus Cultural Programme）。

大英图书馆是英国的国家图书馆，也是世界最大的图书馆之一，为学术界、商业界、研究界和科学界提供信息服务，为英国乃至世界的研究、文化、教育和经济繁荣做出巨大贡献。根据 1972 年颁布的《大英图书馆法案》（*British Library Act*），大英图书馆于 1973 年 7 月由原英国博物院图书馆（British Museum Library）、全国中央图书馆（National Central Library）、全国科学技术外借图书馆（National Lending Library for Science and Technology）、专利局图书馆（Patent Office Library）以及英国全国书目公司（British National Bibliography）合并而成。截至 2020 年，该馆共收藏超过 1.7 亿件艺术作品，包括 1350 万册印刷图书和电子书、31 万份创作手稿、6000 万项专利、6000 万份报纸、400 万张地图、26 万种数字化期刊、700 万份 CD 和广播录音以及 800 万张邮票。此外，超过 115 万人注册使用该馆阅览室，每年约 160 万人访问该馆。根据 2003 年出台的《法定缴存图书馆法案》（Legal Deposit Library Act）和 2013 年出台的《非印刷类出版物法定缴存条例》（Non-Print Legal Deposit），该馆是 6 个法定出版物副本呈缴图书馆之一。依照法律，出版商有义务向该图书馆上缴出版物副本，以构建全面、可持续的出版物档案数据库。

（二）出版业面临的社会环境情况

2019 年英国脱欧进程在重重阻碍中艰难推进，英国政府再三"爽约"，议会下院多次投票否决英国政府与欧盟达成的"脱欧"协议。2019 年 3 月、6 月、10 月，欧盟连续三次批准英国的推迟"脱欧"申请。2019 年 12 月 12 日英国提前举行大选，现任首相鲍里斯·约翰逊率领保守党赢得英国议会下院多数席位，使得英国脱欧在年底终于出现转机，随着大选结束，英国脱欧局势最终明朗起来。至此，脱欧僵局持续三年有余，尤其是 2019 下半年包括更换首相、延迟脱欧进程、提前大选等在内的一系列重大政治事件，使得脱欧进程波动加剧，对经济发展、社会稳定带来严重影响。

漫长的脱欧过程中，党派争端、分歧加剧。可以说党派政治博弈是英国脱欧结局的关键，而英国第一大党保守党向民粹主义的妥协在其中发挥了重要作用。2019 年大选保守党最终获胜，使新一届政府推行脱欧政策时不再受议会掣肘。然而，英国政治的诸多矛盾远未消除，英欧关系面临的一系列关键问题在短期内找到解决办法仍困难重重，保守党虽在议会拥有稳定多数，工党新领导层短期内也无意挑战英国脱欧的既成事实，议会对当前脱欧谈判及其结果的影响力下降，但这并不意味着脱欧产生的政治和社会分裂的终结，脱欧加剧了议会和政府的争端，威胁到英国的政治传统，一旦脱欧经贸谈判不顺利，必将导致新的政治博弈和不稳定，甚至激发地方民族主义。

在脱欧之前，英国在欧洲经济体中经济增长速度一度处于领先地位，脱欧改变了这一总体经济形势。随着脱欧进程的推进，政策的不确定性对经济的影响日益加剧，英国经济下行压力不断加大，陷入疲态。2019年，英国GDP增长仅为1.4%。2017—2019年，英国经济增长速度持续三年下行，且均低于七国集团的平均速度。为应对经济危机，2019年英国政府开始实施宽松的财政和货币政策，加紧对外自贸谈判，以期维持经济相对稳定和加快外贸复苏。2019年9月4日，时任英国财政大臣赛义德·贾维德在议会下院表示，政府将在下一个财政年度增加138亿英镑公共支出用于教育、医疗、警力以及基础设施建设。他认为，英国能够在公共服务领域投入更多，"翻过财政紧缩的一页"。在宽松财政和货币政策支持下，2019年英国贸易状况基本保持稳定，甚至有所改善，进出口总量都有所增长，贸易赤字有所下降。

对出版业而言，裹挟在脱欧过程中不可避免地受到这一事件影响。欧盟作为英国最大实体图书海外出口市场，其对英贸易政策很大程度上影响英国出版业整体发展，英国出版市场繁荣仍有赖于欧盟支持。其中最直接的体现，受制于对外自贸谈判进程，与多国和地区在关税等方面尚未达成最终协议，导致一系列物流和沟通障碍，出版物市场流通受阻，外贸成本增加，效率降低，出版业进出口、对外贸易受到严重影响，对长期依赖出口的英国出版业造成巨大打击。在这样的环境下，更加要求出版机构、行业协会抱团取暖，与政府加强沟通，推动政府出台相关政策，努力解决当下问题和困境，帮助出版业尽快适应调整，步入正轨。

从另一个角度看，脱欧的最终实现，有助于推动政府履行税收新政。长期以来，由出版商协会牵头，各方不懈努力呼吁，积极推动政府出台相关政策，减免数字出版增值税，助力阅读和出版产业发展。2020年5月1日，英国政府出台文件，对数字出版免征20%的增值税，减轻出版机构税费负担。这在当前充满挑战的环境中具有重要意义。值得欣慰的是，2019年出版业数据表明，英国出版业处于有史以来最好状态，尽管面临诸多不确定性和严峻挑战，但行业对未来仍然持乐观态度。

二、图书销售情况

2019年英国出版通过图书、期刊和版权等获得总销售额约为63亿英镑，较2018年增长3.5%，较2015年增长19.8%。纸质版、数字版、国内和海外销售收入总额较2018年都有所增长，在全国范围内表现出持续增长的强劲势头。（见表1）

表 1　2015—2019 年英国出版业总销售额情况[①]

单位：亿英镑

类别	年度	总销售额	纸质版	数字版	国内	海外
销售额	2015	52.47	31.74	20.72	—	—
	2016	59.30	34.25	25.04	23.73	33.51
	2017	61.83	36.15	25.68	24.34	35.54
	2018	60.75	34.23	26.52	23.51	35.64
	2019	62.87	35.17	27.70	24.38	36.83
销售额同比变化	2016/15	+13.0%	+7.9%	+20.8%	—	—
	2017/16	+4.3%	+5.5%	+2.5%	+2.6%	+6.0%
	2018/17	−1.8%	−5.3%	+3.3%	−3.4%	+0.3%
	2019/18	+3.5%	+2.8%	+4.4%	+3.7%	+3.3%

资料来源：英国出版商协会《2019 年英国出版业数据年报》。

2019 年出版物海外销售收入增长 3.3%，约 37 亿英镑，在出版整体销售中所占比重约为 59%，这一比例较 2016 年的 57% 有所上升。英国是世界上出口实体图书最多的国家，这有助于在海外推广英国文化、教育和学术思想，体现其对国际市场的依赖性，以及对外贸易对该国出版业的重要性。

2019 年，电子书、有声读物下载、在线订阅/访问、电子期刊和数字版权等数字产品占图书、期刊和版权销售总额的 44%，高于 2015 年的 40%。

（一）图书整体销售情况

2019 年，英国图书总销售额增长 3.1%，达到 37.38 亿英镑，其中纸质图书销售增长 2.6%，达到 30.28 亿英镑；数字图书销售增长 5.0%，达到 7.1 亿英镑。与 2015 年相比，2019 年纸质图书销售额增长 9.9%，数字图书销售额增长 7.6%，同期图书总销售额增长 9.4%。（见表 2）

---

① 按照惯例，《英国出版业数据年报》会对往年统计数据误差做出调整，因此本报告的部分数据与《国际出版业发展报告（2019 版）》对应数据存在一定出入。

表2 2015—2019年英国出版业图书销售情况

单位：亿英镑

类别	年度	总销售额	纸质图书	数字图书
销售额	2015	34.16	27.56	6.60
	2016	36.43	29.76	6.67
	2017	37.67	31.18	6.49
	2018	36.26	29.50	6.76
	2019	37.38	30.28	7.10
销售额同比变化	2016/2015	+6.6%	+8.0%	+1.1%
	2017/2016	+3.4%	+4.8%	−2.7%
	2018/2017	−3.8%	−5.4%	+4.2%
	2019/2018	+3.1%	+2.6%	+5.0%

资料来源：英国出版商协会《2019年英国出版业数据年报》

2019年，英国国内图书总销售额增长3.5%，其中纸质图书增长3.8%，数字图书增长2.4%。在出口方面，总销售额增长2.5%，其中纸质图书出口增长1.2%，数字图书增长8.8%。自2015年以来，纸质图书销售增长8.5%，带动国内销售在五年内增长7.0%，数字图书仅增长1.1%；数字图书出口收入增长17.7%，而纸质图书出口销售增长11.6%。

2019年，英国纸质图书销售总额增长2.6%，主要是受非虚构类和参考类图书、儿童类图书、教材销售额增长4.6%~5.5%以及英语教育类图书销售额近20%增长的推动。相比之下，纸质小说、学术与专业类图书销售额有所下降。2015—2019年，纸质儿童类图书、非虚构类和参考类图书、英语教育类图书销售额增长在25%左右，这与过去五年中，纸质小说和教材销售额下降3.4%~5.4%以及学术与专业图书销售额略有下降形成鲜明对比。（见表3）

表3 2018—2019年英国纸质图书销售额情况（按类别）

单位：亿英镑

类别	2018	2019	增减率	五年增减率
总销售额	29.50	30.28	+2.6%	+9.8%
虚构类图书	3.59	3.47	−3.4%	−5.4%
非虚构类和参考类图书	8.78	9.24	+5.2%	+22.4%

续表

类别	2018	2019	增减率	五年增减率
儿童类图书	3.51	3.70	+5.5%	+23.9%
教材	2.79	2.92	+4.6%	−3.4%
英语教育类图书	2.59	3.10	+19.5%	+25.3%
学术与专业类图书	8.23	7.85	−4.6%	−0.2%

资料来源：英国出版商协会《2019年英国出版业数据年报》

2019年英国纸质书总体平均发货价格为4.66英镑，较2018年和2015年均上涨约15便士。2015—2019年，纸质书国内平均发货价格上涨1.5%，其中2019年同比上涨3.8%。2019年出口平均发货价格比2018年上涨1.9%，达到4.89英镑，比2015年上涨4.3%。（见表4）

表4 2018—2019年英国纸质书平均发货价格情况

单位：英镑

类别	2018	2019	增减率	五年增减率
总体平均发货价格	4.52	4.66	+2.9%	+2.7%
国内平均发货价格	4.33	4.49	+3.8%	+1.5%
出口平均发货价格	4.80	4.89	+1.9%	+4.3%

资料来源：英国出版商协会《2019年英国出版业数据年报》

2019年，数字产品销售额总体上升，其中，有声书下载增长39.3%，达到9700万英镑；非大众类电子书销售增长3.2%，达到1.53亿英镑；在线订阅或访问收入增长4.5%，达到1.91亿英镑；其他非大众类电子书销售（如学习管理系统）增长26.6%。相比之下，大众类电子书销售的发货价格下降4.1%，降至2.4亿英镑。2015—2019年，大众类电子书收入下降20%，而有声书下载销售增长三倍，非大众类电子书、在线订阅和其他格式数字产品销售出现两位数的增长。（见表5）

表5 2018—2019年英国数字图书销售额情况

单位：亿英镑

类别	2018	2019	增减率
总销售额	6.76	7.11	+5.0%
有声书	0.69	0.97	+39.3%
大众类电子书	2.52	2.40	−4.1%
非大众类电子书	1.49	1.53	+3.2%
在线订阅	1.82	1.91	+4.5%
其他非大众类电子书	0.24	0.30	+26.6%

资料来源：英国出版商协会《2019年英国出版业数据年报》

2019年，包括电子书、有声书、在线订阅和学习管理系统在内的数字图书占图书总销售额的19%，与2018年持平。数字图书占国内图书总销售额的19%，高于2017年的17%，但略低于2015年水平；在海外销售方面，数字产品份额在过去五年中从18%略微上升到19%。

（二）国内市场销售情况

2019年，英国国内图书总销售额为20.98亿英镑，同比增长3.5%。其中纸质图书销售额为16.95亿英镑，同比增长3.8%，数字图书销售额为4.03亿英镑，同比增长2.4%。2015—2019年间，纸质图书国内销售共增长8.5%，数字图书国内销售增长1.1%。（见表6）2019年，包括电子书、音频下载、在线订阅和学习管理系统在内的数字格式占国内图书销售总额的19%，高于2017年，但略低于2015年。

表6 2015—2019年英国图书国内销售情况

单位：亿英镑

类别	2015年	2016年	2017年	2018年	2019年	增减率	五年增减率
总销售额	19.61	21.00	21.25	20.26	20.98	+3.5%	+7.0%
纸质图书销售额	15.62	17.20	17.59	16.32	16.95	+3.8%	+8.5%
数字图书销售额	3.99	3.80	3.66	3.94	4.03	+2.4%	+1.1%

资料来源：英国出版商协会《2019年英国出版业数据年报》

国内图书销售额的增长，是由非虚构类和参考类图书、儿童类图书销售各增长7.1%，学术与专业类图书销售增长2.6%带动的。教材销售也略有上升，但虚构类图书和英语教育类图书销售额呈下降趋势。2015—2019年，学术与专业类图书、儿童类图书、非虚构类和参考类图书销售额实现两位数的增长，英语教育类图书也有小幅增长，但小说和教材销售额呈两位数下降。（见表7）

表7 2018—2019年英国各类图书国内销售情况

单位：亿英镑

类别	2018	2019	增减率	五年增减率
虚构类图书	3.86	3.79	−1.7%	−12.8%
非虚构类和参考类图书	6.42	6.87	+7.1%	+18.0%
儿童类图书	2.52	2.70	+7.1%	+17.4%
教材	1.70	1.71	+0.6%	−13.6%
英语教育类图书	0.12	0.11	−9.5%	+4.7%
学术与专业类图书	5.65	5.80	+2.6%	+14.7%
合计	20.26	20.98	+3.5%	+7.0%

资料来源：英国出版商协会《2019年英国出版业数据年报》

非虚构类和参考类图书仍然是国内销售收入的最大类别，自2015年以来其所占份额从30%上升到33%。在过去五年里，学术与专业图书在国内销售中所占份额从26%上升到28%，而虚构类图书和教材所占份额分别从22%和10%下降到18%和8%。

（三）海外市场销售情况

2019年，英国图书海外总销售额同比增长2.5%，达到16.4亿英镑，其中数字图书销售增长8.8%，而纸质图书销售仅增长1.2%。与2015年相比，面向海外市场的数字图书销售增长17.7%，纸质图书增长11.6%，同期出口总销售额增长12.7%。（见表8）

表8　2015—2019年英国图书海外销售情况

单位：亿英镑

类别	2015年	2016年	2017年	2018年	2019年	增减率	五年增减率
总销售额	14.56	15.43	16.42	16.00	16.40	+2.5%	+12.7%
纸质图书销售额	11.95	12.56	13.59	13.17	13.33	+1.2%	+11.6%
数字图书销售额	2.61	2.87	2.83	2.83	3.07	+8.8%	+17.7%

资料来源：英国出版商协会《2019年英国出版业数据年报》

2019年，包括电子书、有声书、在线订阅和学习管理系统在内的数字产品占海外图书总销售额的19%，略高于2017—2018年。图书海外总销售额的增长，主要受教材和英语教育类图书销售额增长的推动，非虚构类和参考类图书、儿童类图书销售额也有小幅增长。然而，2019年虚构类图书海外销售与2018年持平，学术与专业类图书销售额下降7.8%，较2015年下降9.2%。相比之下，2015—2019年，非虚构类和参考类图书、儿童类图书的销售额增长超过35%，教材和英语教育类图书销售额增长约27%，虚构类图书出口增长11.6%。（见表9）

表9　2018—2019年英国各类图书海外销售情况

单位：亿英镑

类别	2018	2019	增减率	五年增减率
虚构类图书	2.02	2.02	+0.0%	+11.6%
非虚构类和参考类图书	3.12	3.20	+2.5%	+35.9%
儿童类图书	1.16	1.19	+2.1%	+35.3%
教材	1.45	1.64	+13.7%	+26.7%
英语教育类图书	2.57	3.12	+21.2%	+27.3%
学术与专业类图书	5.68	5.24	-7.8%	-9.2%
合计	16.00	16.40	+2.5%	+12.7%

资料来源：英国出版商协会《2019年英国出版业数据年报》

尽管学术与专业类图书占海外销售的份额自2015年以来从40%下降到32%，但该类图书仍然是2019年占据英国图书海外销售份额最大的类别。五年间，非虚构类和参考类图书海外销售份额从16%上升到19%，英语教育类图书的份额从17%上升到19%。

2019年，英国图书海外整体销售额增长2.5%，主要是由在美国、阿联酋、西班牙、荷兰、墨西哥和爱尔兰的销售增长所推动的，数字版销售拉动在美国和阿联酋的销售增长，纸质版销售助力在其他国家和地区的销售增长。美国约占英国图书海外销售额的12%，略高于澳大利亚（11%），德国仍然是第三大海外销售国，但是其份额从8%下降到6%。除15大海外销售地外，英国图书在波兰、巴西和俄罗斯的销售增长尤其强劲，增长逾33%，分别达到2300万英镑、1900万英镑和1000万英镑。（见表10）

表10 2018—2019年英国图书在各国销售情况

单位：亿英镑

类别	2018	2019	增减率
美国	1.86	1.89	+1.4%
澳大利亚	1.80	1.74	-3.2%
德国	1.23	1.04	-15.5%
阿联酋	0.64	0.68	+6.5%
印度	0.61	0.62	+2.0%
西班牙	0.45	0.61	+35.2%
中国	0.63	0.61	-4.3%
荷兰	0.49	0.55	+12.1%
沙特阿拉伯	0.49	0.49	+0.2%
南非	0.44	0.39	-11.5%
墨西哥	0.33	0.36	+10.9%
爱尔兰共和国	0.31	0.36	+15.0%
日本	0.35	0.33	-3.7%
新加坡	0.32	0.33	+5.5%
法国	0.35	0.30	-14.5%
其他	5.70	6.10	+6.9%
合计	16.00	16.40	+2.5%

资料来源：英国出版商协会《2019年英国出版业数据年报》

在广泛的区域层面，2019年纸质版图书海外销售额增长1.2%，其中欧洲和美洲其他地区的图书销售增加，非洲撒哈拉以南的销售收入呈两位数下降，而大洋洲、北美、东亚和南亚的销售额也有小幅下降。2015—2019年，英国在美洲其他地区的纸质版图书销售额增加一倍多，在欧洲、东亚和南亚的销售增长为两位数，来自大洋洲和北美的收入增长较小。相比之下，对撒哈拉以南非洲、中东与北非的销售在五年内出现两位数的下降。（见表11）

表11　2018—2019年英国纸质图书海外销售情况

单位：亿英镑

类别	2018	2019	增减率	五年增减率
欧洲	4.51	4.74	+5.2%	+12.9%
中东与北非	1.87	1.87	−0.1%	−10.3%
撒哈拉沙漠以南非洲地区	0.70	0.56	−21.0%	−27.9%
东亚与南亚	2.49	2.47	−0.8%	+28.9%
大洋洲	1.30	1.22	−5.9%	+5.1%
北美	1.42	1.37	−3.8%	+6.7%
美洲其他地区	0.81	1.05	+28.9%	+124.5%
其他地区	0.07	0.05	−19.2%	−10.0%
合计	13.17	13.33	+1.2%	+11.6%

资料来源：英国出版商协会《2019年英国出版业数据年报》

2019年英国对外版权贸易和合作出版总收入增长13.3%，其中西欧、北欧地区、亚洲、阿拉伯语/希伯来语地区和巴尔干地区版权收入有所增长，而中东欧和拉丁美洲版权收入则下降。自2015年以来，亚洲、阿拉伯语/希伯来语地区和中东欧版权和合作出版收入增长最快，西欧和巴尔干地区也有显著增长，但拉丁美洲版权收入有所下降。（见表12）

表12　2018—2019年英国对外版权贸易和合作出版收入情况（按地区）

单位：亿英镑

类别	2018	2019	增减率	五年增减率
西欧	0.66	0.74	+11.3%	+48.2%
北欧	0.07	0.08	+13.1%	+1.6%
亚洲	0.31	0.42	+36.3%	+101.7%
中东欧	0.17	0.15	−15.2%	+85.3%
阿拉伯语/希伯来语地区	0.01	0.01	+15.9%	+87.5%
巴尔干地区	0.05	0.06	+18.8%	+47.1%

续表

类别	2018	2019	增减率	五年增减率
拉丁美洲	0.05	0.04	-6.4%	-58.7%
其他地区	0.18	0.20	+11.9%	+33.7%
合计	1.51	1.71	+13.3%	+46.0%

资料来源：英国出版商协会《2019 年英国出版业数据年报》

从所占比重来看，西欧是版权和合作出版的最大地区，2019 年占总收入的 43%；亚洲占比约 25%，较 2015 年的不到 20% 有所上升；中欧和东欧的份额从 7% 上升到约 9%；北欧五年来变化不大，基本持平；拉丁美洲的份额五年内从 9% 下降到约 2%。（见表 12）

从语种上看，法语和汉语版权总收入增加，西班牙语、荷兰语、日语和韩语版权收入增幅较小；相比之下，德语和意大利语的收入很少或没有增加。自 2015 年以来，德语和意大利语版权收入几乎翻了一番，而汉语的收入增长两倍多。（见表 13）

表 13 2018—2019 年英国对外版权贸易和合作出版收入情况（按语种）

单位：亿英镑

类别	2018	2019	增减率	五年增减率
法语	0.12	0.17	+43.3%	+21.8%
德语	0.18	0.18	+1.2%	+74.4%
西语	0.10	0.11	+10.2%	+12.1%
意大利语	0.11	0.11	-6.5%	+83.1%
荷兰语	0.08	0.09	+5.6%	+67.3%
葡萄牙语	0.02	0.03	+44.5%	-13.1%
汉语	0.17	0.25	+44.3%	+267.4%
日语	0.04	0.05	+33.2%	-40.9%
韩语	0.05	0.06	+16.1%	+63.5%
其他语种	0.59	0.62	+5.6%	+61.0%
合计	1.51	1.71	+13.3%	+46.0%

资料来源：英国出版商协会《2019 年英国出版业数据年报》

汉语是 2019 年对外版权贸易和合作出版的主要语种，约占总收入的 15%，高于 2015 年的 6%；2015—2019 年德语的份额从 9% 上升到约 11%，法语从 12% 下降到约 10%，西班牙语从 11% 下降到约 7%，葡萄牙语和日语的份额也有所下降。

2019 年，英语地区版权和合作出版总收入下降 1.5%，其中，美国和加拿大收入下降幅度超过英国国内版权收入的增幅。但整体来看，2015—2019 年英国国内版权收入增幅超过对美国和加拿大版权贸易收入的降幅。2019 年，60% 的英语版权和合作出版收入来自北美，23% 来自英国，高于 2015 年的 15%。

（四）畅销书情况

尼尔森图书公司（Nielsen BookScan）的大众市场总销售额（Total Consumer Market）数据显示，2019 年畅销书榜前 100 种纸质图书的收入合计为 1.5 亿英镑，占整个市场的 9%，比 2018 年的前 100 种的总收入增长 15%。

2019 年有 5 本图书单周销量超过 10 万册，包括《美食之乐》（Pinch of Nom）、《自己整理家务让你更快乐》（Hinch Yourself Happy）、《证据》（The Testaments）、《白金汉宫的野兽》（The Beast of Buckingham Palace）和《美食之乐：每日轻食》（Pinch of Nom: Everyday Light），七天内销量均达到六位数，分列八周畅销书榜第一位。相比之下，2018 年仅两周有 10 万本以上畅销书，2017 年和 2016 年各有 3 本。

美食博主凯·费瑟斯通（Kay Featherstone）和凯特·艾林森（Kate Allinson）是 2019 年的黑马作者，其作品《美食之乐》成为爆款现象级畅销书，获得当年畅销榜单第一高达 12 次。该书也是有史以来销售最快的非虚构类图书，上架 33 周销量就达到百万册，稳居 2019 年畅销书榜第一位。这是自 2016 年以来畅销书榜第一名单本销量首次超过百万册，得益于这本由博客内容改编的烹饪书，年度畅销书榜整体销量得到提升。除该书外，畅销书榜单前 100 名其他图书的总销售额比 2018 年大幅增长 1000 万英镑。《美食之乐》作者的另外两本书也跻身畅销书榜前五十，其中一本为 6 月出版的《美食之乐：美食计划手册》（Pinch of Nom Food Planner），另一本《美食之乐：每日轻食》12 月出版，圣诞节期间销量仅次于大卫·威廉姆斯（David Walliams）的图书，排名第二位。2019 年两位作者凭借美食图书共斩获 1400 万英镑收入。

紧随其后的是清洁能手欣奇女士的《自己整理家务让你更快乐》，成为有史以来销售速度第二的非虚构类图书。这位照片墙达人（Instagrammer）之后又凭借新书《欣奇女士：活动日志》（*Mrs Hinch: The Activity Journal*）横扫秋季榜单榜首。

随着 2019 年气候危机的到来（根据《牛津英语词典》的定义），环境与生态和素食烹饪类图书获得越来越多的关注，屡创历史纪录。16 岁女孩桑伯格（Greta Thunberg）的《年少有为》（*No One is Too Small to Make a Difference*）凭借环保类主题成为年度畅销书，共售出 227362 册，总排名第 26 位。从英国 2019 年 7 月创下 38.7 摄氏度的最高纪录，到 9 月全球气候罢工的那一周，再到唐纳德·特朗普在推特上侮辱这位 16 岁的作家，该书销量一路飙升；9 月，桑伯格在联合国发表了一篇摘除内脏的演讲之后，这本平装书登上非虚构类榜单榜首。

素食烹饪书销量也是一大热点，在近十年该类别十大畅销书中，有七本是在过去两年发行的。杰米·奥利弗（Jamie Oliver）的《素食》（*Veg*）于 2019 年 8 月出版，以 418998 册的销量直逼榜首。除此之外，《纯素食谱》（*BOSH!*）、《绿色烤锡》（*The Green Roasting*）、《十五分钟素食》（*Veggie Lean in 15*）等图书表现也十分突出。

虚构类榜单第一名是 2018 年出版的小说《奥斯维辛的文身师》（*The Tattooist of Auschwitz*），该书和《野兽》（*The Beast*）是仅有的两部销量超出《美食之乐》50% 的虚构类小说。作为 2019 年布克奖得主，玛格丽特·阿特伍德的《证据》有潜力成为年度最畅销的精装小说；此外，《奥斯维辛集中营的图书管理员》（*The Librarian of Auschwitz*）也跻身榜单前 100 名，销量为 211968 册。

回忆录也有数本图书上榜，达到有史以来该类图书的最大阵容，其中最有代表性的为《绝对笑喷之弃业医生日志》（*This is Going to Hurt*），平装本销量超过 100 万册。

基于尼尔森的大众市场总销售额，《书商》杂志列出 2019 年大众类榜单前五十位作者，其中前 10 位情况如下。

表 14　2019 年英国大众类图书销量榜单前十位作者情况

单位：万英镑

序号	作者	总销售额
1	大卫·威廉姆斯（David Walliams）	1917.25
2	朱莉娅·唐纳森（Julia Donaldson）	1405.60
3	凯·费瑟斯通和凯特·艾林森（K. Featherstone & K. Allinson）	1405.16

续表

序号	作者	总销售额
4	J. K. 罗琳（J. K. Rowling）	1139.95
5	李·恰尔德（Lee Child）	757.68
6	杰米·奥利弗（Jamie Oliver）	725.09
7	费欧娜·瓦特（Fiona Watt）	689.43
8	杰夫·金尼（Jeff Kinney）	688.14
9	玛格丽特·阿特伍德（Margaret Atwood）	626.57
10	詹姆斯·帕特森（James Patterson）	625.91

资料来源：英国《书商》杂志

排名第一的儿童作家大卫·威廉姆斯，连续三年实现图书销售额每年都超过1000万英镑，2019年其作品周榜单在榜时间达到四分之一。大卫·威廉姆斯在榜单前十名中的3本书总销量为163万册，而这仅仅是冰山一角，他在2019年总共卖出300多万册图书，总收入距2000万英镑仅一步之遥。《白金汉宫的野兽》是其第三本登上圣诞节第一名宝座的作品，而2月出版的《毛球怪》（*Fing*）和6月出版的《世界上最差的老师》（*The World's Worst Teachers*）印数均超过45万册；同时他还拥有大量经久不衰的长销书，由托尼·罗斯（Tony Ross）插图的7部作品均进入年度100强，其中《最老的黑帮奶奶》（*The Oldest Gangsta Granny*）2013年出版，销量仍超过10万册。

作为英国畅销绘本作家，榜单排名第二的朱莉娅·唐纳森2010—2019年连续10年实现图书销售额每年都超过1000万英镑，而其他作者的此项最高纪录为5年。其特殊之处在于拥有多本经受市场考验的长销书，而不是靠少量爆款畅销书带来成功。在2019年总销售额前5000种图书中，朱莉娅·唐纳森入选了75种，相对而言，大卫·威廉姆斯的图书有7本集中在榜单前100以内。

2019年榜单前50名作家为大众市场带来共计222800万英镑的销售额，比2018年增长11.5%，同时，尼尔森百万级作家（BookScan Millionnaires）数量连续9年实现增长。

近几年，有声书异军突起，领涨整个图书市场，成为不可忽视的一大板块。2019年有声书畅销榜单大多为2017年或2018年甚至更早出版的图书，仅有2种为2019年新出版。（见表15）

表15 2019年英国大众类有声书下载量排名前十图书情况

序号	书名	作者	播讲者	出版方
1	《成为》（Becoming）	米歇尔·奥巴马（Michelle Obama）	米歇尔·奥巴马	企鹅（Penguin）
2	《希腊神话》（Mythos）	史蒂芬·弗莱（Stephen Fry）	史蒂芬·弗莱	企鹅
3	《哈利·波特：魔法石》（Harry Potter: Philosopher's Stone）	J. K. 罗琳	史蒂芬·弗莱	波特莫（Pottermore）
4	《绝对笑喷之弃业医生日志》（This Is Going to Hurt）	亚当·凯（Adam Kay）	亚当·凯	皮卡多出版社（Picador）
5	《神探夏洛克（全集）》（Sherlock Holmes: Collection）	阿瑟·柯南道尔（A Conan Doyle）、史蒂芬·弗莱	史蒂芬·弗莱	亚马逊听讯（Audible）
6	《哈利·波特：密室》（Harry Potter: Chamber of Secrets）	J. K. 罗琳	史蒂芬·弗莱	波特莫
7	《人类简史》（Sapiens）	尤瓦尔·赫拉利（Yuval Noah Harari）	德里克·博金斯（Derek Perkins）	兰登书屋（Random House）
8	《人生十二法则》（12 Rules for Life）	乔丹·彼得森（Jordan B Peterson）	乔丹·彼得森	企鹅
9	《哈利·波特：火焰杯》（Harry Potter: Goblet of Fire）	J. K. 罗琳	史蒂芬·弗莱	波特莫
10	《哈利·波特：阿兹卡班的囚徒》（Harry Potter: Prisoner of Azkaban）	J. K. 罗琳	史蒂芬·弗莱	波特莫

资料来源：英国《书商》杂志

调查结果显示，有声书读者多为城市年轻男性人群，榜单图书与该调查结果一致，男性自助读物呈增长趋势，榜单前50位中仅8位女性作者。

从图书类型来看，榜单前50位中非虚构类图书占21位，内容多为传记，具有明显的男性自助色彩和文学全球视野特征；科幻类图书、童书数量较多，如《冰与火之歌》系列等，童书占12种，但是其中8种为《哈利·波特》系列，其余均为菲利普·普尔曼（Philip Pullman）的作品，因此可推断其听众很有可能是怀旧的千禧年出生的那代人，而非当下真正的青少年；名人传记在听书榜单始终是重要的一部分，如米歇尔·奥巴马、史蒂芬·弗莱等，史蒂芬·弗莱有10种图书上榜，其中2种为其撰写，8种为其播讲的图书，堪称听书界之王。

三、图书细分市场情况

总体来看，2019年英国非虚构类和参考类图书、儿童类图书、教材，尤其是英语教育类图书销售额实现稳定增长，而小说、学术与专业图书销售额则出现下降。

2015—2019 年，非虚构类和参考类图书、儿童类图书、英语教育类图书纸质版和数字版销售额均增长约 25%，学校、学术与专业图书增长 2.0%~2.4%，但小说下降 5.6%。

（一）虚构类图书市场情况

2019 年，英国虚构类图书总销售额为 5.82 亿英镑，同比下降 1.1%。其中纸质版销售收入为 3.47 亿英镑，同比下降 3.4%，而数字版小说（电子书和有声图书下载的总和）销售额达 2.35 亿英镑，同比增长 2.5%。（见表 16）

表 16　2018—2019 年英国虚构类图书销售情况

单位：亿英镑

类别	2018	2019	增减率
总销售额	5.88	5.82	−1.1%
纸质版销售额	3.59	3.47	−3.4%
数字版销售额	2.29	2.35	+2.5%

资源来源：英国出版商协会《2019 年英国出版业数据年报》

2015—2019 年，虚构类图书总销售额共减少 5.6%，近两年数字版小说销售额虽然出现一定程度的增长，但是仍无法抵消纸质版小说的下降趋势。

英国虚构类图书本土市场总销售额下降 1.7%，主要是由纸质版小说销售额下降 2.9% 所导致，数字版小说实现小幅增长；海外销售与上一年总体持平，数字收入增长 6.7%，抵消了纸质收入下降 4.4% 的影响。（见表 17）

表 17　2018—2019 年英国虚构类图书海内外销售情况

单位：亿英镑

类别	销售额	2018	2019	增减率
本土市场	总销售额	3.86	3.79	−1.7%
本土市场	纸质版销售额	2.36	2.30	−2.9%
本土市场	数字版销售额	1.49	1.50	+2.8%
海外市场	总销售额	2.02	2.02	−0.0%
海外市场	纸质版销售额	1.23	1.17	−4.4%
海外市场	数字版销售额	0.80	0.85	+6.7%

资料来源：英国出版商协会《2019 年英国出版业数据年报》

虽然2019年虚构类图书海外市场的总销售额较上一年没有变化，但在美国、加拿大、荷兰、以色列和中国的销售却有两位数的增长，在美国、加拿大和荷兰的销售增长主要来源于数字版小说，而在中国和以色列的销售增长来自纸质版。除主要的15个海外销售国家外，2019年，在波兰的纸质版小说销售额增长尤其强劲，几乎翻了一番，达到200万英镑。

2015—2019年虚构类图书的海外销售共增长11.6%，而本土销售在过去五年中下降12.8%。在虚构类图书领域，海外市场不可忽视，占据越来越重要的地位。2019年，数字销售占英国本土市场小说销售额的39%，低于2015年的42%；与之相反，数字小说海外市场销售占比在过去5年里从36%上升到42%。

（二）非虚构类和参考类图书市场情况

2019年，英国非虚构类和参考类图书的总销售额增长5.6%，超过10亿英镑。其中，纸质版销售增长5.2%，达到9.24亿英镑；数字版销售增长10.5%，达到8300万英镑。（见表18）总体而言，2019年非虚构类和参考类图书销售额比2015年高出23.1%，其中数字版销售增长速度快于纸质版，但两者均实现两位数增长。

表18　2018—2019年英国非虚构类和参考类图书销售情况

单位：亿英镑

类别	2018	2019	增减率
总销售额	9.54	10.07	+5.6%
纸质版销售额	8.78	9.24	+5.2%
数字版销售额	0.75	0.83	+10.5%

资源来源：英国出版商协会《2019年英国出版业数据年报》

2019年，数字版占非虚构类和参考类图书总销售额的8%，2015—2019年这一比重始终徘徊在7%~8%。

从海内外销售情况来看，2019年非虚构类和参考类图书本土市场销售额为6.87亿英镑，同比增长7.1%，其中，纸质版销售额增长6.6%，比2015年高出18.6%，数字版销售额增长13.7%，自2015年以来增长10.1%；2019年，纸质版和数字版非虚构类和参考类图书海外市场销售分别增长2.0%和6.8%，自2015年以来这两种形式

推动出口收入增长 35.9%。（见表 19）

表 19　2018—2019 年英国非虚构类和参考类图书海内外销售情况

单位：亿英镑

类别	销售额	2018	2019	增减率
本土市场	总销售额	6.42	6.87	+7.1%
本土市场	纸质版销售额	6.02	6.42	+6.6%
本土市场	数字版销售额	0.40	0.46	+13.7%
海外市场	总销售额	3.12	3.20	+2.5%
海外市场	纸质版销售额	2.77	2.82	+2.0%
海外市场	数字版销售额	0.35	0.38	+6.8%

资料来源：英国出版商协会《2019 年英国出版业数据年报》

（三）儿童类图书市场情况

2019 年，英国儿童类图书销售额为 3.87 亿英镑，同比增长 5.5%，其中纸质版销售 3.7 亿英镑，数字版销售 0.19 亿英镑，两者同比均有所增长。（见表 20）2015—2019 年，儿童图书总销售额、纸质版销售额均增长近 1/4，而数字版销售额略有下降。从所占比重来看，2019 年数字版销售额占儿童类图书销售总额的 5%，与 2016—2018 年基本持平。

表 20　2018—2019 年英国儿童类图书销售额情况

单位：亿英镑

类别	2018	2019	增减率
总销售额	3.68	3.87	+5.5%
纸质版销售额	3.51	3.70	+5.5%
数字版销售额	0.17	0.19	+6.3%

资料来源：英国出版商协会《2019 年英国出版业数据年报》

2019 年，英国本土儿童类图书销售额增长 7.1%，纸质版和数字版增速类似，海外市场销售额增长 2.1%。（见表 21）自 2015 年以来，在本土市场，纸质版儿童类图书销售额增长 1/5，而数字版销售额却以同样的速度下降；海外销售增长 1/3，纸质版和数字版出口收入均有所增长。

表 21　2018—2019 年英国儿童类图书海内外销售情况

单位：亿英镑

类别	销售额	2018	2019	增减率
本土市场	总销售额	2.52	2.70	+7.1%
	纸质版销售额	2.42	2.59	+7.1%
	数字版销售额	0.10	0.11	+8.0%
海外市场	总销售额	1.16	1.19	+2.1%
	纸质版销售额	1.09	1.11	+1.9%
	数字版销售额	0.07	0.08	+3.9%[①]

资料来源：英国出版商协会《2019 年英国出版业数据年报》

从所占比重来看，2019 年数字版销售约占本土儿童类图书销售的 4%，约占海外儿童类图书市场销售的 7%，本土销售份额较 2015 年的 6% 有所下降。

2019 年，纸质版儿童类图书销售额增长 5.5%，主要受本土销售增长 7.1% 和海外销售增长 1.9% 的推动。自 2015 年以来，纸质版儿童类图书海外市场销售增长 1/3，本土销售额增长了 1/5。

2019 年，儿童类图书海外市场销售总额增长 2.1%，主要是受在爱尔兰、印度、加拿大和中国香港销售额两位数增长的推动，以上国家和地区的儿童类图书销售增幅大多来自纸质版销售。相比之下，2019 年在澳大利亚、美国和德国的儿童类图书销售有所下降。

在广泛的地区层面，2019 年纸质版儿童类图书海外销售增长 1.9%，主要在于欧洲、东亚和南亚、中东和北非销售增长的推动。自 2015 年以来，儿童类图书在东亚和南亚的销售额增长一半以上，在欧洲的销售额增长近一半，中东和北非、大洋洲和北美的销售额也呈现两位数的增长。

（四）教材市场情况

2019 年，英国教材销售总额增长 6.6%，达到 3.35 亿英镑，其中纸质版销售额增长 4.6%，达到 2.92 亿英镑，而包括电子书、在线订阅和学习管理系统在内的数字版

---

① 由于表中销售额的单位较大，四舍五入后产生较大的误差，现有数据无法准确计算出同比增减率，相关数据均以《2019 年英国出版业数据年报》为准。

教材销售额增长超过20%，达到4300万英镑。（见表22）2015—2019年，教材销售总体增长2.4%，其中数字版销售增长75%，而纸质版销售下降3.4%。从所占比重来看，2019年数字版教材占总销售额的13%，高于2015年的7%。

表22 2018—2019年英国教材销售额情况

单位：亿英镑

类别	2018	2019	增减率
总销售额	3.19	3.35	+6.6%
纸质版销售额	2.79	2.92	+4.6%
数字版销售额	0.39	0.43	+22.5%

资料来源：英国出版商协会《2019年英国出版业数据年报》

2019年，数字版教材本土、海外销售均有所增长，尤其是海外销售，增长达58.7%；纸质版海外销售也呈现两位数增长，相比之下，本土销售小幅下降，自2015年以来下降了近20%。（见表23）

表23 2018—2019年英国教材海内外销售情况

单位：亿英镑

类别	销售额	2018	2019	增减率
本土市场	总销售额	1.70	1.71	+0.6%
	纸质版销售额	1.45	1.44	−0.8%
	数字版销售额	0.25	0.27	+8.5%
海外市场	总销售额	1.49	1.64	+13.7%
	纸质版销售额	1.35	1.49	+10.4%
	数字版销售额	0.14	0.15	+58.7%

资料来源：英国出版商协会《2019年英国出版业数据年报》

（五）英语教育类图书市场情况

2019年，英国英语教育类图书总销售额增长19.8%，达到3.22亿英镑，其中纸质版销售3.1亿英镑，数字版销售1300万英镑，两者均有相似幅度增长。（见表24）

表 24　2018—2019 年英国英语教育类图书销售额情况

单位：亿英镑

类别	2018	2019	增减率
总销售额	2.69	3.22	+19.8%
纸质版销售额	2.59	3.10	+19.5%
数字版销售额	0.10	0.13	+28.1%

资料来源：英国出版商协会《2019 年英国出版业数据年报》

2015—2019 年，纸质版英语教育类图书销售额增长 25%，而数字版销售额增长近 59.3%。2016—2019 年，包括电子书、在线订阅和学习管理系统在内的数字产品每年都占英语教育类图书总销售额的 4%。

2019 年，英语教育类图书海外市场销售额增长超过 20%。（见表 25）自 2015 年以来，数字版英语教育类图书海外市场销售增长 62.7%，而纸质版增长 26.1%；2019 年英语教育类图书本土销售额下降 9.5%，但仍比 2015 年高出 5.7%。

表 25　2018—2019 年英国英语教育类图书海内外销售情况[1]

单位：亿英镑

类别	销售额	2018	2019	增减率
本土市场	总销售额	0.12	0.11	−9.5%
本土市场	纸质版销售额	0.12	0.10	−9.8%
本土市场	数字版销售额	—	—	+10.8%
海外市场	总销售额	2.57	3.12	+21.2%
海外市场	纸质版销售额	2.47	2.99	+20.9%
海外市场	数字版销售额	0.10	0.13	+28.5%

资料来源：英国出版商协会《2019 年英国出版业数据年报》

从所占比重来看，2019 年数字销售占英国本土市场英语教育类图书销售额的 2%，占海外市场英语教育类图书销售额的 4%。2019 年纸质版英语教育类图书销售额增长 20% 是由海外市场推动的，而国内销售下降了 9.8%。2015—2019 年，海外市场销售

---

[1] 本表格中"—"代表该数值小于 50 万英镑。

占纸质版英语教育类图书总销售额的95%~97%，五年内纸质版英语教育类图书海外市场销售额增长25%，而本土市场销售增长5.7%。

2019年英语教育类图书海外市场销售额的增长是由西班牙、墨西哥、巴西、土耳其、秘鲁、波兰、中国、厄瓜多尔和俄罗斯的销售增长推动的，纸质版销售在上述国家均有所增加，在墨西哥和土耳其的数字版销售也有增长。除前15名外，2019年在哥伦比亚和阿根廷的英语教育类图书销售强劲增长，增长了60%以上，分别达到500万英镑和400万英镑。

（六）学术与专业类图书市场情况

2019年，英国学术与专业类图书总销售额下降2.6%，达11.03亿英镑。这是由纸质版销售额下降4.6%所造成的，而包括电子书、在线订阅和学习管理系统在内的数字版销售额增长2.7%。（见表26）

表26 2018—2019年英国学术与专业类图书销售额情况

单位：亿英镑

类别	2018	2019	增减率
总销售额	11.05	11.03	-2.6%
纸质版销售额	8.23	7.85	-4.6%
数字版销售额	2.82	3.18	+2.7%

资料来源：英国出版商协会《2019年英国出版业数据年报》

从所占比重来看，2019年数字版约占学术和专业图书销售总额的29%，高于2015年的27%。自2015年以来，数字版销售收入增长7.7%，而同期纸质版销售持平，五年内总销售额增长2.0%。

2019年，人文社科类（SSH）和科技医药类（STM）图书销售额分别下降3.1%和1.1%，主要受这两类图书纸质版销售下降4.3%和5.3%的影响。相比之下，人文社科类图书数字版销售基本持平，科技医药类图书数字版销售增长11.4%。2015—2019年，人文社科类图书数字版销售额增长8.6%，达到2.4亿英镑，而纸质版销售额增长1.5%，该类图书整体增长3.5%；科技医药类图书数字版销售额增长5.2%，达到7900万英镑，但纸质版销售下降5.3%，该类图书总销售下降2.2%。

2019年，人文社科类图书本土销售额增长3.0%，其中纸质版销售增长4.5%，而数字版销售基本持平；海外市场销售下降9.8%，主要原因在于纸质版销售的下降。（见表27）2015—2019年，两种格式的人文社科类图书本土市场销售都有所增长，其中数字版销售增长23.4%，纸质版增长9.9%；该类图书纸质版和数字版海外市场销售额均呈下降趋势。2019年，数字销售占英国市场人文社科类图书销售收入的35%，高于2015年的32%。2019年，人文社科类图书数字版出口份额为22%，与2017—2018年相比略有上升，但与2015—2016年持平。

表27　2018—2019年英国人文社科类图书海内外销售情况

单位：亿英镑

类别	销售额	2018	2019	增减率
本土市场	总销售额	4.49	4.62	+3.0%
	纸质版销售额	2.88	3.01	+4.5%
	数字版销售额	1.61	1.61	+0.2%
海外市场	总销售额	4.02	3.63	−9.8%
	纸质版销售额	3.24	2.84	−12.2%
	数字版销售额	0.78	0.79	+0.1%

资料来源：英国出版商协会《2019年英国出版业数据年报》

2019年，受纸质图书销售额小幅增长的推动，科技医药类图书本土市场销售额增长1.2%。2019年，科技医药类图书本土市场销售比2015年增长16.7%，纸质版销售增长1/6，数字版销售增长7.6%。2019年科技医药类图书海外市场销售下降2.8%，较2015年下降13.0%。这反映出2019年及过去5年纸质版销售的两位数下降，超过了数字版销售在2019年13.0%的增长和2015年以来4.9%的增长。2019年，数字版销售占本土市场科技医药类图书销售收入的8%，与2015—2017年相似。在过去五年中，科技医药类图书中数字版海外市场销售份额从36%上升到44%。（见表28）

表28 2018—2019年英国科技医药类图书海内外销售情况

单位：亿英镑

类别	销售额	2018	2019	增减率
本土市场	总销售额	1.16	1.18	+1.2%
	纸质版销售额	1.08	1.09	+1.3%
	数字版销售额	0.09	0.09	+0.1%
海外市场	总销售额	1.65	1.61	-2.8%
	纸质版销售额	1.03	0.91	-12.2%
	数字版销售额	0.62	0.70	+13.0%

资料来源：英国出版商协会《2019年英国出版业数据年报》

四、国民阅读情况

自2005年起，国家扫盲信托基金（National Literacy Trust）开始研究儿童和青少年阅读习惯，并意识到年度趋势数据的重要性，2010年开展了年度识字情况调查并逐年追踪英国儿童和青少年在阅读和写作方面的享受度、态度及行为。

（一）阅读情况

2019年1~3月，共有56906名9~18岁的英国儿童和青少年参与阅读习惯调查，且首次开展一项为低龄儿童设计的类似调查，调查样本涉及3748名5~8岁儿童。调查显示，英国儿童和青少年的阅读情况越来越严峻，关于提高阅读享受度、推进积极阅读的方案、活动和政策工作变得空前重要。每日阅读量持续下降，2019年每日阅读量为2005年以来的最低水平；儿童和青少年的阅读享受度也在逐年下降，2019年仅53%的儿童与青少年表示喜欢阅读，为2013年以来最低，男孩、9~11岁的儿童和没有领取免费校餐的儿童的阅读享受度下降尤其严重；自2013年以来，儿童和青少年的阅读参与度逐渐下降，但儿童和青少年对阅读的态度仍然相对稳定，这一情况推翻了此前对两者正向相关的普遍认知，其潜在原因值得关注和分析；儿童和青少年的阅读享受度、阅读频率和能力之间存在密切关系。

2019年数据显示，22%的儿童和青少年表示非常喜欢阅读，31%的儿童和青少年比较喜欢阅读，这意味着仅有约53%的人表示非常喜欢阅读或比较喜欢阅读；12.2%的儿童和青少年表示完全不喜欢阅读，这一比例高于上一年。（见表29）

表29 2019年英国儿童和青少年阅读享受水平情况

阅读享受水平	所占比重
非常喜欢	22.0%
较喜欢	31.0%
一般	34.9%
完全不喜欢	12.2%

资料来源：英国国家扫盲信托基金年度读写能力调查

2016—2018年间，儿童和青少年的阅读享受度有所下降，这是自2010年以来首次下降。这一下降在2019年还在继续，且回到2013年水平。

从人口统计细分来看，表示非常喜欢或相当喜欢阅读的女生多于男生；阅读享受度随着年龄增长而逐渐下降，5~8岁儿童表示喜欢阅读的人数几乎是14~16岁儿童的两倍；不过，这一趋势在年龄较长的组别中有所逆转，60%的16~18岁孩子表示喜欢阅读，而仅40%的14~16岁孩子表示喜欢阅读；与领取免费校餐的同龄人相比，表示喜欢阅读的不领取免费校餐的学生人数略多；总体来看，性别因素在阅读享受度差异上的差距有所扩大，而是否领取免费学校供餐儿童之间的差距再次缩小，男孩、9~11岁儿童及不领取免费校餐的人群阅读享受度明显下降。

在阅读频率方面，只有25.8%的儿童和青少年表示每天会在空闲时间进行阅读，31.5%的人表示每周读几次书；但是，13.6%的人表示很少在空闲时间阅读，而7.9%的人则表示从未阅读过。（见表30）

表30 2019年英国儿童和青少年课外阅读频率情况

阅读频率	所占比重
每天	25.8%
一周几次	31.5%
一周一次	9.9%
每月几次	7.2%
每月一次	4.0%
很少	13.6%
从不	7.9%

资料来源：英国国家扫盲信托基金年度读写能力调查

在过去一年里，每天进行课外阅读的儿童和青少年所占比重持续下降，从2017—2018年的30.8%大幅下降到2019年的25.8%，下降了5个百分点，处于自2005年开始调查以来的最低水平。

从人口细分统计来看，表示每天课外阅读的女生比男生多；不同年龄段的日常阅读水平正在逐步下降，与14~16岁青少年相比，表示在空闲时间每天阅读的5~8岁儿童人数几乎是其3倍，只有16.3%的14~16岁的青少年在空闲时间每天阅读，这一比例在16~18岁的青少年中略有增加，达到19.2%；领取免费校餐的学生和不领取免费校餐的学生在每日阅读率上没有差别。与上一年相比，男孩和女孩下降幅度是相等的，青少年组中年龄最大的读者下降幅度最大；与领取免费校餐的同龄人相比，没有领取免费校餐的学生在每日阅读水平上比上一年下降幅度更大，这也意味着2019年各群体之间的差距缩小。（见表31）

表31 2019年英国儿童和青少年的阅读率情况（基于人口统计细分）

人口细分类型	性别		年龄				是否领取免费校餐	
	男	女	8~11岁	11~14岁	14~16岁	16~18岁	领取	不领取
喜欢阅读	46.5%	60.3%	71.9%	49.5%	40.2%	56.5%	51.4%	52.6%
每日课外阅读	21.8%	29.9%	41.3%	23.2%	16.3%	19.2%	25.5%	25.4%

资料来源：英国国家扫盲信托基金年度读写能力调查

在阅读介质方面，2019年调查结果与上一年基本一致，纸质版仍然是大多数儿童和青少年阅读的主要途径，同时会针对不同内容选取更合适的介质来阅读。更多的儿童和青少年表示习惯通过纸质版来阅读小说、非小说、漫画、杂志和诗歌，同时更倾向于在屏幕上阅读新闻、歌词等内容。（见表32）

表32 2019年英国儿童和青少年各介质图书阅读情况

类型介质	小说	非小说	诗歌	杂志	漫画/图画小说	新闻	歌词
纸质版	54.6%	45.0%	21.5%	31.3%	27.3%	20.0%	11.8%
数字版	20.4%	15.1%	10.5%	11.8%	13.9%	32.1%	56.1%

资料来源：英国国家扫盲信托基金年度读写能力调查

平均而言，英国儿童和青少年每个月至少有一次在屏幕上阅读2.17份材料，而纸质材料为2.82份。值得注意的是，尽管近两年调查显示两种格式的大多数材料的阅读量均呈下降趋势，但与前一年相比，2019年以数字方式阅读小说、非小说和漫画的儿童和青少年人数有所增加。

对于六种只能通过数字格式阅读的内容，大多数儿童和青少年表示，他们在空闲时间阅读短信最多，其次是即时信息和网站。与上一年相比，阅读即时信息的儿童和青少年比例有所上升，而阅读网站的儿童和青少年比例略有下降。（见表33）

表33　2019年英国儿童和青少年的数字内容阅读情况

内容类型	所占比重
短信	89.8%
即时信息	85.8%
网站	81.1%
社交媒体帖子	74.5%
电子邮件	64.0%
博客	27.4%

资料来源：英国国家扫盲信托基金年度读写能力调查

与上一年相比，2019年英国儿童和青少年对阅读的态度基本没有变化，自2013年以来这一群体的阅读态度相对稳定。2019年调查显示，约60%的人认为有很多东西想读，超过半数的人表示即使有困难也会坚持阅读，55.1%的人认为阅读技能与长大后能否找到一份好工作有关系；然而，只有40.7%的人表示阅读是很酷的，而34%的人找不到感兴趣的东西来读，30.8%的人阅读只是因为他们不得不这样做；半数儿童和青少年还表示他们很乐意收到一本书作为礼物。（见表34）

表34　2013—2019年英国儿童和青少年阅读态度变化情况

类别	2013	2014	2015	2016	2017/18	2019
只在必要时阅读	28.5%	27.6%	27.9%	34.0%	30.6%	30.8%
阅读很酷	39.0%	40.2%	42.4%	48.4%	41.1%	40.7%
找不到感兴趣的阅读内容	31.6%	30.3%	30.8%	36.7%	33.7%	34.0%
阅读技能与长大后能否找到一份好工作有关系	56.3%	54.0%	54.6%	60.4%	55.6%	55.1%

资料来源：英国国家扫盲信托基金年度读写能力调查

在阅读参与度方面，该调查构建了一个由2014年以来被问及的几个阅读变量的回答综合而得的变量，积极的回答将获得较高的分数（共19分）。加总的变量分别是阅读享受度（最高4分）、阅读频率（最高7分）及四种阅读态度："只有在必要时阅读""阅读很酷""找不到感兴趣的阅读内容"以及"阅读技能与长大后能否找到一份好工作有关系"（最高8分）。结果显示，从2013年以来儿童和青少年阅读参与度在逐渐下降。（见图1）

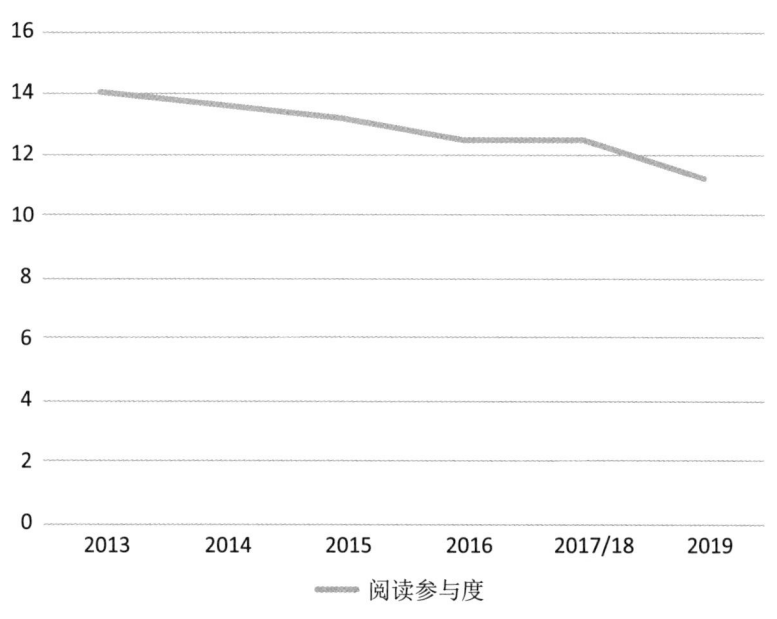

图1　2013—2019年英国儿童和青少年阅读参与度变化情况

资料来源：英国国家扫盲信托基金年度读写能力调查

2019年，国家扫盲基金会与学校合作进行了一项名为星空阅读（Star Reading）[①]的研究，通过分析712名11~14岁学生的阅读技能数据，获得阅读享受、阅读频率和阅读技能之间的联系。参与研究的学校使用相同的阅读技能测量标准，如提供标准化的阅读分数，并将儿童年龄纳入考虑范围。标准平均分为100分，而分数的分布（标准差）为15分。这意味着，标准分数在85~115分的儿童属于平均阅读技能区间，85分以下的儿童阅读技能低于平均水平，115分以上的儿童阅读技能高于平均水平。

---

① http://www.renlearn.co.uk/star-reading/。

研究结果表明，一方面受访学生总体阅读得分与他们的阅读享受之间存在正相关关系，阅读享受度较高的人在阅读测试中得分也较高，享受阅读的青少年平均阅读分数量高于不享受阅读的儿童。与享受阅读的同龄人相比，不享受阅读的青少年阅读量低于其年龄预期的平均水平的两倍。相反，享受阅读的青少年阅读量则高于预期水平的近四倍。另一方面，受访学生总体阅读得分与他们的阅读频率之间也存在正向关系，与不是每天阅读的儿童相比，每天阅读的人群平均阅读分数更高。与每天阅读的同龄人相比，不是每天阅读的青少年阅读量低于其年龄预期的平均水平的两倍，而每天阅读的青少年阅读量高于预期水平的近三倍。（见表35）

表35　2019年英国11~14岁儿童和青少年的阅读能力情况

类别	低于预期水平	处于预期水平	高于预期水平
享受阅读	6.1%	63.8%	30.10%
不享受阅读	15.1%	76.8%	8.1%
每日阅读	6.1%	56.3%	37.6%
每日不阅读	11.2%	74.5%	14.2%

资料来源：英国国家扫盲信托年度读写能力调查

（二）公共图书馆情况

1. 基本情况[①]

英国对于公共图书馆权利与义务的正式规范始于1964年的《公共图书馆和博物馆法案》（*The Public Libraries and Museums Act 1964*）。该法案提出，政府要为公民"提供全面而高效的图书馆服务"。而如今，面对新兴互联网碎片化阅读形式的冲击，英国公共图书馆同大多数欧洲国家的公共图书馆一样，正发生着内部功能的结构性变革。图书馆不再仅仅是传统图书借阅的场所，而逐渐发展为集实体藏书、电子藏书、学习分享等为一体的文化交流中心。这种变革在宏观上主要表现为英国公共图书馆总数量的逐年下降，但此趋势有逐渐放缓的迹象。2019年[②]英国共有公共图书馆[③]

[①] 此部分数据主要来自于英国特许公共财政与会计学会。

[②] 此处每年的统计数据是英国每一财政年度（自4月1日起至次年3月31日止）的情况。如2019年数据的统计时间自2019年4月1日起到2020年3月31日止。

[③] 此处公共图书馆的数量只统计周平均开放时长大于10小时的公共图书馆。

（包括移动图书馆）3667个，相较于2018年减少18个，相较于2011年减少471个。（见图2）

图2 2011—2019英国公共图书馆数量变化情况

资料来源：英国特许公共财政与会计学会（Chartered Institute of Public Finance and Accountancy）

与此同时，英国公共图书馆实体访问次数逐年减少，但图书馆网络访问次数逐年增加，两种访问方式的访问次数有逐渐趋同的趋势。2019年，英国公共图书馆实体访问人数约为2.15亿人次，同比减少1139万人次。公共图书馆网络访问次数总计1.31亿次，同比增加约1244万次。（见图3）此外，近几年英国公共图书馆活跃用户[①]的数量急剧减少。2019年，英国公共图书馆活跃用户共计730万人，较2018年减少20万人，较2016年减少69万人。

---

① 公共图书馆的活跃用户是在该年度至少借阅一本书的公共图书馆访问者。

单位：万次

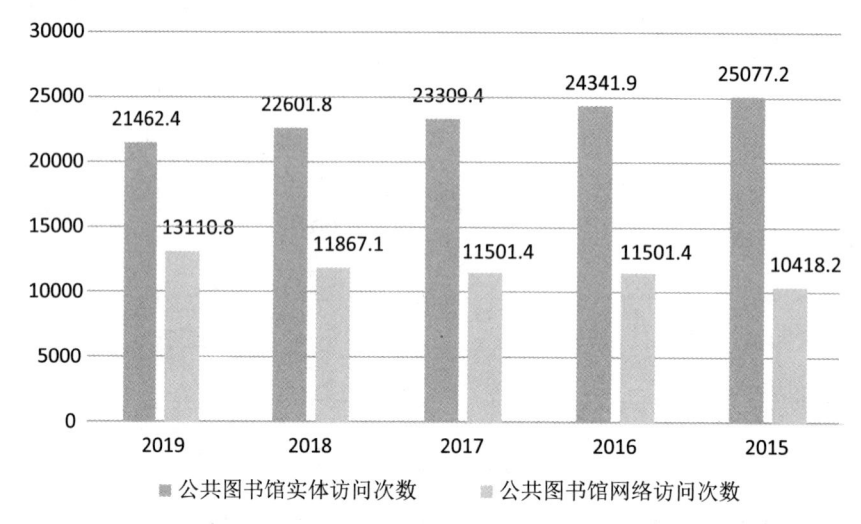

图3 2015—2019英国公共图书馆实体及网络访问次数情况

资料来源：英国特许公共财政与会计学会

年份	公共图书馆实体访问次数	公共图书馆网络访问次数
2019	21462.4	13110.8
2018	22601.8	11867.1
2017	23309.4	11501.4
2016	24341.9	11501.4
2015	25077.2	10418.2

至于公共图书馆的访问频率，2019年与2018年相比并无显著变化。2019年，有5%的公民至少一周访问一次图书馆；10%的公民至少一个月访问一次图书馆，但少于一周一次；10%的公民一年访问3~4次；5%的公民在过去12个月中访问图书馆两次；4%的公民在过去12个月中仅访问图书馆一次；66%的公民在过去12个月没有访问过图书馆。（见图4）

单位：%

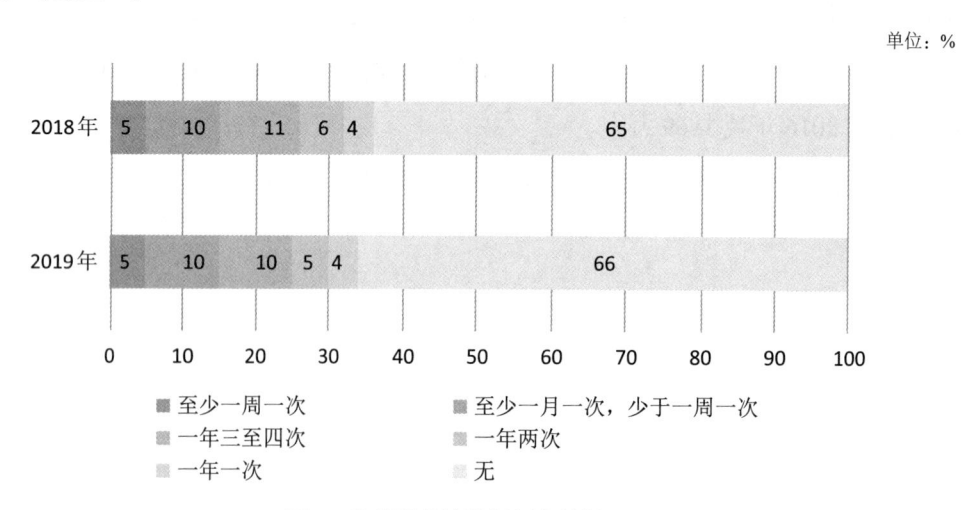

年份	至少一周一次	至少一月一次，少于一周一次	一年三至四次	一年两次	一年一次	无
2018年	5	10	11	6	4	65
2019年	5	10	10	5	4	66

图4 公共图书馆访问频率情况

资料来源：英国特许公共财政与会计学会

从英国公共图书馆访问者的年龄结构来看，25~44 岁的成年人及 65~70 岁的老年人是图书馆访问的主要人群，分别占 37% 和 36%。16~24 岁的青年人所占比重最小，为 21%。除此之外，75 岁以上老年人占访问者总数的 29%，45~64 岁中老年人占访问者总数的 30%。

2019 年，有 61% 的 5~15 岁英国儿童访问了公共图书馆，较上一年度 67% 的访问率有小幅度下降，且明显低于 2008 年高达 75% 的访问率。与此同时，男孩和女孩的公共图书馆访问率有所变化，此变化主要体现在女孩访问率的下降。2019 年，11~15 岁的男孩和女孩公共图书馆访问率分别为 59% 和 57%，而 2018 年分别为 60% 和 72%。

从 11~15 岁青少年对公共图书馆校内和校外的访问情况来看，2019 年，有 31% 的青少年仅在校内访问公共图书馆，18% 仅在校外访问图书馆，21% 通过校内和校外两种方式访问图书馆，28% 的青少年从不访问图书馆，较 2018 年有明显变化。[①]（见图 5）

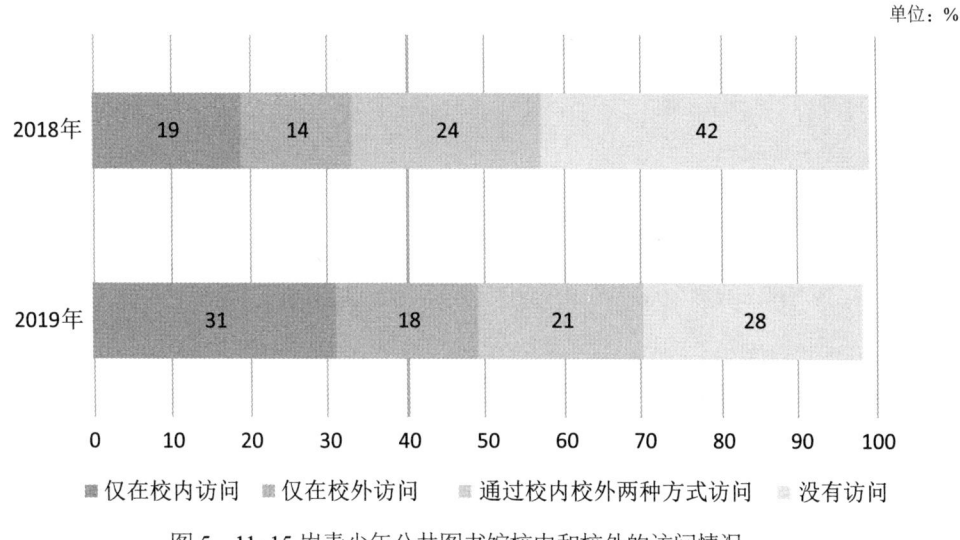

图 5　11~15 岁青少年公共图书馆校内和校外的访问情况

资料来源：英国特许公共财政与会计学会

截至 2019 年，英国公共图书馆共藏书 7522.5 万种，可借阅馆藏共 5830.4 万种，

[①] 此部分数据主要来自于 2019—2020 年度图书馆领域国家统计数据 https://www.gov.uk/government/statistics/taking-part-201920-annual-child-release/libraries-taking-part-survey-201920。

约占总馆藏种类的 77.50%。总体来看，近年来英国公共图书馆藏书种数和可借阅馆藏种数均呈下降趋势。2019 年，英国公共图书馆共藏书 1.66 亿册，人均藏书 2.56 本，达到国际图书馆联合会（IFLA）规定人均公共图书馆藏书 2~3 本的要求。此外，英国公共图书馆各类型图书藏书比例保持稳定。2019 年，在英国公共图书馆的藏书中，成人小说类共 6732.9 万册，成人非小说类共 3029.3 万册，儿童小说类共 5868.4 万册，儿童非小说类共 958.0 万册。（见图 6）

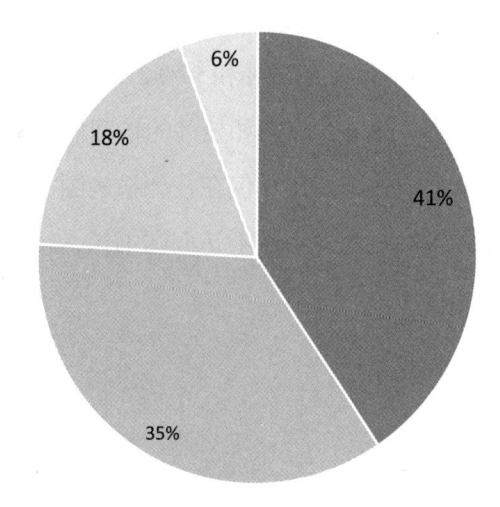

图 6 2019 年英国公共图书馆藏书情况

资料来源：英国特许公共财政与会计学会

就英国公共图书馆整体财政情况而言，2019 年总支出和总收入均有下降趋势。2019 年，英国公共图书馆总支出约为 8 亿英镑，同比下降 3.2%。2019 年，英国公共图书馆总收入为 7497.6 万英镑，同比下降 7.8%。

从英国公共图书馆购进馆藏资料的支出细分来看，购进图书、报纸、期刊和杂志一直是英国公共图书馆最主要的支出，约占总支出的 69%。近年来，购进图书、报纸、期刊和杂志以及视听材料（包括多媒体和 CD）的费用均有不同幅度减少，而购进电子资料（包括电子书）的费用有明显增加。2019 年购进图书、报纸、期刊和杂志的费用为 4680.4 万英镑，同比下降 4.1%；购进视听材料费用为 649.8 万英镑，同比下降 10.1%；购进电子资料费用为 1274.5 万英镑，同比增加 7.1%。（见图 7）

单位：万英镑

```
图书、报纸、期刊和杂志    4680.4  4881.9
视听材料（包括多媒体和CD）  649.8   722.9
电子资料（包括电子书）    1274.5  1190.1
其他                226.4   264.6
                   ■2019年  ■2018年
```

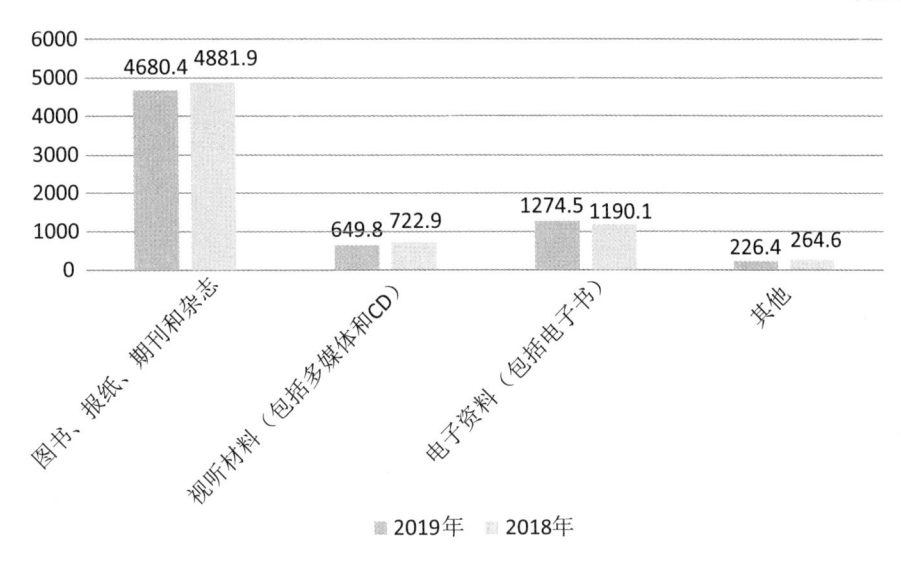

图7　2018—2019年英国公共图书馆支出情况

资料来源：英国特许公共财政与会计学会

从英国公共图书馆的收入细分来看，其收入主要来自面向公众的收费服务，此部分收入约占总收入的60%。但近些年，英国公共图书馆收费服务收入逐年下降。2019年，此部分收入为4509.9万英镑，同比下降11.1%。但与此同时，国家建设公共图书馆的补助金有所增加。2019年英国政府共向公共图书馆补助1451.6万英镑，同比增长10.9%。英国政府对于公共图书馆的优惠政策也体现出公共图书馆作为文化教育中心在英国软实力建设过程中发挥着不可或缺的重要作用。（见图8）

2019年曼彻斯特中央图书馆连续第二年成为英国最繁忙的公共图书馆，年访问量超过202万人次，同比增加近11万人次。在英国公共图书馆总访问次数逐年减少的情况下，曼彻斯特中央图书馆是少数访问量有所增加的公共图书馆之一。除此之外，分别位列第二、第三的温布利图书馆和伍尔维奇图书馆年访问量都有所下滑。（见表36）

单位：万英镑

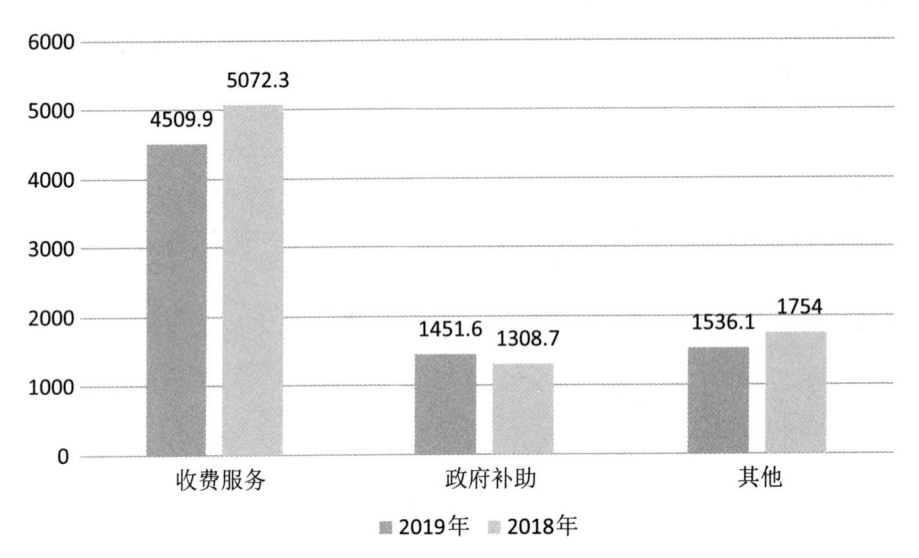

图 8　2018—2019 年英国公共图书馆收入情况

资料来源：英国特许公共财政与会计学会

表 36　2019 年访问量排名前 20 的英国各地区公共图书馆情况

序号	地区	图书馆	访问人次
1	曼彻斯特	曼彻斯特中央图书馆	2022641
2	布伦特	温布利图书馆	1434927
3	格林尼治	伍尔维奇图书馆	1152252
4	布赖顿和霍夫	朱比利图书馆	936633
5	柴郡西部和切斯特	切斯特图书馆	933566
6	诺福克	诺福克和诺维奇千禧城图书馆	837795
7	克罗伊登	克罗伊登中央图书馆	816435
8	利物浦	利物浦中央图书馆	767205
9	伍斯特郡	伍斯特蜂巢图书馆	655789
10	奥尔德姆	奥尔德姆图书馆	636733
11	雷德布里奇	雷德布里奇中央图书馆	592783
12	巴金和达格南	巴金图书馆	566179
13	沃尔瑟姆弗雷斯特	沃尔瑟姆斯托图书馆	554205
14	邓迪	邓迪中央图书馆	546352
15	卡马森郡	拉内利图书馆	533656

续表

序号	地区	图书馆	访问人次
16	汉普郡	温彻斯特特区图书馆	530464
17	德文郡	埃克塞特图书馆	521968
18	纽卡斯尔	纽卡斯尔图书馆	520442
19	哈林盖	伍德格林图书馆	500584
20	牛津郡	牛津郡县图书馆	497109

资料来源：英国特许公共财政与会计学会

2. 相关机构与发展计划情况

近年来，英国公共图书馆资源的数字化服务是其变革的最主要倾向。在此进程中，英国政府正努力寻找着公共图书馆实体服务与远程数字服务的平衡，以构建全新混合图书馆模型。面对新冠肺炎疫情对线下文化活动的冲击，英国公民可以真实地触摸到公共图书馆资源数字化的便利。但英国公共图书馆资源的数字化服务仍任重道远，政府与相关机构也致力于数字化服务的革新。

图书馆连接（Libraries Connected）是英国公共图书馆业相关公益组织，该组织建立在首席图书管理员协会（Society of Chief Librarians）的会议机制基础之上。其运营资金主要来自英国艺术委员会的捐助。其创办目的是为英国每个社区提供包容、现代、可持续和高质量的公共图书馆服务。

截至2020年，图书馆连接正式完成2019—2020年度图书馆服务连接计划（Libraries Connected Business Plan）。该计划共有五个方面的战略目标，一是发展公共图书馆作为社区建设的核心并提供优质服务；二是提高图书馆影响力与抗风险能力以适应新时代挑战；三是提升公共图书馆从业人员专业素质；四是统一公共图书馆的核心价值导向；五是加强图书馆连接作为公共图书馆发展的后盾力量建设。

家庭图书馆（Libraries from home）是由英国广播公司艺术部（BBC Arts）、图书馆连接、阅读社（The Reading Agency）、大英图书馆（The British Library）以及英国出版商协会（The Publishers Association）联合开展的，由英国艺术委员会提供资金支持，旨在为公众提供线上公共图书馆服务的项目。此项目为英国公民提供公共图书馆电子资料的访问路径，并开展现场图书研讨会、文学讲座等图书交流活动。

2019年图书馆连接与英国图书馆与情报专家学会（Chartered Institute of Library and Information Professionals，简称CILIP）联合开展"图书馆卓越计划"（Leading Libraries）。该计划由英国艺术委员会提供资金支持，为15个公共图书馆提供为期30个月的发展战略引领及相关从业人员培训。目前已确定参与该项目的公共图书馆的最终名单，但计划的具体实施还在商定中。

五、相关企业情况

（一）入围全球出版50强企业情况

2020全球出版50强报告中，英国出版商占6位，分别为励讯集团、培生公司、英富曼集团、牛津大学出版社、剑桥大学出版社以及布鲁姆斯伯里出版社，与上一年度相比，励讯集团仍位居第一位，剑桥大学出版社排名上升11位，其余四家排名略有下降或上升，变化较小。（见表37）

表37 2019年英国部分出版机构在全球出版业排名情况

单位：亿英镑

排名	出版企业	国家	2017年收入	2018年收入	2019年收入
1	励讯集团（RELX Group）	英国/荷兰/美国	42.00	41.30	42.89
3	培生（Pearson）	英国	45.46	41.04	38.69
18	英富曼（Informa）	英国	9.20	9.13	9.09
20	牛津大学出版社（Oxford University Press）	英国	8.53	8.36	8.41
39	剑桥大学出版社（Cambridge University Press）	英国	2.54	3.14	3.27
51	布鲁姆斯伯里出版社（Bloomsbury Publishing Plc.）	英国	1.44	1.61	1.63

资料来源：鲁迪格·维申巴特内容与咨询研究公司

1. 励讯集团

励讯集团前身为励德爱思唯尔集团（Reed Elsevier），是一家英国注册的媒体公司，同时也是一家科学、技术和医疗信息产品和服务的全球供应商。2019年，爱思唯尔发表了超过4.9万篇高质量开放获取文章，较前一年有两位数的增长，使其成为世界上最大的开放获取出版商之一；Scopus数据库拥有来自25000种期刊的7600万条记录，这些文献来自5000多家出版商；ScienceDirect 是全球最大的科学和医学研究数据库，拥有超过1700万篇内容，包括4万多本电子书，每月拥有超过1700万的独立访问者。

2019年，励讯集团报告总收入为78.74亿英镑（其中出版收入为42.89亿英镑），2018年为74.92亿英镑，同比增长5%。校正后的营业利润总额，2019年为24.91亿英镑，2018年为23.46亿英镑，同比增长6%。从业务类型来看，2019年数字产品收入59.29亿英镑，纸质产品收入6.85亿英镑，面对面业务收入12.6亿英镑。从地域来看，2019年励讯集团的收入构成如下：43.91亿英镑来自北美，18亿英镑来自欧洲（其中5.29亿英镑来自英国），16.83亿英镑来自世界其他地区。首席执行官艾里克·恩斯特龙（Erik Engstrom）指出："2019年，励讯继续取得良好进展。我们的首要目标始终如一：不断发展日益复杂的基于信息分析和决策的工具，为我们的客户提供更高的价值，并辅以选择性收购目标数据、分析以及展览资产，以支持我们的发展战略。"

2. 培生公司

培生公司由塞缪尔·培生于1844年创立，最早是一家位于英格兰北部约克郡的小型建筑公司。如今，培生集团已成为全球领先的学习型企业，在全球70多个国家拥有2万多名员工。2014年，培生实施新的运营结构，将其学习业务分为全球业务线和地域市场类别两大板块。全球业务线以学校、高等教育和专业部门为中心，新的地域流集中在北美市场、增长市场和核心市场。2015年，培生最终剥离除教育和学习以外的所有资产。该公司采取新的策略，首先将企鹅出版社与贝塔斯曼的兰登书屋合并，然后出售《金融时报》和培生集团持有的《经济学人》杂志50%的股份。2019年，培生在获得所有必要的监管批准后，最终将企鹅兰登书屋剩余25%的股权转让给共同股东贝塔斯曼。2020年，培生引入新的运营结构，以更好地反映出向以学习者为中心的数字化产品的转变。从2020年1月1日起，培生的四部分主要业务是：全球在线学习（虚拟学校、在线项目管理），全球评估（培生VUE、美国学生评估），国际（英语、评估和资格证书）以及北美课件（美国高等教育课件）。

2019年尽管培生集团有76%的业务表现很强劲，但在美国高等教育课件业务方面的表现令人失望，这与印刷教材业务快速下滑有关，总体来看集团的收入基本持平。2019年收入为38.69亿英镑，2018年为41.04亿英镑，同比减少6%，主要是由于投资组合的变化所导致的。2019年，培生在各个国家和地区的销售为：英国3.85亿英镑，欧洲其他国家 2.44 亿英镑，美国 24.17 亿英镑，加拿大 1.05 亿英镑，亚太地区 4.41 亿英镑，其他国家 2.77 亿英镑。

2019 年培生在数字化转型方面取得进一步进展，66% 的收入来自数字和服务业务（2018 年这一指标为 62%），其中，36% 为数字化业务、30% 为数字化支持业务，34% 为非数字化业务。首席执行官范岳涵（John Fallon）表示："培生集团 24% 的业务仍是美国高等教育课件业务，但同比下降 12%，这是由于相较于纸质产品而言，学生们更迅速地接受了数字化产品。"

3. 英富曼集团

英富曼是一家专业信息提供商，在 25 个国家设有 100 个办事处，专注于学术和专业出版，组织信息活动。学术出版、商务智能、全球展览、知识和网络以及全球支持是集团的五大业务。在这些业务中，学术和商业部门接受调研，而活动组织和会议业务则不接受调研。其学术出版部门泰勒·弗朗西斯集团（Taylor & Francis Group）为世界各地的高层次大学生、研究人员和学术机构提供人文社科以及科技医学领域的 14 万种图书和 2700 种期刊。

2019 年，英富曼收入为 28.903 亿英镑。22% 的强劲收入增长反映了加速整合计划（AIP）的成功完成，该计划使得英富曼将 2018 年收购的 UBM 系列产品完全合并到集团中。2019 年，集团校正后的营业利润上升至 9.331 亿英镑，而前一年为 7.32 亿英镑。集团首席执行官斯蒂芬·卡特（Stephen A. Carter）表示，2019 年集团收入、校正后的营业利润、校正后的每股收益、自由现金流和股息连续第六年增长。按地理区域划分，英富曼收入构成如下：2.03 亿英镑来自英国，13.58 亿英镑来自北美，3.39 亿英镑来自欧洲大陆，4.05 亿英镑来自中国（含中国香港），5.85 亿英镑来自世界其他地区。随着数字销售的不断增长，2019 年英富曼的期刊已 100% 实现数字化，电子书占图书总销售额的 31%。

4. 牛津大学出版社

牛津大学出版社是牛津大学的出版机构，拥有悠久的历史，第一本书于 1478 年出版。随后的一个世纪，牛津大学与牛津的几位印刷商合作。从 19 世纪后期开始，牛津大学出版社开始显著扩张，1896 年在纽约开设了第一个海外办事处，加拿大（1904 年）、澳大利亚（1908 年）、印度（1912 年）、南非（1914 年）等其他国际分支紧随其后。今天的牛津大学出版社有着非常多样化的出版项目，远远超出传统的大学出版项目，每年出版6000多种图书，涵盖学术和教育领域，涉及97种不同语言，面向从学前儿童到中学学生、从学生到学者、从一般读者到研究人员、从个人到机构等受众。此外，该社每年发行量超过1.1亿册，业务遍及50多个国家，在全球拥有约6000名员工。作为大学的一个部门，出版社的全球出版进一步推动了牛津大学在学术、研究和教育方面实现卓越目标。

2019财年，牛津大学出版社总收入为8.405亿英镑，同比增长2%，税前利润为9630万英镑，海外销售占比超过80%。2019年，该社学术出版表现突出，共出版2518种纸质版和数字版图书，期刊和参考资源也发展良好。尽管纸质版收入下降，英国和美国传统书商和批发商业绩持续下滑，但在线产品和电子书销售的增长抵消纸质版销售的下滑，得以保持其在英国小学和中学教育领域顶级出版商的市场地位，并实现主要数字平台（尤其是在线教学、学习和评估）的订阅增长。该社业务涉及超过175个国家的学校，并且在中国、巴基斯坦和澳大利亚等国家和地区实现不同程度增长。然而，在部分地区也面临一系列挑战，包括不稳定的经济环境，如阿根廷、巴西和土耳其的货币贬值以及马来西亚的经济疲软；图书租赁和二手资源日益受到人们的青睐；盗版现象，尤其影响其在坦桑尼亚的发展。

5. 剑桥大学出版社

剑桥大学出版社成立于1534年，号称"世界上最古老的出版社""世界上最古老的大学出版社"，持有"英国女王印刷商"的专利授权书。该社是剑桥大学的出版机构，是大学不可分割的部分，在促进知识、教育、学习和研究方面有着相似的公益目标。该社拥有四个主要出版品牌：学术、剑桥英语、教育和剑桥圣经，分别负责5万种经同行评审的学术和专业图书、391种学术期刊、教科书、英语教学和《圣经》的出版。该社在国外拥有50多个办事处，业务遍及全球150多个国家和地区。

截至2020年4月底，剑桥大学出版社的销售额为3.36亿英镑，同比增长2.8%（按固定汇率计算为2%）。但是，营业利润降至2360万英镑，同比下降3.3%。在截至2019年4月30日的财政年度中，该社报告营业利润2440万英镑，同比增长40%。这一增长原因在于强劲的销售增长和对控制成本的持续关注。按固定汇率计算，2019年其营业收入为3.269亿英镑，增长了5%，达到行业领先水平。2019财年，该社43%

的销售额来自数字和混合产品,前一年这一比例为40%,而8年前仅为15%。2019财年,该社在拉丁美洲的销售获得增长,在印度、中国尤其是意大利市场销售增长尤为迅速,但在美国和土耳其市场面临挑战。

6. 布鲁姆斯伯里出版社

布鲁姆斯伯里出版社创立于1986年,如今是一家在伦敦证券交易所上市的独立全球发行商,在伦敦、牛津、纽约、新德里以及悉尼设有办事处。该社下设四个部门:布鲁姆斯伯里学术和专业(Bloomsbury Academic and Professional),专门从事人文和社会科学研究,每年出版1000多种图书和数字服务;布鲁姆斯伯里信息(Bloomsbury Information),为外部合作伙伴提供内容、营销和出版服务;布鲁姆斯伯里成人出版(Bloomsbury Adult Publishing)在全球范围内出版英语小说、传记、一般参考文献和特殊兴趣类产品,例如体育、烹饪、自然史和军事史;布鲁姆斯伯里儿童出版(Bloomsbury Children's Publishing),其业务涵盖全球大众、教育市场相关领域。

2019财年,该社收入为1.627亿英镑,同比增长1%,税前利润和重点项目利润增长9%,达到1440万英镑。该社集团财务总监佩妮·贝菲尔德(Penny Scott-Bayfield)指出:非消费部门收入实现7%强劲增长,是集团业绩的重要贡献者。这包括"布鲁姆斯伯里数字资源2020"("BDR 2020")34%的增长、强劲的基础学术发展以及对IBT公司(IB Tauris & Co. Ltd)的收购。2019年,该社数字收入实现16%的增长,各类产品的收入情况如下:印刷类占82%,数字类占11%,授权和服务类占7%。此外,海外销售收入增长2%,达到1.042亿英镑,占总收入的64%。

(二)大众市场主要出版社情况

根据尼尔森数据,2019年英国大众市场销售前五位出版商依次为企鹅兰登书屋、阿歇特出版集团、哈珀·柯林斯出版集团、泛麦克米伦以及独立出版商联盟(Independent Alliance)。(见表38)

表38 2019年英国大众市场销售额前五大出版商情况

序号	出版商	总销售额(亿英镑)	同比增长(%)	市场份额(%)
1	企鹅兰登书屋	3.46	7.4	20.8
2	阿歇特出版集团	2.04	2.7	12.2

续表

序号	出版商	总销售额（亿英镑）	同比增长（%）	市场份额（%）
3	哈珀·柯林斯出版集团	1.33	1.6	8.0
4	泛麦克米伦	0.95	25.0	5.7
5	独立出版商联盟	0.70	2.1	4.2

资料来源：英国《书商》杂志

企鹅兰登书屋旗下的兰登书屋（Random House）、企鹅（Penguin）、环球（Transworld）以及童书（PRH Children's）等主要出版分支全线领涨，整体销售额创下2012年以来的新高，但同时其市场份额仅占20.8%，这是除2018年之外的最低点。

对阿歇特出版集团而言，2019年是艰难的一年，销量达到100万英镑的畅销书寥寥无几，主要分支机构利特尔·布朗（Little Brown）、霍德（Hodder）、猎户星（Orion）业绩均大幅下滑，导致其整体销售额严重缩水。章鱼（Octopus）和海德林（Headline）分别增长20%，一定程度上抵消其他部门的负增长，但是难掩整体颓势。

哈珀·柯林斯出版集团略有增长，取得2011年以来的最好成绩，但是1.6%的增速远远低于整体市场增长率。其中，童书出版分支增长显著，在整个集团销售额占比高达33.8%，在这方面与其他四家出版集团远远拉开了距离。而由于缺乏年度畅销书的拉动，虚构类图书成为导致其负增长的主要板块。

泛麦克米伦集团，在非虚构类畅销书带动下，2019年创下新的销售纪录。2019年非虚构畅销书榜单前11位中，该集团出版的图书占据5位；《美食之乐》的出版方青鸟（Bluebird）对集团销售额贡献1850万英镑，所占比重高达19.3%。

独立出版商联盟成员目前涵盖16家出版社，2019年其整体大众市场总销售额比上一年增长2.1%，表现较为平稳。

（三）实体书店情况

在数字出版发展迅猛、渠道日益多元化的当下，图书线上销售占据越来越大的份额。据统计2019年线上图书年度销售额同比增长达20%。但是，实体书店作为传统图书销售渠道，在严峻的环境下，依然坚守甚至实现逆势发展，并且在维护图书品种多样化、打造丰富阅读空间等方面仍然发挥着非常重要、不可替代的作用。

英国连锁书店中规模最大、最有影响力的是水石书店（Waterstones）。自成立以来，水石书店通过持续扩张、并购，规模不断成长，截至目前在英国和欧洲共拥有将近 290 家实体书店，是线下图书销售渠道的中坚力量，其评选的年度图书奖，也成为行业的一大风向标。2019 年 6 月 7 日，对冲基金艾略特管理公司与巴诺书店达成协议，以 6.83 亿美元现金（约合人民币 47.2 亿元）收购巴诺书店，由水石书店 CEO 詹姆斯·当特（James Daunt）兼任巴诺书店 CEO。詹姆斯·当特将成为继亚马逊创始人杰夫·贝索斯之后在英语图书销售渠道最有影响力的人物。

作为英国最大的独立书商，布莱克威尔书店（Blackwell's）2017—2019 年销售实现连续三年增长，对出版行业发挥重要支持作用。但是由于各种因素，利润增长缓慢，该书店积极应对困境，广泛争取行业支持，与多家学术、大众出版商和分销商进行沟通，希望通过额外增加返利等方式，帮助书店在维持运营成本的基础上逐步实现盈利。

根据书商联盟（Booksellers Association，简称 BA）的最新数据，2019 年英国和爱尔兰地区的独立书店数量连续三年增长。截至 2019 年底，书商联盟成员数量增加到 890 家，2018 年为 883 家，2017 年为 868 家。书商联盟常务董事梅丽尔·豪斯（Meryl Halls）表示，面对线上零售的竞争，以及脱欧和经济发展带来的一系列不确定性因素，独立书店亟须抱团取暖，努力争取政府及社会各界对线下零售业的支持。

六、期刊业发展概况

（一）大众期刊发展情况

英国发行审计局（Audit Bureau of Circulations，简称 ABC）数据显示，2019 年全国大众期刊总发行量约 7.15 亿本，年活跃订购量近 5 亿本，与上一年相比纸质版和数字版活跃用户数量均呈下降趋势。

从市场细分来看，大众期刊主要涵盖儿童和青少年读物、女性读物、居家休闲、新闻时事、运动、通俗读物、汽车、计算机等主要领域，尤其是女性时尚类杂志，是大众期刊的主流内容和最重要领域。

大众期刊出版主要涉及大型传媒或出版集团。旗下杂志最多的为直接传媒公司，拥有 48 种杂志；其次是鲍尔传媒有 41 种杂志，TI 传媒有限公司有 28 种杂志，英国赫斯特集团、未来出版公司分别有 17 种，丹尼斯出版有限公司有 13 种，康泰纳仕出版公司、DC 汤姆逊传媒分别有 8 种，经济学人杂志公司、凯出版公司、热旦出版公司分别有 5 种。除 DC 汤姆逊传媒、直接传媒公司以及凯出版公司三家外，大部分出版传媒集团旗下期刊 2019 年发行量均有不同程度减少。（见表 39）

表 39　英国主要大众期刊出版传媒集团情况

中文名称	英文名称	旗下杂志数量（种）	2019 年单期总发行量（本）	同比增减率
直接传媒公司	Immediate Media Company	48	2838045	+1%
鲍尔传媒	Bauer Media	41	3622304	−7%
TI 传媒有限公司	TI Media Limited	28	2686457	−9%
英国赫斯特集团	Hearst UK	17	4027925	−9%
未来出版公司	FuturePublishing Ltd	17	374894	−8%
丹尼斯出版有限公司	Dennis Publishing Limited	13	558536	−4%
康泰纳仕出版公司	Conde Nast Publications Ltd	8	741341	−1%
DC 汤姆逊传媒	DC Thomson Media	8	470275	+18%
经济学人杂志公司	The Economist Newspaper Ltd	5	1159996	−6%
凯出版公司	Key Publishing Ltd	5	93025	0%
热旦出版公司	Redan Publishing Ltd	5	227923	−16%

资料来源：英国发行审计局

（二）专业学术类期刊销售情况

2019 年，学术和专业期刊收入总额增长 3.5%，达到 21.58 亿英镑，其中电子期刊、纸质与电子捆绑期刊和非订阅销售（包括版权和许可）分别增长 4.6% 和 2.5%，广告收入增长 3.0%。

2015—2019 年，期刊整体收入增长 42.9%，其中电子期刊销售增长 59.8%，占期刊总收入的约 75%；纸质期刊销售增长 19.0%；纸质与电子捆绑期刊销售和广告销售增长较小。（见表 40）

表 40　2015—2019 年英国专业学术类期刊收入情况（基于不同格式）

单位：亿英镑

类别	2015	2016	2017	2018	2019	2019 年较 2018 年增减率	2019 年较 2015 年增减率
总收入	15.1	18.98	20.04	20.85	21.58	+3.5%	+42.9%

续表

类别	2015	2016	2017	2018	2019	2019年较2018年增减率	2019年较2015年增减率
广告	0.29	0.31	0.27	0.3	0.31	+3.0%	+6.6%
纸质期刊	1.40	1.67	1.59	1.74	1.66	−4.5%	+19.0%
电子期刊	10.12	13.73	14.74	15.45	16.17	+4.6%	+59.8%
纸质与电子捆绑期刊	3.29	3.27	3.44	3.35	3.43	+2.5%	+4.4%

资料来源：英国出版商协会《2019年英国出版业数据年报》。

从不同格式产品的收入对比来看，2019年电子期刊占期刊总收入的约75%，高于2015年的67%，而同期纸质与电子捆绑销售的份额从22%下降至约16%，纸质期刊的份额略降至约8%。

2019年开放获取出版物收入实现两位数增长，广告、订阅收入和其他非订阅收入（包括版权和许可）也增加0.6%~3.0%。自2015年以来，开放获取费收入增长两倍多，订阅收入增长29.4%，其他非订阅收入增长约50%。（见表41）

表41　2015—2019年英国专业类期刊收入情况（基于不同类型）

单位：亿英镑

类别	2015	2016	2017	2018	2019	2019年较2018年增减率	2019年较2015年增减率
总收入	15.1	18.98	20.04	20.85	21.58	+3.5%	+42.9%
订阅费	12.19	14.65	15.24	15.46	15.76	+1.9%	+29.4%
版面费	0.86	1.82	2.2	2.55	2.95	+15.8%	+242.1%
广告费	0.29	0.31	0.27	0.3	0.31	+3.0%	+6.6%
零售	1.76	2.2	2.32	2.54	2.55	+0.6%	+45.0%

资料来源：英国出版商协会《2019年英国出版业数据年报》。

2019年，英国专业学术期刊海外收入增长3.6%，超过18亿英镑，占期刊总收入的85%。从地域来看，欧洲、东亚和南亚、非洲撒哈拉以南地区和北美的期刊销售呈增长趋势，而中东和北非、大洋洲和其他美洲地区的销售出现下降，北美占学术期刊海外收入的40%，东亚、南亚和欧洲各占期刊海外收入的25%左右。自2016年以来，期刊海外收入总体增长11.7%，在东亚和南亚、非洲撒哈拉以南地区和北美的销售收入均实现两位数的增长。

参考文献

1. 王展鹏 . 英国发展报告 2019—2020 [R]. 北京：社会科学文献出版社，2020.
2. 英国出版商协会 .《2019 年英国出版业数据年报》[R].
3. 英国《书商》杂志 .
4. 英国国家扫盲信托基金 .2019 年度读写能力调查 [R].
5. 英国特许公共财政与会计学会网站 .
6. 鲁迪格·维申巴特内容与咨询研究公司 .2020 全球出版 50 强报告 [R].
7. 英国发行审计局网站 .

（作者单位：中国新闻出版研究院）

2019年法国出版业发展报告

王　珺　丁丙玲

法国2019年的经济增长速度为1.3%，全年国内生产总值（GDP）24183.34亿欧元。法国海关的外贸公告显示，2019年法国贸易逆差589亿欧元，较上一年减少39亿欧元，中法贸易同期增幅达到4.2%。2019年，法国国内外遭遇了比较复杂的国际和社会形势。在全球贸易和经济停滞甚至下滑的大背景下，法国不仅要应对中美贸易摩擦、英国脱欧长期不决、欧元区多国债务问题的负面影响，还要努力解决众多国内问题，如制造业呈现持续下滑进而无法起到提振国内经济的作用；"黄马甲运动"引发社会持续不稳定；12.5%青年就业不足，约150万15~29岁年轻人无工、无学、无培训；刺激消费的诸种措施效果不佳；等等。在传媒领域和给予出版业的支持未变。法国图书业出现出版社经营层面多年未见的出版和销售双增长。

一、行业发展背景

以法国文化部为代表的法国政府为出版业发展提供了较好的支持政策，无论是图书的创作翻译、书店的经营、报刊发行渠道的保护，还是图书馆公共服务水平的提高，都是法国政府长期投入的重点领域。

（一）法国文化部预算支持情况

2019年法国财政预算有100亿欧元拨付给文化部（MCF），用于文化部年度整体工作的落实。在100亿欧元预算中，项目及运转费用约为36.3亿欧元、公共视听支出38.6亿欧元、减税开支及其他税收支持支出共15.4亿欧元、人员开支等其他支出约9.7亿欧元。（见图1）

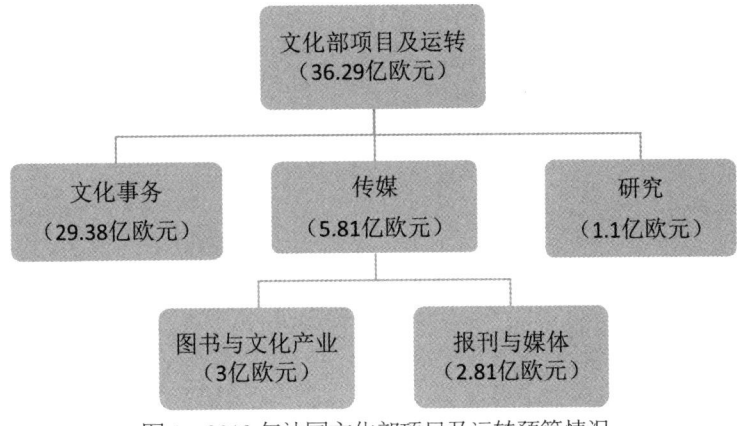

图1 2019年法国文化部项目及运转预算情况

资料来源：2019年法国文化部财政预算报告

2019年文化部在传媒领域的预算投入整体较上一年增加了4.5%。其中，图书与文化产业方面的财政预算为3亿欧元，相较于2018年的2.71亿欧元增加了10.7%，是十多年来增幅最大的一次。2019年内，法国文化部对文化产业部分投入的预算并未增长，仍为1530万欧元，这也就意味着所有增加的2900万欧元的财政经费全部支持了图书与阅读项目，国家级图书馆的翻新改造就是其中的重中之重。（见图2）

单位：亿欧元

图2 2013—2019年法国文化部传媒领域预算情况

资料来源：2019年法国文化部财政预算报告

在图书与阅读方面的支持主要投入了图书馆系统，尤其是具有馆藏和公共阅读空间双重作用的国家级图书馆。黎塞留图书馆、巴黎蓬皮杜中心公共资讯图书馆在2019年都着手进行新一期的翻新工程，黎塞留图书馆此次着重提升服务青年读者的需求，开拓图书馆内部的会议区和交流空间，实施新文化和博物馆项目，扩大开放馆藏资源；巴黎蓬皮杜中心公共资讯图书馆更多是调整硬件设施。另外，法国国家图书馆（BNF）运转预算增长2%，达到350万欧元，继续着重用于馆藏资源的数字化工作。图书与阅读方面的支持也向地方阅读倾斜，主要开展地方阅读项目和地方写作项目。

报刊方面，法国文化部持续加大对信息多元化的支持力度。2015—2018年，法国文化部对报刊的信息多元化资助累计增加40%，2019年的预算则进一步加强，主要包括：拨款1320万欧元支持报道国家政策与综合信息且缺乏广告资源的出版物；拨款140万欧元支持分类广告资源较少的地区日报；拨款150万欧元支持地区和地方期刊的多元化发展；拨款500万欧元扶持新闻媒体的创新与新兴媒体基金项目（FSEIP）[①]。

发行是法国报刊媒体链条上非常薄弱的一环，也是法国文化部重点扶持的方向。对报刊媒体发行商的整体扶持计划始于2017年，2019年支持经费达到1400万欧元，其中包括免除独立媒体和专业媒体发行商的地区经济税共计800万欧元和促进媒体发行商现代化的信贷额度600万欧元。另外，文化部还致力于开展新闻媒体发行重组计划，本年用于全国性新闻日报发行方面的支持资金为1890万欧元。

（二）法国国家图书中心对出版业的资助

法国国家图书中心（CNL）的经费来源与资助对象在2019年有重大调整。法国国家图书中心2019年使用经费达到2339万欧元，与2018年相比有较大调整。该中心在2019年之前的资助经费大部分来自图书销售税和印刷设备税。这两项税收于2018年秋季被取消，改由法国公共服务经费向该中心提供资金。2019年法国公共服务经费向法国国家图书中心提供2367万欧元，相当于该中心年度使用经费总额的98%，另有19.4万欧元来自于文化部拨款。另一重大变化是，法国文化部将原来通过法国国家图书中心向法国国家图书馆（BNF）、法国图书出版国际署（BIEF）以及作

[①] 扶持新闻媒体的创新与新兴媒体基金项目（FSEIP）设立于2016年，旨在鼓励创建和发展新媒体以适应信息多元化的社会状态。此项目自2017年主要分为三种方式进行相关支持：为新兴新闻媒体企业提供资金；成立全国新兴媒体培养计划项目；开展与创新研究计划有关的项目。

家和文学之家（MEL）拨付资助经费改为由文化部直接拨付，所以2019年该中心的经费使用较上一年有400多万欧元的减少。不变的是，2019年该中心人员工资支出为333万欧元，不含准备金和折旧的中心运营费用为247万欧元，与2018年相比保持稳定。

除去以上变化因素，法国国家图书中心2019年向出版业的资金投放和开展资助项目的数量均有所增加。法国国家图书中心的资助较为丰富，含作品集在内的重大作品的出版、国外作品向法语的译介、法国作品对外翻译出版、数字内容开发、版权文件的数字化或数字发行、新书目录的数字出版或数字发行、数字图书的制作以及数字服务的开发均在资助范围内。该中心还通过发放零利率贷款支持出版商的经营与发展。2019年该中心为2344项资助拨款1900万欧元，比2018年的2266项共计1780万欧元均有所增加，资助经费则比5年前的2015年增加了13%。（见表1）

表1　2017—2019年法国国家图书中心资金支持情况

单位：万欧元

类别	2017	2018	2019
作者和翻译	229	276	337
非杂志类出版商	520	544	555
杂志	82	79	84
书店	345	358	406
图书馆	510	364	49
文学活动组织者	221	248	266
其他相关机构	538	508	203
合计	2447	2377	1900

资料来源：法国国家图书中心2017年、2018年、2019年年度报告

2019年法国国家图书中心向非杂志类出版商的资金投入增加了11万欧元，增幅为2%。当年共有1079个项目获得资助，总金额约为555万欧元。其中，对出版物的资助从上一年的467个项目共212.7万欧元大幅度增加到496个项目共233.2万欧元。同时，该中心加大了对国内作品多语种输出和出版社宣传拓展的支持力度。（见表2）

表2 2019年法国国家图书中心对非杂志类出版商的资助情况

	类别	资助数量（个）	资助总额（万欧元）
资金支持	出版物	496	233.2
	国外作品法语译介	275	111.7
	国内作品多语种输出	242	58.6
	数字化发展	27	111.8
	出版社宣传拓展	34	26.2
	资助合计	1074	541.5
贷款		5	13.3
合计		1079	554.8

资料来源：法国国家图书中心2019年年度报告

（三）出版社所处社会环境情况

2019年的法国仍处于马克龙总统推行一系列改革引发的紧张社会局势之中，出版业尤其是面向读者的零售机构受此影响较大。2019年上半年，法国各地尤其是巴黎民众的日常生活状态被接二连三的罢工、游行、集会频频干扰，实体书店的经营也面临读者到店人数和频率都下滑的情况。巴黎的众多书店从上一年的第四季度就出现销售下滑，即便线上销售情况良好，也不足以弥补书店线下销售的实际损失，这种状态一直持续到本年的第一季度。巴黎图书沙龙官方公告显示，2019年第39届巴黎图书沙龙邀请约3000位作家、1200家世界各地参展商参加，参观人数超16万人。实际情况是，展会开幕的第二天，由于巴黎市区"黄马甲运动"的游行导致当天参观书展的人数较去年减少3%，沙龙参观总人次相较上一年下降2%。

欧盟和法国在法律方面对内容生产方的保护在本年内有重大进展。欧盟在2019年上半年最终通过了《单一数字市场版权指令》（*Directive on Copyright in the Digital Singles Market*），规定互联网平台需向新闻内容生产方支付新闻内容的使用费用，以保证后者切实享有相关内容的互联网复制权和传播权；需对鉴别用户上传的侵害版权的信息有前置的技术审核能力，并将对不能有效阻止侵权行为负责。包括法国在内的欧盟各国需在两年内推出与此法令相适应的本国实施细则。同年9月，经过3年多的调查和审理，巴黎商业法院（le tribunal de commerce de Paris）以合同不当条款为由判罚美国亚马逊400万欧元。此前，亚马逊及其下属公司在与第三方商户签订平台使用合同时加入了具有不平等性质的条款，允许亚马逊单方面修改合同条件内容或在没有解释的情况下关闭第三方账户。巴黎商业法院要求亚马逊需按巴黎商业法院要求，在6个月内修改合同条款，否则需在上述罚款外再支付每天1万欧元的逾期罚款。

法国地区性出版积极谋求合作发展。2019年1月，布列塔尼出版社协会（l'Amebou Association des maisons d'édition de Bretagne）在布列塔尼大区的甘冈市成立，约40位出版商参与该协会，希望加强相互交流并制定一些行业标准以降低自身成本。

二、图书出版销售整体情况

2019年是法国图书业难得的健康发展之年，代表生产能力的图书出版种数、总印数、平均印数全面呈现正增长，代表发行环节能力的出版社图书销售额和销售量、发行商发货额和发货量，代表零售环节能力的零售收入都在增长，且发行渠道退货额和退货量在同期下降。

（一）图书出版情况

法国出版商协会公布的数据显示，2019年法国共出版图书超过10.7万种，较上一年微增0.3%；总印数超过5.16亿册，同比增长2.26%；平均印数增加92册，是十多年来平均印数的首次增长。这是自2008年以来第一次出现出版种数、总印数和平均印数的同时增长。一方面，法国会考改革带来的高中新版教材上市是当年法国图书业的重大利好，另一方面，新书出版种数的下调和再版书的增加或许可以看作法国出版界多年适应市场不断细分、读者持续小众化的初步成效。（见表3）

表3 2016—2019年法国图书出版情况

类别	2016	2017	2018	2019
种数（种）	103534	104671	106799	107143
新书（种）	47200	47538	44968	44660
再版书（种）	56334	57133	61831	62483
总印数（万册）	55300	52280	50540	51680
新书（万册）	34280	32050	28750	29680
再版书（万册）	21020	20230	21790	22010
平均印数（册）	5341	4994	4732	4824

资料来源：法国出版商协会

2019年是法国教学用书市场被法国教材改革积极带动的一年，新教材较上一年多出版了670多种，新教材印量增加了近814万册，教材总印数占当年总印数的比例比上一年增加了一个百分点。另外，出现出版种数和总印数双增长的图书类别还有文献、时事与随笔，连环画，生活实用图书等3类。与此不同的是，宗教玄学、词典与百科全书、文学、艺术与美文、地图等5类处于种数和总印数双下降的状态，儿童与青少年读物的出版种数虽有30多种的增加，但总印数减少300多万册，是除文学类图书外印数减少最多的品类。在经过多年的双增长之后，文学、儿童与青少年读物的再版书出版品种还在增加，但再版书的印数却以百万册计数地减少，再版书对两个细分市场的提振作用在减弱，而同时两类图书的新书出版又都在减少，这或许表明最能代表大众图书市场活跃度的两类图书的出版创作在法国面临着一段时间的调整。（见表4）

表4 2019年法国各类图书出版情况

类别	图书出版种数（种）新书	再版书	合计	图书出版总印数（万册）新书	再版书	合计	比例（%）种数	总印数
教学用书	3481	6525	10005	3332.5	3742.2	7074.7	9.3	13.7
科技、医药与管理	1600	1108	2708	338.7	100.9	439.6	2.5	0.9
社会与人文科学	9101	7105	16206	1113.6	588.6	1702.1	15.1	3.3
宗教玄学	1210	2618	3827	339.2	408.8	748.0	3.6	1.4
词典与百科全书	151	237	388	200.9	178.1	379	0.4	0.7
文学	8427	15252	23679	6929.8	4838.4	11768.2	22.1	22.8
文献、时事与随笔	1792	5162	6954	1309.5	604.3	1913.8	6.5	3.7
儿童与青少年读物	7288	11222	18510	5221.5	5292.0	10513.5	17.3	20.3
连环画	4831	6737	11568	5625.7	3780.9	9406.6	10.8	18.2
艺术与美文	1241	1117	2359	656.7	234.2	890.9	2.2	1.7
生活实用图书	5441	4762	10203	4307.9	1935.6	6243.6	9.5	12.1
地图	96	633	729	302.3	300.7	603.0	0.7	1.2
纪实	—	5	5	—	0.9	0.9	0.0	0.0
合计	44660	62483	107143	29678.3	22005.5	51683.7	100	100

资料来源：法国出版商协会

（二）图书销售情况

法国 2019 年的图书销售在销售额和销售量上实现双增长。

根据法国出版商协会调查数据，法国 2019 年的销售总额较上一年增长 5%，达到 28.06 亿欧元；图书销量增长 3.8%，达到 4.35 亿册，与 2016 年基本持平。这样的增幅主要得益于高中会考制度改革引发的教材及相关图书的更新。

2019 年影响图书销售的还有 12 月开始的社会运动。此次社会运动造成原本该是销售旺季的书店客流下降。在上述两种影响的综合作用下，法国除教学用书外的大众图书销售仍有 1.7% 的增长，实属不易。本年度出版社在口袋书、俱乐部、翻译或者影视改编方面的版权转让收入有所下降，较上一年减少 400 万欧元，降幅为 2.9%，但从更长的时间跨度上看本年的此项收入仍是较高的。（见表 5）

表 5　2016—2019 年法国图书销售情况

类别	2016 年	2017 年	2018 年	2019 年
销售额（亿欧元）	28.38	27.92	26.7	28.06
实物销售	27.06	26.54	25.25	26.65
版权转让	1.32	1.38	1.45	1.41
销售量（亿册）	4.345	4.3	4.19	4.35

资料来源：法国出版商协会

在销售额和销售量双增长的喜人形势下，法国各类图书 2019 年的市场表现与上一年相比仍有较大波动，这虽与法国教改有关，但并不能完全归因于此。与上一年相比，法国图书只有生活实用图书、儿童与青少年读物这两类的销售额连续增长，但幅度都不大，生活实用图书增幅约 1.18%，儿童与青少年读物增幅约 2.19%。两年中销售额持续下降的有艺术与美文、词典与百科全书、地图等 3 类图书。其他 8 类图书在两年中的销售额出现了明显的波动，其中宗教玄学和文献、时事与随笔在 2019 年出现下滑，终止增长势头；教学用书，纪实，文学，科技，医药与管理，社会与人文科学，连环画等 6 类在 2019 年实现不同程度的增长。除教学用书 2019 年度销售额较上一年增长了 1.02 亿欧元之外，连环画增加 3100 多万欧元，为有增幅的图书类别中销售额增加最多的。虽然文学类图书仍是法国最大的图书细分市场，但近年的销售情况波动较大，

2019年销售额增幅仅为0.68%，考虑到上一年5.7%的降幅，这也就意味着2019年文学图书销售额还远未回到2017年的水平。（见表6）

表6　2019年法国图书出版细分市场销售情况

类别	销售额（万欧元）	比例（%）	销售册数（万册）	比例（%）
教学用书	38783	14.6	6091.7	14
科技、医药与管理	6765.8	2.5	401.6	0.9
社会与人文科学	38052.6	14.3	1925.3	4.4
宗教玄学	4156.5	1.6	664.5	1.5
词典与百科全书	2591.1	1.0	400.4	0.9
文学	57180.5	21.5	10851.7	24.9
文献、时事与随笔	10242.3	3.8	1339.5	3.1
儿童与青少年读物	35127.3	13.2	8508.5	19.6
连环画	30737.1	11.5	6817.9	15.7
艺术与美文	6929.1	2.6	598.9	1.4
生活实用图书	34073.8	12.8	5383.8	12.4
地图	1691.3	0.6	519.6	1.2
纪实	174.9	0.1	3.6	0.0
合计	266506.0	100	43507.0	100

资料来源：法国出版商协会

（三）图书批发零售情况

从出版社的角度看，2019年法国图书的发行销售大体这样分布：76%的图书按照传统的发行方式进行销售；11.8%通过含线上销售在内的邮购方式售卖，7.9%通过批发商和零售商的销售实现，1.7%通过读者俱乐部，0.8%由政府机构采购，另有1.7%通过其他渠道。

从发行商的角度看，2019年的法国图书发行也是较为良好的，整体经营呈现正增长，销售额增加5.49%，销量增加2.28%。其中，发行商的发货额增加3.58%，发货量增加0.92%，同期的退货额下降2.44%，退货量下降3.61%，表现出较为健康的发行渠道状态。

从零售方面看，2019年法国图书零售端税前零售收入达39亿欧元，较上一年增加了 2.7 亿欧元，增幅为 7.44%。但受 2019 年 12 月法国社会运动和罢工的影响，不同零售渠道在当年市场中的占比继续变化。一级书店受到上述运动的影响较大，份额继续减少 3%，仅占市场的 23.5%；位于市中心的文化用品大卖场线上线下结合良好，提供的线上购物、线下提货服务获得读者支持，市场份额占到 30% 以上；生活用品大卖场的市场份额虽然在减少，但因此渠道的图书类别相对单一且多采取独家经营的合作方式，故目前仍不会对上游以大型超市等为主要销售渠道的出版商造成较大困扰。（见表 7）

表 7　2017—2019 年法国零售渠道份额情况

单位：%

零售渠道	2017	2018	2019	2019/2018
一级书店	24.90	24.50	23.5	-3
二级书店、网络书店及其他	29.80	30.40	31.7	5.6
文化用品大卖场	29.10	29.7	30.2	3.5
生活用品大卖场	16.79	15.5	14.6	-4.2

资料来源：国际调查机构捷孚凯（GfK）

三、文学奖项与畅销书销售情况

2019 年，法国畅销图书市场上出现了重要文学奖项与行业畅销榜单高度互动的情况。

（一）文学奖项获奖情况

法国文学奖以千计数，其中公认的有六大文学奖项：龚古尔文学奖（Le Prix Goucourt）、法兰西学院小说大奖（Le Grand Prix du roman de l'Académie française）、勒诺多文学奖（Le Prix Renaudot）、费米娜文学奖（Le Prix Femina）、美第奇奖（Le Prix Médicis）、联盟文学奖（Le Prix Interallié）。这些奖项代表了法国和法语文学首屈一指的文学水准，也在很大程度上与畅销书市场有良好互动，受到普通读者的广泛关注，2019 年法国上述六大文学奖项均有获奖作品进入《法国图书周刊》年度畅销榜。

法国作家让-保罗·杜布瓦（Jean-Paul Dubois）的小说《人生在世皆不同》（*Tous les hommes n'habitent pas le monde de la même façon*）获得 2019 年度法国龚古尔文学奖，

《法国图书周刊》监测到这部 8 月中旬出版的作品至年底已销售 36.76 万册,是六大文学奖项中获得普通读者认可度最高的。法兰西学院小说大奖是 2019 年最早揭晓的奖项,法国作家洛朗·比奈(Laurent Binet)以其历史小说新作《文明》(*Civilizations*)折桂,出版 4 个多月销售 8.45 万册。获得勒诺多奖的《雪豹》(*La panthère des neiges*)讲述了作者西尔万·泰松(Sylvain Tesson)接受野生动物摄影师樊尚·米尼耶的邀请,一同拍摄雪豹的故事,这部非虚构作品不到 3 个月时间销售 35.19 万册,是历年随笔纪实类作品中销量较高的代表。西尔万·普律多姆(Sylvain Prudhomme)具有存在主义色彩的作品《道路》(*Par les routes*)荣获 2019 年度费米娜文学奖,4 个多月销售 4.57 万册。2019 年联盟文学奖获奖作品,卡瑞纳·奎尔(Karine Tuil)的《人类诸事》(*Les choses humaines*)同时获得龚古尔中学生奖,销量为 12.76 万册。2019 年,勒诺多文学奖和美第奇奖的大奖都没有在《法国图书周刊》畅销榜中出现,只有勒诺多中学生奖和美第奇外语奖的作品上榜,分别实现 9.85 万册和 3.43 万册的销量。

不仅是上述严肃文学的优秀代表在畅销书榜单中表现良好,众多业内奖项推出的作品也是打榜的重要力量。2019 年法国书商文学奖(Le Prix des Libraires)[①]授予法国作家弗兰克·布伊斯(Franck Bouysse)创作的一个女人想借由写书去抵抗遗忘的作品《非女所生》(*Né d'aucune femme*),此作品大受欢迎,自 1 月份出版累计销售 10.82 万册,与获得 2019 年法国出版社文学奖(Le Prix Maison de la Presse)[②]的奥利维尔·诺雷克(Olivier Norek)的恐怖小说《表面》(*Surface*)分别位列《法国图书周刊》文学类年度畅销书 100 强榜单的第 16 位和第 22 位。

---

① 法国书商文学奖成立于 1955 年,每年都会奖励一本法文小说。由 10 位书商组成的第一陪审团从上一年 9 月和当年 1 月的两个文学季的 100 种推荐作品中选出 5 位作家的作品。在随后整个 5 月中,来自法国各地 1600 名独立书商在 5 名决赛入围者中投票选出他们最喜欢的作家。

② 法国出版社文学奖是由法国出版发行集团 NAP 和全国新闻经销人协会(Syndicat National des Dépositaires de Presse)于 1970 年设立,每年鼓励以法语创作的写成的通俗大众类文学作品。

（二）畅销书销售情况

2019年《法国图书周刊》年度畅销书[①]50强累计实现销售1184.2万册，较上一年轻微下调0.2%，销售额从1.42亿欧元增加到1.47亿欧元，增幅达到3.2%。这一年对于法国畅销书市场并不友好，在经济持续低迷的背景下，口袋书、连环画凭借其相对较低的定价成为榜单的双霸主。畅销书综合榜单50强中，口袋书有30种，销量630.46万册；文学类13种，销量274.55万册；连环画虽仅有3种，但销量却达到195.44万册。（见表8）

表8 2018—2019年法国畅销书销售量情况

单位：万册

类别	2018	2019	2019/2018
畅销书综合榜单50强	1186.7	1184.2	−0.2%
分榜单——小说100强	798.4	735.8	−7.8%
分榜单——随笔纪实50强	479.6	499.6	4.2%
分榜单——连环画50强	423.3	534.0	26.2%
分榜单——成人口袋书50强	948.1	850.8	−10.3%
分榜单——儿童与青少年虚构25强	73.1	72.9	−0.3%
分榜单——儿童绘本25强	95.8	97.6	1.9%
分榜单——儿童与青少年口袋书50强	203.1	205.7	1.3%
分榜单——美文50强	78.6	51.9	−44.0%
分榜单——生活实用50强	209.4	198.3	−5.3%

资料来源：根据《法国图书周刊》历年畅销书情况整理。

2016—2019年法国年度畅销书50强分布情况综合分析可以发现，美文类和生活实用类图书能够从分榜单进入综合榜单的种类较少，儿童与青少年读物因为读者年龄段分级明显和读者基数相对成人较低，能够进入综合榜单的要么是适合中学及以上读者的文学性作品，要么是开本较小的口袋书。（见表9）

[①] 《法国图书周刊》2019年度畅销书排行榜由国际调查机构捷孚凯（GfK）统计完成。一种图书自纸质书销售开始就被纳入捷孚凯的数据采集系统，时间覆盖2019年1月1日至12月30日。该系统可采集法国本土大约5000个具有代表性的图书销售点的销售数据，涵盖包括一二级书店、出版社、文化用品大卖场、大型超市、网络书店、大型玩具城、修理铺以及装饰品售卖店等所有零售渠道，但不含出口图书、海外省的图书销售和向批发商及读书俱乐部售书。

表9　2016—2019年法国年度畅销书50强分布情况

单位：种

类别	2016	2017	2018	2019
口袋书	21	24	31	30
小说	10	18	8	13
随笔纪实	9	3	4	4
连环画	4	5	5	3
儿童与青少年读物	2	0	1	1
生活实用	3	0	0	0
美文	0	0	1	0

资料来源：《法国图书周刊》

从畅销书综合榜单看，2019年呈现出连环画、口袋书和文学奖交相辉映的年度特征。这一年又是一次"高卢年"，《高卢英雄历险记之韦辛格托里克斯的女孩》（Astérix—La fille de Vercingetorix）用10周时间就实现了157.37万册的销售量，当之无愧成为法国年度最畅销图书，与排名第二的纪尧姆·米索（Guillaume Musso）的小说《年轻女孩与夜》（La jeune fille et la nuit）拉开了超过100万册的差距，独占连环画畅销榜单的近30%销量。在整体向好的态势下，连环画前50名的销量较上一年增加26%，销售额增加15%，达到5840万欧元。连环画和漫画的出版品牌主要集中在格雷纳出版社（Glénat）和媒体参与集团（Media-Participations），两家分别有9种作品进入连环画榜单前50强。

口袋书畅销榜几乎是小说的天下。纪尧姆·米索的精装版《年轻女孩与夜》在上一年就已经是排名第3的畅销书，2019年更是凭借口袋书版进阶综合榜单的第2名，销售额占口袋书畅销榜的7.2%，这也帮助作者连续4年成为不同开本小说单品销量冠军。同时值得关注的是，口袋书畅销榜的前10部作品中有7部出自女性作家之手。口袋书的出版集中度较高，口袋书出版社（Le Livre de Poche）在口袋书畅销榜50强中占有13种，口袋出版社（Pocket）则有12种，两家出版社就已占据该畅销榜的半壁江山。

获奖文学作品在2019年较为喜人的销售情况在上面文学奖项部分已经提到，不再赘述。本年度小说分榜单中获益最多的是阿尔班·米歇尔出版社（Albin Michel），

100种上榜小说中，24种由该出版社出版，实现160.9万册销量。这家出版社在随笔纪实100强分榜单中也有11种上榜，共销售57.79万册。

上一年的分榜单中，往年出版的图书的上榜种数和最高销量比较引人关注，2019年这一情况并未持续，各类分榜单中只有随笔纪实、美文和生活实用类的往年图书上榜种数有所提高，也只有生活实用类往年图书的年度最高销量较上一年有所增加。另一个有意思的现象是，在所有2019年上榜的往年出版图书中，随笔纪实、成人口袋书、儿童与青少年口袋书、生活实用图书这4类最早出版的那一种图书与上一年没有变化，成人口袋书仍是出版于1972年的加缪的《鼠疫》，在2019年销售了9.79万册。（见表10）

表10 2019年法国非新版图书上榜情况

类别	2019年前出版种数/上榜种数（种）	最高销量（册）	最早出版时间
小说	11/100	95724	2010-1-20
随笔纪实	28/100	124795	2007-10-30
连环画	14/50	93425	2002-3-20
成人口袋书	17/50	293423	1972-01-01
儿童与青少年虚构	9/25	31906	2010-6-3
儿童绘本	17/25	82845	2011-3-2
儿童与青少年口袋书	45/50	45436	2005-05-19
美文	21/50	30379	2013-10-16
生活实用	23/50	118438	2007-10-30

资料来源：根据《法国图书周刊》总第1246期畅销榜单整理

四、数字出版情况

法国包括电子书和有声书在内的数字出版市场在2019年持续活跃，电子书销售保持增长，有声书进入多渠道线上发布的新阶段。

（一）电子书出版销售情况

据法国Dilicom数据平台[①]提供的信息，2019年共有1650家出版社可查询到大众类电子书信息，较上一年增加93家。据法国图书数字化与交易平台FENIXX

---

① 法国出版业中服务于书商和发行商的专业图书信息检索平台。

公司[①]的数据，法国2019年可供销售获利的电子书达到37.63万种，较上一年增加4.73万种。

2019年法国实现电子书销售约2.32亿欧元，相较去年增长9.2%，增幅仍高于图书销售额增长幅度。与法国整体图书市场情况一致，电子图书市场的快速发展主要得益于教育改革背景下电子教材、教学用书销售的大幅增长。另外，大学专业图书因在电子书销售中占比较大，2019年销售额4.2%的增长也向上拉动不少。因为出版社图书入账方式的调整，法国出版商协会掌握的2019年除文学之外的大众类电子书较上一年有所减少，降幅为7.9%。（见表11）

表11 2016—2019年法国数字出版收入情况

单位：万欧元

类别	2016	2017	2018[②]	2019	2019/2018
文学	2401.3	2540.1	2832.7	2981.6	5.3%
大众图书（文学除外）	1598.8	1732.5	1553.3	1429.9	−7.9%
教学用书	612.3	846.2	1148.1	2433.3	111.9%
大学专业图书	13759.5	15054	15730.4	16385.6	4.2%
合计	18371.9	20172.8	21264.6	23230.7	9.2%

资料来源：法国出版商协会

2019年，电子图书营业额约占总体营业额的8.7%。在大学专业图书方面，电子书实现1.63亿欧元销售额，约占据整个大学专业图书市场的36.6%，这主要受医学与法律用书中电子数据库的影响。文学图书市场中电子书销量约占5.2%且占比正逐年缓慢提升。（见表12）

表12 2017—2019年各类电子书销售额在本类图书中的比重

类别	2017	2018	2019
文学	4.27%	4.81%	5.21%
大众图书（文学除外）	1.43%	1.54%	1.14%

---

① 该公司经营20世纪以来绝版图书的电子书。
② 法国出版商协会在公布2019年数据时对2018年的数据进行了校准。

续表

类别	2017	2018	2019
教学用书	2.24%	3.15%	6.27%
大学专业图书	33.92%	35.98%	36.56%
合计	7.62%	8.42%	8.72%

资料来源：法国出版商协会

可以很明显地看出，大学专业图书在整个法国电子书市场中占比高达70.5%，文学电子书占比13%，教学用电子书占10%，除文学外的大众类电子书仅占6%。而在这1430万欧元的大众市场中，生活实用类电子书实现约490万欧元的销售额，随后是文献、时事与随笔，儿童与青少年读物，连环画等3类。（见图3）

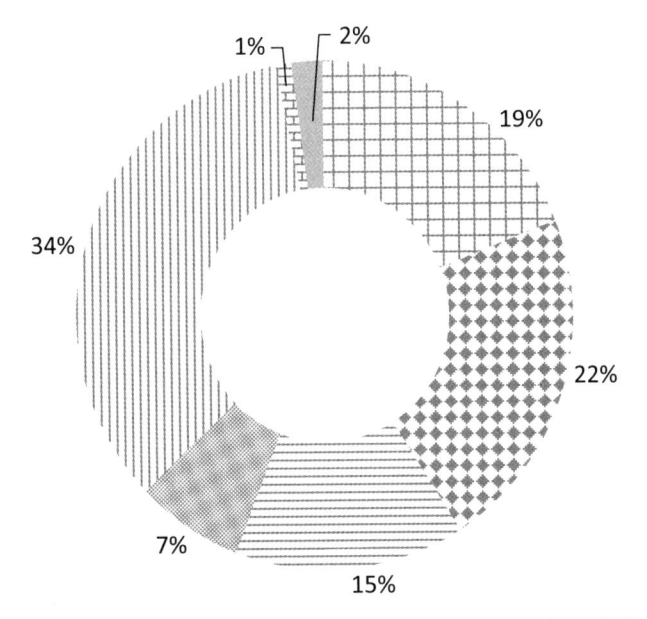

图3 大众类电子书各细分类销售额占比情况

资料来源：法国出版商协会

与上一年相比，2019年电子书以CD、DVD、U盘等物理介质销售的销售额占比继续下降，从上一年的2.7%下降到1.9%，在线的下载或流媒体付费使用、订阅或销售的内容使用许可这两种销售方式已占据法国电子书销售收入的97.9%，应用程序销售的电子书从上一年的0.1%略微增加至0.2%。

（二）有声书市场发展情况

法国出版商协会连续三年向会员机构采集有声书出版与销售情况，但 2019 年获得的数据并不理想，仅有 8% 左右的会员机构提交数据，而这些数据并没有覆盖所有已知有声书类别。法国出版商协会凭借获取到的信息和对行业的跟踪，给出 2019 年法国有声书市场的主要趋势：越来越多的出版社进入有声书市场，可供读者选择的有声书品种在不断增加；越来越多的读者尤其是年轻读者被有声书的阅读方式吸引；越来越多的法国人拥有智能电子设备，可适应多种介质传输和使用的 MP3 格式广受欢迎；越来越多的有声书发布渠道涌现，不仅包括网络书店、文化用品大卖场、电子书销售平台等出版业传统渠道，还不断有应用服务商、通讯运营商、传媒集团等非出版行业支持的新渠道加入。

《法国图书周刊》对有声书市场的观察基本印证了协会的观点。从介质上看，原本既可单独售卖又可与纸质书捆绑销售的光盘有声书虽在增长，但增速放缓。数据显示，以光盘为主的实体有声书的销售额在 2018—2019 年间下滑 8.5%，最好的光盘销售纪录是由听书馆（Audiolib）出品的《米歇尔·布凯读拉封丹》（*Michel Bouquet lit Jean de la Fontaine*），销量为 1300 张。这样的市场反响督促出版社放缓光盘有声书开发，伽利玛出版社（Gallimard）有声书系列"听读"（*Ecoutez lire*）虽从 2018 年的 56 种增加到了 2019 年的 80 种，但该社下一年的出版计划已经大幅度下调。线上有声书市场的繁荣得益于背后有着强大的电商销售平台。美国四大科技巨头谷歌、苹果、脸书以及亚马逊都参与到其中，亚马逊旗下有声书应用听讯（Audible）占据了法国线上有声书 60% 的份额；主打线上阅读的应用软件 Youboox 在其新版应用中增添了有声书一栏；韩国乐天 Kobo 电子书同法国电信运营商橘子电信（Orange）合作向用户推出有声书版块。

法国线上有声书经销商目前的经营模式主要有两种：一是针对会员用户，每月只需缴纳约 10 欧元的费用就可获得一本有声书；二是非会员用户可在网上书店或其他渠道以单品种 20 欧元左右的价格购买。考虑到目前法国在线有声书市场仍处于初级发展阶段，经销商的经营模式处于较为激烈的竞争状态，一些渠道采取了更具吸引力的销售方式。邓蒂斯线上书店（e-Dantès）取消了会员用户购买有声书的优惠，统一了有声书价格，使非会员可以相对低的价格获得有声书使用权。除此之外，一些出版机构往往会授予亚马逊可听平台一定的专营权或参与其特定时期的促销活动，作为增加销量的另一种策略。

2019年的法国有声书市场呈现出"三大四小"的竞争状态。阿歇特出版集团、埃蒂迪集团、玛德里高集团共占82.9%的有声书市场，剩下的12.8%分属于特雷姆出版社（Thélème）、弗雷莫联合出版社（Frémeaux et associés）、琉特雷出版社（Sixtrid）和艾达出版社（Ada）这四家出版社。（见图4）

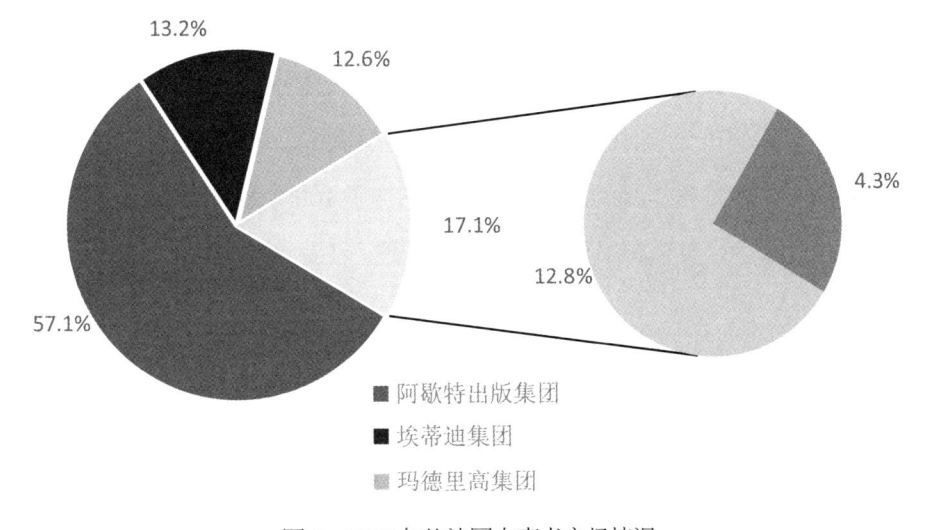

图4 2019年的法国有声书市场情况

资料来源：法国出版商协会

除实体有声书和在线有声书外，播客也渐渐进入有声书市场中。追溯播客的历史，法国的第一个播客是由劳伦·巴斯蒂德（Lauren Bastide）和罗伯特·拉芳（Robert Laffont）共同合作推出的"首播"（Primo）[①]。播客是一种集内容生产和营销于一体的传播形式，出版社可以通过播客吸引平时不阅读或者阅读量较少的听众，可以对图书内容进行宣传，也可以将图书内容以声音的形式直接传递给读者。弗拉马里翁出版社（Flammarion）在2019年7月份一次性推出了3个文学播客栏目，就是看到了这种多元化传播方式的优势。

---

① 该播客于2019年4月2日开播，每三周更新一次，每集约20分钟，主要介绍一本书或一个出版社背后的故事，推荐的图书类别包括文学、悬疑、纪实等。

五、版权贸易情况

与充满活力的 2018 年不同，2019 年法国图书版权贸易的活跃程度有所下降，无论是法国引进翻译出版的图书品种数量还是翻译权转让和合作出版的合同签订数量都有不同程度下滑。

（一）图书翻译出版情况

根据法国国家图书馆版本收缴的数据，2019 年法国共出版翻译图书 12970 种，比上一年的 13932 种减少 6.9%，占当年法国国家图书馆版本收缴总数的 16.4%，这一比例与 2017 年持平。2019 年法国翻译图书的前 5 种原语言并未变化，仍为英语、日语、德语、意大利语和西班牙语，5 种语言的作品占法国翻译图书总量仍为 89%。与上一年稍有不同的是，除日语作品的翻译出版种数增加了 100 余种外，其他 4 个语种的图书都有不同程度减少，英语图书更是减少了 760 种。（见图 5）

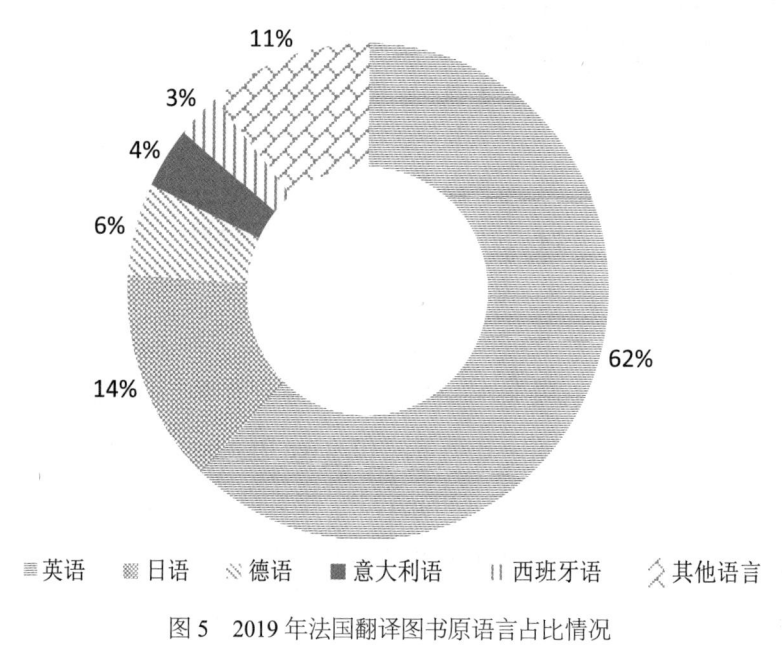

图 5　2019 年法国翻译图书原语言占比情况

资料来源：法国出版商协会

小说一直以来是法国翻译出版最多的类别，2019 年法国共出版翻译小说 3960 种，占年度翻译作品的 30.5%，其中有 2918 种小说是英语作品，占翻译小说总量的 73.6%。翻译作品排名第二的是连环画，共出版 2688 种翻译作品，占比 20.6%，其中

1599种来自日本漫画，872种来自英语。儿童与青少年文学翻译出版了1773种，占比13.7%，其中近八成来自英语作品。（见表13）

表13 2019年法国翻译图书5大来源语言及主要图书类别情况

单位：种

英语		日语		德语		意大利语		西班牙语	
总数	8 073	总数	1 832	总数	712	总数	564	总数	405
小说	2 918	漫画	1 599	小说	177	小说	150	小说	131
青春文学	1 402	青春文学	48	传记	47	青春文学	55	青春文学	47
漫画	872	绘画、装饰艺术	51	青春文学	63	漫画	75	宗教	14
传记	362	小说	76	哲学	47	宗教	44	漫画	55
游戏	197	传记	14	国内经济	11	传记	48	传记	34

资料来源：法国出版商协会

（二）权利转让与合作出版情况

法国出版商协会的调查显示，版权转让在参与此项调查的出版社销售收入占比约为4%~6%，共同出版的销售额虽因出版成本的原因难以精确计算，但它在出版社或出版部门的总收入中或能占到30%。法国出版社以版权转让和合作出版两种方式参与国际出版交流。2019年，法国出版社签署版权转让合同13505种，合作出版合同1904种，分别比上一年减少3.6%和6.9%，这也是法国出版商年度销售额中版权收入减少近3%的直接原因。

2019年法国出版社版权转让合同的签订有两大特点。第一，翻译作品电子版权转让有所增加，占当年版权转让合同的22%；第二，法国出版社签订的版权转让合同中有约1/3涉及国际版权转让。英语、阿拉伯语因涉及国家较多，该语种出版能力强的国家和地区的出版社更愿意与法国出版社签署跨地域的国际版权合作，以此作为翻译作品获得更大销售空间的法律基础。2019年，法国共向美国合作机构输出版权382种，其中64%的英语版本合同约定可在美国以外的国家和地区发行。（见表14）

表 14 2019 年法国部分语言转让国际版权的情况

输出语种	落地国家	版权转让总量（种）	国际版权比重（%）
英语	美国	382	64
英语	英国	372	62
阿拉伯语	黎巴嫩	81	78
阿拉伯语	埃及	36	61
阿拉伯语	沙特阿拉伯	17	94

资料来源：法国出版商协会

从版权转让和合作出版的输出语种上看，汉语作为法国版权转让与合作出版最多的语种已有 10 年。但汉语地区因较为低廉的印刷成本的原因，目前仍不积极参与国际合作出版业务，这在与法国业界的交流上也十分明显。（见图 6）法国出版社合作出版的主要伙伴位于欧洲，意大利、西班牙、德国、英国和荷兰出版社与法国出版社每年合作出版的图书在 130~390 种之间。仅就图书翻译权转让而言，汉语翻译权转让虽然在近几年有所减少，但仍然是法国最大的翻译权转让语种，其他语种较难赶超。（见表 15）

单位：种

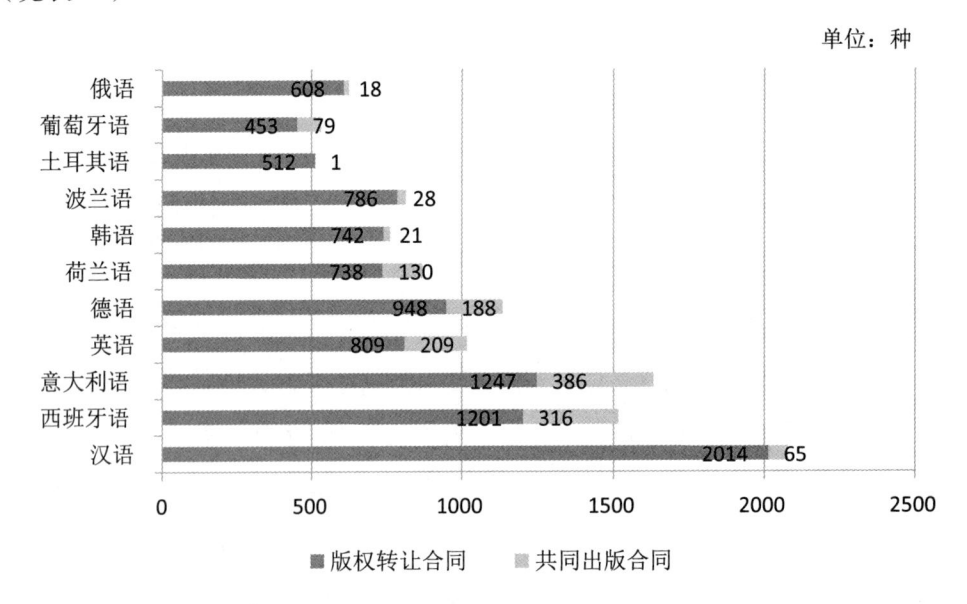

语种	版权转让合同	共同出版合同
俄语	608	18
葡萄牙语	453	79
土耳其语	512	1
波兰语	786	28
韩语	742	21
荷兰语	738	130
德语	948	188
英语	809	209
意大利语	1247	386
西班牙语	1201	316
汉语	2014	65

图 6 法国进行版权转让与合作出版的主要语种情况

资料来源：法国出版商协会

表 15　2016—2019 年法国图书翻译权转让情况

单位：种

语种	2016	2017	2018	2019
汉语	2378	2366	2337	2014
西班牙语	1184	1160	1715	1201
意大利语	1088	1136	1642	1247
德语	846	813	915	948
韩语	566	732	803	742
英语	836	713	955	809
俄语	375	481	596	608
土耳其语	586	601	621	512
葡萄牙语	313	444	601	453

资料来源：法国出版商协会

2019 年，法国出版社涉及转让版权的图书 7800 种，但考虑到语种的丰富性，版权输出数量远高于这一数字。其中，儿童与青少年读物 4253 种、连环画 3623 种、虚构作品 2074 种、非虚构作品 1959 种。非虚构作品中，社会与人文科学图书 1101 种、散文随笔 859 种。上述 5 类作品占法国全年转让图书版权的 88.3%，这样的一种版权转让格局表明法国及其法语作品在人文大众领域具有较强的市场号召力。（见图 7）

单位：%

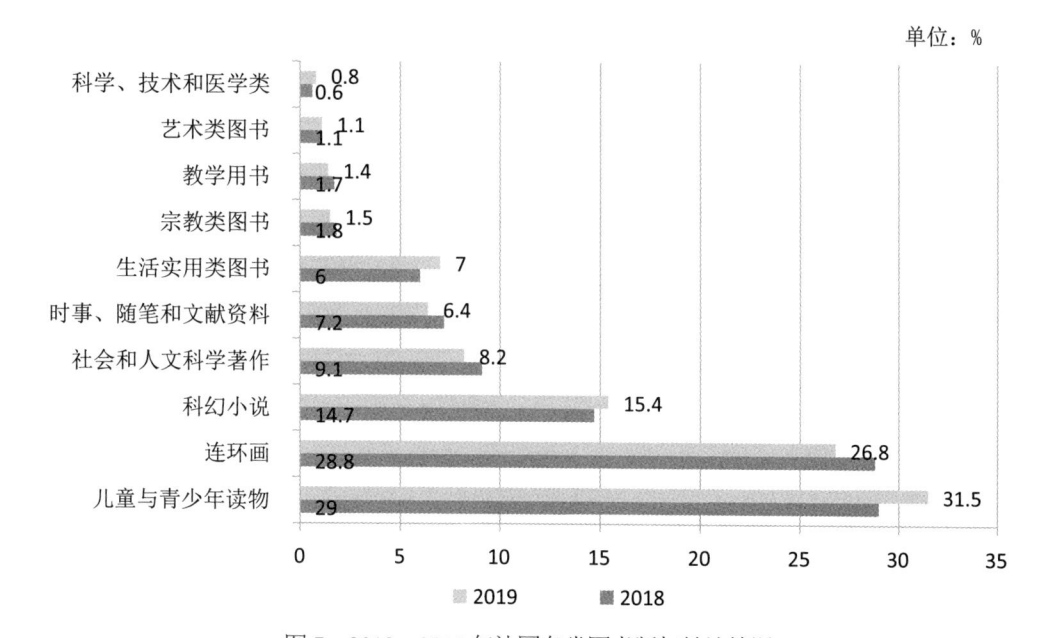

类别	2019	2018
科学、技术和医学类	0.8	0.6
艺术类图书	1.1	1.1
教学用书	1.7	1.4
宗教类图书	1.8	1.5
生活实用类图书	6	7
时事、随笔和文献资料	7.2	6.4
社会和人文科学著作	9.1	8.2
科幻小说	14.7	15.4
连环画	28.8	26.8
儿童与青少年读物	29	31.5

图 7　2018—2019 年法国各类图书版权转让情况

资料来源：法国出版商协会

六、图书细分市场情况

2019年,法国图书市场上口袋书出版发行态势喜人,只有极个别类别的口袋书出版种数和印数占比较上一年有所下滑。从内容类别上看,文学、教学用书、社会与人文科学的销售额排名靠前,都与当年的社会生活有较为密切的关系。

(一)口袋书市场情况

正如前文提到的,口袋书在法国2019年畅销书市场中仍处于领先地位,但成人口袋书畅销50强的销量较上一年减少10.3%,儿童与青少年口袋书50强的销量同比增长1.3%。事实上,2019年法国各类别口袋书整体出现出版种数、印数、销售额和销售量在本类图书中占比增长的情况,比例下降的情况较少。

与上一年相比,社会与人文科学、词典与百科全书、艺术与美文、生活实用图书等四类的出版种数、印数、销售额和销售量实现了全面增长,其中宗教玄学的口袋书销售量更是出现了翻倍增长的情况。[①] 两个与整体情况不太相同的类别是文学类和儿童与青少年读物,文学类口袋书的出版环节有一定程度的增加,而销售额和销售量都同比减少一个百分点左右;儿童与青少年读物则相反,出版社在控制出版种数和印数的同时,口袋书销售额和销售量都有不同程度的增长。(见表16)

表16 2019年法国口袋书出版销售情况

单位:%

类别	出版种数比重	印数比重	销售额比重	销售量比重
教学用书	7.8	7.3	1.7	4.8
科学技术、医药和管理	6.3	8.1	2.1	8.0
人文和社会科学	12.3	21.7	3.8	16.7
宗教玄学	8.9	10.2	13.7	119.4
词典和百科	45.4	57.1	28.2	47
文学	46.2	57.0	38.4	57.1
文献、时事与随笔	21.4	26.3	15.7	32.6
儿童与青少年读物	18.5	16.9	17.4	24.3
连环画	12.0	9.3	5.2	6.2

---

① 这意味着2019年宗教玄学口袋书的印量小于销量,不排除往年库存被销售的情况存在。

续表

类别	出版种数比重	印数比重	销售额比重	销售量比重
艺术与美文	12.3	9.4	3.7	14.4
生活实用图书	14.9	13.3	10.6	17.1

资料来源：法国出版商协会

（二）分类图书市场情况

法国文学类图书2019年销售额高达5.7亿欧元，占据21.5%的市场份额，是图书市场最热门的类别。文学作品经历了2018年的低谷时期后，在2019年表现良好，出版种数、印数都有所控制，销售额、销售册数、平均销量都较上一年有所起色，除各类文学奖项获奖作品获得普通读者关注，部分重点作品成为畅销书，获得社会效益和经济效益的双丰收之外，畅销小说的类型化也较为充分地满足了不同读者的需求。2019年，越来越多的出版社推出了"幸福小说"系列，科幻小说、侦探小说、恐怖小说都表现出较强活力。（见表17）

表17　2016—2019年法国文学图书的出版发行情况

类别	2016	2017	2018	2019
出版种数（种）	21613	23041	23745	23679
印数（万册）	12566.9	12701.5	12135.2	11768.2
平均印数（册）	5815	5512	5111	4970
销售额（万欧元）	58664.8	60223.2	56793.3	57180.5
销售册数（万册）	10764.2	11153.4	10834.3	10851.7
平均销售册数（册）	4980	4841	4563	4583

资料来源：法国出版商协会

教学用书在2019年实现从出版到销售的整体性增长，不仅销售额达到约3.87亿欧元，比上一年增长35.9%，排名从第五升至第二。这样的增长主要得益于法国高中会考改革的落地和相关用书的配套出版。此次教育改革不仅涉及普通教育、技术教育的所有分支，专业资格认证和职业会考均包含其中。为了涵盖新的专业和新设的考试用书的方方面面，出版社一年中出版了几百种全新教材，纸质和电子课本的销量由

此大增。学生与家长面对教育改革产生的焦虑情绪也使得教辅及课外用书的销量明显上涨。（见表18）

表18 2016—2019年法国教学用书的出版发行情况

类别	2016	2017	2018	2019
出版种数（种）	10 731	10 332	9 934	10 005
印数（万册）	8502.7	7678.2	6439.1	7074.7
平均印数（册）	7 923	7 431	6 482	7071
销售额（万欧元）	40372.7	37806	28526	38783.6
销售册数（万册）	6072.2	6075.7	5250.2	6091.7
平均销售册数（册）	5 659	5 880	5 285	6 088

资料来源：法国出版商协会

人文社科类图书销售额为约3.8亿欧元，与上一年相比增长了3.2%，是法国第三大图书销售类别。此类图书的销售增长主要得益于占社科类2/3的法律类图书的出版增加。2019年，法国关于住房、规划与数字化、企业成长与转型的法律修改后生效，司法改革也深入进行，这成为法律类图书修订新版的重要契机。另一方面，传统人文社科图书销量增长了16.4%，这不仅因为面对日益动荡和多元的社会现实，大众读者对图书为载体的人文社科研究与学术著作的阅读兴趣日益浓厚，还因为出版社主动将学术图书出版大众化，扩大了传统人文社科类图书的目标读者群。（见表19）

表19 2016—2019年法国社会与人文科学图书的出版发行情况

类别	2016	2017	2018	2019
出版种数（种）	17619	17117	16749	16206
印数（万册）	2006.7	1595.2	1688.7	1702.1
平均印数（册）	1139	926	1008	1188
销售额（万欧元）	37576.6	37162.8	36868.8	38052.6
销售册数（万册）	2025.2	1963.4	1822.3	1925.3
平均销售册数（册）	1147	1 147	1 088	1 050

资料来源：法国出版商协会

2019年，儿童与青少年图书的销售额超过3.5亿欧元，同比增长1%。销售量同比小幅增长0.5%，其中科幻类图书销量增长了1.6%。与2018年少儿文献类图书市场反响较好不同，2019年此类图书的销量下降2.4%，出版社对难民、生态、女性主义等社会热点问题的少儿化阐释作品并未能获得预期的市场反响。与电子游戏、社交网络、影视作品的互动已经渐渐成为少儿图书出版商站稳市场的重要手段，但这是否能与网络及其他媒体争夺到更多儿童与青少年读者，目前还不能完全看到结果。（见表20）

表20　2016—2019年儿童与青少年图书的出版发行情况

类别	2016	2017	2018	2019
出版种数（种）	16 521	16 988	18 477	18 510
印数（万册）	11138.9	10335.9	10824.4	10513.5
平均印数（册）	6 742	6 084	5 858	5680
销售额（万欧元）	36439.5	34041.8	34766.7	35127.3
销售册数（万册）	8767.5	8191.5	8469.4	8508.5
平均销售册数（册）	5 307	4 822	4 584	4 597

资料来源：法国出版商协会

生活实用类图书是2019年销售额排名第五的类别，较上一年增长0.6%，销量增长1.2%。该类图书中的细分领域在2019年的市场反应相差较大。继2018年"世界杯"效应退去，运动类图书销量在2019年下降7.3%，旅游类图书也下降1.4%。此两类图书的出版社正视这样阶段性市场需求变化的现实状况，努力在满足读者小众需求上下功夫，如提供包括绿色出游、自行车旅游、轻松游等新型旅游方式在内的越来越多样的旅游攻略。2019年，个人发展类图书以及精神生活类图书热卖，"健康、生活幸福感、日常生活、家庭生活"等细分图书类别的销量也实现增长，介绍食物营养价值、如何实现少糖烹饪等的健康类一周膳食计划、节约食物等图书也较受读者欢迎，部分多功能料理机方面的图书位列畅销榜。

连环画类图书以约3.07亿欧元的销售额位居法国图书细分市场的第六位，较上一年增长11.3%。除新一卷《高卢英雄历险记》实现150多万册的销售成果外，各连环画专业出版社对文学作品的改编以及纪录片漫画化的尝试都是当年连环画类图书市场比较活跃的原因。包含在连环画类图书之内的漫画书，最大的增长仍来自日本漫画，销量增加17.8%，这主要得益于传统系列中新作品的出版和全新系列投入市场并获得读者认可的双重作用。与日本漫画形成对比的是，美国漫画在法国市场的行情并不乐观，2019年的销售额有所下滑。（见表21）

表21　2016—2019年法国连环画的出版发行情况

类别	2016	2017	2018	2019
出版种数（种）	9895	9 606	10 245	11 568
印数（万册）	7458.6	7741.5	7845.3	9406.6
平均印数（册）	7538	8 059	7 658	8131
销售额（万欧元）	24564.1	27748.7	27621.9	30737.1
销售册数（万册）	5361.8	6108.9	6043	6817.9
平均销售册数（册）	5419	6 360	5 898	5894

资料来源：法国出版商协会

除上述6类外，文献、时事与随笔，艺术与美文，科技、医药与管理，宗教玄学，词典与百科全书，地图等类别的图书销售量在2019年均出现了不同程度的下滑。

七、国民阅读情况

法国人以持续高位的阅读率为傲，相对完备的国民阅读情况调查和阅读推广对国民整体阅读习惯的保持起到了纪实观察和长期培养的作用。

（一）国民阅读调查情况

根据法国文化部对15岁及以上法国人的调查，除专业书、为孩子读的书、漫画、连环画阅读之外，2019年至少读过1本纸质书的法国人占受访者总人数的91%，读过1~4本的有26%，5~19本的有40%，读过20本以上的"书虫"占比高达25%。从2015年[①]来，法国"书虫"的比例一直保持在25%的水平，但其他三种阅读量的读者比例都

---

① 法国文化部每两年对本国国民阅读情况开展调查。调查样本为15岁以上的法国人在过去12个月中整本阅读或分章阅读的情况，不计算电子书、专业书、为孩子读的书以及漫画、连环画阅读。

在增加，至少读 1 本纸质书的法国人占受访者总人数的比例在 5 年中增加两个百分点。

与高阅读率相伴的是纸质书与实体渠道的高购买率。2019 年至少购买了 1 本纸质新版图书的法国人占受访者总比例的 51%，至少购买了 1 本电子书的读者占比 4.5%；至少购买过 1 本书的法国人为 52%，购买 1~4 本的有 21%，购买 5~11 本的有 16%，购买 12 本及以上的法国人占受访者总比例的 12%。在所有纸质新书购买渠道中，只有 21% 的受访者通过网络购书，更多的人选择在书店、文化用品大卖场、报刊亭、读书俱乐部、学校、超市、图书沙龙等实体渠道购买，其中在实体书店和文化用品大卖场购书的受访者比例较之前均有所提高。

与这样堪称"优秀"的阅读率与购买率形成对比的，是法国青年阅读能力有下降的趋势。2019 年 9 月，超过 49.6 万名 16~25 岁的法国青年参加了每年都进行的阅读评估测试[1]，结果显示，能够同时达到复杂文段理解能力、自主阅读能力、词汇理解能力评价标准的青年比例仅占受测总数的 60.6%；有 11.8% 的法国青年存在阅读困难，主要体现为复杂文段理解能力差；不同阅读水平的青年阅读理解能力差别较大，必须采取有效措施，缩小差距。

法国青少年的这一阅读能力评估与经合组织（OECD）《PISA2018 国际学生评估》[2]结果有可印证之处。此次国际学生能力评估结果，法国学生对于阅读的兴趣持续下降[3]。在参与测试的法国学生中，43% 是被迫阅读，较上一次评估结果增长 9.1%；31% 认为阅读浪费时间，同比增长 5.8%。与此同时，出于兴趣阅读的学生占比为

---

[1] 法国将每年 11 月 11 日（即第一次世界大战法国和德国停战协定签订日）定为"国防与公民资格日"，所有 16~18 岁青少年都必须参加以准备履行国防义务为主要内容的教育活动，法国国民教育、青年和体育部每年会借此机会以测试的方式评估在校青少年的阅读能力。测试分为自主阅读能力、词汇理解能力、复杂文段理解能力等三项。

[2] 经合组织发起的国际学生能力评估计划是对全世界 15 岁学生学习水平的测试计划，每三年进行一次，测试领域包括阅读、数学、科学。经合组织会对这三大领域中的任一领域依次进行深度调查研究。阅读领域是 2018 年国际学生能力评估的重点，评估结果于 2018 年 12 月公布。对三大领域阅读能力的测试数据不仅是衡量相关国家教育体系成败的标准，在科幻、非幻、漫画、报刊等方面的阅读能力数据和青年人对待阅读的态度还将对预测整个图书行业的未来走向提供关键信息。《PISA2018 国际学生评估》项目共有 78 个国家参与，在阅读方面，对 37 个国家的学生进行评估，其中出于兴趣进行阅读的人数平均占比达到 58%。在参加调查的法国学生中，只有 54.8% 的学生是出于兴趣进行阅读，略低于此次测试的平均水平。

[3] 自对"兴趣阅读"（joy read）部分进行评估以来，大多数国家的学生兴趣阅读指数都呈不断下降趋势。在 2000 年，37 个参与阅读评估的国家中，出于兴趣阅读的人数平均占比为 69%，而在 2009 年，此项指数下降到 63.3%。在法国，2000 年和 2009 年的兴趣阅读指数分别为 70% 和 61.2%。

30.6%，同比下降0.6%；喜欢同周围人谈论读书的学生占比为35.4%，同比下降7.2%。[①]实际上，对待阅读的态度同性别有很大关系，此次数据显示，法国女生出于兴趣进行阅读的占比达到了43.6%，而男生则为27.2%。

（二）阅读推广活动开展情况

"从娃娃抓起"是法国各级各类机构参与全民阅读工作的普遍共识。面对目前青年阅读能力下降的现实情况，以教育部、文化部为重要推动力量的政府部门，开展了覆盖家庭、学校、社区，涉及家长、教师、志愿者，延续幼儿园、小学、中学教育阶段的多种类型课内外阅读活动，努力将阅读推广的触角深入学龄儿童和青少年生活的方方面面。

在校内，法国教育部的措施可谓丰富。在校期间，学生与教师每日需进行15分钟的个人阅读；设置班级图书角、学校浏览室，鼓励学生到当地图书馆和书店参观；制定学年阅读目标，一年级至初一学生每学年研读5~10部作品，其中高年级明确当代儿童文学作品和经典作品的阅读量；制定推荐阅读书目，由中小学教师、文献资料工作者、教育培训者、图书馆员、学者、督学和儿童文学专家组成的委员会分四个阶段向幼儿园到中学的学生各推荐300~400种书，充分考虑学生在课堂、家庭、个人阅读环境中的需求，充分考虑文本口头讲述、舞台剧场改编的可能性，充分考虑将法语、艺术、历史、地理等学科相关性内容纳入进来。

针对青少年的校外阅读活动也多姿多彩。巴黎图书沙龙支持中小学以团体的形式免费参观，目的是以类似项目式学习的方式帮助青少年发现法国当代作家与文学趋势，重新发现伟大的文学经典，探索世界上众多国家的文学财富，与出版专业人士进行交流。2019年的巴黎图书沙龙吸引了700多个中小学团体约2.1万名中小学生现场参观，占当年总观众数的1/8强。"假期一本书"活动（Un livre pour les vacances）着重关注小升初的毕业班学生，通过安排假期阅读促进中小衔接顺利完成。"阅读小冠军"活动（Les petits champions de la lecture）是鼓励小学毕业年级的学生参与阅读的朗读比赛，参赛选手可选择朗读戏剧和诗歌之外的任何已出版儿童读物内容，通过初赛和复赛的选手有资格免费参加巴黎图书沙龙期间举行的决赛。

"读与促读"活动（Lire et faire lire）是此类活动中较为特别的一个，灵感来自

---

① 法国学生对于阅读的态度同世界上其他国家的学生对待阅读的态度具有相似性：31个国家的青年人对阅读的兴趣都在减弱，保持平稳的国家主要包括哥伦比亚\爱沙尼亚，呈略微上升趋势的国家有奥地利、韩国、墨西哥、斯洛伐克。

1985年以来布列斯特退休协会成员走进当地一所小学,帮助管理学校图书馆的项目。目前"读与促读"活动由法兰西学院、教育部和文化部共同发起,法国市镇联合协会、全国家庭协会联盟、教育联盟等积极支持。50岁以上的志愿者经过注册、培训后,应当地教师或负责人的要求,结合学校项目和教学实况,以2~6名小学生为1个小组开展贯穿全学年的阅读活动,鼓励孩子阅读,激发他们的阅读兴趣。(见图8)此项活动2019年在4273个法国市镇开展,有20652名志愿者参加,得到171位作家和198个政府机构志愿者的支持,贫困山区儿童与作家的交流活动达10次,作家与该活动重点关注地区儿童的见面会达710次,惠及学龄儿童76.4万人。出版界在这项活动中也起到了积极作用,法国国家图书中心为编写志愿者培训教材提供支持;法国国家图书馆国家青年文学中心组织专家为活动挑选图书,为志愿者提供培训;法国作家权益协会(SOFIA)支持作家与农村地区儿童见面活动;蒂迪耶青少年出版社(Didier Jeunesse)允许活动免费使用部分插图;文化用品大卖场福纳克(FNAC)在法国各区门店举办"读与促读"读书会;《读书》杂志(*Lire*)在2019年9~12月,从1400家出版之家(Maison de la Presse)和刊报连锁(Mag Presse)门店销售的每一本《阅读》杂志特刊中捐赠2欧元给该活动,不一而足。

图8 "读与促读"活动——老人与儿童共读作品

图片来源:"读与促读"官方网站

八、相关企业情况

2019年是法国出版机构和书店资本运作较为活跃的一年。各机构力图通过强强联合加强在业内的竞争力，或通过控股某领域重要企业来快速实现自己的战略布局。

（一）出版企业情况

根据《法国图书周刊》第24次法国出版社200强排名[①]，87家集团或独立出版机构的178个出版社在2019年的营业额超过90万欧元。178个出版社在法国本土与国际上共实现营业收入近63亿欧元，较上一年大幅增长5.4%，为10年间增长最快的一年。法国图书业在2019年实现出版品种和出版社营业额双增长，这在该榜单前100强中表现得尤为明显。

上述数据与2016年相比有三个变化：第一，上榜集团和独立出版机构数量减少，从2016年的111家减少到2019年的87家。第二，全部上榜出版社在法国本土与国际上实现的销售额呈现整体上涨态势，从2016年的59.5亿欧元增长到2019年的近63亿欧元。第三，年营业额超过100万欧元的出版社逐步减少，从2016年的196家减少到2019年的172家。以上情况或可说明两方面的问题：首先，保持年营业额100万欧元对于出版社来说变得日趋困难；其次，从营业额上看，法国图书业的集中程度正在持续发展。

法国图书业的集中程度呈现一个较为复杂的状况。一方面，法国10大出版集团营业额总和占200强的比重在近年呈现抛物线的变化，2016年和2019年分别占86.9%和87.3%，而2017年和2018年几乎都在89%的较高位上。另一方面，近年法国较大图书出版集团合并重组较为频繁，这也就意味着目前排名前10的出版集团的市场占比，是由较原来更多的出版社的营业额支撑的。

2019年，法国前10家出版集团营业额超过54亿欧元，比上一年增加1亿欧元，占当年法国出版社200强总营业额的85.7%。阿歇特出版集团营业额在2019年为23.84亿欧元，增长5.9%，相当于排名第二至第五位的4家集团营业额的总和。该集团是名副其实的跨国出版集团，在法国本土营业额达8.3亿欧元，占集团营业总额35%；26%在美国和加拿大，20%在英国，只有9%从其他市场获得。（见表22）

[①] 该排名的调查对象为在法国注册并经营的图书出版机构，含国外出版集团在法的公司。排名依据的数据来自《法国图书周刊》所做调查问卷，并重点参考法律数据库、集团年度报告、商业法庭诉讼档案和可获得的公开财务数据。

表 22　2017—2019 年法国前 10 家出版集团经营情况

年度排名	集团名称	年营业收入（亿欧元）[①] 2019	2018	2017	营业额变化 2019/2018（%）	2019 年员工数量（名）
1	阿歇特出版集团（Hachette Livre）	23.84	22.52	22.89	5.9	7723
2	埃蒂迪出版集团（Editis）	7.33	7.5	7.59	6.3	2558
3	玛德里高集团（Madrigall）	5.71	5.74	4.32	−0.5	—
4	媒体参与集团（Média Participations）	5.55	5.48	3.45	1.3	1644
5	萨吕特集团（Lefebvre Sarrut）	5.23	5.08	4.5	3.0	2648
6	阿尔班·米歇尔集团（Albin Michel）	2.25	2.01	1.92	12.1	730
7	律商联讯出版社（Lexis Nexis）	1.37	—	—	2.6	500
8	法国娱乐集团（France Loisir）	1.31	—	—	−2.7	1 000
9	南方文献出版社（Actes Sud）	0.73	—	—	−2.5	300
10	帕尼尼集团（Panini France）	0.70	—	—	−13.5	36

资料来源：《法国图书周刊》总第 1268 期

2019 年是法国重要出版集团并购活动频繁的一年，各集团都在努力布局自身的战略领域。阿歇特出版集团收购年营业额超过 1500 万欧元的游戏公司吉卡米克公司（Gigamic），希望通过这家每年有 15 款新游戏生产能力的公司将自身的游戏开发从家庭游戏产品扩大到手机游戏产品，为集团出版产品的游戏开发与出版积攒力量。埃蒂迪出版集团不仅收购了出版社 200 强榜单中并列排名第 35 位的群岛出版社（L'Archipel），将 2500 余种图书和年 640 多万欧元的营业额纳入集团名下，还将已有 10 年出版经验的教育创新类图书出版社活跃学校（Ecole Vivante）吸纳进自己的"教育与参考书"分部，以快速增强集团为教师群体服务的能力。阿尔班·米歇尔集团将持有的儒旺斯

[①] 此表为各集团 2019 年销售额排名，部分集团或在此之前未提供当年数据，或未进入当年 10 强排名，故部分数据缺失。

出版社（Editions Jouvence）的股份比例从 2015 年的 30% 增加到 80%，实现对这家出版社 200 强排名第 51 位的出版社的绝对控股。出版社 200 强排名第 13 位的德尔古特集团（Groupe Delcourt）通过收购以出版叙事性非虚构文学作品闻名的玛什亚利出版社（Marchialy）来提升本集团在大众文学方面的出版能力。法国最大的儿童与青少年读物独立出版社开心学校出版社（L'école des loisirs）在万花筒出版社（les éditions Kaléidoscope）创始人退休之际将其收购，并将继续此品牌的出版计划。

除头部大型企业外，排名 200 强之内的大部分大中型出版社在当年没有爆款畅销书出现的情况下，其营业额的变化一般都会保持在合理的范围内。这也就意味着，拥有系列性畅销书的出版社往往会在系列图书出版的当年成为年度营业收入增幅较大的机构。以《高卢英雄历险记》为头部产品的阿尔贝－勒内出版社（Albert-René）为例，2019 年该系列新出版的第 38 卷将此出版社的年营业额从 2018 年的 200.8 万欧元拉高到 1440.2 万欧元，增长幅度高达 617.2%；出版若埃尔·迪克（Joel Dicker）作品的法鲁瓦出版社（Fallois）因 2019 年没有该作家的作品问世，从 2018 年营业额增长量位列第一变为 2019 年营业额下降最多的出版社，两年营业额差距超过 800 万欧元。也正是因为畅销书明显作用，《法国图书周刊》监测到的年度营业额增幅与降幅最大的各 20 家出版社中，只有 1 家连续两年在降幅最大的出版社列表中，2 家连续两年在增幅最大的出版社列表中。

（二）零售企业情况

2019 年的法国图书零售企业也同样经历了多个大型连锁机构的合并。上半年，北方白鼬书店（Furet du Nord）收购德希特书店（Decitre）及德希特网络书店（Decitre Interactive），将实体店扩大到 31 家，年营业额约在 1.5 亿欧元。此项收购是以良好的合作为基础的。两家书店早在 7 年前就已开始线上合作，北方白鼬书店借助德希特旗下电子书销售平台"茶"（The Ebook Alternative，简称 TEA）销售电子书，并在德希特书店开发的图书馆检索工具协助下管理书店。这也表明此次收购将有利于北方白鼬书店提升自己的线上销售能力。下半年，福纳克收购专业图书连锁机构自然与发现书店（Nature & Découvertes）的请求获得法国竞争管理局批准，使福纳克在原本文化用品大卖场的定位之外开辟了专业书店的渠道。

根据《法国图书周刊》法国书店400强榜单公布的数据[1]，2019年营业额超过30万欧元的书店有375家[2]。与上一年相比，图书零售渠道前10名和书店前10名都没有重大变化，无论是机构合并还是教育改革，都只是稍稍改变了渠道和书店的排名顺序。

福纳克当之无愧仍是法国最大的图书零售渠道，仅法国和瑞士的实体店和网络书店的图书年营业额就超过6.7亿欧元。亿乐客连锁店在与文化广场竞争的过程中渐渐赶超了对手，稳居第二位。尽管阿克提西亚的营业额出现下降，其排名却稳定在第4位。排名变化较为显著的是吉贝尔·约瑟夫排名的下滑和索航（Sauramps）的崛起。吉贝尔书店由第5位下降到第7位，次于原本与自己体量差别较大的白鼬–德希特和优系统。索航被房地产公司收购两年后重振旗鼓，位于零售渠道的第11位。（见表23）

表23　2019年法国图书零售渠道排名情况

单位：个、万欧元

排名	集团名称	销售点数量	图书营业额 2019	图书营业额 2018	总营业额 2019	总营业额 2018
1	福纳克（Fnac/Darty）[3]	215	67400	53800*	734900	747470
2	亿乐客（Leclerc）	—	38200	37300	3885000	3775000
2	其中：文化空间（Espaces culturels）	220	26600	25500	57000	57600
3	文化广场（Cultura）	92	—	29500*	—	72000*
4	阿克提西亚（Actissia）[4]	140	13060	13430	13060	13430
5	白鼬–德希特（Furet-Decitre）[5]	31	10300	5100	14120	6000
6	优系统（Sysème U）	850	—	9200	2053000	1995000
7	吉贝尔·约瑟夫（Gibert Josophe）	31	7600	9770	10500	13130
7	其中：吉贝尔青年（Gibert Jeune）	2	1480	1560	1670	1790

[1] 《法国图书周刊》向1000家书店发放调查问卷，依照每家书店销售图书所得的税外营业额排名，该营业额不含文具、CD等文化用品。部分书店数据来自商业法庭档案馆。
[2] 因北方白鼬书店收购德希特书店，此次法国书店400强未能获得两家连锁书店每家分店的2019年经营数据。
[3] 仅法国和瑞士的实体店和网络书店。
[4] 法国娱乐为旗下品牌。
[5] 在比利时拥有两家分店。

续表

排名	集团名称	销售点数量	图书营业额 2019	图书营业额 2018	总营业额 2019	总营业额 2018
8	出版之家（Maison de la presse）	569	7330	7420	—	—
9	接力法国（Relay France）[1]	388	4200	4200	—	89000
10	玛德里高（Madrigall）[2]	7	3580	3480	3890	3770

* 为估算值

资料来源：《法国图书周刊》总第1270期

位列前10的书店变化也不大，只有索航蒙彼利埃喜剧院店和EMLS马赛店因专营教学用书而排名上升。吉贝尔·约瑟夫巴黎书店和莫拉波尔多书店虽然2019年的图书及总营业额均有所下滑，但仍稳居前两位，比排在第三位的EMLS马赛店高出许多。2019年的教学改革主要涉及高中阶段，所以经营高中教材的索航蒙彼利埃喜剧院店和EMLS马赛店年销售成绩较2018年有了较大增长，而经营初中教学用书的Cufay和L'Appel书店年销售变化不大。同时，由于地区差异而导致的教材销售业绩差距也较为明显。新阿基坦大区的书页与毛笔书店（Page et plume）和科斯摩书店（Cosmopolite）也因为销售高中教材位列书店400强的第13位和第15位，奥克西塔尼亚大区或罗纳-阿尔卑斯大区只有赢得政府招标的书店才能在2019年增收几十万欧元，还有为数不多的几家书店在上门推销之后同私立高中签订售书协议而取得了不错的收益。（见表24）

表24 2019年法国图书销售前10位书店情况

单位：万欧元

排名	书店名称	城市	图书营业额 2019	图书营业额 2018	总营业额 2019	总营业额 2018
1	Gibert Joseph	巴黎	3213.5	3298.4	4637.4	4814.4
2	Mollat	波尔多	2340	2409.7	2395.9	2470
3	EMLS	马赛	1648	670	1680.1	—
4	Sauramps Comédie	蒙彼利埃	1587.2	1073.2	1672.1	1139.9

---

[1] 仅指图书销售点。
[2] 伽利玛和弗拉马里翁拥有书店的总营业额。

续表

排名	书店名称	城市	图书营业额		总营业额	
			2019	2018	2019	2018
5	Gibert Jeune rive gauche	巴黎	1286.0	1363.9	1413.5	1532
6	Cufay	阿布维尔	1220.0	1270	1400	1460
7	L'Appel du livre	巴黎	1192.7	1193.3	1192.7	1193.3
8	Kleber	斯特拉斯堡	1104.5	1083.2	1104.5	1083.2
9	Ombres Blanches	图卢兹	1001.2	973.9	1011.4	982.6
10	Le Grand Cercle 95	塞尔吉-蓬图瓦兹	808.9	772.4	1848.8	1769.3

资料来源：《法国图书周刊》总第 1270 期

九、报刊业发展概况

根据法国新闻媒体数字联盟（ACPM）公布的数据，2019 年法国大众与专业报刊共 591 种，与 2018 年相比减少 25 种，降幅为 4.1%，与 2016 年相比减少 71 种。所有报刊中，杂志种数最多，占报刊总种数比重接近 40%，其次为地区日报和全国性日报，两类的种数合计超过 50%，专业报刊占比不到 1%。（见图 9）

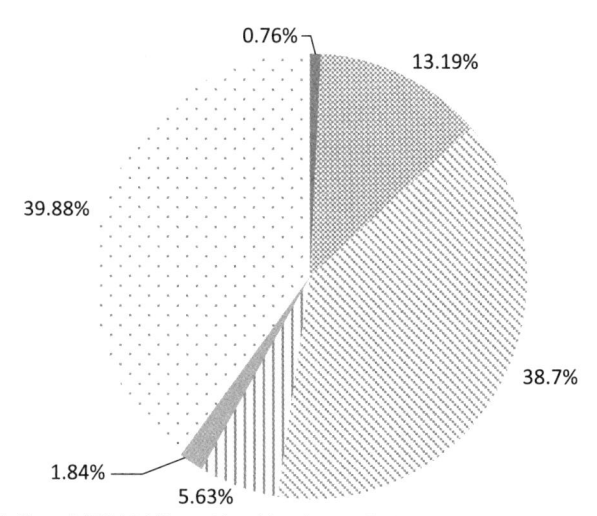

图 9 法国主要报刊种数占比情况

资料来源：法国新闻媒体数字联盟

法国报刊发行的 97% 以上是在国内实现的。2019 年，法国报刊境内外发行量达到 31.35 亿份，比 2018 年减少 0.85 亿份。其中，境内付费发行量从 2018 年的 31.3 亿份减少到 2019 年的 29.7 亿份；境外付费发行量在 2018 年跌至 1 亿份以下，2019 年持续下跌，不到 8000 万份。（见表 25）

表 25 2019 年法国报刊发行量统计情况

单位：亿份

类别	法国	境外	合计
付费发行	29.74	0.79	30.53
免费发行	0.76	0.05	0.81
发行合计	30.5	0.85	31.35

资料来源：法国新闻媒体数字联盟

从目标受众看，法国报刊可分为大众报刊与专业报刊。2019 年法国大众报刊共出版 515 种，相比 2018 年下降了 3.6%。本年内，大众报刊在法国本土发行 30.2 亿份，在境外发行 8456 万份，分别比上一年下降 2.6% 和 4.6%。从发行渠道上看，法国大众报刊的付费发行更依赖个人购买和上门销售两种方式，团体订阅的比例微乎其微。值得注意的是，大众报刊的数字版本销售占比越来越大，2019 年已约占所有销售方式的 14%。于此同时，上门销售在 2019 年的效果并不明显，个人购买占比较上一年下降约 2%。（见图 10）

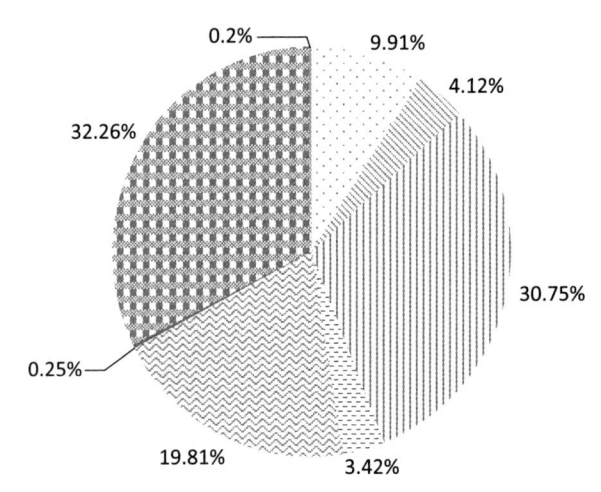

图 10 2019 年法国大众报刊发行方式占比情况

资料来源：法国新闻媒体数字联盟

法国前10位的全国性日报单期发行量差别较大。地区性日报《西部法兰西报》是2019年发行量最大的日报，单期发行量要远远超过《费加罗报》和《世界报》，约是排名第10位的《进步报》的4.0倍。（见表26）

表26　2019年法国日报付费发行前10名情况

单位：份

排名	报纸名称	单期发行量	创办时间	所属集团
1	西部法兰西报（L'Ouest-France）	634968	1944年	西部法兰西公司（Société Ouest France）
2	费加罗报（Le Figaro）	325938	1826年	索克报业集团（Socpresse）
3	世界报（Le Monde）	323565	1944年	世界报集团（Groupe Le Monde）
4	队报（L'Equipe）	233791	1946年	阿莫里报团（Groupe Amaury）
5	西南报（Sud-Ouest）	218451	1944年	西南报集团 Groupe Sud Ouest（GSO）
6	北方之声报（La Voix du Nord）	191098	1941年	罗塞尔之声集团（Rossel La Voix）
7	电讯报（Le Télégramme）	184601	1944年	电讯报集团（Groupe Télégramme）
8	巴黎人报（Le Parisien）	184555	1944年	路易·威登集团（LVMH）
9	自由多菲内报（Le Dauphiné Libéré）	180959	1945年	EBRA集团（Groupe EBRA）
10	进步报（Le Progrès）	159150	1859年	EBRA集团

资料来源：单期发行量数据来自法国新闻媒体数字联盟

法国付费发行排名前10位的杂志与2016年并无变化，仅仅是因单期发行量不同而有先后顺序的差异。《我们的时光》作为中老年杂志，从2016年以76.4万份排名第8位上升到2019年的第5位，是4年中单期发行量下降最少的杂志，《家居档案》以单期发行量减少4万份紧随其后。值得注意的是，《家庭与教育》是付费发行量前10位的杂志中唯一发行量增长的，单期发行量从2016年的87.6万册增加到2019年的92.7万册，增幅为5.8%。（见表27）

表27 2019年法国杂志付费发行前10名情况

单位：份

排名	杂志名称	单期发行量	创办时间	所属集团
1	七日电视节目 （Télé 7 Jours）	983890	1944年	法国斯密集团 （CMI France）
2	家居档案 （Dossier familial）	932276	—	联合传媒集团 （Uni-médias Groupe）
3	家庭与教育 （Famille et Education）	926982	—	法国自由教育学生家长协会 （L'APEL）
4	Z电视节目 （Télé Z）	889266	1982年	2000杂志报刊出版集团 （Éditions Presse Magazine 2000）
5	我们的时光 （Notre Temps）	725404	1968年	巴亚尔出版集团 （Groupe Bayard）
6	电视明星 （Télé star）	692004	1976年	蒙达多利法国出版集团 （Mondadori France）
7	电视频道 （TV Grandes Chaînes）	658242	2004年	巴斯曼传媒
8	两周电视节目 （Télé 2 semaines）	652182	2004年	巴斯曼传媒
9	娱乐电视 （Télé Loisirs）	590743	1986年	巴斯曼传媒
10	充实生活 （Pleine vie）	533243	1981年	蒙达多利法国出版集团

资料来源：单期发行量数据来自法国新闻媒体数字联盟

从主要的报业集团看，优质内容的生产与数字化传播的尝试是集团稳步发展的重要战略。世界报集团在2019年将营业额稳定在3亿欧元就得益于其下属《世界报》《国际邮报》（Courrier international）、《生活杂志》（La Vie）、《电讯报》《外交世界报》（Le Monde Diplomatique）等报刊群的纯数字用户达到22万，比上一年大幅增长29%。数字内容收益增加使得集团来自读者的收入占据了营业额的比重达到69%，《世界报》收入的27%也来自数字化方面，而这一比例在5年前仅为15%。数字内容用户在平台上的自动购买为集团的广告收益和广告客户的稳定也起到重要作用，2019年世界报集团的1606家广告商中有60%是上一年的老客户。《费加罗报》及下辖的报刊群成功实现了数字化转型。2019年，《费加罗报》推出新版手机网站Figaro.fr，应用程序费加罗付费（Figaro Premium）的用户突破了10万大关，用户人数在一年内增长了30%，为随后增加独家新闻通讯内容，开展读者俱乐部及其他活动奠定了传播基础。西部法兰西公司收购卢瓦尔河地区和布列塔尼地区的处理经济信息的API公司，为其西部地区及全国读者提供更多西部资讯。罗塞尔之声集团接手上诺曼底地区首屈一指的《巴黎诺曼底日报》，覆盖鲁昂、勒阿弗尔、埃夫勒等地。罗塞尔集团收购了影视领域专业期刊《电影电视》（*Ciné Télé Revue*），该刊自 1944 年成立以来一直是法语影视内容传播的领导者，单期发行量达 16 万册。

按照法国新闻媒体数字联盟的统计，法国读者主要通过固定网站、移动网站、AMP 网站[①]、移动应用程序、平板应用程序等对内容进行多渠道多方式的传播。2019 年，上述方式的网站访问量超过 606.6 亿人次，网页浏览量 2918.2 亿人次。移动网站的访问量已经大大超过固定网站的访问量，但移动网站的网页浏览量与固定网页浏览量仍有一定的差距。（见表 28）从内容上看，读者主要浏览的是综合新闻、体育内容、广播或电视内容，这三类的浏览比例占读者全部浏览内容的 60.8%、11.2% 和 10.2%。（见表 28）

表 28　2019 年网站及应用软件浏览情况

单位：亿人次

类别	网站访问量	网页浏览量
固定网站	77.31	308.15
移动网站	143.29	298.45
AMP 网站	41.23	52.02
移动应用程序	338.48	2213.86
平板应用程序	6.35	45.68
总计	606.65	2918.17

资料来源：法国新闻媒体数字联盟

与 2018 年相比，2019 年除队报网站（L'Equipe）浏览量下降外，其他各大报刊网站的浏览量均实现了上涨，其中增速最明显的是法国信息网（Franceinfo），浏览量增值达 4.76 亿人次。另外，值得注意的是，足球网（Footmercato）退出了前十大主要大众数字媒体，取而代之的是真实女性网站（Femme Actuelle）。（见图 11）

[①] 加速移动页面（Accelerated Mobile Pages）的简称，该技术由谷歌开发，可极大提升网页的加载速度。

单位：亿人次

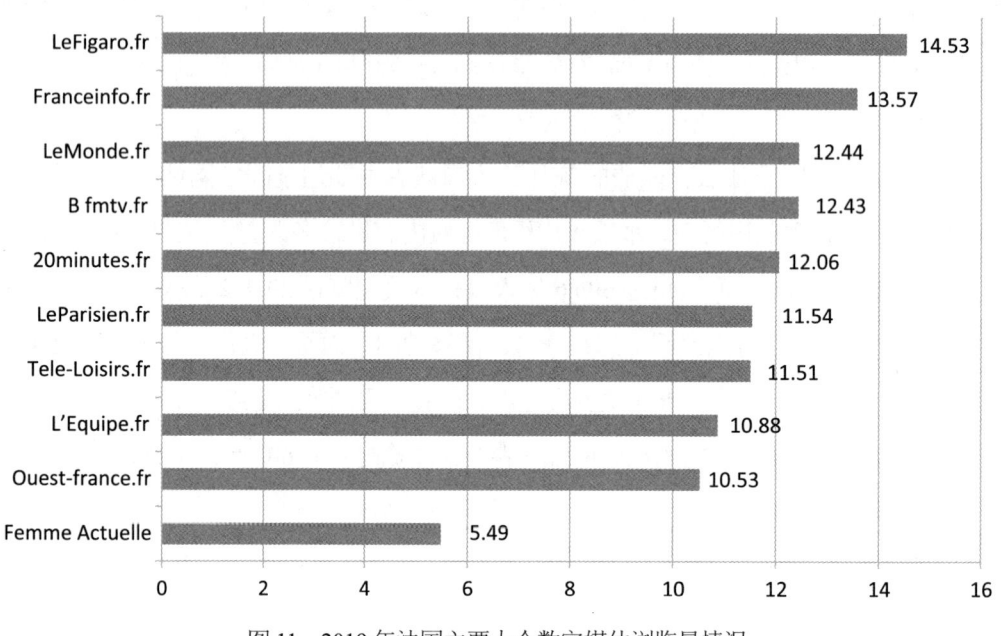

媒体	浏览量
LeFigaro.fr	14.53
Franceinfo.fr	13.57
LeMonde.fr	12.44
B fmtv.fr	12.43
20minutes.fr	12.06
LeParisien.fr	11.54
Tele-Loisirs.fr	11.51
L'Equipe.fr	10.88
Ouest-france.fr	10.53
Femme Actuelle	5.49

图 11　2019 年法国主要大众数字媒体浏览量情况

资料来源：法国新闻媒体数字联盟

参考文献

1. 法国出版商协会 2018—2020 年《法国出版业国内及国际数据年度报告》（*Repères Statistiques France et International, 17/18. 18/19. 19/20*）.

2.《法国图书周刊》. 2019. 2020.

3. 法国文化部 .www.culture.gouv.fr.

4. 法国国家图书中心 .www.centrenationaldulivre.fr.

5. 法国国家统计局 .www.insee.fr.

6. 法国新闻媒体数字联盟 .www.acmp.fr.

（作者单位：中国新闻出版研究院、北京语言大学）

2019年德国出版业发展报告

顾 牧

2019年，在全球贸易局势紧张、需求全面放缓的背景下，加上英国脱欧、汽车业深度转型等因素影响，作为德国支柱产业的机械制造业面临发展困境，外贸进出口增速显著放缓。德国经济增长动力在这一年主要来自国内，全年国内个人消费支出增长1.6%，政府支出增长2.5%，这两项都超过了2017年和2018年的统计数据。德国居民的平均购买力（指人均可支配纯收入，其中包括退休金、失业救济金和儿童金等由国家提供的福利）在2019年达到24199欧元，比2018年增加675欧元。德国东西部地区的差距进一步缩小。在这样的经济形势下，2019年的德国图书市场创造出了不错的业绩，全年营业额达到92.91亿欧元，同比涨幅1.7%。2014—2018年，德国图书市场零售商营业额分别为93.22亿欧元、91.88亿欧元、92.76亿欧元、91.31亿欧元和91.34亿欧元。

一、图书出版情况

为更好地整合市场力量，提高平均印数，2019年，德国出版企业继续奉行少而精的大原则，新版图书（含初版和再版图书）的数量进一步减少，仅为78746种，比2018年减少1170种，降幅1.5%（2018年降幅3.3%），如果与2010年相比，则已减少了近17100种。在这些新版图书中，真正首次与读者见面的初版新书为70395种，比2018年减少1153种，降幅1.6%（2018年：-1.3%，2017年：-0.4%，2016年：-4.9%）。与2010年的高点相比，2019年的初版新书数量减少了近14000种。（见表1）初版图书在新版图书中的占比为89.4%，此项数据与2018年相比基本持平（2018年：

89.5%，2017 年：87.7%，2016 年：85.2%，2015 年：85.5%）。在 20 世纪 90 年代中期，这个比例还维持在 70% 左右，在过去三年中，初版图书的市场比重呈现出明显的增加趋势，这就意味着图书的生命周期正在大幅缩短。

表 1 2010—2019 年图书出版情况

单位：种

年份	新版图书（含初版和再版）[①]	初版新书
2010	95838	84351
2011	96273	82048
2012	91100	79860
2013	93600	81919
2014	87134	73863
2015	89506	76547
2016	85486	72820
2017	82636	72499
2018	79916	71548
2019	78746	70395

资料来源：《图书与图书贸易数据 2020 版》（Buch und Buchhandel in Zahlen 2020）

从德国国家图书目录（Deutsche Nationalbibliografie）中能够看出，不同种类的新版图书数字虽各有升降，但在推出新书方面都表现得越来越谨慎。不过需要注意的一点是，由于大部分新版的电子书以及按需印刷的图书并没有被统计在其中，因此，这些数据只能够部分地呈现 2019 年德国图书出版的情况。近年来，随着自助出版形式的发展以及出版企业数字化转型的深入，数字化产品已经越来越成为图书市场的重要组成部分，各出版企业纸质新书数量不断减少与企业营销策略的改变直接相关。目前已经有多家大型出版企业宣布要减少新书的数量，例如兰登书屋（Random House）就希望通过减少初版图书的总数，集中力量为读者提供更高质量的图书。

各类初版图书中，在 2019 年呈现出下降趋势的有"自然科学、数学"类，降幅 5.9%，"技术、医药、应用科学"类降幅 0.9%。德国书商和出版商协会（Börsenverein

---

① 大部分电子书及按需印刷的图书未被统计在内。

des Deutschen Buchhandels）分析认为专业类和学术类初版图书减少与出版形式向数字媒体的转变有关。下降趋势比较明显的图书类别还有"语言"（2019年降幅11.5%，2018年降幅8.0%）、"宗教"（2019年降幅6.5%，2018年降幅5.8%）以及"哲学、心理学"（2019年降幅6.6%，2018年降幅5.4%）。

初版的社科类图书在2018年曾创下4.2%的涨幅，2019年虽然增长速度放缓，但涨幅依然达到1.9%。同样呈现上涨势头的还有"历史、地理"类图书，2019年，此类图书初版品种达到7080种，同比增加1.8%（2018年6956种，涨幅2.9%）。（见表2）引进版新书共计9802种，占新书品种的13.9%，种数和比例与去年基本持平。主要引进语种依然为英语，但数量少于2018年，共计6013种（2018年：6187种），其次为法语（2019年：1047种，2018年：1008种）。从2009年开始，日语就始终占据德国图书市场第三大引进语种的位置，2019年的初版翻译图书中，从日语翻译而来的图书达到1017种，比2018年增加了近120种，其中绝大多数为漫画类，尤其受欢迎的是日本的漫画（Manga）。

在各类初版图书中，数量分别排在第一位和第二位的纯文学类图书及德语文学涨幅明显。2019年，新出版的纯文学类图书共计14460种，比2018年增加560余种，在初版图书中的占比也增加至20.5%（2018年占比19.4%，2017年占比19.7%，2014年占比19.1%）。德语文学新出版图书共计11328种，比2018年增加720余种，占比达到16.1%（2018年占比14.8%，2017年占比14.9%，2014年占比14.2%）。数量排在第三位的依然是儿童和青少年图书，这类图书的市场份额在2015年曾达到11.5%的高点，随后便逐年回落（2016年下降1.3%，2017年下降2.3%）。2018年，初版的儿童和青少年图书曾小幅回升，增幅0.6%，2019年又重新开始回落，下降幅度达到9.5%，数量比2018年减少了近840种，其在初版图书中的整体占比也下降到5年来的最低点，仅11.3%（2018年：12.3%，2017年：12.1%，2016年：12.3%，2015年：11.9%）。排在第四位的是教材类图书。这类图书由于受教育政策的影响较大，因此经常呈现出较大的摆幅。2019年，出版教材共4435种，比2018年减少了400余种，降幅8.3%（从2017年到2018年降幅11.9%，从2016年到2017年增幅10.6%）。（见表2）

表2 2018—2019年各类图书出版种数统计情况[①]

图书种类	2018年初版（种）	占比（%）	2019年初版（种）	占比（%）
综合类/计算机/信息科学	1500	2.1	1603	2.3
综合类/科学	252	0.4	265	0.4
计算机	650	0.9	695	1.0
图书目录	54	0.1	49	0.1
图书馆学/信息科学	113	0.2	92	0.1
百科辞典	8	0.0	5	0.0
期刊/集刊	72	0.1	62	0.1
组织机构/博物馆学	144	0.2	162	0.2
新闻媒体/新闻学/出版学	182	0.3	222	0.3
综合类集刊	23	0.0	45	0.1
抄本/珍稀图书	72	0.1	58	0.1
哲学/心理学	4620	6.5	4315	6.1
哲学	1929	2.7	1691	2.4
超心理学/神秘主义	442	0.6	321	0.5
心理学	2418	3.4	2445	3.5
宗教	4769	6.7	4461	6.3
宗教/宗教哲学	536	0.7	465	0.7
圣经	628	0.9	590	0.8
神学/基督教	3362	4.7	3149	4.5
其他宗教	775	1.1	674	1.0
社会科学	12734	17.8	12970	18.4
社会科学/社会学/人类学	2505	3.5	2692	3.8
综合统计	3	0.0	8	0.0
政治	1391	1.9	1742	2.5
经济	1990	2.8	1948	2.8
自然资源/能源和环境	442	0.6	440	0.6
法律	2831	4.0	2700	3.8
行政管理	190	0.3	185	0.3
军事	199	0.3	168	0.2

① 此表分类依据杜威十进制图书分类法。

续表

图书种类	2018年初版（种）	占比（%）	2019年初版（种）	占比（%）
社会问题/社会服务/保险	1789	2.5	1847	2.6
教育	2361	3.3	2590	3.7
贸易/交流/交通	655	0.9	605	0.9
风俗/礼仪/民俗	381	0.5	326	0.5
语言	1912	2.7	1692	2.4
语言/语言学	324	0.5	310	0.4
英语	237	0.3	218	0.3
德语	759	1.1	581	0.8
其他日耳曼语族	42	0.1	26	0.0
法语/罗曼语族	127	0.2	105	0.1
意大利语/罗马尼亚语/瑞托罗马语	68	0.1	58	0.1
西班牙语/葡萄牙语	120	0.2	132	0.2
拉丁语	31	0.0	24	0.0
希腊语	25	0.0	38	0.1
其他语种	184	0.3	218	0.3
斯拉夫语族	89	0.1	72	0.1
自然科学/数学	1718	2.4	1616	2.3
自然科学	147	0.2	131	0.2
数学	348	0.5	297	0.4
天文学/制图	103	0.1	92	0.1
物理	234	0.3	231	0.3
化学	225	0.3	238	0.3
地球科学	113	0.2	125	0.2
古生物学	17	0.0	9	0.0
生命科学/生物学	243	0.3	253	0.4
植物（植物学）	123	0.2	109	0.2
动物（动物学）	269	0.4	241	0.3
技术/医药/应用科学	12127	16.9	12021	17.1
技术	80	0.1	80	0.1
医药/保健	4034	5.6	3767	5.4
工程学/机械制造	1545	2.2	1683	2.4

续表

图书种类	2018 年初版（种）	占比（%）	2019 年初版（种）	占比（%）
电气技术 / 电子	532	0.7	890	1.3
土木工程和环境技术	381	0.5	495	0.7
农业 / 兽医学	871	1.2	707	1.0
家政服务 / 家庭生活	2076	2.9	1973	2.8
管理	2668	3.7	2343	3.3
应用化学技术	407	0.6	564	0.8
工业和手工制造	480	0.7	647	0.9
房屋建筑 / 建筑工艺	262	0.4	373	0.5
艺术 / 休闲	9700	13.6	9773	13.9
艺术 / 美术	1193	1.7	1192	1.7
环境美化 / 空间设计	234	0.3	157	0.2
建筑设计	1016	1.4	960	1.4
雕塑 / 钱币学 / 陶塑 / 金属艺术	243	0.3	315	0.4
版画艺术 / 应用艺术	935	1.3	995	1.4
动漫 / 卡通 / 漫画	2069	2.9	2365	3.4
绘画	649	0.9	638	0.9
版画 / 印刷	118	0.2	94	0.1
摄影 / 摄像 / 电脑艺术	736	1.0	784	1.1
音乐	762	1.1	669	1.0
声乐	0	0.0	3	0.0
业余生活 / 表演艺术	30	0.0	14	0.0
公开表演 / 电影 / 广播	440	0.6	452	0.6
戏剧 / 舞蹈	262	0.4	240	0.3
游戏	201	0.3	222	0.3
体育	1622	2.3	1617	2.3
文学	29557	41.3	28886	41.0
文学 / 修辞学 / 文学理论	827	1.2	816	1.2
美国文学	1488	2.1	1410	2.0
英语文学	1265	1.8	1269	1.8
德语文学	10606	14.8	11328	16.1
其他日耳曼语族文学	314	0.4	372	0.5

续表

图书种类	2018年初版（种）	占比（%）	2019年初版（种）	占比（%）
法语文学	435	0.6	434	0.6
意大利语/罗马尼亚语/瑞托罗马语文学	206	0.3	167	0.2
西班牙语及葡萄牙语文学	211	0.3	187	0.3
拉丁语文学	82	0.1	83	0.1
希腊语文学	94	0.1	91	0.1
其他语种文学	283	0.4	229	0.3
斯拉夫语文学	231	0.3	229	0.3
纯文学	13897	19.4	14460	20.5
儿童及青少年文学	8807	12.3	7969	11.3
教材	4838	6.8	4435	6.3
历史/地理	6956	9.7	7080	10.1
历史	270	0.4	317	0.5
地理/旅行	2678	3.7	2597	3.7
地理/旅行（德国）	1771	2.5	1784	2.5
传记/家谱/纹章	159	0.2	125	0.2
古代史/考古	380	0.5	451	0.6
欧洲历史	1037	1.4	1154	1.6
德国历史	1396	2.0	1428	2.0
历史	145	0.2	120	0.2
非洲历史	48	0.1	61	0.1
北美历史	56	0.1	73	0.1
南美历史	23	0.0	21	0.0
其他地区历史	1	0.0	4	0.0
合计	71548	100.0	70395	100.0

资料来源：《图书与图书贸易数据2020版》

2019年，初版口袋书共计8544种，比2018年减少近400种。口袋书在初版图书中所占比例进一步下降，仅为12.1%，这一比例在2018年为12.5%，2017年为13.0%，而在2014年，这一比例为13.3%。这种下降趋势是否源自电子书带来的冲击还有待观察。从口袋书的图书种类上看，文学类图书是其中最重要的组成部分，比例占到了60%，在这一类中又以纯文学类所占比重最大，2019年初版纯文学类口袋书共

4306种，占比50.4%（2018年占比53.5%，2017年占比54.3%，2016年占比52.7%，2015年占比50.5%，2014年占比51.7%）。从数据上看，经过2014年到2016年的起伏，初版纯文学类口袋书的占比在2017达到高点后就呈持续下降状态。显然，在各出版社精简初版图书的策略中，纯文学类因其所占比重大，也就成为主要的调整品种。这种变化一方面与数字化转型的大趋势相关，另一方面也源自娱乐方式多样性所带来的冲击。初版口袋书中同样呈现出显著下降趋势的还有儿童与青少年图书，2019年仅632种，降幅9.8%（2018年701种，同比降幅10.7%，2017年785种，同比降幅6.5%）。

从语种来看，在2019年的初版图书中，德语图书占82.4%（2018年：83.1%，2017年：82.7%，2014年：85.3%），英语图书共计4187种，占比5.9%（2018年：3772种，2017年：3795种，2015年：4692种）。经历了2015年的高点之后，出版社曾收紧英语图书的初版种数，但是在2019年，这个数字重又恢复上升。2017年，因难民的阅读和学习需求等因素影响，初版多语种图书曾经历过一次比较明显的上涨，超过英语图书上升到第二位，2018年，多语种图书重新回到第三的位置，共有初版图书3663种，占比5.1%。2019年，多语种图书共计4121种，仍然排在英语图书之后，位列第三。

从图书的出版地看，柏林以9679种保持着领先的位置，慕尼黑以7555种排在第二位。2019年3月，罗沃尔特出版社（Rowohlt Verlag）迁至汉堡市内，受此影响，汉堡在2019年超过斯图加特，以4610种新书排在第三位，斯图加特降至第四，出版新书共计4320种。

二、图书销售情况

2019年，德国图书市场整体销售情况良好，销售额保持稳定上涨趋势。大众电子图书市场发展平稳，但数字化产品未呈现突破式的发展。国际市场销售情况基本保持了上一年的发展格局。在版权输出对象方面，中国依然稳居第一位。

（一）国内市场情况

1. 销售情况

2019年，德国图书市场整体销售状况良好，虽然购书者相比2018年减少了110万，降幅达到3.5%，但全行业依然实现了92.9亿欧元的销售额，比2018年上涨了1.7%。

2019年，德国图书价格连续第四年上涨，涨幅达到3.4%（2018年上涨1.2%，2017年上涨1.8%，2016年上涨2.3%），图书价格的涨幅超过了德国物价1.4%的上涨幅度（物价涨幅：2018年1.8%，2017年涨幅1.5%）。（见表3）

2019年，初版图书的平均售价为25.42欧元，同比降幅1.1%（2018年：25.70欧元，2017年：24.54欧元，2016年：25.13欧元，2015年：25.73欧元），精装书平均价格为27.82欧元，比2018年减少了0.19欧元（2018年：28.01欧元，2017年：26.84欧元，2016年：27.44欧元，2015年：28.75欧元）。口袋书平均价格13.12欧元，比2018年减少0.26欧元（2018年：13.38欧元，2017年：13.09欧元，2016年：12.99欧元，2015年：12.91欧元，2014年：12.93欧元）。价格最高的图书种类为"自然科学/数学"类，平均价格为40.54欧元，在2018年曾排在平均价格榜首的"综合类/计算机/信息技术"专业图书，2019年退居第二位，平均价格为38.47欧元（2018年：41.43欧元）。

纯文学类以及儿童和青少年图书是实体书店的主力商品，这些图书的平均价格在2019年维持了上涨趋势，其中，文学类初版图书的平均价格为14.86欧元，略高于2018年的14.77欧元（2017年：14.60欧元，2016年：14.29欧元，2015年：14.72欧元，2014年：14.37欧元），儿童和青少年类初版图书平均价格为12.17欧元，比2018年上涨0.12欧元（2018年：12.05欧元，2017年：11.56欧元，2016年：11.17欧元，2015年：11.31欧元，2014年：11.74欧元）。

表3 2015—2019年图书价格较上一年变化情况

单位：%

年份	2015	2016	2017	2018	2019
变化幅度	-0.9	+2.3	+1.8	+1.2	+3.4

资料来源：《图书与图书贸易数据2020版》

从各种类图书的表现看，占据最大市场份额的依然是纯文学类图书，市场占比达30.9%，但是此类图书的市场份额在过去三年中持续缩水（2018年：31.5%，2017年：31.9%）。2019年，儿童和青少年图书上涨势头特别明显，市场份额增加至17.2%（2018

年：16.6%，2017年：16.3%），此类图书的总销售额同比上涨了4.6%。排在第三位的指导类图书在2018年销售额与市场份额曾双双下降，2019年，指导类图书的市场份额有所恢复，上升至14.2%，销售额上涨3%。非虚构类通俗图书在2019年表现不俗，销售额涨幅达4.9%，市场份额升至11.0%，超过"学校/学习"图书，排名上升到了第四位。

从图书装帧类型看，创造图书市场销售额的主力军依然是精装书和平装书，2019年，这两类图书的年销售额同比上涨1.7%，同时，精装书和平装书所占市场份额进一步扩大，2019年已增加到76.2%，与2015年相比增加超过3%（2015年：73.0%；2016年：74.8%；2017年：75.1%；2018年：76.0%）。口袋书的市场份额经历了连年下降后，2019年有小幅回升，增加到21.7%（2018年：21.4%；2017年：21.8%；2016年：21.9%；2015年：23.3%），年销售额同比增加2.7%（2018年：−2.3%）。在过去几年中，消遣类和快餐式图书尤其受到电子书及其他数字媒体发展的冲击，是造成口袋书销售额持续下降的重要原因，2019年这项数据的回升，对于口袋书的市场表现来说，无疑是一个积极的信号。

在德国的各种图书销售渠道中，零售依然是最主要的销售渠道，2019年所占市场份额为46.2%。但同时，线上图书销售呈现出继续扩张的势头，这其中也包括实体零售商的线上销售服务。相比2018年，图书的线上销售额上涨了4.2%，销售额达到18.6亿欧元。出版社直销渠道的销售额为19.7亿欧元，同比上涨2.5%，百货渠道销售额1.2亿欧元，同比下降0.7%。销售额曾在2018年大幅下降的传统的邮寄形式，2019年创造了各类销售渠道中的最大增幅，销售额1.2亿欧元，增幅达6.1%。而曾在2018年创造了37.8%增幅的俱乐部渠道，2019年销售额同比下降8.1%。

2. 电子书情况

2019年，大众电子图书市场发展平稳，没有呈现出大的变化，全年销量总计3240万册，比2018年减少1.2%。（见图1）但是，电子书的平均售价在2019年同比增长2.1%，这是自2010年以来，大众图书市场上的电子书平均售价首次上涨。（见图2）因此，虽然整体销量降低，但全年销售额依然实现了0.6%的涨幅，不过，这个涨幅远远低于2018年的9.3%。综合来看，德国的电子图书市场尚未有出现数字革命的迹象。2019年，电子书在图书市场销售总额中的占比与2018年持平，依然为5%。

图 1 2010—2019 年电子书销量情况

资料来源：《图书与图书贸易数据 2020 版》

图 2 2010—2019 年电子书平均价格

资料来源：《图书与图书贸易数据 2020 版》

根据市场调查机构捷孚凯（GfK）的消费者调研数据，售出的电子书中占据首位的是纯文学类，2019 年，纯文学类电子书的销售额占比达到约 83%（2018 年：约 79%），位居次席的是指导类电子书，销售额占比约 8%，相比 2018 年下降了 2%，第三位的儿童和青少年图书销售额占比约 5%，比 2018 年下降了 1%。

电子书购书者的数量总计约 360 万人，比 2018 年增加 7 万人，涨幅 1.9%。购书者人均的购买数量却少于 2018 年，仅为 8.9 册（2018 年：9.2 册）。不过，综观 2010 年以来的发展，2019 年的人均购买量依然是处于高位的。（见图 3）

单位：册

图 3　2010—2019 年电子书人均购买量

资料来源：《图书与图书贸易数据 2020 版》

捷孚凯同时对图书购买者的组成进行了调查分析：在 2019 年，14 岁以上的消费者中有 5.5% 曾经购买过电子书，这一比例与 2018 年基本持平，但明显高于之前几年（2018 年：5.4%；2017 年：3.8%；2016 年：4.3%；2015 年：4.4%；2014 年：4.4%），其中，女性消费者中购买过电子书的人群所占比率高于男性，并且占比处在持续增加中，2019 年达到了 6.7%，男性相对于 2018 年占比略有下降，为 4.2%（2018 年：女性 6.4%，男性 4.3%；2017 年：女性 5.0%，男性 2.6%；2016 年：女性 5.1%，男性 3.4%）。从消费者的年龄分段来看，更青睐电子书的并非作为"数字原生代"的年轻消费者。2019 年，50~59 岁（2019 年：7.6%；2018 年：7.2%；2017 年：5.9%）这个年龄段取代 40~49 岁（2019：7.1%；2018 年：7.5%；2017 年：5.9%），跃居首位。（见表 4）

表4 2019年消费者电子书购买情况（不含教材及专业类图书）

单位：%

类别	曾购	1本	2本及以上
性别			
女性	6.7	2.3	4.4
男性	4.2	1.5	2.6
年龄			
14~19岁	3.1	1.3	1.8
20~29岁	4.7	2.0	2.7
30~39岁	6.8	2.5	4.3
40~49岁	7.1	2.8	4.4
50~59岁	7.6	2.6	5.0
60~69岁	5.9	1.9	4.0
70岁及以上	2.1	0.4	1.7
受教育程度			
小学/完全中学	2.6	0.6	2.0
中学/专科学校	5.1	1.8	3.3
高中毕业/大学	7.0	2.6	4.4
家庭净收入			
999欧元及以下	4.5	1.6	2.9
1000~1499欧元	3.7	1.6	2.2
1500~1999欧元	3.5	1.0	2.5
2000~2499欧元	4.3	1.4	2.9
2500~2999欧元	6.1	2.1	4.1
3000欧元及以上	7.0	2.5	4.5
职业			
中小学生/大学生	4.3	2.1	2.2
全职人员	6.6	2.4	4.1
兼职人员	7.5	2.6	4.9
无固定职业	5.4	1.8	3.5
退休	3.7	0.9	2.7
居住地居民数			
4999人及以下	5.7	1.8	3.9
5000~19999人	5.1	1.8	3.3

续表

类别	曾购	1本	2本及以上
20000~99999人	5.3	1.9	3.4
100000人及以上	5.9	2.1	3.7
合计	5.5	1.9	3.5

资料来源：《图书与图书贸易数据2020版》

不过，电子书销售方面的数据只能够部分地体现数字图书市场的发展，因为有一部分电子书的使用是通过借阅方式完成的。为了了解德国读者借阅电子书的情况，德国书商和出版商协会在2019年11月通过捷孚凯进行了一次相关的市场调查，调查对象为德国10岁以上的公民（共6710万人），该项调查得出以下结论：1. 在德国有260万人使用线上的数字化图书或报纸杂志等，其中190万人借阅电子书；2. 这些使用者以年轻人居多，其中有2/3年龄在50岁以下，并且收入水平及受教育程度较高；3. 在线借阅者在图书市场上也是最活跃的顾客群体，其中有近2/3的人每年至少购买一本书（含纸质书和电子书），但是从开始使用在线借阅服务之后，有近一半的人购书量减少，甚至不再买书。[①] 可见，在线借阅服务对于图书市场是有直接影响的。为此，书商和出版社协会提出，为了保证图书市场的多样化发展，必须从版权方面提供更为公平的保护措施。

2019年，对德国图书市场产生影响的重大因素之一是欧盟版权法的数字化改革提案通过。从2015年开始，欧盟在其数字市场一体化与著作权现代化的框架下陆续出台了多份版权提案，其中最为重要的是《数字化单一市场著作权指令》。这项指令中新增了网络服务商承担"版权过滤"义务、传统新闻机构享有"链接税"，与"文本与数据挖掘例外"等条款。因各相关方分歧较大，该提案的表决曾多次延期搁浅。经多次修改，提案于2018年9月在欧盟议会一读通过。2019年3月26日，欧洲议会全体会议表决通过了最终版本的《数字化单一市场版权指令》，俗称欧盟的"新版权法"。这项指令的出台将有助于保护艺术家和新闻出版商在网络时代获得应有的报酬。

---

① Wer leiht was in Bibliotheken und insbesondere online? Ein 360°-Blick auf die Onleihe – die digitale Ausleihe der Bibliotheken [EB/OL]. https://www.freiburg.de/pb/site/Freiburg/get/params_E-131596620/1616802/Bericht_Onleihe_2019_final.pdf.

2019年底，两项政策的出台从政治和法律方面为电子书市场的平稳发展提供了稳定的框架环境。首先是德国联邦议会通过的对出版社电子及纸质产品统一增值税比率的政策；其次是欧洲法院所做出的一项具有示范意义的裁决：从网络上获取的数字媒体资源不能够被转手出售。这对于数字产品著作权的保护来说无疑是具有重大意义的。

2020年，伴随新冠疫情而来的外出限制极大地推动了数字化的发展，新冠疫情给2020年的电子书市场究竟会带来多大的变化，将在完整的数据出炉之后有一个全面的呈现，但一些初步的统计数据显示，在2020年3月到4月间，电子书的销售已呈现出明显的增长趋势。

3. 有声书情况

数字化对于有声书所产生的影响是巨大的。随着播客技术的兴起，德国读者已经越来越习惯于用智能手机或平板电脑收听有声书。受到这种趋势的影响，2019年，实体有声书的市场份额进一步减少，仅为2.1%（2018年：2.5%；2017年：3.1%；2016年：3.3%；2015年：3.7%）。德国14岁以上的公民中，有2.9%的人购买了一本或一本以上的有声书（2018年：3.1%；2017年：2.7%；2014年：3.8%）。在使用有声书的读者中，又以30~39岁的群体居多，在这一群体中，曾在2019年购买过有声书的消费者占4.3%（2018年：5.1%），其次是20~29岁的消费群体，占4.1%（2018年：4.0%）。从选择听书者的职业看，兼职者所占比率超过全职人员，达到4.1%（2018年：3.9%），全职人员占比为3.2%（2018年：4.1%）。

由于此项数据中只包括实体有声书的销售，因此只能从一个方面反映有声书市场的发展。如果将下载和流媒体服务业也考虑在内的话，那么数字化对于有声书的影响应该说是利大于弊。

根据市场研究机构凯度公司（Kantar EMNID）的问卷调查《2019年有声书指南》，2019年使用有声书的德国公民约有2300万人（2018年：约1800万），其中有将近800万人每天使用有声书或播客（2018年：420万）。从这些数字可以看出，有声书实际上正在重新被越来越多的消费者接受。调查者分析认为，造成这种发展趋势的原因主要有两个方面：一是智能手机正在迅速取代作为有声书媒介物的CD，使得有规律地收听有声书变得更为容易，特别是外出的时候。第二个原因是有声书主要的使用群体，即40岁以下的受众，越来越苦于所谓"电子屏疲劳"（Screen Fatigue），他们将有声书视为比电视或社交媒体更利于解放双眼的替代信息渠道,因此也更乐于使用有声书。

关于收听有声书的地点,调查结果显示,虽然在家收听依然是最常见的方式,41%的人甚至会使用有声书来助眠,但也有越来越多的人将乘坐公共交通的时间用来听书,这种趋势在40岁以下的受访者中更为明显,该群体中有76%的人最喜欢在公共汽车、火车或者飞机上使用有声书。在2024名受访者中,35%的人将几乎所有可能的空闲时间都用来听书。从2017年到2019年,使用有声书的地点已经从使用者人均3.5个增加到5.2个。

有声书的一大好处是它的灵活性。目前德国听讯（Audible）的用户可选择的德文和英文书已达22万种,其中除了各种类别的书之外,还包括音频连续剧和播客等自制产品。可以说,有声书所代表的灵活的生活和休闲方式正在成为潮流并被越来越多的人接受。①

4. 畅销书情况

2019年,排在虚构类畅销书（精装书）年度排行榜前五位的分别是塞巴斯蒂安·费策克（Sebastian Fitzek）的《礼物》（*Das Geschenk*）、萨沙·斯坦尼西奇（Saša Stanišić）的《我从哪里来》（*Herkunft*）、费迪南·冯·席拉赫（Ferdinand von Schirach）的《咖啡与香烟》（*Kaffee und Zigaretten*）、露辛达·莱利（Lucinda Riley）的《日光姐妹》（*Die Sonnenschwester*）和多尔特·汉森（Dörte Hansen）的《午间时分》（*Mittagsstunde*）。②

从虚构类畅销书榜可以看出,惊悚悬疑类题材在市场上热度不减,心理悬疑小说家塞巴斯蒂安·费策克的惊悚小说《精神病院病人》和《行李》在2018年就曾经成为头号畅销书,在2019年,费策克再次成为虚构类图书市场上的赢家。

近年来,移民文学在德国图书市场上越来越受到关注,获得2019年德国图书奖的《我从哪里来》就是这样一个例子。此类作品从题材到创作手法上对德国文学市场都是丰富与补充。（见表5）

---

① Audible Hörkompass 2019 [EB/OL]. https://magazin.audible.de/audible-hoerkompass-2019/.
② 德国图书信息中心. 德国2019年度畅销书榜——虚构类 [EB/OL]. http://www.biz-beijing.com/news.php?year=2020&id=645.

表 5　2019 年德国虚构类畅销书排行榜

排名	书名	作者	出版社
1	《礼物》	塞巴斯蒂安·费策克	德勒默尔出版社（Droemer）
2	《我从哪里来》	萨沙·斯坦尼西奇	卢特汉德出版社（Luchterhand）
3	《咖啡与香烟》	费迪南·冯·席拉赫	卢特汉德出版社（Luchterhand）
4	《日光姐妹》	露辛达·莱利	戈德曼出版社（Goldmann）
5	《午间时分》	多尔特·汉森	企鹅出版社（Penguin）
6	《永恒的死者》（Die ewigen Toten）	西蒙·贝克特（Simon Beckett）	翁德里希出版社（Wunderlich）
7	《遇难者 2117》（Opfer 2117）	朱希·阿德勒－奥尔森（Jussi Adler-Olsen）	德国口袋书出版社（dtv）
8	《是时候了》（Es wird Zeit）	伊尔迪科·冯·库尔西（Ildikó von Kürthy）	翁德里希出版社（Wunderlich）
9	《危急关头的情谊》（Die Liebe im Ernstfall）	丹妮拉·克林（Daniela Krien）	第欧根尼出版社（Diogenes）
10	《河蟹的歌声》（Der Gesang der Flusskrebse）	迪莉娅·欧文斯（Delia Owens）	汉泽尔布劳出版社（Hanserblau）

资料来源：德国图书信息中心，"德国 2019 年度畅销书榜——虚构类"。

占据 2019 年非虚构类畅销书榜（精装书）年度排名前三位的作品与 2018 年相同，分别是巴斯·卡斯特（Bas Kast）的《饮食指南》（Der Ernährungskompass），斯蒂芬·霍金（Stephen Hawking）的《对宏大问题的简短回答》（Kurze Antworten auf große Fragen），米歇尔·奥巴马（Michelle Obama）的《成为》（Becoming），但是位次不同于 2018 年。2019 年，《饮食指南》从第三位升至首位，这与健康和健康饮食题材作品的市场热度有关。《成为》从 2018 年榜首的位置降至第三位。排在第四、五位的分别为爱德华·斯诺登（Edward Snowden）的《永久记录》（Permanent Record）和彼得·沃勒本（Peter Wohlleben）的《人与自然的神秘纽带》（Das geheime Band zwischen Mensch und Natur）[1]。（见表 6）

---

[1] 德国图书信息中心. 德国 2019 年度畅销书榜——非虚构类 [EB/OL]. http://www.biz-beijing.com/news.php?year=2020&id=646

表6 2019年德国非虚构类畅销书排行榜

排名	书名	作者	出版社
1	《饮食指南》	巴斯·卡斯特	贝塔斯曼出版社（C. Bertelsmann）
2	《对宏大问题的简短回答》	斯蒂芬·霍金	科莱特-柯塔出版社（Klett-Cotta）
3	《成为》	米歇尔·奥巴马	戈德曼出版社（Goldmann）
4	《永久记录》	爱德华·斯诺登	菲舍尔出版社（S. Fischer）
5	《人与自然的神秘纽带》	彼得·沃勒本	路德维希出版社（Ludwig）
6	《德国游戏播客的电竞人生》（MontanaBlack）	马塞尔·埃利斯，丹尼斯·桑德（MontanaBlack/Marcel Eris, Dennis Sand）	里瓦出版社（Riva）
7	《饮食疗愈》（Mit Ernährung heilen）	安德里亚斯·米夏尔森博士、教授（Prof. Dr. Andreas Michalsen）	岛屿出版社（Insel）
8	《脂肪，我来了！》（Ran an das Fett）	安妮·弗莱克（Anne Fleck）	翁德里希出版社（Wunderlich）
9	《在自己的花园里》（Bin im Garten）	美珂·温尼姆斯（Meike Winnemuth）	企鹅出版社（Penguin）
10	《德国让人变笨！》（Deutschland verdummt）	米夏埃尔·温特霍夫（Michael Winterhoff）	居特斯洛尔出版社（Gütersloher Verlagshaus）

资料来源：德国图书信息中心，"德国2019年度畅销书榜——非虚构类"

（二）国际市场情况[①]

1.图书进出口贸易情况

2018年，德国图书进口额增加4.9%，出口额增加2.3%。这个统计数据中包括图书、图画书（单独统计）、期刊、报纸、日历等类别，其中最主要的进出口对象都为图书，2018年的占比分别为78.3%（进口）和69.6%（出口），其次为期刊，分别占比14.2%（进口）和21.6%（出口），排在第三到四位的为日历（进口占比3.0%，出口占比2.8%）和图画书（进口占比2.5%，出口占比2.3%）。

在2015年之前，得益于德国读者对英语图书的兴趣，英国曾是德国最重要的图书进口国，从2013年至2014年稳居第一的位置。中国因为印刷服务整体水平相对较高，长年是德国的第二大进口贸易伙伴，这种情况随着网络供应商亚马逊在波兰（2014年）和捷克（2015年）设立仓库及物流中心发生了改变。波兰在2014年一跃成为德国的第二大图书进口贸易伙伴，并在2015年超过英国，从2015年至2018年，始终保持

---

① 数据更新至2018年。

第一的位置。2018年，德国从波兰进口图书的贸易额达到5.72亿欧元。从2016年起，捷克超过英国，成为德国的第二大图书进口贸易伙伴。2018年，德国从捷克进口图书的贸易额为1.64亿欧元，略少于英国，退回到第三的位置。从2014年开始，随着为德国出版社提供印刷服务的东欧厂商不断增多，东欧国家在德国图书进口中所占比重不断上升，东欧的拉脱维亚跻身德国最重要图书进口贸易伙伴之列，位居第七。2018年，中国在德国进口贸易伙伴中已连续三年维持了第四的位置，但贸易额继续下滑，同比降幅0.6%，仅8055万欧元，整个亚洲地区在德国图书进口中的占比也从2013年的17.3%下降到了2018年的7.9%。（见表7）

受到上述因素影响，德国图书进出口比例于2015年开始发生变化，此前，德国的图书出口依靠瑞士和奥地利的德语图书市场，出口额曾长年保持在进口额的两倍左右，从2015年开始，进口贸易额所占比重开始增加，2018年，进口贸易额占比达到42.8%（2017年：42.2%；2016年：42.9%；2013年：33.3%）。

表7 2014—2018年德国十大图书进口贸易伙伴变化情况

排名	2014	2015	2016	2017	2018
1	英国	波兰	波兰	波兰	波兰
2	波兰	英国	捷克	捷克	英国
3	中国	中国	英国	英国	捷克
4	意大利	捷克	中国	中国	中国
5	捷克	美国	意大利	意大利	意大利
6	法国	意大利	美国	美国	美国
7	美国	法国	法国	拉脱维亚	拉脱维亚
8	瑞士	瑞士	瑞士	法国	法国
9	奥地利	荷兰	奥地利	捷克	斯洛伐克
10	中国香港	奥地利	斯洛伐克	瑞士	荷兰

资料来源：《图书与图书贸易数据2020版》

亚马逊的影响不仅体现在德国的图书进口方面，对图书出口同样也产生了影响。因为要递送给德国客户的图书，首先得从德国的出版社（或直接从印刷厂）运到波兰或捷克的物流中心，所以从2015年开始，波兰在德国最重要的出口贸易伙伴中也占据了第一的位置,排在曾经长年是德国最重要图书出口贸易对象的瑞士和奥地利之前,而捷克从2016年到2018年,已连续三年位列排行榜的第五位(见表8)。

表8 2014—2018年德国十大图书出口贸易伙伴变化情况

排名	2014	2015	2016	2017	2018
1	奥地利	波兰	波兰	波兰	波兰
2	瑞士	瑞士	瑞士	瑞士	瑞士
3	英国	奥地利	奥地利	奥地利	奥地利
4	波兰	英国	英国	英国	英国
5	法国	美国	捷克	捷克	捷克
6	美国	法国	美国	美国	美国
7	荷兰	荷兰	法国	法国	荷兰
8	意大利	捷克	荷兰	荷兰	法国
9	西班牙	意大利	意大利	意大利	意大利
10	中国	西班牙	西班牙	西班牙	西班牙

资料来源:《图书与图书贸易数据2020版》

2. 翻译图书情况

2019年,从别国语言翻译成德语的初版及再版图书共计10249种,比2018年增加48种,增幅0.5%(2018年:10201种,减少1.5%;2017年:10358种,减少1.3%;2016年:10496种,增加3.1%;2015年:10179种,减少5.9%),2010年至2013年,德国图书市场上翻译图书的数量基本维持在11800到11400之间,但是从2014年之后,受图书出版数量整体下降的影响,翻译图书的数量也降到了11000种以下。(见表9)

表9 2010—2019年德国翻译图书占比情况

年份	翻译图书(种)	在出版图书中占比(%)	首次出版的翻译图书(种)	在首次出版的图书中占比(%)
2010	11439	11.9	10760	12.8
2011	11819	12.3	10716	13.1
2012	11564	12.7	10862	13.6
2013	11567	12.4	10731	13.1
2014	10812	12.4	9962	13.5

续表

年份	翻译图书（种）	在出版图书中占比（%）	首次出版的翻译图书（种）	在首次出版的图书中占比（%）
2015	10179	11.4	9454	12.4
2016	10496	12.3	9882	13.6
2017	10358	12.5	9890	13.6
2018	10201	12.8	9803	13.7
2019	10249	13.0	9802	13.9

资料来源：《图书与图书贸易数据2020版》

从语种方面看，英语在德国翻译市场上虽然占据着不可撼动的重要地位，但是继2017和2018年的小幅回落之后，2019年继续呈现下降趋势。从英语译成德语的初版图书共6013种，比2018年减少了174种，降幅2.8%（2018年：6187种；2017年：6347种；2016年：6380种；2015年：6031种），在初版翻译图书中所占比例也继续下降，减少至61.3%（2018年：63.1%；2017年：64.2%；2016年：64.6%）。在这些书中，纯文学类图书共计2400种（2018年：2448种；2017年：2522种；2016年：2587种；2015年：2414种），占2019年所有纯文学类初版翻译图书的67.5%，为2014年以来的最低值（2018年：68.5%；2017年：67.8%；2016年：70.3%；2015年：68.9%；2014年：70.2%）。排在英语之后的是法语和日语，占比分别为10.7%和10.4%，两者之间的差距进一步缩小（2018年占比分别为10.3%和9.2%）。

从初版翻译图书的类别方面看，数量排在第一位的是文学类图书（5264种），以下依次为艺术/休闲（2473种）、技术/医药/应用科学（774种）、社会科学（516种）、哲学/心理学（512种）、宗教（494种）、历史/地理（329种）、自然科学/数学（128种）、综合类/计算机/信息科学（50种）、语言（19种）。其中，漫画类图书依然保持着上升势头，2019年，译成德语的漫画类图书总计1983种，比2018年增加了近370种（2018年：1614种；2017年：1501种），占比达到20.2%（2018年：16.5%；2017年：15.2%；2016年：14.2%；2015年：14.3%；2014年：13.7%），已经越来越成为翻译图书市场上的中坚力量。

3. 版权输出情况

2019年，德国共输出版权7747项，比2018年减少了97项（2018年：7844项）。

作为版权输出的主力军，儿童和青少年图书的版权成交量在 2018 年经历小幅下降后，2019 年共售出版权 3031 项，占输出版权的 39.1%，同比上升 5.0%。此类图书中最受欢迎的依然是图画书，共售出版权 1063 项，但从 2017 年到 2019 年的版权成交数字看，其热度正在缓慢下降（2018 年：1195 项；2017 年：1236 项）。呈现上升趋势的是非虚构类通俗读物 / 图画书（2019 年：479 项；2018 年：334 项）和 11 岁以下（含 11 岁）儿童图书（2019 年：683 项；2018 年：593 项）。从译入语种上看，儿童和青少年图书类排在首位的是汉语，2019 年共成交版权 641 项（2018 年：580 项），排在第二到四位的分别为俄语（399 项；2018 年：264 项）、匈牙利语（200 项；2018 年：152 项）和罗马尼亚语（183 项；2018 年：198 项）。

指导类图书的版权输出在 2019 年同比增加了 29.3%，达到 759 项（2018 年：587 项），其中的"生活常识、日常生活"类增长幅度最为明显。同样呈现上涨势头的还有非虚构类通俗读物，2019 年成交版权 672 项，增幅 5.3%。与 2018 年一样，中国依然是引进此类图书最多的国家（2019 年：113 项；2018 年：91 项）。教材教辅类成交版权同比增加 38.5%，总计 205 项（2018 年：148 项）。从 2017 年到 2018 年，纯文学类图书在版权输出方面曾连续两年实现了两位数的增长率（2018 年同比增长 10.6%，2017 年同比增长 11.8%），2019 年，此类图书没有维持之前两年的上涨势头，共输出版权 1419 项，同比下降 0.8%（2018 年：1431 项），其中主要下降的图书类别为漫画和礼品书，单看"叙事文学"的话，成交的版权共计 1108 项，比 2018 年增加了近 130 项。

从版权输出对象看，中国依然稳居第一位。2018 年，中国从德国购买的版权曾达到 1560 项，为十年间的最高点，2019 年的成交版权数同比下降 12.6%，仅为 1363 项。（见图 4）俄罗斯从 2016 年、2017 年的第七位跃居 2018 年的第二位，2019 年继续保持了明显的上升势头，共购买版权 608 项，同比涨幅接近 40%。2018 年，意大利从 2016 年、2017 年的第六位上升至第三位，并在 2019 年保持了这个位置，共成交版权 481 项，同比涨幅 17.3%。（见表 10）

单位：项

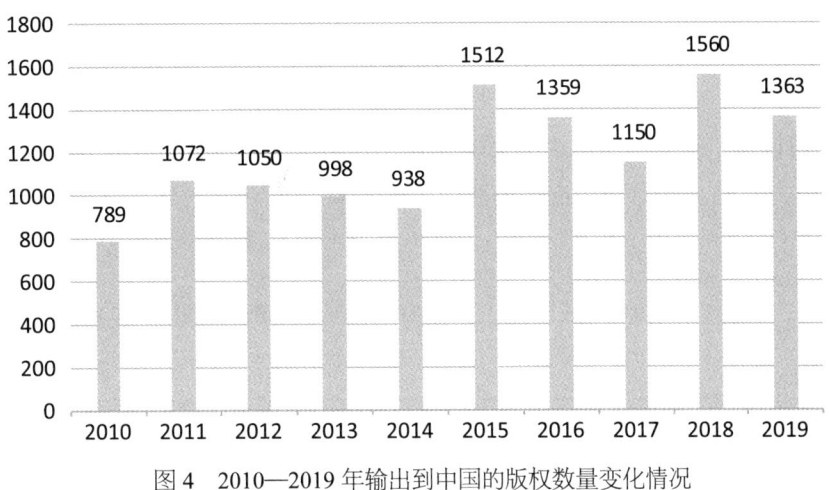

图4 2010—2019年输出到中国的版权数量变化情况

年份	数量
2010	789
2011	1072
2012	1050
2013	998
2014	938
2015	1512
2016	1359
2017	1150
2018	1560
2019	1363

资料来源：《图书与图书贸易数据2020版》

表10 2015—2019年德国主要版权输出对象排名变化情况

排序	2015	2016	2017	2018	2019
1	中国	中国	中国	中国	中国
2	西班牙	西班牙	土耳其	俄罗斯	俄罗斯
3	意大利	法国	西班牙	意大利	意大利
4	波兰	捷克	捷克	西班牙	西班牙
5	捷克	土耳其	法国	捷克	捷克
6	韩国	意大利	意大利	韩国	韩国
7	法国	俄罗斯	俄罗斯	土耳其	匈牙利
8	俄罗斯	匈牙利	荷兰	法国	土耳其
9	匈牙利	波兰	匈牙利	波兰	荷兰
10	土耳其	韩国	韩国	匈牙利	法国

资料来源：《图书与图书贸易数据2020版》

在中国2019年所购买的版权中，儿童和青少年图书依然是最受欢迎的品种，共成交版权641项（2018年：580项；2017年：514项；2016年：782项），在这些图书中，又以图画书为最多，共307种。2019年，非虚构类通俗读物大幅增加，总计148种（2017年：74种）。

科学类的图书在2018年向中国的版权输出中曾出现爆发式的增长，2019年，此类图书的版权交易量回归平稳，人文、艺术、音乐类图书共成交 109 项（2018 年：226 项，2017 年：118 项），自然科学、医药、计算机、技术类共成交 396 项（2018 年：483 项，2017 年：228 项），社会科学、法律、经济类成交 57 项（2018 年：135 项；2017 年：76 项）。可以说，德国在这几类图书输出版权方面总体呈现出的波动，很大程度上与中国市场对这类图书表现出的兴趣相关。（见表 11）

表 11　2019 德国版权输出前十位统计情况（按语种及图书类别）

单位：种

图书类别	汉语	俄语	西班牙语	意大利语	捷克语	法语	荷兰语	韩语	英语	匈牙利语
文学	62	63	177	140	73	67	78	29	70	41
叙事文学	55	51	147	114	60	38	56	22	48	33
惊悚悬疑	2	4	5	13	10	8	5	2	7	4
诗歌/戏剧	—	3	5	5	1	1	3	4	8	—
漫画/卡通/幽默/讽刺	3	3	19	5	1	17	4	1	7	3
礼品书/画册/日历/明信片	—	2	1	—	—	1	—	8	—	—
儿童及青少年文学	641	399	117	69	128	74	115	101	39	200
图画书	307	95	36	32	12	15	50	24	22	54
朗读类/童话/传说/诗歌/歌曲	20	20	1	—	4	2	3	—	1	8
低幼/学龄前	46	41	9	—	4	9	20	2	1	19
11 岁及以下儿童图书	82	121	31	16	54	9	15	47	1	57
12 岁及以上青少年图书	3	42	5	10	18	5	5	3	4	12
非虚构类通俗读物/非虚构类图画书	148	73	13	8	17	3	5	24	3	35
游戏/学习	34	7	22	3	19	31	17	—	6	15
旅行	2	2	4	6	16	16	6	5	3	4
画册	2	—	—	—	1	15	1	2	—	—
游记	—	2	4	6	7	1	3	3	2	1
指导类	70	55	36	70	97	62	38	53	54	20
爱好/家居	4	15	4	2	38	13	4	3	17	3
自然	1	7	6	2	7	10	10	1	3	—
饮食	1	2	1	—	10	4	6	—	12	2
健康	15	10	5	12	11	9	3	6	2	5
心灵	2	4	9	14	9	4	5	7	3	3

续表

图书类别	汉语	俄语	西班牙语	意大利语	捷克语	法语	荷兰语	韩语	英语	匈牙利语
生活常识/日常生活	36	15	11	31	19	19	8	31	10	7
法律/职业/经济	7	2	—	8	—	—	—	4	—	—
人文科学/艺术/音乐	109	27	47	90	19	22	8	44	64	16
综合类	5	—	1	8	—	1	1	3	3	1
哲学	28	7	16	29	5	9	1	13	8	2
心理学	9	8	14	2	4	—	—	8	17	8
宗教/神学	2	5	8	39	6	8	4	11	15	3
历史	8	1	3	7	—	2	2	6	7	1
语言学/文学	4	—	3	2	1	2	—	—	6	—
教育	4	5	—	—	2	—	—	3	—	1
音乐	45	1	2	3	1	—	—	—	6	—
自然科学/医药/信息科学/技术	396	44	47	21	12	24	3	27	17	4
综合类	1	4	—	—	1	1	1	2	4	1
数学	3	—	—	1	—	14	—	4	—	—
信息科学/计算机	28	3	1	1	—	—	—	5	1	—
物理/天文	14	3	—	—	1	—	—	1	—	—
化学	18	1	—	—	—	1	—	1	2	—
地理	20	—	—	—	—	—	—	1	—	—
技术	55	1	—	—	—	—	1	4	—	—
医药	256	32	45	18	10	8	—	9	9	3
社会科学/法律/经济	57	5	15	9	1	4	5	12	13	1
综合类	11	—	1	1	—	1	—	2	1	—
社会学	4	—	4	5	—	—	2	2	3	—
政治	3	—	1	3	1	2	2	1	1	—
法律	15	3	7	—	—	—	1	3	5	1
经济	19	—	1	—	—	1	—	2	3	—
学校/学习	23	22	—	6	12	7	53	1	8	2
普通学校教材	3	—	—	—	—	—	4	—	8	—
课程准备	2	—	—	—	1	—	40	—	—	—
职业及专科学校教材	4	20	—	2	1	3	—	—	—	—
德语学习	8	1	—	—	1	—	1	—	—	2

续表

图书类别	汉语	俄语	西班牙语	意大利语	捷克语	法语	荷兰语	韩语	英语	匈牙利语
非虚构类通俗读物	113	43	45	67	24	54	20	53	45	16
辞典/工具书	7	1	6	1	—	4	1	1	1	1
哲学/宗教	14	5	8	27	4	25	3	10	5	5
心理学/心灵感悟/灵智学/人智学	2	8	1	4	3	1	2	5	2	—
历史	41	6	5	8	6	6	3	10	12	6
艺术/文学	7	1	6	3	—	3	—	1	8	—
政治/社会/经济	17	12	14	19	4	10	7	22	12	3
自然/技术	24	9	4	5	6	5	4	4	5	1
其他	2	—	3	—	1	—	1	—	1	—
合计	1475	660	491	478	383	330	327	325	314	304

资料来源：《图书与图书贸易数据 2020 版》

除中国外，德国版权合作的主要对象集中在欧洲，2019 年，德国输出版权中有 66.1% 是流向欧洲国家（2018 年：62.2%；2017 年：68.2%；2016 年：63.5%；2014 年：65.5%）。

三、图书细分市场情况

在德国，图书被细分为九类，包括纯文学类，儿童和青少年类，旅行类，指导类，人文、艺术、音乐类，自然科学、医药、信息和技术类，社会科学、法律和经济类，教材教辅，非虚构类通俗读物。

德国图书市场上最重要的品类依然是纯文学类图书，但是对比 2015—2019 年的数字，能够看到此类图书的市场份额正在缓慢缩水，2019 年，纯文学类图书所占市场份额仅为 30.9%（2018 年：31.5%；2017 年：31.9%；2016 年：31.5%；2015 年：32.0%）。纯文学类图书在口袋书中的主导地位更加突出，在经历了 2018 年销售额比例的小幅下降后，2019 年，这个比例回到了 2018 年之前的水平，达到了 68.1%（2018 年：67.3%；2017 年：68.2%；2016 年：68.4%；2015 年：68.1%）。（见表 12）

表12　2017—2019年德国各类图书在总销售额中占比情况

单位：%

类别	总计 2017	总计 2018	总计 2019	精装书/平装书 2017	精装书/平装书 2018	精装书/平装书 2019	口袋书 2017	口袋书 2018	口袋书 2019	有声书 2017	有声书 2018	有声书 2019
纯文学类	31.9	31.5	30.9	21.0	21.0	20.0	68.2	67.3	68.1	40.3	44.4	42.7
儿童和青少年类	16.3	16.6	17.2	17.1	17.8	18.9	9.9	9.7	8.9	43.9	39.3	40.1
旅行类	5.9	5.7	5.6	7.1	6.8	6.7	2.4	2.5	2.3	0.4	0.4	0.3
指导类	14.3	14.0	14.2	16.6	16.2	16.3	7.4	7.3	7.5	6.1	6.5	6.7
人文/艺术/音乐类	4.6	4.4	4.5	5.5	5.2	5.3	1.6	1.6	1.5	3.6	3.5	3.5
自然科学/医药/信息和技术类	3.8	3.6	3.4	4.9	4.6	4.4	0.3	0.3	0.3	0.2	0.2	0.1
社会科学/法律和经济类	2.5	2.6	2.5	2.9	3.0	2.8	1.7	1.7	1.7	0.2	0.2	0.2
教材教辅	10.9	11.0	10.7	14.2	14.1	13.7	0.8	1.0	1.0	2.5	2.1	2.0
非虚构类通俗读物	9.9	10.6	11.0	10.7	11.4	11.8	7.8	8.6	8.8	2.9	3.5	4.4
总计	100.0	100.0	100.0	100.0	100.0	100.0	100.0	100.0	100.0	100.0	100.0	100.0

资料来源：《图书与图书贸易数据2020版》

在纯文学类图书之中，叙事文学所占市场份额具有明显的优势，2019年为53.3%（2018年：53.0%；2017年：52.7%；2016年：52.1%；2015年：53.4%）。居于次位的悬疑类文学作品所占市场份额虽仅有叙事文学类的一半左右，但也表现抢眼。2019年销售量位居前列的惊悚悬疑类图书（精装书）除了排在年度虚构类畅销书榜首位的塞巴斯蒂安·费策克的新作《礼物》（*Das Geschenk*），还有英国作家西蒙·贝克特的《永恒的死者》（*Die ewigen Toten*）以及丹麦作家朱希·阿德勒-奥尔森的《遇难者2117》（*Opfer 2117*）。2019年，科幻类与漫画、卡通、幽默、讽刺类所占市场份额继续下滑，分别为5.2%和8.0%（2018年分别为5.3%和8.1%）。（见表13）

表 13　2017—2019 年纯文学类图书内部销售额占比情况

单位：%

类别	总计 2017	总计 2018	总计 2019	精装书/平装书 2017	精装书/平装书 2018	精装书/平装书 2019	口袋书 2017	口袋书 2018	口袋书 2019	有声书 2017	有声书 2018	有声书 2019
叙事文学	52.7	53.0	53.3	50.9	52.4	50.7	55.2	54.5	56.4	46.0	44.2	45.4
惊悚悬疑类	25.0	25.1	25.1	20.3	21.6	21.8	29.5	28.7	28.2	32.1	28.6	31.2
科幻类	5.5	5.3	5.2	4.8	4.6	4.9	6.1	5.9	5.4	6.6	7.5	8.1
各类文集	0.2	0.2	0.2	0.2	0.1	0.2	0.1	0.2	0.1	0.4	0.2	0.2
诗歌/戏剧	1.1	1.1	1.1	1.1	1.1	1.1	1.2	1.1	1.1	0.6	0.9	1.1
双语类	0.4	0.4	0.2	0.5	0.5	0.1	0.3	0.3	0.2	0.1	0.0	0.0
漫画/卡通/幽默/讽刺	8.5	8.1	8.0	9.5	6.7	7.8	6.8	8.8	7.9	14.0	18.3	13.7
礼品书	6.6	6.8	6.8	12.7	12.9	13.3	0.7	0.6	0.6	0.3	0.3	0.3
总计	100.0	100.0	100.0	100.0	100.0	100.0	100.0	100.0	100.0	100.0	100.0	100.0

资料来源：《图书与图书贸易数据 2020 版》

2019 年，指导类图书销量保持稳定，在所有此类图书中，最受读者欢迎的依然是与饮食相关的图书，不过其所占市场份额显著下滑，从 2015 年的 30.8% 降至 2018 年的 24.4%，2019 年虽小幅回升，但也仅占到 24.9%。生活常识/日常生活类图书的市场份额则维持了上升的趋势，2019 年增至 21.6%，与饮食类图书之间的差距进一步缩小，与 2015 年相比，其市场份额已增加了近 7 个百分点。居于第三位的是与健康话题相关的图书，此类图书占指导类图书总销售额的 18.3%。爱好/家居排在健康类图书之后，市场份额为 11.6%。从近三年市场份额的变化上能够看出，伴随着涂色书风潮的结束，手工制作类图书正逐渐淡出市场，取而代之的是与生活常识及健康生活相关的图书。在饮食类图书中，养生/减肥类图书曾在 2018 年呈现出明显的下降趋势，2019 年，这类图书的市场份额重新回到 2017 年的水平，占比 18.9%。（见表 14、表 15）

表 14　2017—2019 年指导类图书内部销售额占比情况

单位：%

类别	总计 2017	总计 2018	总计 2019	精装书/平装书 2017	精装书/平装书 2018	精装书/平装书 2019	口袋书 2017	口袋书 2018	口袋书 2019	有声书 2017	有声书 2018	有声书 2019
爱好/家居	13.1	12.2	11.6	14.6	13.5	12.8	3.3	2.9	2.6	0.6	0.5	0.4
自然	9.5	9.8	9.9	10.6	10.9	10.9	1.9	2.7	2.7	0.9	0.9	1.0
汽车/飞机/船舶/航天	3.0	3.0	2.9	3.4	3.3	3.0	0.3	0.4	2.0	0.0	0.0	0.0
体育	3.6	3.7	3.6	3.8	3.8	3.6	2.9	3.1	3.6	0.3	0.3	0.2
饮食	25.6	24.4	24.9	28.9	27.4	27.9	3.1	3.2	3.5	0.6	0.4	0.2
健康	18.4	18.8	18.3	17.6	18.4	18.3	21.3	20.0	16.4	43.2	41.9	43.3
心灵	4.1	4.2	4.0	3.4	3.5	3.4	8.5	8.3	7.6	13.1	12.0	10.7
生活常识/日常生活	19.4	20.5	21.6	14.8	16.1	16.9	52.3	52.9	56.0	39.7	42.7	43.2
法律/职业/经济	3.2	3.4	3.4	2.9	3.0	3.1	6.3	6.5	5.5	1.6	1.4	1.0
总计	100.0	100.0	100.0	100.0	100.0	100.0	100.0	100.0	100.0	100.0	100.0	100.0

资料来源：《图书与图书贸易数据 2020 版》

表 15　2017—2019 年饮食类图书内部销售额占比情况

单位：%

类别	总计 2017	总计 2018	总计 2019	精装书/平装书 2017	精装书/平装书 2018	精装书/平装书 2019	口袋书 2017	口袋书 2018	口袋书 2019	有声书 2017	有声书 2018	有声书 2019
综合类/工具书/图表	1.0	0.9	0.8	1.0	0.8	0.8	3.5	4.1	2.3	0.0	0.0	0.0
综合类和基础类食谱	11.6	12.2	11.8	11.5	11.9	11.5	23.3	39.3	36.2	0.1	0.1	0.4
各地食谱	10.3	12.0	11.2	10.3	12.1	11.4	9.1	8.0	2.0	0.0	0.0	0.0
专门类食谱	41.7	42.4	41.0	41.9	42.8	41.5	24.4	15.7	10.6	52.2	35.0	27.6
养生食谱/减肥食谱	18.8	16.0	18.9	18.7	16.0	18.6	25.6	19.7	35.1	44.0	56.2	56.1
烘焙	11.1	10.9	11.7	11.3	11.1	11.9	2.6	1.8	1.2	0.0	0.0	0.0
饮品	4.9	4.7	4.0	4.8	4.6	3.9	11.0	11.3	9.9	0.1	0.3	0.0
其他	0.7	0.7	0.5	0.7	0.7	0.5	0.4	0.1	2.7	3.5	8.4	15.9
总计	100.0	100.0	100.0	100.0	100.0	100.0	100.0	100.0	100.0	100.0	100.0	100.0

资料来源：《图书与图书贸易数据 2020 版》

2019年，占据非虚构类通俗图书最大市场份额的为政治、社会、经济类图书，其中对销售额贡献最大的几部图书有巴斯·卡斯特的《饮食指南》（*Der Ernährungskompass*），这部作品2018年就曾在年度畅销书排行榜上排在第三的位置，2019年更是上升到了榜首，这也证明了近几年来养生类话题的流行。此外还有分列年度畅销书排行榜第二、三位的斯蒂芬·霍金的《对宏大问题的简短回答》（*Kurze Antworten auf große Fragen*），以及米歇尔·奥巴马的《成为》。（见表16）

表16 2017—2019年非虚构类通俗图书内部销售额占比情况

单位：%

类别	总计 2017	总计 2018	总计 2019	精装书/平装书 2017	精装书/平装书 2018	精装书/平装书 2019	口袋书 2017	口袋书 2018	口袋书 2019	有声书 2017	有声书 2018	有声书 2019
字典/工具书	11.1	8.6	7.0	12.3	8.9	7.2	5.7	7.1	5.7	5.2	4.5	3.2
哲学/宗教	7.2	8.1	6.7	6.5	7.9	6.5	10.5	9.2	7.9	9.4	6.2	5.3
心理学/心灵感悟/灵智学	9.5	9.2	8.7	8.9	8.7	8.1	12.1	11.3	11.1	12.6	11.2	12.1
历史	18.8	16.3	16.9	19.1	15.8	16.4	17.1	18.6	18.9	17.3	18.0	18.2
艺术/文学	5.3	4.2	5.2	5.1	4.1	5.3	6.0	4.9	5.0	4.4	2.8	2.1
音乐/电影/戏剧	6.6	6.4	6.0	6.9	6.6	5.8	4.9	4.9	6.3	13.9	17.1	19.3
政治/社会/经济	31.3	38.5	39.3	30.5	39.6	40.1	35.2	33.8	36.3	22.5	25.5	27.4
自然/技术	10.3	8.8	10.2	10.6	8.5	10.5	8.6	10.2	8.7	14.8	14.7	12.4
总计	100.0	100.0	100.0	100.0	100.0	100.0	100.0	100.0	100.0	100.0	100.0	100.0

资料来源：《图书与图书贸易数据2020版》

2019年，儿童和青少年类图书的市场份额继续扩大，占总销量的17.2%（2018年：16.6%）。在此类图书中位居销量首位的是11岁以下（含11岁）儿童图书（27.3%），市场份额增幅最为明显的是排在第二位的图画书，销售占比从2018年的22.8%上升到了24.1%。青少年图书排在第三位（15.7%），游戏/学习超过非虚构类通俗读物上升到了第四的位置（11.2%）。（见表17）

表17　2017—2019年儿童和青少年类图书内部销售额占比情况

单位：%

类别	总计 2017	总计 2018	总计 2019	精装书/平装书 2017	精装书/平装书 2018	精装书/平装书 2019	口袋书 2017	口袋书 2018	口袋书 2019	有声书 2017	有声书 2018	有声书 2019
图画书	21.4	22.8	24.1	26.4	27.2	28.1	2.6	2.9	3.0	4.4	5.0	4.8
朗读类/童话/传说/童谣/歌曲	6.2	5.7	5.5	5.1	5.3	5.2	1.0	1.0	0.8	24.0	21.2	20.2
低幼/学前	5.6	5.5	5.3	6.1	5.9	5.6	1.5	1.2	1.2	7.6	9.2	9.6
11岁以下（含11岁）儿童图书	28.2	27.8	27.3	25.6	26.1	25.8	30.7	29.8	28.7	49.0	46.9	48.5
12岁以上（含12岁）青少年图书	18.0	16.6	15.7	12.9	11.5	11.3	54.7	53.5	51.9	7.9	8.8	8.0
传记	0.1	0.1	0.1	0.1	0.1	0.1	0.2	0.2	0.2	0.1	0.2	0.3
非虚构类通俗读物/图画书	10.1	10.9	10.8	12.0	12.7	12.3	1.8	1.6	1.7	5.2	6.3	6.2
游戏/学习	10.4	10.4	11.2	11.7	11.1	11.6	7.6	9.8	12.5	1.7	2.3	2.4
总计	100.0	100.0	100.0	100.0	100.0	100.0	100.0	100.0	100.0	100.0	100.0	100.0

资料来源：《图书与图书贸易数据2020版》

在旅行类图书中，占据绝对优势地位的依然是旅行指导手册，但其销售额占比继续减小，从2018年的62.9%下降到了61.2%。运动式旅行继续呈现上升趋势，与图册分列在第二、三位，市场份额分别为12.6%和12.3%。在运动式旅行中包括了针对徒步旅行和自行车骑行这两种时兴运动的手册。（见表18）

表18　2017—2019年旅行类图书内部销售额占比情况

单位：%

类别	总计 2017	总计 2018	总计 2019	精装书/平装书 2017	精装书/平装书 2018	精装书/平装书 2019	口袋书 2017	口袋书 2018	口袋书 2019	有声书 2017	有声书 2018	有声书 2019
旅行指导手册	63.4	62.9	61.2	65.7	65.4	63.3	41.5	39.7	41.1	24.1	17.6	27.0
运动式旅行	11.6	12.1	12.6	11.1	10.8	11.5	16.5	24.8	24.6	0.5	0.5	0.7
酒店/餐饮/野营指导手册	1.5	1.4	1.4	1.6	1.5	1.6	0.2	0.2	0.2	0.0	0.0	0.3
地图/地图册	3.2	3.0	3.4	3.5	3.3	3.7	0.1	0.2	0.4	0.0	0.0	0.5
图册	11.6	12.0	12.3	12.7	13.2	13.5	0.8	0.9	0.9	0.0	0.1	0.1
游记	8.6	8.4	8.9	5.2	5.6	6.4	40.6	34.0	32.8	75.3	81.8	71.5

类别	总计 2017	总计 2018	总计 2019	精装书/平装书 2017	精装书/平装书 2018	精装书/平装书 2019	口袋书 2017	口袋书 2018	口袋书 2019	有声书 2017	有声书 2018	有声书 2019
地球仪	0.0	0.0	0.0	0.0	0.0	0.0	0.0	0.0	0.0	0.0	0.0	0.0
地图附件/其他	0.1	0.1	0.1	0.1	0.1	0.1	0.3	0.2	0.2	0.0	0.0	0.0
总计	100.0	100.0	100.0	100.0	100.0	100.0	100.0	100.0	100.0	100.0	100.0	100.0

资料来源：《图书与图书贸易数据2020版》

四、图书销售渠道情况

德国图书市场的销售渠道分为零售、出版社直销、互联网销售、百货、邮寄、俱乐部和其他渠道。2019年，除俱乐部外，各种销售渠道的销售额均实现正增长。（见图5）

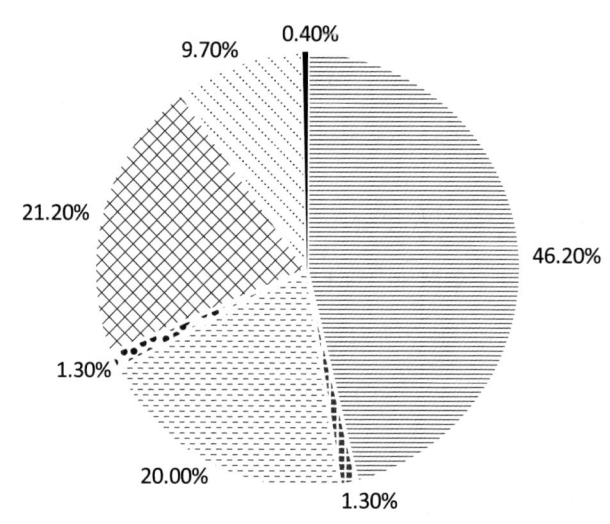

图5 2019年各图书销售渠道销售额占比情况

资料来源：《图书与图书贸易数据2020版》

零售是德国图书市场最主要的销售渠道，2019年，图书零售共实现销售额42.9亿欧元（不含线上销售），同比增加0.4%，但是零售渠道所占市场销售额近年来持续缩水，2019年占比仅为46.2%（2018年：46.8%；2017年：47.1%；2015年：48.2%；2010年：50.6%）。

出版社直销渠道占整个市场份额的21.2%（2018年：21.0%），2019年销售额为

19.7亿欧元，同比增长2.5%。直销渠道主要面对企业和机构用户，覆盖的主要是学术和专业图书市场。

相比较实体书店销售额的连年下降，互联网销售渠道呈现出不断上升的势头，2019年，包含实体书店在线销售平台在内的互联网销售渠道市场份额继续扩大，全年销售额为18.6亿欧元，占比上升至20.0%（2018年：19.5%），位居第三。2019年，线上渠道的销售额中一大部分来自市场的领头羊亚马逊，但实体渠道的线上销售也占据了不小的比例。目前，德国的绝大多数书店都有了自己的网店，这些网店的销售收入与亚马逊的销售收入共同被计入"线上渠道"之中。可以说，电子商务的兴起对实体书店既是挑战，也是机遇。

其他渠道中包括折扣店、超市、加油站、电子产品商场等销售网点。2019年，这些渠道的销售额总计9.0亿欧元，占比9.7%（2018年：9.8%）。

排在之后的有百货渠道、邮寄、俱乐部渠道等，2019年，这些渠道的销售额分别为1.2、1.2和0.3亿欧元，占比分别为1.3%、1.3%和0.4%（2018年：1.3%、1.2%、0.4%）。其中，传统的邮寄方式（通过产品目录、电子邮件或电话）在2019年增长最为明显，同比涨幅达到了6.1%。

根据德国铁路股份有限公司的数据，2019年，德国火车站报纸、期刊和图书的总销售额约2.80亿欧元，图书零售商各类商品共创造销售额4.17亿欧元，比2018年增加约300万欧元。火车站零售商的数量虽然比2018年的286家增加了1家（同一个火车站的多个销售点只计算一次），但图书销售面积进一步减少，2019年仅为50311平方米。（见表19）

表19 2015—2019年德国火车站图书销售情况

年份	企业	营业面积（平方米）	企业平均营业面积（平方米）	营业额（亿欧元）	企业平均销售额（万欧元）
2015	306	57420	187.6	4.16	135.9
2016	301	54219	180.1	4.23	140.5
2017	289	52969	183.3	4.14	143.2
2018	286	52313	182.9	4.14	144.7
2019	287	50311	175.3	4.17	145.2

资料来源：《图书与图书贸易数据2020版》

报纸和杂志是火车站图书零售商的主要销售支柱，但这两种产品的销售正处于不断下滑的趋势之中，根据德国火车站图书零售商联盟（Verband Deutscher Bahnhofsbuchhändler）2019 年的财政报告，报纸杂志的销售额同比减少约 3%。但图书的销售额同比增加了约 2%。

在德国，每 9 份售出的期刊中，就有 1 份是由火车站的零售商出售的，因此，德国火车站图书零售商联盟在年度财报中强调指出火车站零售在德国纸质期刊销售以及公民思想观点多样性形成方面的重要作用。

五、国民阅读情况

继 2018 年购书者人数短暂小幅上涨之后，2019 年，德国的购书者人数再次回落。德国图书市场依然面临着数字化以及人们生活习惯改变带来的危机。

（一）阅读情况

"最佳计划"（Best for planning）是一项针对德国人业余生活的问卷调查，2019 年，有超过 3 万名 14 岁以上的受访者参与这项调查。调查表中的选项在 2019 被细分为"每周多次""每月多次""约每月一次""少于每月一次""从不"，与 2018 年的数据虽无法进行一一对应的比较，但仍能够部分呈现德国人业余生活方式的改变。

在 2019 年的数据中，"电视"继续占据首位，并且优势仍在扩大，而同时，互联网的信息和娱乐功能正在迅速凸显。表示"每周多次"选择"电视""收听广播"和"上网"作为业余活动的受访者分别占 92.0%，74.4% 和 70.4%（2018 年选择"经常"的受访者分别为 84.2%，62.4%，58.0%），而"每周多次读书"的受访者仅占 16.7%（2018 年"经常看书"的受访者为 17.9%，2017 年：18.2%，2014 年：20.4%），但排名上升至第十二位（2018 年第十四位），"每月多次"看书的受访者占 21.7%，"每月一次"的受访者占 9.7%。"少于每月一次"者占 25.5%，"从不"看书的受访者占 26.4%（2018 年：27%；2017 年：25.3%；2014 年：22.8%）。如果将"少于每月一次"和"从不"的数据合并，这部分受访者在 2019 年占 51.9%，比例低于 2018 年，"很少"或"从不"看书的受访者在该年总计 54.5%。德国人对有声书的使用也在增加，2018 年，"很少"或"从不"听有声书的受访者占到了 93.5%，2019 年，这一类受访者的比例下降至 91.5%。

德国西南部媒体教育研究协会（Medienpädagogischer Forschungsverbund Südwest）每两年会针对 6 至 13 岁的儿童进行一项业余活动和媒体使用方面的调查。在 2018 年的调查数据中，表示对"手机/智能手机""很感兴趣"或"感兴趣"的受访者分别为 39% 和 30%，仅次于"朋友"，排在第二位（2016 年第四位，2014 年第七位），对"读书"有兴趣的儿童占 50%（2016 年：47%，2014 年：51%），排在第十二位，从数据上看，智能手机的普及对儿童的阅读兴趣尚未产生根本性的影响。

图书购买者的数量变化曾是一个长期被忽视的指标，而图书市场面临的真正危机恰恰就是体现在这里。从 2013 年到 2017 年，德国大众图书市场（不包括教科书和专业书籍）的购买者数量从 3600 万下降到了 2960 万，也就是说，德国大众图书市场在这五年中失去了将近 1/5 的消费者。2018 年，购书者数字曾出现过小幅回升（增加约 30 万人，涨幅约 1.0%），但是在 2019 年，年均购买至少一本书的人数仅为 2880 万，同比减少了 3.7%（2018 年：2990 万）。（见图 6）

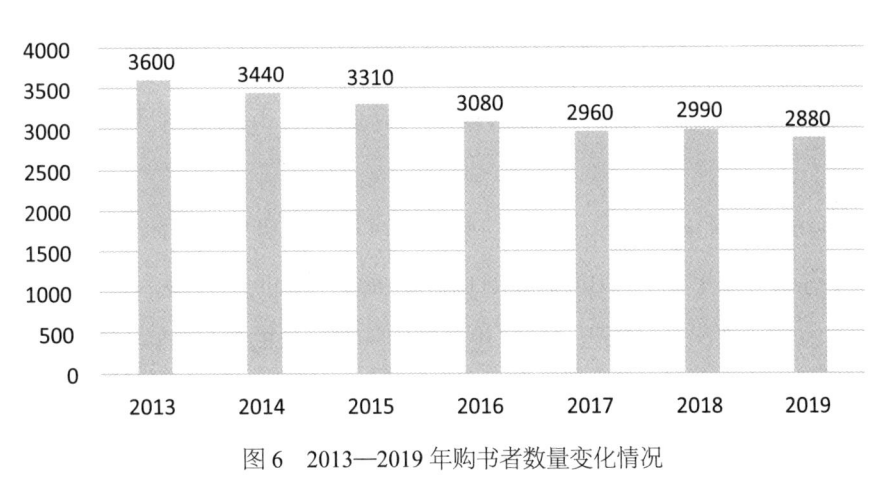

单位：万人

图 6　2013—2019 年购书者数量变化情况

资料来源：德国捷孚凯（GfK）媒体消费调查

2019 年，德国人均图书购买量相比 2018 年有小幅上涨，从 12.0 册上升到了 12.3 册。（见图 7）

单位：本

图 7　2013—2019 年人均购书量变化情况

资料来源：德国捷孚凯（GfK）媒体消费调查

从 14 岁以上购书者的性别分布看，女性依然是最重要的图书购买群体，2019 年，有 62% 的女性曾经至少购买过一本书（2018 年：64%，2015 年：66%），这个比例在男性为 47%（2018 年：48%；2015 年：52%）。在图书阅读方面，女性的阅读频率整体也高于男性。"每天或一周多次"读书的女性比例为 39%，男性比例仅为 23%。整体看来，有阅读习惯的人（"每天或一周多次"）占比达到 31%，与 2018 年持平。

2018 年 6 月，德国书商和出版商协会联合市场研究机构捷孚凯发起名为"图书购买者——你们在哪里？"（Buchkäufer – quo vadis?）的问卷调查，一方面立体地呈现了读书者流失的情况及其原因，同时也透露出一些积极的信息：读书仍然被所有目标群体视为非常积极和正面的事情。读书可以让人身心放松，内心平和，拓展视野，还能够带人们进入不同的世界，并且受访者都因为缺少时间读书而感到遗憾。受访者在调查中所提出的主要诉求包括希望得到更多的阅读引导以及加强浸入式体验等方面，这也成为目前书业以吸引读者为目的进行的各项调整的重要内容。

（二）图书馆情况

德国拥有发达的图书馆系统。根据德国图书馆协会（Der Deutsche Bibliotheksverband e.V., www.bibliotheksverband.de）提供的数据，德国有各类图书馆 9297 家，

馆藏资料3.74亿册,年出借资料4.08亿册,约1.26亿人次使用公共图书馆。[1]

目前,德国的图书馆管理系统(BMS)正在经历转型,将近二十年前开始使用的"图书馆网络系统"正在被新的系统取代。新的系统将能够在网络体系内实现互用,对各种不同的媒体类型进行统一管理(纸质媒体,电子媒体,数字媒体),具备云功能并能够实现高效率操作,图书馆管理平台Ex Libris的Alma和OCLC的WorldShare(WMS)已开始在德国的图书馆系统中推广使用。

六、相关企业情况

2019年,德国出版企业的数字化进一步深化,而同时,实体书店也正在采取联合和扩张销售网络等方式应对图书市场框架条件的改变。

(一)出版企业情况[2]

1. 概况

德国有出版社约3000家,从业人员约2.5万人,年销售额51.4亿欧元。除出版社外,德国还有大量从事图书出版的公司、机构和个人。2019年,德国书商与出版商协会会员总数为4376(2018年:4513),其中出版社1580家(2018年:1606)。2019年,德国拥有出版社总部最多的城市是柏林(152家),其次为慕尼黑(107家)。以下为各出版企业在德国销售额的统计及其排名。(见表20至表22)

表20　德国十大出版企业及在德国本土销售情况

排名	出版企业	销售额(万欧元)
1	施普林格-自然出版社(Springer Nature)	57640
2	浩富出版社(Haufe)	32410
3	科莱特出版社(Klett)	31820
4	韦斯特曼出版社(Westermann)*	30000
5	兰登书屋(Random House)	29300
6	威科出版社(Wolters Kluwer)	26800
7	康乃馨出版社(Cornelsen)	25400

---

[1] Deutscher Bibliotheksverband [EB/OL]. https://www.bibliotheksverband.de/.
[2] Mediendossier-Verlage [EB/OL]. https://www.boersenverein.de/presse/mediendossiers/mediendossier-verlage/ 数据更新至2018年。

续表

排名	出版企业	销售额（万欧元）
8	贝克出版社（C. H. Beck）	20470
9	WEKA 出版社（WEKA）	20100
10	蒂墨出版社（Thieme）	16240

* 估计值

资料来源：《图书报道》（*buchreport.magazin*），2019 年 4 月

表 21　德国十大大众图书出版企业及在德国本土销售情况

排名	出版企业	销售额（万欧元）
1	兰登书屋（Random House）	29300
2	吕贝出版社（Bastei Lübbe）	8400
3	卡尔森出版社（Carlsen）	7070
4	菲舍尔出版社（S. Fischer）	6720
5	罗沃尔特出版社（Rowohlt）	6700
6	拉文斯堡出版社（Ravensburger Buchverlag）*	6100
7	德国口袋书出版社（dtv）	6020
8	德吕墨-克纳尔出版社（Droemer Knaur）	5790
9	乌尔施泰因出版社（Ullstein）	4610
10	汉泽尔出版社（Hanser）	4340

* 估计值

资料来源：《图书报道》，2019 年 4 月

表 22　2014—2018 年德国出版企业销售额量级分布情况

单位：万欧元、%

销售额量级	2014 年销售额	占比	2015 年销售额	占比	2016 年销售额	占比	2017 年销售额	占比	2018 年销售额	占比
1.75 ~ 5	1.6	0.2	1.6	0.2	1.5	0.2	1.4	0.2	1.3	0.2
5 ~ 10	2.6	0.3	2.3	0.3	2.4	0.3	2.4	0.3	2.1	0.3
10 ~ 25	7.1	0.8	6.8	0.8	6.9	0.8	6.7	0.8	6.7	0.8
25 ~ 50	9.1	1.1	9.4	1.2	8.7	1.0	9.0	1.1	8.7	1.0
50 ~ 100	13.7	1.6	13.0	1.6	13.7	1.6	13.3	1.6	13.8	1.6
100 ~ 200	18.2	2.1	18.4	2.3	18.1	2.1	17.6	2.1	16.4	1.9
200 ~ 500	34.7	4.1	35.1	4.3	33.3	3.9	33.1	3.9	32.8	3.9

续表

销售额量级	2014年销售额	占比	2015年销售额	占比	2016年销售额	占比	2017年销售额	占比	2018年销售额	占比
500～1000	47.7	5.6	47.6	5.9	43.6	5.2	37.1	4.4	39.3	4.6
1000～2500	56.3	6.6	63.7	7.8	71.8	8.5	66.7	7.9	57.8	6.8
2500～5000	80.3	9.5	58.5	7.2	61.7	7.3	655.8	77.8	71.5	8.4
5000以及上	576.7	68.0	556.9	68.5	584.0	69.1			597.0	70.5
合计	848.0	100.0	813.3	100.0	845.7	100.0	843.0	100.0	847.3	100.0

资料来源：《图书与图书贸易数据2020版》

2018年，德国最大图书中盘批发商KNV（Koch，Neff und Volckmar）的破产风波加剧了图书出版业的不确定因素，特别是引起人们对独立出版社可能受到冲击的担忧。这种不隶属于任何集团，也没有专业的出版和营运结构的独立出版社被认为对于德国保持文化多样性至关重要，负责文化事务的国务部长格吕特斯（Monika Grütters）表示，独立出版社的存在能对抗大型书商"只追求能保证高销售数字的作品，造成精神单一文化"的情况。为此，格吕特斯在2018年宣布将设立德国出版奖，以此特别对年销售额在300万欧元以下的独立出版社表示支持。

2. 专业及学术出版社

德国有专业及学术出版社约600家，主要包括学术类、工业类以及法律、经济和税务类出版社。不同于主要依靠售书盈利的大众图书出版企业，这一类出版社的盈利形式和经营模式多种多样，学术出版社主要依靠销售纸质图书或电子资源（例如数据库），而工业领域以出版专业杂志为主的出版企业收入除了来自于图书销售之外，还有一部分来自广告收入，完全依靠广告收入的出版企业也不在少数。

纸质出版物依然是专业出版社的核心业务，这部分出版物以41.5亿欧元的销售额，在专业出版社的总销售额占据53.7%的比重，但是在2018年，纸质出版物的销售额同比略有下降（降幅2.5%）。

德国的专业出版社也呈现出数字化转型的趋势。2018年，专业出版社销售额同比上涨1.1%，这部分增长主要是来自数字产品。

专业出版社的纸质出版物两大重要盈利渠道为专业期刊的销售和广告收入，在2018年，这两项收入同比都呈下降趋势，其中广告收入相比2017年减少3.1%，期刊销售收入减少1.1%。而数字产品的销售则继续表现出良好的增长态势。2018年，数字广告收入实现了8.9%的增幅，而数字产品的销售额增长了4.5%。此外，专业出版社通过展会及举办活动，也继续实现销售额的增长（增幅4.9%），销售额达到6.1亿欧元。

3. 教育类出版社

教育类出版社的主要业务涵盖早期教育、普通学校教育、职业教育（包括学校及职业教育企业的初级职业教育）、成人教育和教师培养等方面。2017年，教育类出版社的销售额约6亿欧元，其中普通学校教育占比约70%，成人教育占15%（语言和IT），职业教育占10%，早期教育占5%。

2019年2月21日，德国联邦议院确认了由调解委员会商定的《数字协议》（Digitalpakt）方案。根据该方案，德国将提供约50亿欧元的经费投入到中小学数字化建设中。德国联邦职业教育教师协会（BvLB）对此表示欢迎，认为该方案是迈向数字化未来的一步。[①] 这同时也意味着，教育类出版社在未来将需要为市场提供更多的数字化产品。

（二）重点书店情况

2019年，德国图书零售业结束连续五年的下滑趋势，销售额42.91亿欧元（不含电子商务），实现了0.4个百分点的正增长。（2014年：45.8亿欧元，-1.2%；2015年：44.27亿欧元，-3.4%；2016年：43.92亿欧元，-0.8%；2017年：43.04亿欧元，-2.0%；2018年：42.74亿欧元，-0.7%）。但是，实体书店销售额在总销售额中的占比继续了过去五年中的下降趋势，降至46.2%（2014年：49.2%，2015年：48.2%，2016年：47.3%，2017年：47.1%，2018年：46.8%）。在各种销售模式中，市场份额增长最为明显的是传统的邮寄模式，增幅达到了6.1%。互联网销售模式继续保持强劲的增长模式，包括实体书店网上销售业务在内的网上书店共取得18.6亿欧元的销售额，比2018年增长了4.2%，占整个市场份额的20%。

近年来，德国的实体书店采取联合和扩张销售网络的方式应对图书市场框架条件

---

① Digitalpakt: BvLB fordert 50 Prozent der Finanzmittel für die berufliche Bildung. Bundesverband, der Lehrkräfte für Berufsbildung e.V. (BvLB) [EB/OL]. https://bildungsklick.de/schule/meldung/digitalpakt-bvlb-fordert-50-prozent-der-finanzmittel-fuer-die-berufliche-bildung/ 25.02.2019.

的改变。2019年1月，塔利亚与迈依舍（Mayersche）书店宣布合并，双方提出要成为"欧洲最重要的家族式图书销售企业"。两家书店合并后，企业门店超过了350家。扩张销售网络的并不仅有塔利亚书店，2019年6月，胡根杜贝尔书店（Hugendubel）在总部所在地慕尼黑开设了第九家门店；总部位于蒂宾根的欧斯安德书店（Osiander）在德国南部已拥有超过60家门店，目前依然在通过并购和设立新的门店扩张自己的销售网络；鲁普莱希特书店（Rupprecht）（总部位于弗恩施特劳斯）门店数量也超过了40家。

为了调查图书统一定价对于实体书店经营的影响，德国书商和出版商协会委托研究人员展开了一项调查，2019年11月，最终调查结果出炉。研究人员对比了德国与英国的图书市场，认为德国图书市场的集中化程度明显低于英国：以网络图书零售商亚马逊为例，其在英国的市场份额占到了45%到50%，而在德国，所有网上书店的总市场份额也仅占到20%左右，市场上30%的销售额来自于独立书店，还有约20%来自于其他实体零售书店。英国在取消了图书统一定价制度之后，独立书店从1995年到2001年减少了约12%，而在德国，从1995年到2002年，独立书店减少的幅度仅为3%。

此外，根据调查数据，德国的实体书店每减少一家，年均图书销售量就下降6100册。从2014年至2017年，因书店倒闭而造成的图书销售数量的减少总计约350万册，占图书总销量减少额的56%。由此可见，实体书店的倒闭，并不意味着这部分顾客一定会转而在网络书店购书或是购买电子书，实体书店的存在对于图书销售是具有积极作用的，能够使读者更容易注意到不在畅销书榜之上的图书，促进那些知名度尚低的图书的销售。在2011年到2018年的畅销书榜中，有420种图书是用了三周或三周以上的时间，才跻身书榜前二十，在这些图书中，有237种（56.4%）完全是凭借了实体书店中的销售，171种（40.7%）在很大程度上依靠了实体书店的销售。

此外，研究人员通过对比德国、英国与法国书价的变化得出结论，图书统一定价政策能够降低图书均价的上涨速度。在取消了图书统一定价的英国，书价从1996年到2018年上涨了约80%，而在采用此项政策的法国，书价涨幅仅为24%，德国书价的涨幅仅为29%。

德国书商和出版商协会由此认为，图书统一定价的政策保障了图书零售市场的多样性，对于图书的推广以及图书质量和内容丰富性都有促进作用。①

七、期刊业发展概况

根据德国期刊出版商协会（Verband Deutscher Zeitschriftenverleger）2020年4月的年度报告，2019年，德国的期刊种数总计为7206种，其中大众期刊1569种，专业期刊5537种，宗教类期刊100种。其中，发行量最大的是节目指南类期刊，排在前三位的分别为 *tv*14、*TV Digital Hörzu* 和 *TV Direkt*，创造销售额最多的为新闻杂志，排在前三位的分别是《明镜周刊》《明星周刊》和《彩色周刊》。访问量最大的新闻门户网站为 Bild.de 和 Spiegel Online 的新闻网页。

在德国，阅读期刊依然是人们经常从事的活动，但整体呈现下降趋势。德国公民中经常阅读期刊的人数占88%（2018年：92%），这一比率在14岁至19岁的公民中为75%（2018年：83%），20至39岁的公民中为81%（2018年：88%），40岁至59岁的公民中为86%（2018年：91%），60岁以上的公民中为93%（2018年：96%）。在 Best for planning 2019 的调查中，"一周多次"阅读"日报"和"期刊／杂志"的受访者分别占49.8%和36.3%，分列第七位和第九位。

（一）大众期刊情况

2019年，德国大众期刊总数为1569种，比2018年减少了56种。大众期刊的平均价格为4.47欧元，其中平均价格排在前三位的分别为知识类期刊（7.78欧元）、经济类期刊（7.73欧元）和旅游类期刊（7.31欧元）。人均购买期刊量为18册。

大众期刊最主要的两种销售方式为零售与订阅，占比分别为46%和41%。《明镜周刊》（*Der Spiegel*）以2.069亿欧元成为2019年德国创造销售额最多的大众期刊（2018年：2.155亿欧元），《明星周刊》（*Stern*）和女性杂志《彩色周刊》（*Bunte*）分列二、三位，营业额分别为1.825亿欧元和1.473亿欧元。②

---

① Buchpreisbindung: Garant für Qualität und Vielfalt auf dem Buchmarkt – Neue Studienergebnisse vorgestellt [EB/OL]. https://www.boersenverein.de/boersenverein/aktuelles/detailseite/buchpreisbindung-garant-fuer-qualitaet-und-vielfalt-auf-dem-buchmarkt-neue-studienergebnisse-vorgestellt/.

② VDZ: Jahrespressekonferenz 2020 [EB/OL]. https://www.vdz.de/fileadmin/vdz/upload/news/VDZJPK20/VDZ_Jahrespressekonferenz_2020_Online.pdf.

按照广告收入，排在前三位的分别为《明星周刊》（1.166 亿欧元）、《明镜周刊》（0.872 亿欧元）和《彩色周刊》（0.869 亿欧元）。①

（二）专业期刊情况

2019 年，德国专业期刊总计 5537 种。在 2020 年一项针对经济和行政管理领域决策者阅读习惯的调查（LAE 2020）中，专业期刊以 73% 的比例（含纸质与电子版）高居榜首，是受访者最重要的信息来源，专业期刊杂志出版社的各类活动与数字化产品分别排在第二、三位。此项调查结果发布时间是 2020 年 3 月，因此，调查结果并未能显示德国因疫情发展采取出行限制措施之后的变化。

在此项调查中，有 57.4% 的受访者"定期"阅读一种或多种专业期刊，89.8% 的受访者"有时"阅读此类期刊。专业期刊杂志出版社提供的网页、社交媒体、简报、手机应用程序等服务也得到了读者的青睐，"定期"使用这些服务的受访者占比达到了 29.6%，"有时"使用这些服务的受访者甚至高达 76.2%。新冠疫情更加速了这些数字化服务的发展，在突发的危机状态下，经济和行政管理领域的决策者们更加需要掌握有关整体局势及各个经济部门的可靠信息。

包括各种会议与研讨会在内的各类活动因其能够为参与者提供数字服务无法实现的高质量交流，因此同样受到欢迎："定期"参加这类活动的受访者占 29.7%，"有时"参与者占到了 80.4%。在新冠疫情爆发后，各出版社通过线上或线上线下结合的方式，在线研讨会等形式灵活应对疫情带来的各种限制。

从专业期刊读者的年龄构成上看，39 岁以下的受访者中"阅读一种或一种以上专业期刊"者占 63.9%，40 岁以上受访者中这一比例为 55.9%，年轻读者中使用专业期刊杂志出版社数字化产品者的比例也更高（39 岁以下：40.0%；40 岁以上：27.1%）。②

（三）大宗期刊批发情况

根据德国联邦书报杂志批发商协会（Bundesverband Deutscher Buch-, Zeitungs- und Zeitschriften-Grossisten e.V., Presse-Grosso）提供的年度调查数据，2019 年，德国

---

① Magazines in Germany [EB/OL]. https://www.statista.com/study/28983/magazines-in-germany-statista-dossier/.
② Fachpresse-Sonderauswert und mit der LAE 2020 [EB/OL]. https://www.deutsche-fachpresse.de/markt-studien/fachpresse-umfrage-in-der-lae-2019/2020/.

大宗期刊批发公司共 31 家，其中西部 19 家，东部 12 家。期刊种类约 6000 种，平均现货种类约 1850 种。接受供货的销售网点共 97485 个，其中西部 80372 个，东部 17113 个。

期刊大宗批发销售总额 18.23 亿欧元，同比下降 4.83%，其中西部 15.22 亿欧元，同比下降 5.10%，东部 3.01 亿欧元，同比下降 3.44%。期刊销售总量为 13.4 亿册，比 2018 年减少 7.97%，其中西部 10.82 亿册，降幅为 8.40%，东部 2.53 亿册，降幅 6.04%。[①]

参考文献

1. *Buch und Buchhandel in Zahlen 2020,* Börsenverein des Deutschen Buchhandels, 2020.

2. Audible Hörkompass 2019 [EB/OL]. https://magazin.audible.de/audible-hoerkompass-2019/.

3. Buchpreisbindung: Garant für Qualität und Vielfalt auf dem Buchmarkt – Neue Studienergebnisse vorgestellt [EB/OL]. https://www.boersenverein.de/boersenverein/aktuelles/detailseite/buchpreisbindung-garant-fuer-qualitaet-und-vielfalt-auf-dem-buchmarkt-neue-studienergebnisse-vorgestellt/.

4. Deutscher Bibliotheksverband [EB/OL]. https://www.bibliotheksverband.de/.

5. Statistisches Bundesamt: Pressemitteilungen 15. 01. 2020, 018 [EB/OL]. https://www.destatis.de/DE/Presse/Pressemitteilungen/2020/01/PD20_018_811.html.

6. Digitalpakt: BvLB fordert 50 Prozent der Finanzmittel für die berufliche Bildung. Bundesverband, der Lehrkräfte für Berufsbildung e.V. (BvLB) [EB/OL]. https://bildungsklick.de/schule/meldung/digitalpakt-bvlb-fordert-50-prozent-der-finanzmittel-fuer-die-berufliche-bildung/ 25.02.2019.

7. Fachpresse-Sonderauswert und mit der LAE 2020 [EB/OL]. https://www.deutsche-

---

① Presse-Grosso 2019[EB/OL]. https://www.pressegrosso.de/fileadmin/user_upload/Presse-Grosso_in_Zahlen/Branche_Presse-Grosso_in_Zahlen_2019.pdf.

fachpresse.de/markt-studien/fachpresse-umfrage-in-der-lae-2019/2020/.

8. Magazines in Germany [EB/OL]. https://www.statista.com/study/28983/magazines-in-germany-statista-dossier/.

9. Mediendossier-Verlage [EB/OL].https://www.boersenverein.de/presse/medi-endossiers/mediendossier-verlage/.

10. Presse-Grosso 2019[EB/OL]. https://www.pressegrosso.de/fileadmin/user_upload/Presse-Grosso_in_Zahlen/Branche_Presse-Grosso_in_Zahlen_2019.pdf.

11.VDZ: Jahrespressekonferenz 2020 [EB/OL]. https://www.vdz.de/fileadmin/vdz/upload/news/VDZJPK20/VDZ_Jahrespressekonferenz_2020_Online. df.

12. Wer leiht was in Bibliotheken und insbesondere online? Ein 360°-Blick auf die Onleihe – die digitale Ausleihe der Bibliotheken[EB/OL]. https://www.freiburg.de/pb/site/Freiburg/get/params_E-131596620/1616802/Bericht_Onleihe_2019_final.pdf.

13. 德国图书信息中心. 德国2019年度畅销书榜——虚构类[EB/OL]. http://www.biz-beijing.com/news.php?year=2020&id=645.

14. 德国图书信息中心. 德国2019年度畅销书榜——非虚构类[EB/OL]. http://www.biz-beijing.com/news.php?year=2020&id=646.

（作者单位：北京外国语大学）

2019年西班牙出版业发展报告

楼　宇

自2014年起，西班牙经济已连续六年实现稳速增长。据西班牙国家统计局数据显示，2019年，西班牙国内生产总值为12448亿欧元，比2018年增长了2.0%，是西班牙近几年经济增长率最低的一年。在2018年经历了新书出版总数大幅度减少后，2019年，西班牙新书出版量有明显提升，共出版82344种，较2018年增长了8.1%，基本恢复到2017年的水平。西班牙国内市场图书销售额继续缓速增长，2019年为24.21亿欧元，较2018年的23.64亿欧元上涨2.4%。

一、图书出版情况

西班牙的新书出版总数整体呈逐年增长态势，但在2018年，新书出版总数锐减，较2017年减少了12.7%。不过，2019年这一状况得到了改善，共计出版新书82344种，较2018年的76202种增长了8.1%。其中，纸质图书出版总数为60737种，较2018年增长了6.6%；电子书出版数量也有显著增长，为21607种，较2018年增长了12.3%。（见表1）

表1　2017—2019年西班牙新书出版情况

单位：种

类别	2017	2018	2019	2017/2016 增减幅度	2018/2017 增减幅度	2019/2018 增减幅度
纸质图书	60124	56966	60737	+2.5%	−5.3%	+6.6%
电子书	27138	19236	21607	+18.9%	−29.1%	+12.3%
总计	87262	76202	82344	+7.1%	−12.7%	+8.1%

资料来源：《2019年西班牙国内图书贸易年度报告》

（一）纸质图书出版情况

从纸质图书细分类别看，2019年，非文学类、非大学教科书类和成人文学类图书为出版数量最多的图书，占纸质新书出版总数的79.6%。与2018年相比，2019年所有类别的图书都有不同程度的增长，其中增幅最大的为成人文学类别下的古典小说和科幻恐怖小说，分别为17.2%和15.5%。（见表2）

表2　2017—2019年西班牙各类纸质图书出版种数情况

类别	2017 种数（种）	2017 比例（%）	2018 种数（种）	2018 比例（%）	2019 种数（种）	2019 比例（%）	2019/2018 增减幅度
一、成人文学类	11111	18.5	10928	19.2	11888	19.6	+8.8%
1. 小说	8836	14.7	8648	15.2	9565	15.7	+10.6%
古典小说	1435	2.4	1409	2.5	1652	2.7	+17.2%
当代小说	4301	7.2	4255	7.5	4567	7.5	+7.3%
侦探小说	859	1.4	836	1.5	952	1.6	+13.9%
爱情小说	1408	2.3	1362	2.4	1502	2.5	+10.3%
科幻恐怖小说	398	0.7	386	0.7	446	0.7	+15.5%
情色小说	45	0.1	40	0.1	43	0.1	+7.5%
幽默小说	165	0.3	142	0.2	158	0.3	+11.3%
其他小说	225	0.4	218	0.4	245	0.4	+12.4%
2. 诗歌、戏剧	679	1.1	686	1.2	703	1.2	+2.5%
3. 其他文学体裁	1596	2.7	1594	2.8	1620	2.7	+1.6%
二、儿童及青少年图书	9141	15.2	8963	15.7	9640	15.9	+7.6%
三、非大学教科书	13166	21.9	11884	20.9	12742	21.0	+7.2%
1. 儿童教育	2013	3.3	1935	3.4	2004	3.3	+3.6%
2. 小学教育	4834	8.0	4098	7.2	4540	7.5	+10.8%
3. 中学教育	3517	5.8	3141	5.5	3393	5.6	+8.0%
4. 大学预科	648	1.1	621	1.1	660	1.1	+6.3%
5. 职业培训	171	0.3	168	0.3	174	0.3	+3.6%
6. 配套教材	1983	3.3	1921	3.4	1971	3.2	+2.6%
四、非文学类	23904	39.8	22501	39.5	23694	39.0	+5.3%
1. 科学技术与大学教科书	3638	6.1	3366	5.9	3551	5.8	+5.5%
2. 社科人文	7151	11.9	6582	11.6	6766	11.1	+2.8%

续表

类别	2017 种数(种)	2017 比例(%)	2018 种数(种)	2018 比例(%)	2019 种数(种)	2019 比例(%)	2019/2018 增减幅度
3. 法律与经济	3058	5.1	3005	5.3	3207	5.3	+6.7%
4. 宗教	1751	2.9	1612	2.8	1735	2.9	+7.6%
5. 生活实用图书	3898	6.5	3722	6.5	3938	6.5	+5.8%
6. 大众读物	4115	6.8	3927	6.9	4201	6.9	+7.0%
7. 字典与百科全书	294	0.5	287	0.5	296	0.5	+3.1%
五、漫画	1875	3.1	1784	3.1	1825	3.0	+2.3%
六、其他	927	1.5	906	1.6	984	1.6	+4.6%
总计	60124	100	56966	100	60737	100	+6.6%

资料来源：《2019年西班牙国内图书贸易年度报告》

2019年，西班牙图书总印刷量近2.30亿册，较2018年的2.14亿册增加了7.1%，但与2017年的2.40亿册相比仍有较大差距。从细分类别看，2019年除了科学技术与大学教科书类图书略有下滑外，其他所有类别的图书印刷量都有不同程度的增长，其中增幅最大的为科幻恐怖小说、古典小说和小学教育教科书，比2018年分别增加了15.0%、13.3%和12.4%。2019年，西班牙图书平均发行量为3779册，略高于2018年的3762册。从细分类别看，各类别的增减幅度均不大。相对而言，降幅最大的为其他小说和科学技术与大学教科书，较2018年分别减少了7.7%和6.2%。（见表3）

表3 2017—2019年西班牙各类图书印刷量及平均发行量情况

类别	总印量(千册) 2017	总印量(千册) 2018	总印量(千册) 2019	平均发行量(册) 2017	平均发行量(册) 2018	平均发行量(册) 2019
一、成人文学类	48055	46508	50144	4325	4256	4218
1. 小说	43382	42627	46134	4910	4929	4823
古典小说	5722	5542	6280	3988	3933	3802
当代小说	22613	22514	24147	5258	5291	5287
侦探小说	5117	5104	5587	5957	6106	5869
爱情小说	6528	6265	6619	4636	4600	4407
科幻恐怖小说	1490	1474	1695	3743	3819	3801

续表

类别	总印量（千册）			平均发行量（册）		
	2017	2018	2019	2017	2018	2019
情色小说	316	287	300	7021	7185	6973
幽默小说	809	689	725	4903	4852	4590
其他小说	787	752	780	3498	3450	3183
2. 诗歌、戏剧	1286	1164	1202	1895	1697	1710
3. 其他文学体裁	3387	2717	2808	2122	1705	1733
二、儿童及青少年图书	56013	50558	54853	6128	5641	5690
三、非大学教科书	52638	38645	41906	3998	3252	3289
1. 儿童教育	9423	7271	7621	4682	3758	3803
2. 小学教育	21950	14455	16243	4541	3527	3578
3. 中学教育	11629	9294	9997	3307	2959	2946
4. 大学预科	2402	2153	2336	3705	3468	3540
5. 职业培训	485	456	481	2840	2714	2763
6. 配套教材	6749	5016	5228	3404	2611	2653
四、非文学类	68316	64790	68393	2858	2879	2886
1. 科学技术与大学教科书	6882	6581	6510	1892	1955	1833
2. 社科人文	16313	15474	15635	2281	2351	2311
3. 法律与经济	4027	3834	3954	1317	1276	1233
4. 宗教	7054	6310	6731	4029	3914	3879
5. 生活实用图书	18488	17867	19553	4743	4800	4965
6. 大众读物	14312	13532	14803	3478	3446	3524
7. 字典与百科全书	1240	1191	1207	4225	4150	4077
五、漫画	13254	12018	12340	7067	6737	6762
六、其他	1944	1797	1879	2098	1983	1982
总计	240220	214316	229515	3995	3762	3779

资料来源：《2019年西班牙国内图书贸易年度报告》

（二）各文种图书出版情况

西班牙有四种主要语言，其中卡斯蒂利亚语为全国性官方语言，即通常所指的西班牙语，加泰罗尼亚语及巴伦西亚语、巴斯克语和加利西亚语为地区级官方语言。2019年，西班牙国内各文种图书出版量增幅明显，其中增幅最大的是卡斯蒂利亚文图书和加泰罗尼亚文及巴伦西亚文图书，分别达到 8.5% 和 7.8%，增幅最小的为加利西亚文图书。2019 年，卡斯蒂利亚文图书出版 62522 种，所占比例为 75.9%；加泰罗尼亚文及巴伦西亚文图书出版 11040 种，仍居第二位。（见表 4）

表 4　2016—2019 年西班牙各文种图书出版情况

单位：种

类别	2016	2017	2018	2019 种数	2019 比例（%）	2019/2018 增减幅度
卡斯蒂利亚文	61477	65961	57605	62522	75.9%	+8.5%
加泰罗尼亚文/巴伦西亚文	11188	12041	10242	11040	13.4%	+7.8%
巴斯克文	1790	1958	1842	1926	2.3%	+4.6%
加利西亚文	1859	1886	1708	1766	2.1%	+3.4%
其他文种	5181	5416	4805	5092	6.2%	+6.0%
总计	81496	87262	76202	82346	100%	+8.1%

资料来源：《2019 年西班牙国内图书贸易年度报告》

2019 年，翻译自英语、葡萄牙语、法语等外国语言的图书出版量增幅明显，共计 4557 种，较 2018 年增长了 30.2%。翻译自英语的图书为 2800 种，占外语翻译类图书的 61.4%，与 2018 年相比增幅达到 37.4%；其次为翻译自葡萄牙语的图书，为 829 种，占外语翻译类图书的 18.2%，比 2018 年增长了 15.1%；翻译自法语的图书位列第三，为 665 种，与 2018 年相比涨幅高达 88.4%。（见表 5）

表 5　2016—2019 年西班牙翻译图书出版情况

单位：种

类别	2016	2017	2018	2019 种数	2019 比例（%）	2019/2018 增减幅度
英语	3390	2110	2038	2800	61.4%	+37.4%
葡萄牙语	1113	713	720	829	18.2%	+15.1%
法语	920	314	353	665	14.6%	+88.4%
意大利语	100	76	196	99	2.2%	−49.5%
德语	93	63	79	41	0.9%	−48.1%

续表

类别	2016	2017	2018	2019 种数	2019 比例（%）	2019/2018 增减幅度
荷兰语	—	—	5	31	0.7%	+520.0%
俄语	19	5	14	19	0.4%	+35.7%
拉丁语	9	16	10	15	0.3%	+50.0%
汉语	19	5	13	10	0.2%	−23.1%
阿拉伯语	11	7	9	8	0.2%	−11.1%
其他语言	56	85	63	44	1.0%	−30.2%
总计	5730	3400	3500	4557	100%	+30.2%

资料来源：《2019年西班牙图书出版概览》

（三）国际标准书号批复情况

2019年，西班牙共批复国际标准书号（ISBN）90073个，较2018年的81228个增幅明显，增加了10.89%，与2017年的数量基本一致。其中，批复给纸质图书的书号为65303个，较2018年的60835个增加了7.34%；批复给其他介质的书号为24770个，虽然较2018年增加了21.46%，但与2017年的数量相比仍有不少差距。（见表6）

表6 2015—2019年西班牙图书书号批复情况

单位：个

类别	2015	2016	2017	2018	2019
纸质图书书号	57117	60763	61519	60835	65303
其他介质书号	22280	25237	28443	20393	24770
总计	79397	86000	89962	81228	90073

资料来源：西班牙国家统计局

二、图书销售情况

2019年，西班牙图书销售情况呈乐观态势，国内市场图书销售额较上年有所增加，电子书销售趋于稳定，实体书店依然是主流渠道。

（一）图书销售基本情况

自2008年起，西班牙图书出版业开始逐年下滑，国内市场图书销售额于2013年降至21.82亿欧元。2014年开始形势好转，呈逐年缓慢增长的趋势。2019年，西班牙国内市场图书销售额为24.21亿欧元，略高于2018年的23.64亿欧元，增幅为2.4%。（见图1）

单位：亿欧元

图1 2008—2019年西班牙图书销售情况

资料来源：《2019年西班牙国内图书贸易年度报告》

统计数据显示，2019年，非大学教科书占全年各类图书销售总额的33.9%，销售额为8.20亿欧元；非文学类和成人文学类图书的销售额也有不错的表现，分别占总额的29.3%和20.5%。总体来看，2019年除了幽默小说、其他小说和字典与百科全书类图书的销售额略有下降外，其他类别的图书销售额与2018年相比均有小幅增长。（见表7）

表7 2017—2019年西班牙各类图书销售情况

单位：亿欧元

类别	2017 销售额	2017 比例（%）	2018 销售额	2018 比例（%）	2019 销售额	2019 比例（%）	2019/2018 增减幅度
一、成人文学类	4.52	19.5	4.88	20.7	4.97	20.5	+1.8%
1. 小说	4.08	17.6	4.44	18.8	4.51	18.6	+1.8%
古典小说	0.38	1.7	0.43	1.8	0.46	1.9	+7.9%
当代小说	2.45	10.5	2.59	10.9	2.62	10.8	+1.2%
侦探小说	0.52	2.3	0.62	2.64	0.63	2.6	+1.7%

续表

类别	2017 销售额	2017 比例（%）	2018 销售额	2018 比例（%）	2019 销售额	2019 比例（%）	2019/2018 增减幅度
爱情小说	0.30	1.3	0.35	1.47	0.35	1.5	+1.5%
科幻恐怖小说	0.14	0.6	0.14	0.61	0.15	0.6	+2.0%
情色小说	0.16	0.7	0.16	0.69	0.16	0.7	+0.2%
幽默小说	0.08	0.3	0.09	0.36	0.08	0.3	−6.3%
其他小说	0.05	0.2	0.06	0.24	0.06	0.2	−2.8%
2. 诗歌、戏剧	0.07	0.3	0.07	0.30	0.07	0.3	+1.4%
3. 其他文学体裁	0.37	1.6	0.37	1.58	0.38	1.6	+1.8%
二、儿童及青少年图书	2.86	12.3	3.03	12.8	3.12	12.9	+2.9%
三、非大学教科书	8.29	35.7	7.94	33.6	8.20	33.9	+3.3%
1. 儿童教育	1.14	4.9	1.17	5.0	1.21	5.0	+3.6%
2. 小学教育	3.60	15.5	3.36	14.2	3.48	14.4	+3.5%
3. 中学教育	1.90	8.2	1.76	7.4	1.81	7.5	+3.2%
4. 大学预科	0.70	3.0	0.69	2.9	0.71	2.9	+2.9%
5. 职业培训	0.18	0.8	0.18	0.8	0.18	0.7	+0.8%
6. 配套教材	0.76	3.3	0.78	3.3	0.80	3.3	+3.0%
四、非文学类	6.72	29.0	6.97	29.5	7.09	29.3	+1.8%
1. 科学技术与大学教科书	1.07	4.6	1.12	4.7	1.12	4.6	+0.8%
2. 社科人文	1.06	4.6	1.10	4.7	1.14	4.7	+3.1%
3. 法律与经济	1.25	5.4	1.28	5.4	1.29	5.3	+0.7%
4. 宗教	0.36	1.5	0.37	1.6	0.37	1.5	+1.8%
5. 生活实用图书	1.23	5.3	1.28	5.4	1.33	5.5	+4.1%
6. 大众读物	1.35	5.8	1.42	6.0	1.44	5.9	+1.2%
7. 字典与百科全书	0.40	1.7	0.41	1.7	0.41	1.7	−0.2%
五、漫画	0.63	2.7	0.63	2.7	0.63	2.6	+0.5%
六、其他	0.18	0.8	0.19	0.8	0.20	0.8	+0.2%
总计	23.19	100	23.64	100	24.21	100	+2.4%

资料来源：《2019年西班牙国内图书贸易年度报告》

（二）电子书销售情况

西班牙电子书的销售已进入稳定发展时期。近些年来，电子书的销售额基本一致。2019年的销售额为1.19亿欧元，与2018年基本持平，略高0.1%，占图书销售总额的 4.9%。2019 年，西班牙销售的电子书共计 1270 万册，略低于 2018 年，降幅为 1.1%；电子书平均售价为 9.4 欧元，较 2018 年增长了 1.2%。（见表 8）

表 8　2017—2019 年西班牙电子书销售情况

类别	2017	2018	2019	2019/2018 增减幅度
电子书销售额（亿欧元）	1.19	1.19	1.19	+0.1%
电子书平均售价（欧元）	9.3	9.3	9.4	+1.2%
电子书销售量（万册）	1280	1280	1270	−1.1%

资料来源：《2019 年西班牙国内图书贸易年度报告》

从电子书细分类别看，2019 年，西班牙非文学类、非大学教科书类和成人文学类三类电子书的销售额占西班牙全国电子书销售总额 94.8%，略高于 2018 年。其中，非文学类电子书销售额占各类电子书销售总额的 52.8%，达到 6285 万欧元；非大学教科书类销售额为 2607 万欧元，占销售总额的 21.9%；成人文学类电子书销售额为 2400 万欧元，占销售总额的 20.1%，其中又以小说类电子书为主，占 19.2%。（见表 9）

表 9　2017—2019 年西班牙各类电子书销售情况

单位：万欧元

类别	2017 销售额	2017 比例（%）	2018 销售额	2018 比例（%）	2019 销售额	2019 比例（%）
一、成人文学类	2365	19.9%	2389	20.1%	2400	20.1%
1. 小说	2236	18.8%	2265	19.0%	2284	19.2%
2. 诗歌、戏剧	7	0.1%	9	0.1%	8	0.1%
3. 其他文学体裁	122	1.0%	115	1.0%	108	0.9%
二、儿童及青少年图书	580	4.9%	570	4.8%	583	4.9%
三、非大学教科书	2673	22.4%	2573	21.6%	2607	21.9%
四、非文学类	6217	52.2%	6271	52.7%	6285	52.8%
五、漫画	26	0.2%	28	0.2%	29	0.2%
六、其他	50	0.4%	68	0.6%	10	0.1%
总计	11910	100.0%	11898	100%	11913	100%

资料来源：《2019 年西班牙国内图书贸易年度报告》

(三)销售渠道情况

作为西班牙图书销售的主流渠道,2019 年,书店和连锁书店的销售额占总销售额的 53.5%。其中,书店销售额占总销售额的 34.9%,为 8.44 亿欧元,较 2018 年增长了 1.4%;连锁书店销售额占总销售额的 18.6%,为 4.51 亿欧元,较 2018 年增长了 6.9%,与 2015 年相比,增幅达到 13.0%;网络销售呈逐年攀升趋势,2019 年的销售额比 2018 年增长了 4%,比 2015 年则增长了 30%。2019 年,超级商场、报刊亭、公司和机构、图书馆等其他渠道的销售额较 2018 年有一定程度的增减,但总体变化不大。(见表 10)

表 10 2015—2019 年西班牙各渠道图书销售情况

单位:亿欧元

类别	2015	2016	2017	2018	2019	2019/2018 增减幅度
书店	7.88	8.11	8.14	8.32	8.44	+1.4%
连锁书店	3.99	4.11	4.11	4.22	4.51	+6.9%
超级商场	1.83	1.89	1.89	1.95	1.99	+2.1%
报刊亭	0.80	0.80	0.80	0.81	0.80	−1.2%
公司和机构	3.41	3.48	3.46	3.54	3.60	+1.7%
图书馆	0.11	0.11	0.11	0.11	0.11	+1.6%
赊销渠道	0.76	0.78	0.77	0.77	0.77	−0.3%
图书俱乐部	0.45	0.46	0.46	0.46	0.46	−0.2%
网络销售	0.20	0.22	0.23	0.25	0.26	+4%
订阅渠道	0.65	0.68	0.68	0.69	0.68	−1.4%
其他渠道	1.34	1.35	1.35	1.35	1.40	+3.7%
电子书销售渠道	1.15	1.17	1.19	1.19	1.19	+0.1%
总销售额	22.57	23.17	23.19	23.64	24.21	+2.4%

资料来源:《2019 年西班牙国内图书贸易年度报告》

西班牙电子书主要通过出版社网站、电子书专门销售平台和书店等渠道进行销售。电子书专门销售平台是主流渠道,2019 年的销售额为 9218 万欧元,占总销售额的 77.4%,略高于 2018 年的 76.8%。其中,亚马逊、西班牙"书之家"(Casa del Libro)、谷歌和苹果等销售平台的销售额为 5419 万欧元,占 45.5%,仅亚马逊销售平台即占 24.2%；通过出版社网站直接销售的电子书销售额为 2182 万欧元，占总销售额的 18.3%；通过书店销售的电子书销售额呈逐年下降趋势，2019 年与 2018 年一致，仅为 86 万欧元，占总销售额的 0.7%。（见表 11）

表 11　2017—2019 年西班牙电子书各渠道销售情况

类别	2017 销售额（万欧元）	2017 百分比	2018 销售额（万欧元）	2018 百分比	2019 销售额（万欧元）	2019 百分比
一、出版社网站直接销售	1788	15.0%	2136	17.9%	2182	18.3%
二、电子书专门销售平台	9477	79.6%	9136	76.8%	9218	77.4%
1. 出版社自建平台	3292	27.6%	3403	28.6%	3398	28.5%
2. 出版社共建平台	579	4.9%	402	3.4%	401	3.4%
3. 普通销售平台及其他	5607	47.1%	5331	44.8%	5419	45.5%
亚马逊	2664	22.4%	2715	22.8%	2883	24.2%
西班牙"书之家"	882	7.4%	835	7.0%	842	7.1%
福纳克连锁书店（FNAC）	140	1.2%	121	1.0%	122	1.0%
谷歌 Google Play	359	3.0%	263	2.2%	269	2.3%
苹果应用商店	639	5.4%	682	5.7%	545	4.6%
其他销售平台	923	7.8%	716	6.0%	759	6.4%
三、书店销售	93	0.8%	86	0.7%	86	0.7%
四、阅读中心、图书馆平台	—	—	62	0.5%	53	0.4%
五、其他销售渠道	552	4.6%	478	4.0%	374	3.1%
总计	11910	100%	11898	100%	11913	100%

资料来源：《2019 年西班牙国内图书贸易年度报告》

（四）畅销书情况

西班牙出版商联合会发布的《2019 年西班牙国民阅读习惯与图书消费报告》（*Hábitos de Lectura y Compra de Libros en España 2019*）提供了最受读者欢迎图书榜单和最畅销图书榜单。综合这两份榜单，2019 年，最受西班牙读者青睐的作品无疑是费尔南多·阿兰布鲁的《沉默者的国度》。这部聚焦西班牙巴斯克地区和恐怖组织"埃塔"的小说，继 2017 年之后，再次成为年度最受欢迎作品，在两份排行榜上均位列第一。

伊德方索·法孔内斯的《海上教堂》、卡洛斯·鲁伊斯·萨丰的《遗忘书之墓》系列、埃娃·加西亚·萨恩斯·德乌图里的《白色之城》三部曲、多洛蕾斯·雷东多的《这一切我都将给你》、圣地亚哥·波斯特吉略的《我,胡莉娅》也是近年来极具人气的本土作品,连续几年榜上有名。几乎每年都有多部作品上榜的多洛蕾斯·雷东多,在2019年的榜单上又新增作品《巴斯坦三部曲》,成为年度最受欢迎作家。值得指出的是,于2015年首版的西班牙记者、作家纳丘·卡雷特罗的长篇小说《白粉:加利西亚贩毒风云》,随着同名电视剧的热播重归大众视野,荣列2019年西班牙最畅销图书榜单第八位。除了西班牙本土作家的作品外,风靡全球的英美作家的系列作品也得到了西班牙读者的青睐,如肯·福莱特的《圣殿春秋》三部曲、J. K. 罗琳的《哈利·波特》系列、乔治·雷蒙德·理查德·马丁的《冰与火之歌》等。值得关注的是,意大利儿童文学作家伊丽莎贝塔·达米的《老鼠记者》系列作品也榜上有名。(见表12、表13)

表12　2019年西班牙最受读者欢迎图书榜单

排名	作品	作者
1	《沉默者的国度》(Patria)	(西)费尔南多·阿兰布鲁 (Fernando Aramburu)
2	《白色之城》三部曲(Trilogía La ciudad blanca)	(西)埃娃·加西亚·萨恩斯·德乌图里 (Eva García Sáenz de Urturi)
3	《圣殿春秋》三部曲(Saga Los pilares de la tierra)	(英)肯·福莱特 (Ken Follett)
4	《遗忘书之墓》系列(Serie El cementerio de los libros olvidados)	(西)卡洛斯·鲁伊斯·萨丰 (Carlos Ruiz Zafón)
5	《哈利·波特》系列(Serie Harry Potter)	(英)J. K. 罗琳 (J. K. Rowling)
6	《巴斯坦三部曲》(Trilogía del Baztán)	(西)多洛蕾斯·雷东多 (Dolores Redondo)
7	《海上教堂》(La catedral del mar)	(西)伊德方索·法孔内斯 (Ildefonso Falcones)
8	《冰与火之歌》(Canción de hielo y fuego)	(美)乔治·R. R. 马丁 (George R. R. Martin)
9	《红皇后》(Reina Roja)	(西)胡安·戈麦斯-胡拉多 (Juan Gómez-Jurado)
10	《这一切我都将给你》(Todo esto te daré)	(西)多洛蕾斯·雷东多 (Dolores Redondo)

资料来源:西班牙出版商联合会

表13 2019年西班牙最畅销图书榜单

排名	作品	作者
1	《沉默者的国度》	（西）费尔南多·阿兰布鲁
2	《冰与火之歌》	（美）乔治·R. R. 马丁
3	《哈利·波特》系列	（英）J. K. 罗琳
4	《我，胡莉娅》（Yo, Julia）	（西）圣地亚哥·波斯特吉略（Santiago Posteguillo）
5	《白色之城》三部曲	（西）埃娃·加西亚·萨恩斯·德乌图里
6	《老鼠记者》系列（Serie Geronimo Stilton）	（意）伊丽莎贝塔·达米（Elisabetta Dami）
7	《海上教堂》（La catedral del Mar）	（西）伊德方索·法孔内斯（Ildefonso Falcones）
8	《白粉：加利西亚贩毒风云》（Fariña: Historias e indiscreciones del narcotráfico en Galicia）	（西）纳丘·卡雷特罗（Nacho Carretero）
9	《遗忘书之墓》系列	（西）卡洛斯·鲁伊斯·萨丰
10	《巴斯坦三部曲》	（西）多洛蕾斯·雷东多

资料来源：西班牙出版商联合会

三、国民阅读情况

一直以来，西班牙国民阅读情况良好，近年来阅读率更是呈逐年上升趋势，电子读物也越来越受读者青睐。

（一）阅读情况

西班牙国家统计局数据显示，2019年，西班牙文化消费总支出为125亿欧元，较2018年的127亿欧元下降了1.6%，较2017年则下降了6.0%。家庭平均文化消费支出为664.4欧元，人均文化消费支出为266.9欧元，均低于2018年。（见表14）

细分2019年西班牙文化消费支出状况，图书及报刊类支出占文化消费支出的18.8%，为23.5亿欧元，低于2018年的25.2亿欧元；电影院、剧院、博物馆、公园等文娱活动类支出占文化消费支出的22.4%，为28.0亿欧元，较2018年的25.2亿欧元有明显增长；采购文娱用品及设备支出占文化消费支出的25.3%，为31.6亿欧元，较2018年略有增长；与广播、电视、网络等相关的使用费支出占文化消费支出的33.2%，为41.5亿欧元，与2018年45.6亿欧元相比降幅明显。（见表14）

表14 2017—2019年西班牙文化消费情况

类别	文化消费支出（亿欧元）			家庭平均文化消费支出（欧元）			人均文化消费支出（欧元）		
	2017	2018	2019	2017	2018	2019	2017	2018	2019
图书及报刊	26.9	25.2	23.5	145.2	135.3	125.5	58.3	54.4	50.4
文娱活动	25.4	25.2	28.0	137.3	135.4	149.2	55.2	54.5	59.9
文娱用品及设备	31.8	31.1	31.6	172.0	167.2	168.4	69.1	67.3	67.7
广电、网络等使用费	48.8	45.6	41.5	263.8	244.6	221.3	106.0	98.4	88.9
总额	133	127	125	718.3	682.5	664.4	288.6	274.6	266.9

资料来源：西班牙国家统计局

西班牙国民拥有良好的阅读习惯。自2008年以来，年龄在14岁或以上的西班牙民众中，超过90%的人至少每季度阅读一次，且这一数据呈逐年上升趋势。2019年，这一数据为95.5%，略低于2018年的96.1%，但与2008年的数据相比，则上升了5.4%。（见表15）

表15 2008—2019年西班牙14岁或以上国民阅读情况

年份	2008	2009	2010	2011	2012	2017	2018	2019
每季度至少一次	90.1%	90.2%	90.5%	90.4%	92%	94.7%	96.1%	95.5%

资料来源：《2019年西班牙国民阅读习惯与图书消费报告》

西班牙阅读图书的读者比例呈逐年递增趋势。2019年，阅读图书的读者占比为68.5%，较2018年增长了1.3%，较2010年则上升了8.2%。从读者年龄分布看，14岁至24岁人群是主要的图书读者，占90.1%，较2018年增长了1.1%；55岁至64岁及65岁及以上人群的占比相对较低，分别为64.5%和48.3%；其他年龄段人群的占比均在70%以上。（见表16）

表16 2019年西班牙各年龄段图书读者分布情况

年龄段	14~24岁	25~34岁	35~44岁	45~54岁	55~64岁	65岁及以上
占比	90.1%	70.7%	71.1%	70.3%	64.5%	48.3%

资料来源：《2019年西班牙国民阅读习惯与图书消费报告》

阅读电子读物的读者数量呈逐年递增趋势。2019年，年龄在14岁或以上的西班牙民众中，有79.7%的人表示阅读过电子读物，略高于2018年的78.4%，较2010年的数据则增幅明显，增长了31.9%。通过比较2010—2019年的数据，可以看到阅读频率为每周至少一次的读者逐年递增，偶尔阅读、从不或几乎不阅读电子读物的读者则整体呈逐年递减趋势。2019年，经常阅读电子读物的西班牙读者达到77.4%，较2010年增长了35%；从不或几乎不阅读电子读物的读者为20.3%，较2010年减少了31.9%。（见表17）

表17 2010—2019年西班牙14岁或以上国民阅读电子读物情况

类别	2010	2011	2012	2017	2018	2019
经常阅读（每周至少一次）	42.4%	49.0%	54.3%	73.4%	76.5%	77.4%
偶尔阅读（每季度至少一次）	5.4%	3.7%	3.7%	2.9%	1.9%	2.3%
从不或几乎不阅读	52.2%	47.3%	42.0%	23.7%	21.6%	20.3%

资料来源：《2019年西班牙国民阅读习惯与图书消费报告》

从阅读电子读物设备偏好看，2019年呈现出新的特点。一直以来，西班牙读者青睐用电脑阅读电子读物。但在2019年，电脑的占比由2018年的48.9%大幅下降至38.5%，比2010年的占比还要低很多。与此形成鲜明对比的是，用手机阅读电子读物的读者占比在2019年大幅增长，从2018年的31.4%迅速增长到63.0%，手机首次超过电脑成为主流设备。此外，电子书阅读器的占比呈逐年递增趋势，2019年为12.3%，较2018年增长了1.5%；平板电脑的占比呈逐年递减趋势，2019年为22.0%，较2018年下降了5.9%。（见表18）

表18 2010—2019年西班牙14岁或以上国民阅读电子读物设备偏好情况

类别	2010	2011	2012	2017	2018	2019
电脑	46.5%	51.7%	55.8%	49.6%	48.9%	38.5%
手机	6.9%	7.6%	12.9%	20.2%	31.4%	63.0%
电子书阅读器	1.3%	2.7%	6.6%	9.7%	10.8%	12.3%
平板电脑	—	—	—	32.8%	27.9%	22.0%

资料来源：《2019年西班牙国民阅读习惯与图书消费报告》

（二）图书馆情况

西班牙国家统计局每两年进行一次图书馆统计，因此，西班牙教育、文化和体育部于2020年发布的《文化产业年度报告》关于图书馆数量、采购和借阅状况部分的最新数据为更新至2018年的数据。

西班牙国家统计局数据显示，2018年，西班牙共有6458家图书馆，其中包括国家级图书馆1家，自治区级图书馆7家，公共图书馆4001家，特殊群体图书馆198家，高等教育机构图书馆269家，专业图书馆1982家。与2016年的统计数据相比，2018年西班牙图书馆数量有较为明显的减少，共计减少了178家。按图书馆类别看，2018年，除国家级图书馆、自治区级图书馆和特殊群体图书馆数量与2016年的统计数据保持一致外，公共图书馆、高等教育机构图书馆和专业图书馆的数量均有不同程度的减少，特别是专业图书馆的数量减少了113家。（见表19）

表19 2008—2018年西班牙图书馆数量

单位：家

年份	2008	2010	2012	2014	2016	2018
国家级图书馆	1	1	1	1	1	1
自治区级图书馆	8	8	14	8	7	7
公共图书馆	4125	4164	4211	4070	4035	4001
特殊群体图书馆	259	254	240	216	198	198
高等教育机构图书馆	304	283	285	297	300	269
专业图书馆	1904	1898	2084	2125	2095	1982
总计	6601	6608	6835	6717	6636	6458

资料来源：西班牙国家统计局

西班牙国家统计局对图书馆的采购支出进行了分类统计，包括图书、报纸杂志、电子书、手稿、音像资料、微缩资料、图片资料、数据库及其他电子参考资料等13类。本报告着重选取图书、报纸杂志和电子书三类的采购支出情况。2018年，西班牙图书馆采购图书和电子书的支出较2016年均有增长，其中电子书类尤为明显，增长了21.3%。2018年，自治区级图书馆采购报纸杂志的支出较2016年锐减60.6%，由此导致了西班牙图书馆采购报纸杂志的总支出较2016年减少了5%。（见表20）

表 20　2016—2018 年西班牙图书馆出版物采购支出情况

单位：欧元

类别	图书 2016	图书 2018	报纸杂志 2016	报纸杂志 2018	电子书 2016	电子书 2018
国家级图书馆	16106227	16290000	7660585	8173400	54800	145971
自治区级图书馆	3759712	3856759	1996463	786334	5227	5445
公共图书馆	75670191	78278277	4434180	4428026	715201	941681
特殊群体图书馆	1916585	1962593	24929	23547	51872	58263
高等教育机构图书馆	44238743	44613163	1614881	1306378	12127219	13857906
专业图书馆	36485527	35072457	5926817	5858290	3165867	4546982
总计	178176985	180073249	21657855	20575975	16120186	19556248

资料来源：西班牙国家统计局

2018 年，西班牙图书馆的注册用户数量为 21828897 人，较 2016 年的 22264747 人减少了近 2%，访客数量 197761115 人次，较 2016 年的 197073367 人次略有增加。从各自治区图书馆注册用户看，数量最多的三个自治区依次为加泰罗尼亚（5404115 人）、马德里（2916510 人）和安达卢西亚（2880482 人）。从各自治区图书馆访客数量看，最多的三个自治区依次为加泰罗尼亚（38571328 人次）、马德里（37077519 人次）和安达卢西亚（28630787 人次）。统计数据显示，2018 年，西班牙各图书馆借阅次数共计 78983080 人次，较 2016 年的 71788650 人次增幅明显，其中读者借阅 77755348 人次，国内馆际互借 1209072 人次，国外馆际互借 18660 人次。公共图书馆和高等教育机构图书馆的借阅次数最多。（见表 21）

表 21　2016—2018 年西班牙图书馆图书借阅情况

单位：人次

类别	借阅次数总计 2016	借阅次数总计 2018	读者借阅 2016	读者借阅 2018	2018 年馆际互借 国内图书馆馆际互借	2018 年馆际互借 国外图书馆馆际互借
国家级图书馆及自治区级图书馆	21159	22971	16878	17474	4876	621
公共图书馆	48967526	46697861	48292336	45861714	833566	2581
特殊群体图书馆	210379	157660	210116	157596	64	0

续表

类别	借阅次数总计 2016	借阅次数总计 2018	读者借阅 2016	读者借阅 2018	2018年馆际互借 国内图书馆馆际互借	2018年馆际互借 国外图书馆馆际互借
高等教育机构图书馆	20714537	30636180	20584223	30528811	98905	8464
专业图书馆	1875049	1468408	1550173	1189753	271661	6994
所有图书馆借阅次数总计	71788650	78983080	70653726	77755348	1209072	18660

资料来源：西班牙国家统计局

四、相关企业情况

2019年，西班牙出版企业表现稳定，依然由行星集团（Grupo Planeta）和桑蒂亚纳集团（Grupo Santillana）领衔。

（一）出版机构基本情况

近年来，西班牙的出版机构数量整体变化不大。西班牙出版商联合会发布数据显示，2019年，西班牙共有出版机构1647家，比2018年增加了21家。其中，已在西班牙出版商联合会登记注册的出版机构为722家，比2018年减少了2家。未登记注册的出版机构为925家，比2018年增加了23家。从分布区域看，2019年，已登记注册的722家出版机构中，近74%分布在马德里和加泰罗尼亚，分别为299家和233家。（见表22）

表22 2016—2019年西班牙出版机构情况

单位：家

类别	2016	2017	2018	2019	2019/2018 增减幅度
一、已登记注册的出版机构	727	737	724	722	-2
马德里	294	301	300	299	-1
加泰罗尼亚	246	248	239	233	-6
巴斯克	34	36	38	41	+3
安达卢西亚	33	35	29	27	-2
加利西亚	37	37	36	39	+3
巴伦西亚	62	59	64	68	+4
卡斯蒂利亚—莱昂	21	21	18	15	-3

续表

类别	2016	2017	2018	2019	2019/2018 增减幅度
二、未登记注册的出版机构	901	902	902	925	+23
合计	1628	1639	1626	1647	+21

资料来源：《2019年西班牙国内图书贸易年度报告》

通过比较2016—2019年的数据可以看到，近年来，西班牙的超大型出版机构（年销售额超过6000万欧元）、大型出版机构（年销售额1800万~6000万欧元）和中型出版机构（年销售额240万~1800万欧元）数量基本保持稳定，没有太大变化。2019年，西班牙拥有超大型出版机构8家，大型出版机构14家，中型出版机构110家，和2018年一致。每年数量变化较大的是小型出版机构（年销售额低于240万欧元）。2019年，西班牙拥有小型出版机构590家，比2018年减少了2家。其中，年销售额在60万欧元以下的超小型出版机构共计400家。（见表23）

表23　2016—2019年西班牙已登记注册的出版机构情况

单位：家

类别	2016	2017	2018	2019
超大型出版机构（年销售额>6000万欧元）	7	7	8	8
大型出版机构（年销售额1800万~6000万欧元）	16	15	14	14
中型出版机构（年销售额240万~1800万欧元）	108	109	110	110
小型出版机构（年销售额<240万欧元）	596	606	592	590

资料来源：《2019年西班牙国内图书贸易年度报告》

（二）主要出版企业情况

根据《全球出版50强》数据显示，2019年，西班牙有两家出版集团上榜，其中行星集团位列第24位，较2018年下降2位；桑蒂亚纳集团位列第29位，与2018年一致。

行星集团是西班牙最重要的出版传媒集团，也是目前世界上最大的西班牙语图书出版商，在25个国家或地区设有分支机构。通过比较2016—2019年的数据，可以发现行星集团的收入在近几年呈递减趋势，在2018年经历大幅下降后，2019年，行星集团公司总收入为 19.23 亿欧元，较 2018 年的 19.89 亿欧元有小幅下降；出版总收入为 8.57 亿欧元，略低于 2018 年，但较 2016 年的 17.90 亿欧元降幅超过 50%。桑蒂亚纳集团是一家聚焦教育领域的出版机构，在西班牙及拉丁美洲等 24 个国家和地区设有分支机构。近几年来，桑蒂亚纳集团的业绩欠佳。2019 年，公司总收入为 10.96 亿欧元，较 2018 年的 12.80 亿欧元减少了 14.4%；出版总收入为 6.28 亿欧元，略高于 2018 年的 6.01 亿欧元。（见表 24）

表 24　2016—2019 年西班牙两大出版集团收入情况

单位：亿欧元

出版商	公司总收入				出版总收入			
	2016	2017	2018	2019	2016	2017	2018	2019
行星集团	32.21	27.53	19.89	19.23	17.90	16.52	8.98	8.57
桑蒂亚纳集团	13.70	13.36	12.80	10.96	6.33	6.56	6.01	6.28

资料来源：《全球出版 50 强》

如果仅从图书书号批复情况看，根据西班牙教育、文化和体育部发布的《2019 年西班牙图书出版概览》数据显示，2019 年，西班牙共有 4 家出版机构获批书号超过 2000 个，其中有 3 家为主打自助出版的出版机构。成立于 2008 年的红圈会出版集团（Grupo Editorial Círculo Rojo）是一家特立独行的出版机构，名字源自《福尔摩斯探案集》之《红圈会》，致力于打造西班牙最优质的自助出版平台。2019 年，红圈会出版集团获批书号 2468 个，占全年批复书号总量的 2.7%，位列第一。阿纳亚教育出版集团（Anaya Educación）隶属于 1959 年成立的阿纳亚集团（Grupo Anaya），是西班牙最重要的教育类图书出版机构之一，主要从事各类教材及教育图书的出版与发行。2019 年，阿纳亚教育出版集团获批书号 2310 个，占全年批复书号总量的 2.6%，位居第二。图像诗出版社（Caligrama）是企鹅兰登书屋于 2014 年在西班牙设立的公司，主要出版文学类图书，并设有"图像诗文学奖"（Premios Caligrama）以鼓励文学作品的自助出版。2019 年，图像诗出版社获批书号 2051 个，占全年批复书号总量的 2.3%。创办于 2008 年的书簿客出版社（Bubok Publishing）也是一家主打自助出版的新锐出版社，并于 2014 年在马德里开设第一家实体书店，搭建起网络书店销售和实体书店

销售的多元化平台。2019年，书簿客出版社获批书号2022个，占全年批复书号总量的2.2%。（见表25）

表25 2019年西班牙获批图书书号最多的出版机构情况

单位：个

出版机构	获批书号数量	占比
红圈会出版集团	2468	2.7%
阿纳亚教育出版集团	2310	2.6%
图像诗出版社	2051	2.3%
书簿客出版社	2022	2.2%

资料来源：《2019年西班牙图书出版概览》

五、报刊业发展概况

2019年，西班牙报刊业整体情况并不乐观，报纸、期刊广告市场实际支出连年下降，报刊文化消费支出、订阅用户也呈逐年递减趋势。

（一）整体情况

西班牙广告市场的实际支出总额呈稳步增长态势。《2019年西班牙广告市场报告》（*Estudio Infoadex de la Inversión Publicitaria en España 2019*）数据显示，2019年，西班牙广告市场的实际支出总额为131.46亿欧元，略低于2018年的132.32亿欧元，减少了0.6%。其中，西班牙常规媒体实际广告支出占全部媒体广告支出的45.3%，为59.52亿欧元，较2018年的59.62亿欧元减少了0.2%，但较2015年增长了9.35%；西班牙非常规媒体实际广告支出占全部媒体广告支出的54.7%，为71.94亿欧元，较2018年的72.69亿欧元减少了1.0%。（见表26）

近年来，在西班牙各类常规媒体的广告支出中，作为广告盈利的主要平台，电视的支出额呈逐年递减趋势。与此同时，互联网广告的支出额则呈逐年递增趋势。2019年，互联网广告支出占所有常规媒体广告支出的38.6%，其广告支出额为22.96亿欧元，较2018年的21.10亿欧元增加了8.8%。互联网首次超过电视，在西班牙广告盈利平台中位列第一。2019年，电视广告支出位居第二，占所有常规媒体的33.7%，其广支出额为 20.03 亿欧元，与 2018 年相比减少了 5.8%。广播的广告支出额一直以来都比较稳定，2019 年为 4.86 亿欧元，首次排名超过日报成为第三。日报的广告支出额逐年递减，2019 年为 4.85 亿欧元，较 2018 年减少了 9.2%，与 2017 年相比降幅达到 14.5%。2019 年，西班牙各类常规媒体中广告支出降幅最大的为期刊，较 2018 年减少了 14.5%，且呈逐年递减趋势。（见表 26）

表 26　2017—2019 年西班牙广告市场实际支出情况

单位：亿欧元

类别	2017	2018	2019	2019/2018 增减幅度
一、常规媒体	57.50	59.62	59.52	−0.2%
电影	0.34	0.35	0.37	+5.7%
日报	5.67	5.34	4.85	−9.2%
周日刊	0.31	0.29	0.27	−6.9%
户外广告	4.08	4.19	4.23	+1.0%
互联网	18.62	21.10	22.96	+8.8%
广播	4.66	4.81	4.86	+1.0%
期刊	2.40	2.28	1.95	−14.5%
电视	21.43	21.27	20.03	−5.8%
二、非常规媒体	71.91	72.69	71.94	−1.0%
合计	129.42	132.32	131.46	−0.6%

资料来源：《2019 年西班牙广告市场报告》

（二）消费及订阅情况

数据显示，西班牙报刊类的文化消费支出呈逐年下降趋势。2019 年，报刊类的文化消费支出为 5.9 亿欧元，较 2018 年减少了 0.6 亿欧元，较 2016 年则减少了 2.6 亿欧元。家庭平均报刊类文化消费支出为 31.2 欧元，人均报刊类文化消费支出为 12.5 欧元，均低于 2018 年。报刊类的文化消费支出仍以报纸为主，2019 年，西班牙报纸消费支出为 4.4 亿欧元，期刊的消费支出为 1.5 亿欧元，较 2018 年均有所下降。（见表 27）

表27 2016—2019年西班牙报刊类文化消费情况

类别	消费支出（亿欧元）				家庭平均消费支出（欧元）				人均消费支出（欧元）			
年份	2016	2017	2018	2019	2016	2017	2018	2019	2016	2017	2018	2019
报纸	6.6	5.5	4.7	4.4	35.7	29.7	25.3	23.5	14.3	11.9	10.2	9.4
期刊	1.9	1.8	1.8	1.5	10.4	9.9	9.6	7.8	4.2	4.0	3.9	3.1
总额	8.5	7.3	6.5	5.9	46.1	39.6	34.9	31.2	18.5	15.9	14.1	12.5

资料来源：西班牙国家统计局

西班牙媒体研究协会（Asociación para la Investigación de Medios de Comunicación）公布的数据显示，西班牙的日报、副刊、期刊的订阅用户呈逐年递减趋势，且降幅明显。通过比较2010—2019年的数据，订阅日报的用户由2010年的38.0%降至2019年的21.7%，订阅副刊的用户由2010年的19.2%降至2019年的7.0%，订阅期刊的用户由2010年的50.4%降至2019年的29.4%。与此相反，互联网用户逐年递增，发展迅猛，由2010年的38.4%升至2019年的79.9%。电视用户则基本稳定，每年相差不大，2019年为85.4%。（见表28）

表28 2010—2019年西班牙各主要媒体用户量情况

单位：%

类别	2010	2011	2012	2013	2014	2015	2016	2017	2018	2019
日报	38.0	37.4	36.1	32.4	29.8	28.5	26.5	24.3	22.8	21.7
副刊	19.2	18.2	16.2	14.6	12.7	11.0	9.5	8.7	7.4	7.0
期刊	50.4	48.9	45.4	43.4	41.0	38.5	35.2	32.8	29.7	29.4
电视	87.9	88.5	89.1	88.7	88.6	88.3	87.8	85.2	85.0	85.4
互联网	38.4	42.5	46.7	53.7	60.7	66.7	71.9	75.5	77.9	79.9

资料来源：西班牙媒体研究协会

从订阅日报、副刊及期刊的用户性别看，2019年，订阅日报的男性读者数量明显高于女性读者，而订阅副刊和期刊的女性读者则要高于男性读者，尤其是期刊。（见表29）

表29 2019年西班牙报刊订阅情况

性别	日报订阅用户占比	副刊订阅用户占比	期刊订阅用户占比
女性	16.7%	7.7%	33.0%
男性	27.0%	6.3%	25.5%
总数	21.7%	7.0%	29.4%

资料来源：西班牙媒体研究协会

（三）阅读情况

《2019年西班牙国民阅读习惯与图书消费报告》数据显示，2019年，年龄在14岁或以上的西班牙民众中，95.5%的人至少每季度阅读一次，其中，阅读期刊的读者为30.9%，阅读报纸的读者为71.4%。通过比较2010—2019年的数据，阅读图书的读者呈逐年递增趋势，而阅读报纸和期刊的读者则整体呈递减趋势。（见表30）

表30 2010—2019年西班牙国民阅读情况

年份	14岁或以上读者占比	图书读者占比	期刊读者占比	报纸读者占比
2010	90.5%	60.3%	48.9%	78.1%
2011	90.4%	61.4%	46.3%	77.6%
2012	92.0%	63.0%	47.6%	79.4%
2017	94.7%	65.8%	41.2%	74.6%
2018	96.1%	67.2%	34.9%	73.9%
2019	95.5%	68.5%	30.9%	71.4%

资料来源：《2019年西班牙国民阅读习惯与图书消费报告》

从阅读频率看，2019年，年龄在14岁或以上的西班牙民众中每季度至少阅读一次期刊的读者为30.9%，每周至少阅读一次期刊的读者为15.7%，较2018年降幅明显；每季度至少阅读一次报纸的读者为71.4%，每周至少阅读一次报纸的读者为67.8%，与2018年基本持平。从读者性别看，女性读者明显更偏好阅读图书和期刊，而男性读者则更喜欢阅读报纸。（见表31）

表 31 2019 年西班牙男性和女性读者阅读情况

性别	14 岁或以上读者	图书读者	期刊读者	报纸读者
男性	95.6%	63.5%	25.2%	75.6%
女性	95.4%	73.5%	36.5%	67.3%

资料来源：《2019 年西班牙国民阅读习惯与图书消费报告》

2019 年，西班牙最受读者欢迎的日报与 2018 年基本一致，仍以综合性报纸和体育运动类报纸为主。体育运动类日报《马卡报》遥遥领先，订阅用户占比为 4.1%，综合性报纸《国家报》和体育运动类日报《AS 报》蝉联第二位和第三位，订阅用户占比分别为 2.5% 和 1.9%。2019 年，备受女性读者青睐的时尚、美容和娱乐资讯类期刊仍为西班牙最受读者欢迎的期刊，排行榜情况与 2018 年基本一致。其中，《资讯速递》和《你好》再度蝉联西班牙最受欢迎周刊榜的前两位，订阅用户占比分别为 5.7% 和 4.5%。《国家地理》和《妙趣横生》仍为西班牙最受欢迎的月刊，订阅用户占比分别为 3.8% 和 3.6%。（见表 32）

表 32 2019 年西班牙最受读者欢迎的日报及刊物

类别	排名	名称	订阅情况
日报	1	《马卡报》（Marca）	4.1%
	2	《国家报》（El País）	2.5%
	3	《AS 报》（AS）	1.9%
	4	《世界报》（El Mundo）	1.7%
	5	《先锋报》（La Vanguardia）	1.4%
	6	《加利西亚之声报》（La Voz de Galicia）	1.3%
	7	《ABC 报》（ABC）	1.1%
	8	《体育世界》（Mundo Deportivo）	1.0%
	9	《体育报》（Sport）	0.9%
	10	《报纸》（El Periódico）	0.9%
周刊	1	《资讯速递》（Pronto）	5.7%
	2	《你好》（Hola）	4.5%
	3	《读者文摘》（Lecturas）	2.6%
	4	《十分钟》（Diez Minutos）	2.1%

续表

类别	排名	名称	订阅情况
周刊	5	《星期周刊》（Semana）	1.5%
月刊	1	《国家地理》（National Geographic）	3.8%
	2	《妙趣横生》（Muy interesante）	3.6%
	3	《乐享生活》（Saber vivir）	2.1%
	4	《Vogue 杂志》（Vogue）	1.8%
	5	《国家地理历史杂志》（Historia National Geographic）	1.8%

资料来源：西班牙媒体研究协会

参考文献

1. 西班牙国家统计局官网. www.ine.es.

2. 西班牙教育、文化和体育部.《文化产业年度报告》（Anuario de Estadísticas Culturales）.

3. 西班牙教育、文化和体育部.《2019年西班牙图书出版概览》（Panorámica de la Edición Española de Libros 2019）.

4. 西班牙出版商联合会.《2019年西班牙国内图书贸易年度报告》（Comercio Interior del Libro en España 2019）.

5. 西班牙出版商联合会.《2019年西班牙国民阅读习惯与图书消费报告》（Hábitos de Lectura y Compra de Libros en España 2019）.

6. 西班牙媒体研究协会官网. http://www.aimc.es.

7.《2019年西班牙广告市场报告》（Estudio Infoadex de la Inversión Publicitaria en España 2019）.

8.《全球出版50强》（Global 50: The World Ranking of the Publishing Industry 2019）.

（作者单位：中国社会科学院拉丁美洲研究所）

2019年俄罗斯出版业发展报告

王卉莲

十几年间，俄罗斯传统出版业经历了金融危机的拷问、经济萎靡不振的冲击，面临数字出版新兴业态的挑战，在危机应对与动荡调整中探索前进。2019年随着经济的复苏，俄罗斯传统出版业逐渐回暖，电子书、有声书等数字出版板块蓬勃发展，成为亮丽的风景线，为俄罗斯出版业注入了新的生机与活力；与此同时，俄罗斯期刊市场继续萎缩，发行量持续缩减。近年来，俄罗斯图书、期刊发行市场提振乏力，其市场总量、发行额之所以能够保持在一定区间范围，主要依赖书刊价格的持续上涨。实体书店直面困境，网上书店迅速崛起，线上线下渠道共同发力，共克时艰。

一、图书出版概况

2019年，俄罗斯图书和小册子出版形势整体向好，除出版种数外，其他全部指标同比均实现正增长，增幅均在7%以内。近年来，新版书、再版书的出版种数、印书比重较为一致，结构变化不大。为应对市场危机，系列书成为重要的出版板块。翻译图书出版最多的语种依然是英语，但较举办俄罗斯世界杯的2018年出版量有所缩减。

（一）传统出版情况

1. 整体情况

据俄罗斯书库统计，2019年俄罗斯共出版图书和小册子[①]115171种，同比减少1.5%；总印数4.351亿册，同比增加0.6%；总印张52.117亿印张，同比增加6.9%；出版物平

---

① 在俄罗斯，图书和小册子的区别主要在于页数，48页以上的称为图书，48页以下的称为小册子。

均印数 3778 册，同比增加 2.2%；出版物平均印张数 11.98 印张，同比增加 6.3%；出版物人均占有量 2.97 册，同比增加 0.7%。与 2008 年相比，除出版种数、出版物平均印张数降幅在 7% 以内，其他指标降幅都在 40%~45%。（见表 1）

表 1 2008—2019 年图书和小册子出版情况

年份	2008	2009	2010	2011	2012	2013	2014	2015	2016	2017	2018	2019
出版种数（种）	123336	127596	121738	122915	116888	120512	112126	112647	117076	117359	116915	115171
总印数（百万册）	760.4	716.6	653.8	612.5	540.5	541.7	485.5	459.4	446.3	471.5	432.3	435.1
总印张（百万印张）	9729.8	8042.2	7889.0	7009.5	6186.2	6388.3	5325.0	4904.7	4707.1	5388.5	4873.5	5211.7
出版物平均印数（册）	6165	5616	5371	4983	4624	4495	4330	4078	3812	4017	3698	3778
出版物平均印张数（印张）	12.80	11.22	12.07	11.44	11.45	11.79	10.97	10.68	10.55	11.43	11.27	11.98
出版物人均占有量（册）	5.35	5.05	4.61	4.29	3.77	3.78	3.32	3.14	3.04	3.20	2.95	2.97

资料来源：联邦出版与大众传媒署、俄罗斯书库

2. 各类图书出版情况

按版次等不同口径统计的俄罗斯出版情况如下：2019 年俄罗斯出版新版书 102009 种，同比减少 0.9%，较 2008 年减少 4.1%；印数 3.050 亿册，同比增加 3.8%，较 2008 年减少 45.6%。再版书 13162 种，同比减少 6.1%，较 2008 年减少 22.4%；印数 1.301 亿册，同比减少 6.1%，较 2008 年减少 34.7%。系列书 51172 种，同比增加 0.2%，较 2008 年减少 0.4%；印数 3.443 亿册，同比增加 3.3%，较 2008 年减少 22.8%。

就出版种数所占比重而言，新版书、再版书大致为八比二或九比一；就印数所占比重而言，两类图书大致为七比三。自 2008 年金融危机爆发以来，为走出困境，俄罗斯出版机构与报刊社等机构合作推出大量系列书。近年来，系列书所占总出版种数比重超过 40%、所占总印数比重由 2008 年近 60% 增至 2019 年近 80%，成为重要的出版板块。

3. 各印数级别图书出版情况

按印数级别统计的图书和小册子出版情况如下：2019 年，1000 册以下的印数级别出版种数为 63605 种，占总出版种数的 55.2%，印数为 1970 万册，占总印数的 4.5%。

1000册以上的印数级别出版种数为47575种，占总出版种数的41.3%，印数为4.154亿册，占总印数的95.5%。其中，5000册至5万册的印数级别出版种数为14142种，占总出版种数的12.3%，印数为2.01亿册，占总印数的46.2%；5万册以上印数级别出版种数为844种，占总出版种数的0.7%，印数为1.133亿册，占总印数的26.0%。值得注意的是，1000册以下的印数级别占总出版种数的50%以上，5000册至5万册的印数级别占总印数的近50%。

十几年间，小印数出版物种类不断增加，印数也略有上涨，而大印数出版物种类和印数均大幅缩减。与2008年相比，2019年500册以下印数级别出版种数增加32.2%，印数增加9.3%；5000册至1万册、1万册至5万册、5万册至10万册印数级别出版种数、印数降幅均在50%左右，10万册以上印数级别出版种数、印数降幅均超过30%。（见表2）

表2 2008年、2018年、2019年图书和小册子出版情况

印数级别	种数（种）			2019较2018(%)	2019较2008(%)	种数所占比重(%)			印数（百万册）			2019较2018(%)	2019较2008(%)	印数所占比重(%)		
	2008	2018	2019			2008	2018	2019	2008	2018	2019			2008	2018	2019
500册以下	41542	55077	54912	−0.3	+32.2	33.7	47.1	47.7	10.7	12.2	11.7	−4.1	+9.3	1.4	2.8	2.7
500~1000册	9860	8981	8693	−3.8	−12.4	41.7	54.8	55.2	9.4	8.7	8.0	−8.0	−14.9	1.2	2.0	1.8
1000~5000册	40156	34703	32589	−6.1	−18.8	32.6	29.7	28.3	138.2	130.8	101.1	−22.7	−26.8	18.2	30.3	23.3
5000~1万册	17076	7591	8170	+7.6	−52.2	13.8	6.5	7.1	140.6	74.9	66.8	−10.8	−52.5	18.5	17.3	15.4
1万~5万册	12314	4586	5972	+30.2	−51.5	10.0	3.9	5.2	277.1	145.1	134.2	−7.5	−51.6	36.4	33.6	30.8
5万~10万册	938	315	478	+51.7	−49.0	0.8	0.3	0.4	69.9	35.5	34.7	−2.3	−50.1	9.2	8.2	8.0
10万册以上	552	103	366	+255.3	−33.7	0.4	0.1	0.3	115.0	25.1	78.6	+213.1	−31.7	15.1	5.8	18.1
未注明印数	898	5559	4045	−27.2	+350.4	0.7	4.8	3.5	—	—	—	—	—	—	—	—
合计	123336	116915	115225	−1.5	−6.6	100.0	100.0	100.0	760.4	432.3	435.1	+0.6	−42.8	100.0	100.0	100.0

资料来源：联邦出版与大众传媒署、俄罗斯书库。

4.翻译图书出版情况

在俄罗斯，翻译图书一般包括译自外语和民族语言的作品、以外语和民族语言出版的作品。2019年，俄罗斯出版翻译图书18048种，同比增长7.7%，较2008年增长27.1%；印数7920万册，同比增长10.9%，较2008年减少14.8%；涉及外语和民族语

言 101 种，较 2018 年减少 23 种。该类图书出版量所占比重，占总出版种数的 15.7%，占总印数的 18.2%，较 2018 年增加 2 个百分点左右，较 2008 年增加 4~6 个百分点。

2019 年，翻译图书涉及的外语排名前三的是英语、法语和德语。译自英语的作品 10406 种，印数 5870 万册，约占翻译图书总出版种数和总印数的 60%；译自法语的作品 1367 种，印数 550 万册，约占翻译图书总出版种数和总印数的 7%；译自德语的作品 1045 种，印数 450 万册，约占翻译图书总出版种数和总印数的 6%。此外，译自中文的作品 166 种，印数 23 万册。

除译自外语的作品外，2019 年俄罗斯出版 1711 种由俄语译成其他语种的作品，印数 140 万册；3941 种以 82 种俄罗斯各民族语言和外语出版的作品，其中出版最多的语种依然是英语，出版 1393 种，印数 150 万册，较举办俄罗斯世界杯的 2018 年出版种数减少 34.1%，印数减少 11.8%。

在俄罗斯，可以书写的民族语言约有 100 种。其中，用来出版图书、报纸和杂志的约有 60 种民族语言。2019 年，以 54 种民族语言出版的作品有 1050 种，印数 218.15 万册；译自 35 种民族语言的作品 183 种，印数 22.93 万册。上述两类作品中，出版种数、印数排名靠前的语种有鞑靼语、楚瓦什语、雅库特语、巴什基尔语以及阿瓦尔语。

（二）数字出版情况

1. 总体情况

俄罗斯数字出版市场由 B2C 和 B2B 两部分构成。B2C 领域涵盖电子书和有声书，电子书市场快速增长，有声书市场潜力巨大；B2B 领域涵盖电子图书馆系统，该市场呈缩减态势。专家认为，近年来俄罗斯数字出版市场蓬勃发展的促进因素主要有：一是在售电子书和有声书品种的增加，平均售价的提高；二是有声书的普及，吸引了不阅读群体，还可作为音乐、广播、视频的替代休闲活动；三是订阅服务客户数量的增长。

据《书业》杂志统计，2019 年俄罗斯数字出版市场总量为 65.1 亿卢布，占纸质图书市场总量的 8.4%，其市场总量是 2013 年[①]的 5.9 倍，同比增长 35.3%。其中，电子书市场总量 46.6 亿卢布，是 2013 年的 11.1 倍，同比增长 33.1%；有声书市场总量

---

① 2013 年起，B2C 领域的统计开始分为电子书和有声书两部分。

13.5亿卢布，是2013年的16.9倍，同比增长59%；电子图书馆系统市场总量5.0亿卢布，是2013年的0.8倍，同比增长8.7%。（见表3）

表3　2011—2019年俄罗斯数字出版市场容量情况

单位：百万卢布

项目		2011	2012	2013	2014	2015	2016	2017	2018	2019
B2C	电子书	—	—	420	840	1450	2200	2470	3500	4660
	有声书	—	—	80	110	250	420	650	850	1350
B2B	电子图书馆系统	—	—	600	550	550	500	450	460	500
	合计	320	560	1100	1500	2250	3120	3570	4810	6510

资料来源：联邦出版与大众传媒署、《书业》杂志

2. 电子书、有声书市场情况

2019年电子书有声书市场前三甲分别为利特列斯（ЛитРес）、Google Play以及图书伙伴（Bookmate），分别占市场份额的66%、15%、12%。其中，图书伙伴与利特列斯集团旗下子公司我的图书（My Book）商业模式类似，是竞争对手。而2013年这一市场的领军者分别是利特列斯、阿伊莫比尔科（Аймобилко）以及Google Play，分别占市场份额的55%、10.6%、7%。2019年该市场新秀瑞典有声读物公司斯德拓Storytel，业已成为我的图书公司的有力竞争对手。Storytel每月订阅费549卢布，接近1~2本纸质书的价格，订阅用户可阅读平台上近万种图书。

利特列斯集团旗下有利特列斯、我的图书、Livelib、"利特列斯：自助出版"、"利特列斯：阅读者"等项目。2019年，该集团收入超过44亿卢布，同比增长43.5%；销售图书超过1600万册，同比增长42%；公司网站到访独立用户超过8400万。该集团主打业务为利特列斯项目，通过公司网站和手机插件销售电子书，收入同比增长45%。其中通过手机应用程序销售电子书收入增长最快，"利特列斯：阅读"和"利特列斯：聆听"收入同比增长83%。

近年来，俄罗斯电子书平均售价一直低于纸质图书，但由于电子书平均售价涨幅大于纸质图书，两类图书之间的价格差距不断缩小。2019年纸质图书平均定价约为263卢布，纸质图书平均售价约为300卢布，电子书平均售价约为181卢布。（见表4）

表4　2011—2019年俄罗斯纸质图书和电子书价格情况

单位：卢布

年份	纸质图书平均定价	纸质图书平均售价	电子书平均售价	纸质图书平均售价较电子书平均售价增幅
2011	101.70	158.71	72.46	119.03%
2012	104.21	160.83	78.60	104.62%
2013	107.73	164.84	92.68	77.86%
2014	124.43	191.09	97.65	95.69%
2015	157.40	217.18	99.00	119.37%
2016	189.58	256.87	113.90	125.52%
2017	209.24	266.36	173.52	53.5%
2018	233.03	284.64	174.60	63.02%
2019	263.02	299.99	181.38	65.39%

注：2014年以前的电子书平均售价相关数据由利特列斯、Google Play 提供，个别年份数据有调整
资料来源：《俄罗斯图书市场2010—2020》项目数据

3.电子图书馆系统情况

近年来，俄罗斯电子图书馆系统发展停滞，遭遇瓶颈期，市场总量维持在4.5亿~6亿卢布。2019年，俄罗斯电子图书馆系统的主要市场参与者有鹿（Лань）出版社旗下的电子图书馆、直接媒体有限责任公司（ООО Директ Медиа）旗下的大学图书馆在线（Университетская библиотека онлайн）、因夫拉—姆出版社旗下的ZNANIUM.Com、IPR媒体有限责任公司旗下的IPRbooks、盖奥塔尔（Гэотар）媒体公司旗下的学生答疑（Консультант студента）电子图书馆、电子图书馆（eLibrary）等。

二、图书销售情况

2019年，俄罗斯图书市场销售量下降，由于价格拉动，图书销售额保持增长。儿童类图书、文学类图书、教材类图书销售表现较为突出。俄罗斯出版物进出口对象国排行榜、俄罗斯畅销书作者Top10排行榜变动不大，较为稳定。

（一）图书市场情况

据联邦出版与大众传媒署和《书业》杂志统计，2019年俄罗斯纸质图书市场总量（不含财政补助机构采购额和其他销售）为606.6亿卢布，同比增长3.16%，较

2011年增长13.1%；俄罗斯纸质图书市场总量（含财政补助机构采购额和其他销售）为774.6亿卢布，同比增长3.35%，较2011年减少3.87%；俄罗斯纸质图书和电子图书市场总量共计839.7亿卢布，同比增长5.28%，较2011年增长3.79%。（见表5）

表5　2011—2019年图书市场总量情况

单位：亿卢布

渠道	2011	2012	2013	2014	2015	2016	2017	2018	2019	2018纸质图书渠道份额	2019纸质图书渠道份额
书店（含地区和城市连锁书店）	268.5	260.2	273.0	269.8	300.3	315.7	310.9	300.3	279.5	40.06%	36.08%
"阅读吧—城市—咬文嚼字者"统一零售店	109.8	88.7	78.6	80.3	72.2	85.2	94.9	116.9	133.8	15.60%	17.28%
书店小计	378.3	348.9	351.6	350.1	372.5	400.9	405.8	417.2	413.3	55.66%	53.36%
报刊亭	38.6	39.7	29.9	21.3	11.3	8.1	7.9	4.1	3.6	0.54%	0.46%
非专业图书零售（含超市）	64.7	69.5	59.6	66.7	54.8	53.8	55.6	48.2	48.7	6.43%	6.29%
零售小计	481.6	458.1	441.1	438.1	438.6	462.8	469.3	469.5	465.6	62.63%	60.11%
网上书店	54.9	59.3	62.7	69.3	79.7	96.4	107.2	118.5	141.0	15.80%	18.20%
纸质图书市场销售小计	536.5	517.4	503.8	507.4	518.3	559.2	576.7	588.0	606.6	78.43%	78.31%
财政补助机构（图书馆、中小学、高校）	205.3	204.2	219.3	196.4	179.5	147.2	149.8	153.2	159.9	20.44%	20.65%
其他销售（直销、团体客户、订购出版物、订阅出版物、俱乐部等）	64.0	66.5	56.9	51.3	37.8	15.1	12.5	8.4	8.1	1.12%	1.05%
纸质图书非市场销售小计	269.3	270.7	276.2	247.7	217.3	162.3	162.3	161.6	168.0	21.56%	21.7%
纸质图书销售小计	805.8	788.1	780.0	755.1	735.6	721.5	739.0	749.5	774.6	100.0%	100.0%
数字出版（B2B+B2C）	3.20	5.60	11.0	15.0	22.5	31.2	35.7	48.1	65.1	占纸质图书市场总量6.42%	占纸质图书市场总量8.40%
合计	809.0	793.7	791.0	770.1	758.1	752.7	774.7	797.6	839.7	—	—

资料来源：联邦出版与大众传媒署、《书业》杂志

近年来，俄罗斯图书市场主要呈现下列特点：

一是实体书店依然处于主导地位。独立书店和连锁书店所占纸质图书市场容量份额一半以上。联邦连锁书店"阅读吧—城市—咬文嚼字者"统一零售店和网上书店板块成为2019年俄罗斯图书市场的主要驱动力，其市场总量同比分别增长14.5%、19.0%。二是整个图书市场销售量下降，由于价格拉动，图书销售额保持

增长。受经济形势不景气、卢布贬值等因素影响，近年来图书市场销售册数一直为负增长。与此同时，图书销售额自2014年起一直呈现正增长，原因在于2014—2016年图书平均零售价格年均涨幅在15%左右，2017年随着经济复苏，图书平均零售价格逐渐回归正轨，涨幅为3.7%，接近经济危机爆发前的增长幅度。2019年俄罗斯图书平均零售价格为299.99卢布，同比增长5.4%，较2011年增长89.0%。

三是儿童类图书、文学类图书、教材类图书销售表现较为突出。2019年，俄罗斯图书发行市场上三者占市场份额的3/4。教材类图书在经历了2014—2016年连续三年增长，市场份额达到近1/4后，2017—2018年回落至20%，2019年约为25%；文学类图书所占市场份额从1/4强减少到1/5左右；儿童类图书稳步增长，6年间增加了7个百分点，所占市场份额逼近30%；专业类图书和实用类图书所占市场份额较为稳定，均保持在10%左右。

2010—2013年间俄罗斯图书平均零售价格增幅较为平稳，为2%左右，2014—2016年间由于经济危机和卢布贬值，增幅在10%~20%，2017年以来由于相对合理的价格政策的实施，加之出版商调控价格的各种努力，俄罗斯图书平均零售价格增长未超过通货膨胀范围。2015—2019年间，俄罗斯各类图书平均零售价格，就地区独立书店而言，在170~350卢布之间；就莫斯科独立书店而言，在250~500卢布之间；就超市而言，在100~300卢布之间；就网上书店而言，在200~300卢布之间。（见表6、表7）

表6　2011—2019年图书市场平均零售价格情况

单位：卢布

渠道 （不含财政补助机构采购和其他销售）	2011	2012	2013	2014	2015	2016	2017	2018	2019
书店	160.27	161.08	164.32	193.86	221.25	263.23	275.57	296.79	324.21
网上书店	198.36	204.14	196.21	238.72	260.82	298.28	285.05	285.91	263.11
非专业图书零售（含超市）	111.34	115.87	116.02	123.57	132.10	151.33	175.82	231.89	208.06
平均零售价格	158.71	160.83	164.84	191.09	217.18	256.87	266.36	284.64	299.99
较上一年变动幅度	—	+1.3%	+2.5%	+15.9%	+13.7%	+18.3%	+3.7%	+6.9%	+5.4%

资料来源：联邦出版与大众传媒署、埃克斯摩出版社、《书业》杂志

表 7 2016—2019 年主题板块和市场渠道的平均零售价格情况

单位：卢布

主题板块	独立书店 地区① 2016	2017	2018	2019	莫斯科 2016	2017	2018	2019	超市 2016	2017	2018	2019	网上书店 2016	2017	2018	2019
文学类图书	271.88	294.40	301.97	347.55	315.76	404.83	373.61	364.54	127.12	125.49	127.84	144.21	314.76	301.24	304.87	302.61
儿童类图书	199.81	209.42	215.30	219.07	264.96	319.55	267.69	343.41	146.58	186.30	200.13	200.97	345.40	322.09	322.13	208.63
实用类图书②	290.51	305.68	335.96	352.72	430.60	485.64	403.05	503.33	197.33	236.02	286.63	302.16	269.21	263.01	264.16	252.18
教育类图书③	271.61	207.55	289.07	268.21	392.28	360.84	245.64	283.22	192.39	210.06	283.89	255.20	240.91	253.37	275.34	264.37
专业类图书	198.65	280.92	222.73	284.61	251.04	355.72	473.84	477.71	99.84	113.51	151.51	361.21	292.52	288.32	292.52	293.04

资料来源：联邦出版与大众传媒署、埃克斯摩出版社、《书业》杂志

2019 年，俄罗斯图书发行市场上，儿童类图书、文学类图书、教育类图书三者占据 3/4 的市场份额，所占比重较 2013 年提高了十几个百分点。7 年间，儿童类图书和文学类图书所占市场份额均在 20%~30% 之间浮动，不同的是前者增长超过 7 个百分点，后者减少超过 5 个百分点；教育类图书所占市场份额在 14%~25% 之间浮动，增长超过 10 个百分点；专业类图书和实用类图书所占市场份额均保持在 10% 左右。（见表 8）

表 8 2013—2019 年各主题板块图书占据发行市场份额情况

单位：%

主题板块	2013	2014	2015	2016	2017	2018	2019
文学类图书	27.93	24.15	25.90	26.52	26.22	24.49	22.63
儿童类图书	21.25	22.90	25.00	24.58	26.65	28.92	28.32
教育类图书	13.56	15.56	20.77	24.53	23.25	20.85	24.29
实用类图书	11.80	12.22	8.65	9.13	10.00	10.87	9.57
专业类图书	12.21	11.46	10.60	10.90	10.37	12.88	13.19
其他	13.25	13.71	9.08	5.81	3.51	1.99	2.00

注：2016—2018 年数据有调整

资料来源：联邦出版与大众传媒署、埃克斯摩出版社、《书业》杂志

① 远东联邦管区、西伯利亚联邦管区、伏尔加联邦管区、中央联邦管区、西北联邦管区、南部联邦管区、乌拉尔联邦管区。
② 包括居家—生活—休闲、烹饪、心理、医学、秘籍。
③ 包括中小学教材、大学教材、科普图书、词典。

（二）国际贸易情况

与 2018 年相比，2019 年俄罗斯出版物出口对象国依然是之前的 10 个国家，只是排名发生了变化，德国和吉尔吉斯斯坦排名超过爱沙尼亚，其他国家排名不变。这 10 国中有 7 国为原苏联加盟共和国，其余 3 国为美国、德国和以色列。

与 2018 年相比，2019 年俄罗斯出版物进口对象国保留了之前的 8 国，新增印度位居第二和匈牙利位列第十，取代意大利和土耳其。中国和德国位次不变，分别位列第三和第九。除拉脱维亚跃居首位、英国排名上升一位位列第四外，其他国家排名都有不同程度的下降。这些国家中，除了俄罗斯经常采购出版物的国家外，还有惯常向俄罗斯出版商提供印刷服务的国家，如拉脱维亚、中国、乌克兰、斯洛文尼亚以及芬兰等。（见表 9、表 10）

表 9　2018—2019 年俄罗斯出口出版物（印刷类图书、小册子、传单、类似的印刷材料）情况

排名	2018	净重（单位：公斤）	统计价值（单位：美元）	2019	净重（单位：公斤）	统计价值（单位：美元）
1	哈萨克斯坦	2707478	14164706	哈萨克斯坦	3940587	21177638
2	白俄罗斯	2128118	9579601	白俄罗斯	1937907	11950811
3	乌克兰	909766	4414794	乌克兰	737549	3903306
4	拉脱维亚	388877	2847985	拉脱维亚	430732	3624568
5	美国	199993	11529766	美国	173463	10843396
6	摩尔多瓦	147377	1802398	摩尔多瓦	164393	1291777
7	爱沙尼亚	139681	880252	德国	150267	2632588
8	德国	135495	2164311	吉尔吉斯斯坦	132557	1082646
9	吉尔吉斯斯坦	123152	931063	爱沙尼亚	130730	1003474
10	以色列	115485	993827	以色列	102873	1072133

注：往常按照统计价值排序，本次按照净重排序

资料来源：联邦出版与大众传媒署、联邦税务总局

表 10　2018—2019 年俄罗斯进口出版物（印刷类图书、小册子、传单、类似的印刷材料）情况

排名	2018	净重（单位：公斤）	统计价值（单位：美元）	2019	净重（单位：公斤）	统计价值（单位：美元）
1	白俄罗斯	3072464	5940141	拉脱维亚	2224455	7613893
2	拉脱维亚	2372472	8043800	印度	2087272	8195232
3	中国	1729936	12973354	中国	1476675	22229750

续表

排名	2018	净重（单位：公斤）	统计价值（单位：美元）	2019	净重（单位：公斤）	统计价值（单位：美元）
4	乌克兰	980649	3296476	英国	965182	17881580
5	英国	749024	13080605	白俄罗斯	737088	5203635
6	斯洛文尼亚	378368	3004135	乌克兰	598216	1720971
7	芬兰	328116	3131060	斯洛文尼亚	401864	2969987
8	意大利	327147	15211872	芬兰	323280	3493122
9	德国	229197	6872102	德国	242527	13067284
10	土耳其	182209	588887	匈牙利	189524	1262361

注：往常按照统计价值排序，本次按照净重排序

资料来源：联邦出版与大众传媒署、联邦税务总局

（三）畅销书情况

多年来，俄罗斯畅销书作者 Top10 排行榜较为稳定。与 2018 年榜单相比，2019年文学类畅销书作者榜单仅有两位作者发生变化：俄罗斯本土侦探小说家阿库宁和维尔蒙特被俄国作家陀思妥耶夫斯基、挪威畅销书作家尤·奈斯博所取代，此外，常年占据榜首的俄罗斯侦探小说家东佐娃被斯蒂芬·金赶超，位居第二；儿童类畅销书作者榜单有三位作者发生变化：俄罗斯当代儿童作家斯捷潘诺夫、俄罗斯诗人普希金、苏联儿童文学家比安基被英国畅销书作家 J. K. 罗琳、俄罗斯青年儿童作家乌里耶娃、苏俄作家沃尔科夫所取代。

再与 2008 年榜单做一比较，俄罗斯本土侦探小说作家东佐娃、乌斯季诺娃、波利亚科娃、马里宁娜 4 人成为文学类畅销书作者榜单的常胜将军；苏俄作家丘科夫斯基、布拉托、诺索夫、马尔沙克 4 人，俄罗斯当代儿童作家古里娜，则是儿童类畅销书作者榜单的常青树。

在俄罗斯文学类畅销书市场上，外国作家大受欢迎，Top10 榜单上外国作者约占一半，2019 年也有 5 位外国作家入围，他们是美国著名作家斯蒂芬·金、美国科幻奇幻恐怖小说家布莱伯利、英国侦探小说家阿加莎·克里斯蒂、"迷惘的一代"代表作家德国人雷马克、"北欧犯罪小说天王"尤·奈斯博。与此相反，俄罗斯儿童类畅销书市场则侧重于本土作家，丘科夫斯基自 2012 年起连续 8 年位居榜首，上榜外国作家屈指可数。值得一提的是，英国动物小说女王霍莉·威布自 2017 年以来已连续三年登榜。

文学类畅销书作者榜单上，2019年排名第一的作者斯蒂芬·金的图书印数仅与2008年排名第十的作者相当。2019年，东佐娃出版图书68种，较2008年减少超过50%，印数77.6万册，较2008年减少超过90%。儿童类畅销书常青树丘科夫斯基，2019年出版图书131种，较2008年减少21%，印数138.1万册，较2008年减少约47%。（见表11、表12）

表11　2008年、2017—2019年印数最大的文学类畅销书作者排名情况

排名	2008年	出版种数	总印数（千册）	2017年	出版种数	总印数（千册）	2018年	出版种数	总印数（千册）	2019年	出版种数	总印数（千册）
1	东佐娃（Донцова Д.）	147	9764.7	东佐娃	98	1349.0	东佐娃	82	1053.0	斯蒂芬·金	163	1103.0
2	希洛娃（Шилова Ю.）	117	3748.0	斯蒂芬·金（Кинг С.）	157	1259.0	斯蒂芬·金	145	887.0	东佐娃	68	776.0
3	乌斯季诺娃（Устинова Т.）	100	3210.9	布莱伯利（Брэдбери Р.）	106	765.5	马里宁娜	61	749.5	马里宁娜	55	500.0
4	波利亚科娃（Полякова Т.）	102	2254.2	马里宁娜	56	752.5	乌斯季诺娃	60	603.5	布莱伯利	76	493.0
5	阿库宁（Акунин Б.）	79	2118.0	乌斯季诺娃	45	667.0	雷马克	66	553.5	波利亚科娃	65	476.0
6	保罗·柯艾略（Коэльо П.）	40	1516.0	波利亚科娃	77	637.0	阿库宁	61	547.5	陀思妥耶夫斯基	94	445.3
7	维尔蒙特（Вильмонт Е.）	79	1504.4	雷马克（Ремарк Э.М.）	64	623.5	波利亚科娃	66	530.5	阿加莎·克里斯蒂	92	420.0
8	布什科夫（Бушков А.）	93	1248.7	维尔蒙特	44	589.1	布莱伯利	90	450.5	乌斯季诺娃	43	418.5
9	马里宁娜（Маринина А.）	102	1111.2	丹·布朗（Браун Д.）	13	547.0	维尔蒙特	38	394.0	雷马克	53	403.5
10	克雷切夫（Колычев В.）	86	1104.2	丹尼尔·凯斯（Киз Д.）	32	491.0	阿加莎·克里斯蒂	92	382.0	尤·奈斯博（Несбё Ю.）	35	339.0

资料来源：联邦出版与大众传媒署、俄罗斯书库

表12　2008年、2017—2019年印数最大的儿童类畅销书作者排名情况

排名	2008年	出版种数	总印数（千册）	2017年	出版种数	总印数（千册）	2018年	出版种数	总印数（千册）	2019年	出版种数	总印数（千册）
1	斯捷潘诺夫（Степанов В.）	97	2903.0	丘科夫斯基	181	2245.1	丘科夫斯基	153	1574.8	丘科夫斯基	131	1380.5
2	丘科夫斯基（Чуковский К.）	166	2612.7	霍莉·威布（Вебб Х.）	62	1234.0	霍莉·威布	105	1216.0	霍莉·威布	111	1148.5
3	布拉托（Барто А.）	109	1592.8	古里娜	71	871.0	古里娜	59	789.0	诺索夫	86	734.0
4	古里娜（Гурина И.）	54	1539.0	乌斯片斯基（Успенский Э.）	88	824.0	诺索夫	100	739.6	古里娜	37	604.0

续表

排名	2008年	出版种数	总印数（千册）	2017年	出版种数	总印数（千册）	2018年	出版种数	总印数（千册）	2019年	出版种数	总印数（千册）
5	J.K.罗琳（Ролинг Дж.）	10	970.2	布拉托	82	736.7	斯捷潘诺夫	59	608.0	J.K.罗琳	22	545.5
6	米哈尔科夫（Михалков С.）	58	740.1	普希金（Пушкин А.）	101	662.4	乌斯片斯基	88	561.8	布拉托	55	522.1
7	诺索夫（Носов Н.）	45	606.2	斯捷潘诺夫	60	657.0	布拉托	66	510.1	乌里耶娃（Ульенова Е.）	68	496.0
8	马尔沙克（Маршак С.）	52	570.0	马尔沙克	99	643.0	马尔沙克	88	496.7	马尔沙克	88	486.5
9	克雷洛夫（Крылов И.）	57	553.1	马利亚连科（Маляренко Ф.）	25	601.0	普希金	90	486.5	乌斯片斯基	91	455.0
10	叶梅茨（Емец Д.）	46	546.2	诺索夫（Носов Н.）	69	571.7	比安基（Бианки В.）	53	468.6	沃尔科夫（Волков А.）	52	420.6

资料来源：联邦出版与大众传媒署、俄罗斯书库

2019年俄罗斯排名前五的各类纸质畅销书情况见表13至表16。该榜单自2017年起分为文学艺术类、儿童类和非小说类作品，2019年新增认知类作品榜单。较2017—2018年榜单，纵观2019年各榜单，亚希娜《祖列伊哈睁开了眼睛》《我的孩子们》、乔治·奥威尔《一九八四》、丹尼尔·凯斯《献给阿尔吉侬的花束》、乌萨乔夫《聪明的小狗索尼亚》、安东尼·德·圣—埃克苏佩里《小王子》、J.K.罗琳《哈利·波特与魔法石》、拉布科夫斯基《我要，我会：接受自己、爱上生活、变得幸福》、伊利亚诺夫和萨雷切娃《写作与缩写：如何打造一篇好文》、祖巴列娃《荷尔蒙华尔兹：体重、睡眠、性爱、魅力与健康按部就班》、玛丽莲·曼森《壁上观的微妙艺术：反常规幸福生活》、茱莉娅·恩德斯《肠子的小心思》等12部作品都是再次入围，占上榜作品总数的比重超过一半；之前上榜的马里宁娜、佩列温、斯蒂芬·金、祖巴列娃、J.K.罗琳等5位作家又有另外的作品入围。此外，乌斯片斯基、沃尔科夫、霍莉·威布等俄罗斯本土和国外儿童作家都是上文所述印数最大儿童类畅销书作者榜单的常青树。（见表13至表16）

表13　2019年排名前五的文学艺术类作品情况

排名	作者	书名	出版社
本土文学艺术类作品			
1	波利亚尔内（Полярный А.）	薄荷童话（Мятная сказка）	阿斯特（ACT）
2	亚希娜（Яхина Г.）	祖列伊哈睁开了眼睛（Зулейха открывает глаза）	阿斯特·叶列娜·舒宾娜编辑部（ACT: Редакция Е.Шубиной）
3	亚希娜	我的孩子们（Дети мои）	阿斯特·叶列娜·舒宾娜编辑部
4	马里宁娜	另一真相（两卷本）（Другая правда）	埃克斯摩（Эксмо）
5	佩列温（Пелевин В.）	轻松接触的艺术（Искусство лёгких касаний）	埃克斯摩
外国文学艺术类作品			
1	瑞切尔·利平科特（Липпинкотт Р.）	五尺天涯（В метре друг от друга）	埃克斯摩
2	乔治·奥威尔（Оруэлл Дж.）	一九八四（1984）	阿斯特
3	丹尼尔·凯斯（Киз Д.）	献给阿尔吉侬的花束（Цветы для Элджернона）	埃克斯摩
4	斯蒂芬·金	宠物公墓（Кладбище домашних животных）	阿斯特
5	安娜·托德（Тодд А.）	之后（После）	埃克斯摩

资料来源：《书业》杂志、"阅读吧—城市"图书连锁店

表14　2019年排名前五的儿童类作品情况

排名	作者	书名	出版社
本土儿童类作品			
1	乌斯片斯基	费奥多尔叔叔和他的猫儿狗儿（Дядя Фёдор, пёс и кот）	阿斯特
2	谢尔巴（Щерба Н.）	白色侏儒舞蹈（Танец белых карликов）	罗斯曼（Росмэн）
3	沃尔科夫	绿宝石城的魔法师	埃克斯摩
4	乌萨乔夫（Усачёв А.）	聪明的小狗索尼亚（Умная собачка Соня》）	罗斯曼
5	加格洛耶夫（Гаглоев Е.）	潘德莫尼欧姆6：破碎镜中之剪影（Пандемониум 6. Силуэт в разбитом зеркале）	罗斯曼
外国儿童类作品			
1	安东尼·德·圣—埃克苏佩里（Сент-Экзюпери А.）	小王子（Маленький принц）	埃克斯摩
2	J. K. 罗琳	哈利·波特与魔法石（Гарри Поттер и Философский камень）	黄凤蝶（Махаон）
3	J. K. 罗琳	哈利·波特与被诅咒的孩子（特别彩排版剧本）（Гарри Поттер и Проклятое дитя: финальная версия сценария）	黄凤蝶

续表

排名	作者	书名	出版社
4	林格伦 （Линдгрен А.）	小飞人卡尔松 （Малыш и Карлсон, который живёт на крыше）	黄凤蝶
5	霍莉·威布	密闭箱子之谜（Загадка закрытого ящика）	埃克斯摩

资料来源：《书业》杂志、"阅读吧—城市"图书连锁店

表 15 2019 年排名前五的认知类作品情况

排名	作者	书名	出版社
本土认知类作品			
1	彼得拉诺夫斯卡娅 （Петрановская Л.）	遇到这种情况，该怎么做（Что делать, если…）	阿斯特
2	舍斯塔科娃 （Шестакова И.）	我的第一册世界地图：国家与国旗（贴画书） 《Мой первый атлас мира．Все страны и флаги》（с наклейками）	欧米伽（Омега）
3	什梅廖夫 （Шмелёв И.）	坦克：儿童百科全书（Танки．Детская энциклопедия）	罗斯曼
4	克柳什尼克 （Клюшник Л.）	恐龙：儿童乐园百科全书（Динозавры．Энциклопедиядля детского сада）	罗斯曼
5	巴比奇 （Бабич В.）	女孩手册：羞于启齿的知识尽在其中 （Книга для каждой девочки．Всё что ты хотела знать, но не знала как спросить）	阿斯特
外国认知类作品			
1	博多·舍费尔 （Шефер Б.）	小狗钱钱（Пёс по имени Мани）	集成曲（Попурри）
2	贾涅里（Ганери А.）、 乌奥波尔（Уолпол Б.）	十万个为什么 （Отчего и почему？Энциклопедия для любознательных）	黄凤蝶
3	帕克 （Паркер С.）	儿童猫咪百科全书（Кошки и котята．Энциклопедия для детей）	罗斯曼
4	费尔特 （Ферт Р.）	儿童恐龙百科全书（Динозавры．Детская энциклопедия）	罗斯曼
5	乔艾尔·乐博姆 （Лебом Ж.）、 克莱蒙·乐博姆 （Лебом К.）	超图解生活科技——250种现代机器运转的秘密 （Как это работает．250 объектов и устройств）	阿斯特

资料来源：《书业》杂志、"阅读吧—城市"图书连锁店

表 16 2019 年排名前五的非小说类作品情况

排名	作者	书名	出版社
本土非小说类作品			
1	拉布科夫斯基 （Лабковский М.）	我要，我会：接受自己、爱上生活、变得幸福 （Хочу и буду．Принять себя, полюбить жизнь и стать счастливым）	阿里平纳 （Альпина Паблишер）

续表

排名	作者	书名	出版社
2	伊利亚诺夫（Ильяхов М.）、萨雷切娃（Сарычева Л.）	写作与缩写：如何打造一篇好文（Пиши, сокращай. Как создавать сильный текст）	阿里平纳
3	祖巴列娃（Зубарева Н.）	荷尔蒙华尔兹：体重、睡眠、性爱、魅力与健康按部就班（Вальс гормонов: вес, сон, секс, красота и здоровье какпо нотам）	阿斯特
4	祖巴列娃	肠子重于一切：皮肤、体重、免疫力与幸福等关于"第二脑"的秘密（Кишка всему голова. Кожа, вес, иммунитет и счастье — что кроется в извилинах «второго мозга»)	阿斯特
5	克拉斯诺娃（Краснова Н.）	前任：如何忘却想要抛弃你的人（Бывшие. Книга о том, как класть на тех, кто хотел класть на тебя）	阿斯特
外国非小说类作品			
1	珍·辛塞罗（Синсеро Д.）	东方智慧云：相信自己的力量，莫让怀疑阻碍前进（НИ СЫ. Восточная мудрость, которая гласит: будь уверен в своих силах и не позволяй сомнениям мешать тебе двигаться вперёд）停止抱怨，方能致富（НЕ НОЙ. Только тот, кто перестал сетовать на судьбу, может стать богатым）	埃克斯摩
2	玛丽莲·曼森（Мэнсон М.）	壁上观的微妙艺术：反常规幸福生活（Тонкое искусство пофигизма. Парадоксальный способ жить счастливо）一切无用：希望之书（Всё хреново. Книга о надежде）	阿里平纳
3	乔·迪斯派尼兹 Диспенза Д.	改变的历程 告别旧我与创造新我的28天冥想训练（Сила подсознания или Как изменить жизнь за 4 недели）	埃克斯摩、潜浪（Бомбора）
4	茱莉娅·恩德斯（Эндерс Д.）	肠子的小心思（Очаровательный кишечник. Как самый могущественный орган управляет нами）	埃克斯摩
5	尤瓦尔·赫拉利（Харари Ю.Н.）	人类简史（Sapiens. Краткая история человечества）	辛巴达（Синдбад）

资料来源：《书业》杂志、"阅读吧—城市"图书连锁店

三、细分市场情况

按目的功用划分，俄罗斯图书主要分为学术类、教材类、文学艺术类和少年儿童类等。2019年，除教材类图书出版种数、印数均实现增长外，其他三类图书的上述两项指标同比均小幅缩减。2019年，俄罗斯出版学术类图书21648种，同比减少5.8%，印数760万册，同比减少9.5%；出版教材40187种，同比增加4.8%，印数2.206亿册，同比增加9.2%；出版文学艺术类图书19432种，同比减少4.7%，印数5400万册，同比减少2.4%；出版少年儿童类图书13664种，同比减少6.1%，印数9560万册，同比减少5.3%。自2008年以来，上述各类图书出版主要呈现下列特点：

（一）出版种数相对稳定

十几年间，教材类图书年出版种数在4万种左右，学术类、文学艺术类图书均保持在2万种左右，少年儿童类图书在1万至1.5万种之间浮动。值得注意的是，自

2015年起,文学艺术类、少年儿童类图书出版种数在连续4年增长后,2019年出现小幅回落。(见表17)

表17 2008—2019年各类图书出版种数情况

单位:种

类别	2008	2009	2010	2011	2012	2013	2014	2015	2016	2017	2018	2019
学术类	20772	24671	24070	26411	25491	27120	25411	26477	25308	23393	22971	21648
教材	37659	40978	39309	40446	39592	41067	36860	37037	40428	39039	38350	40187
文学艺术类	20138	18729	18131	18305	16624	17293	14874	16303	17540	19169	20380	19432
少年儿童类	11296	10866	10938	10023	10413	10950	10599	10825	11159	13531	14556	13664

资料来源:联邦出版与大众传媒署、俄罗斯书库

(二)印数普遍呈缩减态势

十几年间,文学艺术类图书印数缩减幅度最大,印数由1.5亿册缩减至5500多万册,减少65%;其他类别图书印数都在特定区间浮动:教材在2亿至2.5亿册之间,少年儿童类图书在8000万至1.5亿册左右,学术类图书约在760万至1100万册。(见表18)

表18 2008—2019年各类图书印数情况

单位:百万册

类别	2008	2009	2010	2011	2012	2013	2014	2015	2016	2017	2018	2019
学术类	10.1	11.3	10.0	11.2	10.0	10.1	10.0	10.5	9.1	8.6	8.4	7.6
教材	243.9	218.3	229.6	238.8	242.1	244.0	228.6	210.0	197.8	234.0	202.0	220.6
文学艺术类	154.2	130.8	120.6	106.5	83.2	82.5	61.4	60.2	56.1	63.8	55.3	54.0
少年儿童类	149.8	145.3	132.0	102.7	99.5	98.5	98.6	100.6	81.2	102.7	101.0	95.6

资料来源:联邦出版与大众传媒署、俄罗斯书库

(三)结构比例特点鲜明

俄罗斯教材类图书、文学艺术类图书所占出版种数和印数比重基本一致,分别为30%~50%、15%。少年儿童类图书和学术类图书所占出版种数和印数比重反差较大:少年儿童类图书的印数比重(20%左右)约为出版种数比重(10%)的2倍,学术类

图书的出版种数比重（20%左右）约为印数比重（2%左右）的10倍。

值得一提的是，十几年间，在总印数所占比重中，教材近年来已接近五成，增加了近20个百分点，成为市场发展主力军；文学艺术类图书近年来仅占一成多一点，约减少了8个百分点；少年儿童类图书表现较为稳定，一直占两成左右。（见表19、表20）

表19　2008—2019年各类图书在总出版种数中所占比重情况

单位：%

类别	2008	2009	2010	2011	2012	2013	2014	2015	2016	2017	2018	2019
学术类	16.8	19.3	19.8	21.5	21.8	22.5	22.7	23.5	21.6	19.9	19.6	18.8
教材	30.5	32.1	32.3	32.9	33.9	34.1	32.9	32.9	34.5	33.3	32.8	34.9
参考类	3.4	3.0	3.0	2.5	2.5	2.5	2.0	1.8	1.6	1.4	1.4	1.4
文学艺术类	16.3	14.7	14.9	14.9	14.2	14.3	13.7	14.5	15.0	16.3	17.4	16.9
少年儿童类	9.2	8.5	9.0	8.2	8.9	9.1	9.5	9.6	9.5	11.6	12.5	11.9
其他	23.8	22.4	21.0	20.0	18.7	17.5	19.6	17.7	17.8	17.5	16.3	16.2

资料来源：联邦出版与大众传媒署、俄罗斯书库

表20　2008—2019年各类图书在总印数中所占比重情况

单位：%

类别	2008	2009	2010	2011	2012	2013	2014	2015	2016	2017	2018	2019
学术类	1.3	1.6	1.5	1.8	1.9	1.9	2.1	2.3	2.0	1.8	1.9	1.7
教材	32.1	30.5	35.1	39.0	44.8	45.0	47.1	45.7	44.3	49.6	46.7	50.7
参考类	3.5	2.7	5.2	2.4	2.3	1.8	1.5	1.2	1.4	0.8	0.8	0.6
文学艺术类	20.3	18.3	18.4	17.4	15.4	15.2	12.6	13.1	12.6	13.5	12.8	12.4
少年儿童类	19.7	20.3	20.2	16.8	18.4	18.2	20.3	21.9	18.2	21.8	23.4	22.0
其他	23.1	26.6	19.6	22.7	17.3	17.9	16.4	15.8	21.5	12.5	14.5	12.6

资料来源：联邦出版与大众传媒署、俄罗斯书库

四、销售渠道情况

俄罗斯图书发行渠道主要分批发和零售两大块。俄罗斯的图书批发职能实际上是由图书批发、零售企业、出版机构共同完成的。俄罗斯图书零售发行渠道主要涉及书

店、"阅读吧—城市—咬文嚼字者"统一零售店、网上书店、非专业图书零售机构、报刊亭五大块。据联邦出版与大众传媒署对 2019 年俄罗斯纸质图书市场销售渠道（包括零售和网上书店，不含财政补助机构采购额和其他销售）份额的统计，俄罗斯书店（不含"阅读吧—城市—咬文嚼字者"统一零售店）占 46.1%，网上书店占 23.2%，"阅读吧—城市—咬文嚼字者"统一零售店占 22.1%，非专业图书零售机构（含超市）占 8.0%，报刊亭占 0.6%。下文所涉及的各渠道所占市场份额未做特殊说明的均按以上口径统计。

（一）图书批发商、馆配商情况

目前，俄罗斯有二十余家图书批发公司，其中近一半位于莫斯科和圣彼得堡。一些俄罗斯大型图书批发公司兼做馆配、零售或网上书店业务。中小型图书批发公司大多位于各地区首府。俄罗斯图书批发公司主要有三类：一是单纯从事发行业务的独立批发商，如"36.6 图书俱乐部"；二是出版机构自办批发公司，如"因夫拉—姆"；三是兼做出版业务的批发商，如"欧米伽—乐"。截至 2020 年 2 月，俄罗斯图书品种超过 10 万种的图书批发商和馆配商主要有 8 家，分别是位于哈巴罗夫斯克的米尔斯，萨马拉的梅季达，车里雅宾斯克的国际服务，伊尔库茨克的普罗达利特，莫斯科的欧米伽—乐、迷宫、格兰德—法伊尔、图书馆中央配送处。（见表 21）

表 21 俄罗斯主要的图书批发商和馆配商

城市	名称	经营范围	品种数					
			2009.4	2016.2	2017.2	2018.1	2019.2	2020.2
莫斯科	阿马杰乌斯（Амадеос）	零售、批发	20000***	约45000**	约45000**	约45000**	约45000**	约45000**
	36.6图书俱乐部（Книжный клуб«36.6»)	批发	21500***	超过30000**	超过30000**	超过30000**	超过30000**	超过30000**
	因夫拉—姆（Инфра-М）	批发、馆配	50547*	23701*	超过20000*	超过20000*	超过20000*	超过20000*
	迷宫（Лабиринт）	批发、零售	143635*	超过100000**	超过100000**	超过100000**	超过100000**	超过100000**
莫斯科	欧米伽—乐（Омега-Л）	批发、馆配、网上书店	48594*	200568*	196054*	158461*	160159*	160159*
	格兰德—法伊尔（Гранд-Фаир）	馆配	40000***	约100000**	约100000**	约100000**	约100000**	约100000**
	图书馆中央配送处（Бибком）	馆配	超过100000	超过100000**	超过100000**	超过100000**	超过100000**	超过100000**
	阿布里斯（Абрис）	批发	30000***	超过25000**	超过30000**	超过30000**	超过25000**	超过25000**
	尤拉伊特（Юрайт）	批发	15070*	超过50000**	—	—	—	—

续表

城市	名称	经营范围	品种数					
			2009.4	2016.2	2017.2	2018.1	2019.2	2020.2
圣彼得堡	商务—报刊（Бизнес-Пресса）	批发、零售、馆配	80000***	595261*	595261*	595261*	—	—
阿尔汉格尔斯克	阿维弗图书（АВФ-книга）	批发	80000***	超过80000**	超过80000**	超过80000**	超过80000**	超过80000**
顿河畔罗斯托夫	罗斯托夫图书（Ростовкнига）	批发	75000**	55000**	57000**	57000**	58000**	57000**
	大师（Магистр）	零售	96063**	79339**	92003**	97398**	103045**	108892**
沃罗涅日	阿米塔利（Амиталь）	零售、批发	81700**	61369**	62947**	超过60000**	73656**	73293**
萨马拉	基维（Киви, 恰科纳 Чакона）	零售、批发	80000***	191445**	184710*	6195*	超过6000**	超过6000**
	梅季达（Метида）	零售、批发	54278*	83851*	363059*	373287*	205177*	超过200000**
车里雅宾斯克	国际服务（Интерсервис）	零售、批发	55719*	52020*	45967*	约30000*	超过160000**	超过160000**
叶卡捷琳堡	柳姆纳（Люмна）	零售、批发	60000***	75000**	37397*	36953*	约40000**	约40000**
新西伯利亚	埃科尔图书（Экор-книга）	零售、批发	54832*	超过50000**	—	—	—	—
伊尔库茨克	普罗达利特（ПродаЛитЪ）	零售、批发	90000***	超过200000**	超过200000*	约200000*	150000**	140000**
哈巴罗夫斯克	米尔斯（Мирс）	零售、批发	30000***	282355*	357313*	411707*	430839*	超过400000**
彼得罗巴甫洛夫斯克—勘察加	私人企业科然（ЧП «Кожан С.П.»)	零售、批发	60000***	—	—	—	—	—

*——公司可供书目、报价单、公司网站上的品种数

**——公司对外宣称所拥有的品种数

***——专家估算

资料来源：联邦出版与大众传媒署、公司资料、专家估算

（二）书店情况

2019年，俄罗斯书店（含地区和城市连锁书店）市场总量为279.5亿卢布，同比减少6.93%，这一渠道所占市场份额由2011年50.0%降至2019年46.1%；"阅读吧—城市—咬文嚼字者"统一零售店市场总量为133.8亿卢布，同比增加14.46%，这一渠道所占市场份额由2011年20.5%增至2019年22.1%。"阅读吧—城市—咬文嚼字者"统一零售店中，各类图书所占品种比重情况如下：文学艺术类图书占32.3%，实用类图书占21.7%，儿童类图书占20.9%，经济政治历史技术类图书占15.3%，教材类图

书占 9.8%。埃克斯摩—阿斯特出版集团出版的图书约占该统一零售店总销售额的一半。

据专家估算，截至 2019 年 7 月，俄罗斯约有实体书店 5100 家，其中约 30% 为年图书营业额 1500 万卢布以下的小型实体书店。2009—2020 年间，俄罗斯主要连锁书店数量由 800 余家增至 1200 余家，增长超过 50%。2013—2014 年俄罗斯连锁书店数量缩减 25%，主要原因在于阿斯特旗下"字母"连锁店关闭大量门店，2017 年阿斯特旗下连锁书店全部关闭。2014—2015 年俄罗斯连锁书店数量增长有限，年增长率约 5%。其后，自 2016 年起连锁书店数量增长略有起色，主要得益于"阅读吧—城市—咬文嚼字者"新开了一些门店：2016 年 2 月—2017 年 2 月为 80 家，2017 年 2 月—2018 年 1 月为 89 家，2018 年 1 月—2019 年 2 月为 49 家，2019 年 2 月—2020 年 2 月为 66 家。就门店数量而言，目前排名前三的图书连锁店出资方分别是国家图书连锁股份公司、图书迷宫、米尔斯，截至 2019 年 2 月，分别拥有 643 家、89 家、61 家门店。此外，新开门店较多的地区图书连锁品牌还有位于加里宁格勒的图书铺、叶卡捷琳堡的柳姆纳、伊尔库茨克的普罗达利特。（见表 22）

表 22　俄罗斯主要的连锁书店情况

排序	出资方	品牌	2009 年 4 月	2015 年 2 月	2016 年 2 月	2017 年 2 月	2018 年 1 月	2019 年 2 月	2020 年 2 月
1	国家图书连锁股份公司（АО Национальная книжная сеть）	阅读吧—城市—咬文嚼字者（Читай-город-Буквоед）	131	295	359	439	528	577	643
		其中：新书屋（Новый книжный）	66	33	19	12	—	—	—
		其中：咬文嚼字者（Буквоед）	35	75	91	116	139	140	144
		其中：阅读吧—城市（Читай-город）	30	175	249	311	389	437	499
		其中：非品牌商店	—	12	—	—	—	—	—
2	阿斯特	字母（Буква）、从 А 到 Я（От А до Я）	314	122	102				
3	图书迷宫（Книжный Лабиринт）	图书迷宫	30	36	84	95	88	91	89
4	莫斯科市政府（Правительство Москвы）	莫斯科图书之家联合中心（ОЦ Московский Дом книги）	38	42	31	26	24	25	27
5	瓦季姆·德莫夫（Учредитель Вадим Дымов）	共和国（Республика）	8-9	16	20	24	29	26	30
6	图书铺（Книжная лавка, 加里宁格勒）	图书铺	18	25	28	24	30	35	39

续表

排序	出资方	品牌	门店数量						
			2009年4月	2015年2月	2016年2月	2017年2月	2018年1月	2019年2月	2020年2月
7	阿维弗图书（АВФ-книга，阿尔汉格尔斯克）	中央图书之家（Центральный дом Книги）、铅笔（Карандаши）、专用文献（Спецлит）、读书人（Грамотей）、图书码头（Книжная пристань）	20	13	18	18	18	18	18
8	阿米塔利（Амиталь，沃罗涅日）	阿米塔利	31	36	36	36	40	41	31
9	大师（Магистр，顿河畔罗斯托夫）	大师	23	21	24	25	27	27	31
10	罗斯托夫图书（Ростовкнига，顿河畔罗斯托夫）	火炬（Факел）、图书铺（Книжная Лавка）、图书之家（Дом Книги）、图书（Книги）、图书世界（КнижныйМир）、知识（Знание）	15	15	14	14	14	14	14
11	阿伊斯特—报刊（Аист-Пресс，喀山）	最爱图书（Любимый книжный）	25—30	21	36	35	37	37	37
12	佩加斯（Пегас，喀山）	图书之家、图书+（Книга+）	34	42	45	49	54	53	53
13	梅季达（Метида，萨马拉）	梅季达	17—18	18	20	20	23	26	25
14	恰科纳（Чакона，萨马拉）	恰科纳	12	24	27	31	37	31	32
15	柳姆纳（Люмна，叶卡捷琳堡）	生动语言（Живое слово）	10	18	23	24	26	15	31
16	亚里士多德（Аристотель，新西伯利亚）	BOOK-LOOK、BOOK`ля、伊凡·费尔多罗夫（Иван Фёдоров）、马可·奥勒留（Марк Аврелий）、柏拉图（Платон）、小普林尼（ПлинийМладший）、老普林尼（ПлинийСтарший）、索克拉特（Сократ）、西塞罗（Цицерон）、笛卡尔（Декарт）	4	22	22	22	23	24	不详
17	普罗达利特（ПродаЛитЪ，伊尔库茨克）	普罗达利特	37	45	47	47	51	53	60
18	米尔斯（Мирс，哈巴罗夫斯克）	米尔斯、知识（Знание）、书写与阅读（Пиши-Читай）	38	45	55	57	63	64	61
19	海滨图书之家（Приморский домКниги，海参崴）	海滨图书之家	32	39	46	44	39	50	41

资料来源：联邦出版与大众传媒署、上述公司数据

联邦出版与大众传媒署、《书业》杂志的调查统计数据显示了2008—2019年间俄罗斯书店的购买与销售的大致趋势。十余年间，书店购物者、图书销售额以及销售册数在2011年、图书销售种类在2012年达到峰值后逐渐下降，个别年份虽有反弹，但基本上均维持在2008—2009年水平。尽管如此，每单平均销售额却一路飙升。2019年每单平均销售额莫斯科、圣彼得堡书店为994卢布，地区书店为349卢布，较上一年变化不大，却分别是2008年3.2倍和1.8倍。这期间，平均购物件数则较为平稳，莫斯科和圣彼得堡书店的平均购物件数为3~3.5件，地区书店为2~3件左右。（见表23至表26）

表23 2008—2019年俄罗斯书店购物者变化情况

单位：%

项目	2008	2009	2010	2011	2012	2013	2014	2015	2016	2017	2018	2019
莫斯科、圣彼得堡图书发行企业	100	110	135	140	135	109	101	107	100	107	102	102
地区图书发行企业	100	136	149	151	139	137	125	103	102	101	106	105

资料来源：联邦出版与大众传媒署2020年1月调查数据

表24 2008—2019年俄罗斯书店销售变化情况

单位：%

项目	2008	2009	2010	2011	2012	2013	2014	2015	2016	2017	2018	2019
图书销售额	100	110	112	122	121	103	102	110	108	104	103	102
图书销售册数	100	101	102	110	107	99	94	102	99	99	103	97
图书销售种类	100	101	102	104	105	101	97	101	104	101	102	101

资料来源：联邦出版与大众传媒署2020年1月调查数据

表25 2008—2019年俄罗斯书店每单平均消费额变化情况

单位：卢布

项目		2008	2009	2010	2011	2012	2013	2014	2015	2016	2017	2018	2019
联邦出版与大众传媒署	莫斯科、圣彼得堡图书发行企业	313	349	372	404	432	493	495	558	663	778	972	994
	地区图书发行企业	193	211	261	287	304	342	290	273	365	376	348	349
《书业》杂志	莫斯科图书发行企业	—	—	—	—	625.31	666.99	731.52	954.30	986.00	980.11	1009.02	1228.10
	地区图书发行企业	—	—	—	—	361.52	378.67	411.07	355.65	371.19	367.94	367.85	342.71

资料来源：联邦出版与大众传媒署2020年1月调查数据、《书业》杂志

表 26　2008—2019 年俄罗斯书店每单平均购物件数变化情况

单位：件

项目	2008	2009	2010	2011	2012	2013	2014	2015	2016	2017	2018	2019
莫斯科、圣彼得堡图书发行企业	3.3	3.1	2.8	2.9	3.0	3.5	3.0	2.9	3.3	2.8	2.8	3.0
地区图书发行企业	2.3	2.2	2.6	2.8	3.0	3.4	3.3	2.4	3.3	2.0	2.0	2.0

资料来源：联邦出版与大众传媒署 2020 年 1 月调查数据

经历 2008—2009 年、2014—2015 年两场经济危机洗礼，俄罗斯书店经营者转变经营策略，减少图书区销售面积，增加非图书产品种类。就图书与非图书产品所占比重而言，2008 年莫斯科、圣彼得堡的独立书店和联邦连锁书店、地区书店数量比例基本上均为 8∶2，2019 年上述指标分别约为 7∶3 和 6∶4。

就不同价位图书品种和销售额而言，300 卢布以下低价位图书变化最为明显，2008 年莫斯科和圣彼得堡的书店与地区书店该价位图书所占品种比重均超过七成，所占销售额比重均为六成左右；2019 年莫斯科和圣彼得堡的书店该价位图书所占品种比重为 31%，所占销售额比重为 19%，地区书店上述指标则分别为 52% 和 42%，地域差距较为显著，均相差约 20 个百分点。主要原因在于近年来图书价格普遍上涨导致低价位图书品种减少。十余年间，就莫斯科和圣彼得堡的书店而言，1000 卢布以上价位图书值得关注，所占品种比重由 3% 增至 23%，所占销售额比重由 15% 增至 25%；地区书店而言，501~1000 卢布价位图书值得注意，所占品种比重由 9% 增至 22%，所占销售额比重由 13% 增至 28%。

根据"阅读吧—城市"连锁书店提供的数据，就不同价位的图书销售周期而言，2019 年 100 卢布以下价位的图书平均为 163 天；1001~1500 卢布价位的图书则超过一年，为 396 天；1501 卢布以上价位的图书则超过两年，为 790 天；而 101~1000 卢布之间各价位的图书平均销售周期一致，均为 230 天。就书店的各项费用支出而言，无论是莫斯科和圣彼得堡的书店，还是地区书店，2019 年人员工资和社保、租金都是大项开支，均占七成以上，其中人员工资和社保支出占四成以上，租金占三成左右。2009—2019 年莫斯科和圣彼得堡的书店员工工资平均降低 19%，售货员降低 13%，地区书店的上述两项指标分别为 10% 和 28%。

（三）网上书店情况

2019 年网上书店市场总量为 141.0 亿卢布，同比增长 19.0%，这一渠道所占市场份额由 2011 年 10.2% 增至 2019 年 23.2%。如果所占市场份额按照包含财政补助机构采购额和其他销售来统计，2019 年俄罗斯网上书店所占市场份额要比上述数据略低些，为 18.2%。而根据国际出版商协会、世界知识产权组织、德国《图书与图书贸易 2019 版》相关统计，俄罗斯 18.2% 的水平不算高，网上书店在纸质图书市场销售中所占市场份额，德国为 19%~20%，巴西约为 25%，美国为 37%~38%，英国约为 55%。

目前，俄罗斯出版机构将互联网渠道视为最有前景的销售板块之一，但是并非所有出版机构都与专业的网上商店合作，很多出版机构仅局限于利用自身网络资源进行图书推广销售。大中型出版机构的互联网渠道销售额约占总销售额的 17%~33%，其中，埃克斯摩占 33%，字母—阿季古斯占 30%，罗斯曼占 17%。阿里平纳（Альпина）、轮滑车（Самокат）、彼得堡（Питер）等发展迅猛的出版机构互联网渠道销售额占总销售额的 35%~44%。而瓦科（Вако）、军团（Легион）等教材出版机构则相反，仅占总销售额的 5%~7%。诸如教育、文塔纳—格拉夫、德罗法等教材出版巨头则不太在意这一渠道的销售情况，仅占总销售额的 1.5%~4.7%。2019 年俄罗斯互联网销售渠道各主题板块图书种数较多的依然是儿童类图书（占 32.6%）、文学类图书（占 21.0%）、教育类图书（占 19.2%）。

纵观 2012—2019 年俄罗斯互联网销售渠道的销售额和销售册数情况，仅 2014 年出现过一次负增长，互联网图书销售册数同比减少 9.2%。原因主要在于受经济危机影响，图书平均售价快速上涨，导致读者购书数量减少；莫斯科地区的网上购书需求饱和，各地区对互联网销售接受能力较为保守，向各地区拓展业务在一定程度上影响了图书销售册数这一指标。其后为挽回市场，图书平均售价继续上涨，这样在大环境不景气的情况下互联网图书销售额 2016 年实现 21% 的增长，随后随着市场回暖，自 2017 年起在图书平均售价下降的背景下，互联网图书市场总量增长主要取决于图书销售册数的增加。2019 年俄罗斯互联网图书销售额同比增长 29.3%，图书销售册数同比增长 19.0%。（见表 27）

表27　2012—2019年俄罗斯互联网图书销售额和销售册数同比增减幅度情况

单位：%

项目	2012	2013	2014	2015	2016	2017	2018	2019
图书销售额	+7.9	+5.8	+10.5	+15.0	+21.0	+11.4	+11.2	+29.3
图书销售册数	+4.9	+10.1	-9.2	+5.3	+5.8	+16.6	+10.9	+19.0

资料来源：联邦出版与大众传媒署、《书业》杂志

2019年俄罗斯网上书店的地位不断得到巩固。纸质图书销售额排名前五的网上书店有奥逊、迷宫、野莓、我的商店以及24小时图书。（见表28）奥逊和迷宫是近年来俄罗斯互联网图书市场上的两大巨头，2019年纸质图书销售额分别为50亿和39亿卢布。野莓是俄罗斯著名电商，2018年与奥逊合作开始涉足互联网图书销售，2019年其纸质图书销售额22亿卢布，位列奥逊和迷宫之后。我的商店是2003年成立的网上书店，销售图书、教科书、玩具、软件、光盘、办公用品、纪念品以及家居和园艺用品等。24小时图书，隶属埃克斯摩商厦有限责任公司，2016年底埃克斯摩—阿斯特出版集团从洛戈斯—互联网集团收购Read.ru，Read.ru和kniga.ru都归入book24.ru。俄罗斯主要网上书店情况见表29。

表28　2019年俄罗斯网上书店主要市场参与者纸质图书销售额情况

单位：亿卢布

名称	纸质图书销售额
奥逊（Ozon.ru）	50
迷宫（Лабиринт）	39
野莓（Wildberries）	22
我的商店（My-shop.ru）	11
24小时图书（Book 24.ru）	7
其他	13

资料来源：联邦出版与大众传媒署、《书业》杂志

表29 俄罗斯主要的网上书店情况

名称	网址	图书品种数（种） 2011	2017.2	2018.1	2019.2	2020.2	拥有者	创建年份
俄罗斯图书（Books.ru）	www.books.ru	128906	5397842	5704349	5848499	5973960	象征——加号有限责任公司（ООО Символ-Плюс）	1996
奥逊（Ozon.ru）	www.ozon.ru	790000	3200000	3850000	约4000000	约4000000	巴林·沃斯托克私募股权投资基金（Baring Vostok Private Equity Fund）、系统股份制金融公司（АФК Система）	1998
野莓（Wildberries）	www.wildberries.ru	未有2018年之前相关数据		20000	40000	80000	野莓有限责任公司（ООО Валберис）	2004
24小时图书（Book 24）	www.book24.ru	超过200000	207733	38145	超过50000	超过50000	埃克斯摩商厦有限责任公司（ООО Торговый Дом Эксмо）	2009
我的商店（My-shop.ru）	www.my-shop.ru	不详	700458	633306	超过50000	超过50000	不详	2003
环球图书（Библио-глобус）	www.bgshop.ru	约250000	约250000	约250000	约250000	约250000	环球图书控股公司	2000
比布利翁（Библион）	www.biblion.ru	220000	约250000	关闭	关闭	关闭	比布利翁—俄罗斯图书股份公司（ЗАО Библион-Русская книга）	1999
莫斯科图书之家（Московский дом книги）	www.mdk-arbat.ru	平均180000	平均180000	平均180000	平均180000	平均180000	莫斯科图书之家	2009
迷宫（Лабиринт）	www.labirint-shop.ru	84090	147510	159777	超过160000	超过160000	迷宫有限责任公司（ООО Лабиринт）	2005
"莫斯科"图书商厦（ТДК Москва）	www.moscowbooks.ru	—	28000	27000	26500	26500	"莫斯科"图书商厦有限责任公司（ООО ТДК Москва）	2012

资料来源：联邦出版与大众传媒署、上述公司资料、俄罗斯商务咨询公司、专家评估

（四）非专业图书零售机构情况

2019年非专业图书零售机构市场总量为48.7亿卢布，同比增加1.03%。这一渠道所占市场份额由2011年12.1%降至2019年8.0%。2019年该渠道图书销售册数减少14%，凭借各主题板块图书价格的上涨，在马格尼特（Магнит）门店和廉价食品连锁店（Пятёрочка）进行图书铺货，才得以实现市场总量的微弱增长。

非专业图书零售机构一般涉及超市、儿童用品连锁店和兴趣用品连锁店等。其图书品种主要为儿童类和文学艺术类图书，2019年上述两类图书已占该渠道图书销售额的七成以上。儿童类图书平均零售价格约为193卢布，文学艺术类图书平均零售价格

约为120卢布。值得注意的是,经济政治历史技术类图书价格最高,超过600卢布。(见表30、表31)

表30 2016—2019年快速消费品连锁店中各类图书销售额比重情况

单位:%

图书类别	2016	2017	2018	2019
儿童类图书	36.95	38.9	38.3	40.7
文学艺术类图书	36.89	32.8	27.1	30.8
实用类图书	21.60	18.3	23.1	17.8
教育类图书	3.35	5.1	7.1	6.4
经济政治历史技术类图书	1.21	1.7	2.1	2.3
其他	—	3.2	2.4	2.0

资料来源:联邦出版与大众传媒署、埃克斯摩出版社提供的欧尚、麦德龙、OK、纽带等非专业图书零售机构的销售数据、《书业》杂志

表31 2014—2019年快速消费品连锁店中图书平均零售价格情况

单位:卢布

类别	欧尚						麦德龙					
	2014	2015	2016	2017	2018	2019	2014	2015	2016	2017	2018	2019
经济政治历史技术类图书	101.77	61.88	92.02	90.48	148.05	301.80	264.18	211.37	136.94	504.46	588.43	607.13
儿童类图书	121.91	118.52	144.69	210.16	215.58	215.84	119.74	107.88	160.69	173.18	205.87	192.65
实用类图书	151.18	142.23	190.49	247.04	290.99	314.23	212.20	236.75	231.04	269.85	347.28	327.11
教育类图书	126.07	299.81	238.30	226.95	297.43	346.78	171.15	286.07	168.75	246.22	348.54	164.72
文学艺术类图书	112.5	118.97	130.63	133.65	138.14	160.34	117.82	125.68	128.26	122.82	127.87	120.28

资料来源:联邦出版与大众传媒署、埃克斯摩出版社提供的欧尚和麦德龙的销售数据、《书业》杂志

在俄罗斯,目前大多数大中型出版机构并不直接与非专业类图书零售机构合作,而是把具有图书批发职能、拥有发达物流的企业作为中介。尽管埃克斯摩、阿斯特、字母—阿季古斯、彼得堡、里波尔—经典作家等主流出版机构在非专业图书零售机构销售图书比重在8%~15%,狮子出版社(2019年之前为俄罗斯埃格蒙特公司)这一指标甚至达到75%,但是很多出版机构仍计划在2020—2021年减少这一渠道的图书

推广力度，转向其他渠道，重点向网上书店拓展业务。

2019年该渠道的主要合作伙伴有一口价（Fix-Price）、马格尼特、俄罗斯邮政、欧尚（Ашан）、地铁（Метро）、OK（О`КЕЙ）、纽带（Лента）、儿童世界（Детский мир）等。在埃克斯摩—阿斯特出版集团的倡议下，X5零售集团、俄罗斯邮政、一口价折扣广场得以加入非专业图书零售机构行列。

欧尚在俄罗斯有314家卖场，主要分布在中央联邦管区、伏尔加联邦管区以及南部联邦管区。地铁现购自运卖场，分布在俄罗斯51个地区。马格尼特在俄罗斯65个地区拥有14507家小区便利店和465家超市，广泛分布在南部联邦管区、北高加索联邦管区、中央联邦管区以及伏尔加联邦管区。OK共有178家门店，其中100家为折扣店"是的！"（Да!），OK之前与X5零售集团旗下的"交叉点"（Перекресток）贸易网络合并。儿童世界在俄罗斯和哈萨克斯坦252个城市拥有673家商店。一口价在俄罗斯74个地区、哈萨克斯坦、格鲁吉亚、白俄罗斯以及拉脱维亚等拥有3635家门店。俄罗斯邮政有3万余家报刊亭售书。廉价食品连锁店拥有1.5万家联邦连锁店，均纳入X5零售集团旗下。

（五）报刊亭情况

2019年报刊亭售书市场总量为3.6亿卢布，同比减少12.20%。近年来，报刊亭数量大幅缩减，这一渠道所占市场份额严重缩水，由2011年7.2%降至2019年0.6%，市场存在感极低。与出版商合作的报刊亭运营商主要有：博达（Бурда）、铁路报刊（Желдорпресс）、地铁报刊（Метропресс）、罗斯印刷（Роспечать）等。

五、国民阅读情况

根据Mediascope调查公司的统计数据，2019年俄罗斯16岁以上居民的媒体使用时间约为10小时23分钟/昼夜，较2012年增加2小时17分钟，增幅为28.1%。在媒体使用总时间中，读书占2.5%，每昼夜15分36秒（2012年为9分）；读报占1.1%，每昼夜6分36秒（2012年为6分）；读刊占0.8%，每昼夜4分48秒（2012年为5分）。对照该公司2012年的调查数据，鉴于近年来俄罗斯大力推广图书阅读，纸质图书阅读增长，7年间俄罗斯居民的书报刊阅读行为在媒体使用总时间中所占比重增加了0.3个百分点，其中图书阅读增长了0.7个百分点，报纸、杂志阅读分别下降了0.1个和0.3

个百分点。2019 年 Mediascope 调查公司统计口径进行了调整，将使用移动设备上网纳入统计，上网的目标人群由 16 岁以上调整至 12 岁以上。

全俄社会舆论研究中心（ВЦИОМ）于 2019 年 8 月对俄罗斯 18 岁以上居民进行了阅读与购书相关调查。调查结果显示，53% 的受访者读书，这一指标 2014 年为 45%、2018 年为 55%；59% 的女性受访者、83% 的 18~24 岁年龄段受访者、61% 的 25~34 岁年龄段受访者读书；读书的受访者中有 68% 的人拥有高等学历；就受欢迎的阅读题材而言，受访者中有 30% 读历史类图书、历史小说以及自传，28% 读儿童类图书，28% 读教材和学术图书，22% 读家事、宅旁园地类图书，21% 读幻想类图书，20% 读俄罗斯和外国经典文学作品；最受欢迎的俄罗斯作家有普希金、托尔斯泰、陀思妥耶夫斯基、布尔加科夫、列尔蒙托夫、契诃夫等；88% 的受访者购书；受访者中有 22% 近一个月内购买过图书，15% 近 2~3 个月购买过图书，11% 未购书，1% 较难做答。

据社会舆论基金会（ФОМ）统计，2019—2020 年冬俄罗斯 18 岁以上公民每昼夜上网一次的居民为 8020 万人，每周上网一次的居民为 8590 万人，每月上网一次的居民为 8820 万人。列瓦达中心的调查显示，在使用互联网的受访者中有 68.7% 浏览新闻，49.6% 听音乐、看电影，48.2% 进行金融操作，36.4% 查找日常生活需要的产品和服务，29.9% 使用电子图书馆、百科全书、虚拟旅游，23.5% 登录政府机关网站查找起草文件的相关信息，13% 利用互联网寻找工作、拓展新客户，8.9% 讨论社会政治问题、参加网上活动、参与社会调查，7.3% 进行远程学习。

2019 年 8 月，莫斯科城市电话网络公共股份公司（ПАО МГТС）联合线上图书阅读服务 MTC 图书馆（МТС Библиотека）对莫斯科市民图书阅读倾向进行分析。分析结果显示，2019 年上半年莫斯科市民电子书阅读量为上一年同期的 1.5 倍，超过 4.7 万亿字节，约合 300 万册电子书。上述字节量的近一半来自于 2019 年春季考期，当时大学生正积极备考。根据 MTC 图书馆的数据，莫斯科市民最爱读当代侦探小说、当代俄罗斯文学以及爱情幻想小说。根据利特列斯公司的数据，电子书读者和听众主要来自莫斯科及莫斯科州、圣彼得堡及列宁格勒州、克拉斯诺达尔州、斯维尔德洛夫州、萨马拉州；2019 年俄罗斯电子书和听书品种同比增长 38%。

六、相关企业情况

据俄罗斯书库统计，2019年俄罗斯有4953家处于运营中的出版机构，较2018年减少841家，同比缩减14.5%；全年出版图书和小册子在12种以上的较为活跃的出版机构1161家，较2018年减少12家，同比减少1%。（见表32）

表32　2008—2019年俄罗斯出版机构数量情况

单位：家

年份	出版机构总数	年出版图书和小册子 在12种以上的出版机构数量
2008	5841	1302
2009	5893	1330
2010	5695	1321
2011	5989	1378
2012	5884	1324
2013	5727	1291
2014	5326	1222
2015	5399	1239
2016	5800	1218
2017	5775	1170
2018	5794	1173
2019	4953	1161

资料来源：俄罗斯书库

根据《义务上缴文献样本法》，自2017年1月1日起出版机构应向俄通社—塔斯社分支机构俄罗斯书库和俄罗斯国立图书馆提交印刷类出版物的电子版。2019年，741家出版机构按规定提交了印刷类出版物电子版，上缴电子版4.9万种，约占全国总出版种数的43%。提交印刷类出版物电子版500种以上的出版机构有7家，分别为俄罗斯方案（Ridero）20737种、教育3576种、里波尔—经典作家1185种、字母—阿季古斯1084种、鹿793种、马恩、伊万诺夫与费伯尔731种、狮子659种。埃克斯摩—阿斯特出版集团以担忧图书电子版被第三方非法使用为由依然缺席。

根据俄罗斯书库编制的图书出版种数和印数前二十强出版机构名单，2019年上榜出版机构生产了全国出版品种35%的图书，共计4.05万种，较2018年增长3.5个百分点，较2008年增长10.8个百分点；生产了全国总印数77.4%的图书，共计3.37亿册，较2018年增加6个百分点，较2008年增长29.6个百分点。

出版种数排名第一的是埃克斯摩，2019年出版图书和小册子9313种，同比增加0.7%，较2008年减少10.8%；位列第二的是阿斯特，出版图书和小册子8467种，同比增加8.6%，较2008年减少14.3%；排名第三的是教育，出版图书和小册子4532种，同比增加33.3%，较2008年增加320.4%。印数排名第一的是教育，2019年总印数为8771.74万册，同比增加7.3%，较2008年增加92.1%；位列第二的是埃克斯摩，总印数4850.78万册，同比增加3.0%，较2008年减少51.3%；排名第三的是阿斯特，总印数4241.58万册，同比增加9.9%，较2008年减少40.6%。（见表33）

表33　2019年出版种数、印数排名前20的出版机构情况

项目	出版种数排名		印数排名	
	出版机构名称	种数（种）	出版机构名称	印数（千册）
1	埃克斯摩（Эксмо）	9313	教育	87717.4
2	阿斯特（ACT）	8467	埃克斯摩	48507.8
3	教育（Просвещение）	4532	阿斯特	42415.8
4	字母—阿季古斯（Азбука-Аттикус）	3192	德罗法	17531.1
5	里波尔—经典作家（РИПОЛ-Классик）	1552	考试	16871.2
6	鹿（Лань）	1444	字母—阿季古斯	16452.1
7	考试（Экзамен）	1165	二项式 知识实验室	14031.1
8	德罗法（Дрофа）	1156	火烈鸟（Фламинго）	12644.1
9	西姆巴特（СИМБАТ）	1122	文塔纳—格拉夫	11650.5
10	罗斯曼（РОСМЭН）	1102	瓦科（ВАКО）	10705.7
11	马恩、伊万诺夫与费伯尔（Манн, Иванов и Фербер）	855	西姆巴特	9770.0
12	因夫拉—姆（ИНФРА-М）	848	狮子	9444.0
13	二项式 知识实验室（Бином.Лаборатория знаний）	846	蜻蜓（Стрекоза）	8354.1
14	文塔纳—格拉夫（Вентана-Граф）	782	马赛克—合成（Мозаика-Синтез）	6107.5
15	韦切（Вече）	729	罗斯曼	5465.0
16	三叶草传媒集团（Клевер-Медиа-Групп）	715	俄罗斯词汇—教科书（Русское слово-учебник）	4474.0

续表

项目	出版种数排名		印数排名	
	出版机构名称	种数（种）	出版机构名称	印数（千册）
17	出版方案（Издательские решения）	715	马恩、伊万诺夫与费伯尔	4155.2
18	文笔（Перо）	714	三叶草传媒集团	3772.5
19	狮子（Лев，前身是俄罗斯埃格蒙特）	618	国民教育（Национальное образование）	3722.3
20	喀山国立研究技术大学（Казанский национальный исследовательский технологический университет）	618	罗斯特（РОСТ）	3137.0

资料来源：联邦出版与大众传媒署、俄罗斯书库

据《书业》杂志对各大出版机构销售额及市场份额的估算，2019年埃克斯摩、阿斯特、教育各占10%左右的市场份额，销售额分别在65亿~75亿卢布；字母—阿季古斯、罗斯曼各占3%~5%，销售额分别在20亿~30亿卢布；德罗法、考试各占2%左右，销售额在11亿~14亿卢布。（见表34）

表34　2019年俄罗斯各大出版机构销售额及市场份额情况

出版机构名称	市场份额（%）	销售额（亿卢布）
埃克斯摩	12.37	75.0
阿斯特	11.65	70.7
教育	10.82	65.6
字母—阿季古斯	4.69	28.4
罗斯曼	3.46	21.0
德罗法	2.23	13.5
考试	1.86	11.3
阿里平纳（Альпина Паблишер）	1.39	8.4
职业出版（Проф-пресс）	1.27	7.7
西姆巴特（Симбат）	1.22	7.4
其他出版机构	49.04	297.5
合计	100.0	606.6

资料来源：《书业》杂志

2019年图书市场最著名的收购事件就是10月埃克斯摩—阿斯特出版集团以60亿卢布将俄罗斯教科书公司（ООО Корпорация Российский учебник）出售给鲁斯季

塔恩投资公司（Рустианинвест）。分析人士称，该公司有可能把俄罗斯教科书公司转手卖给教育出版社，这势必会造成教材市场的垄断，届时联邦相关机构会介入。

七、期刊业发展概况

在俄罗斯，期刊属于印刷类大众传媒范畴。印刷类大众传媒分为报纸、杂志和广告类出版物等。文中所述期刊主要是指杂志和报纸。据专家估算，2019 年俄罗斯期刊市场总量 870 亿卢布，其中纸质期刊零售收入 405 亿卢布，所占比重 46.5%；纸质期刊订阅收入 160 亿卢布，所占比重 18.5%；电子期刊广告收入 154 亿卢布，所占比重 18%；纸质期刊广告收入 151 亿卢布，所占比重 17%。

根据数字转型与经济趋势研究所的相关报告，2019 年俄罗斯印刷类大众传媒从业人员 20.8 万人，同比减少 24%；互联网大众传媒从业人员 11.3 万人，同比增加 12%；预计随着时间推移，印刷类、互联网大众传媒从业人员此消彼长，至 2023 年两者从业人员大概持平，前者为 15.7 万人，后者为 15.4 万人。

与 2009 年相比，2019 年俄罗斯受众数量排名靠前的主要期刊出版机构中有 11 家依然在榜，它们分别是博达、鲍尔传媒、独立传媒、证据与事实、7 天、共青团真理报、驾车、报刊—信使、莫斯科共青团报、俄罗斯商务咨询传媒、地铁。（见表 35、表 36）

表 35　2019 年受众数量排名前 15 的俄罗斯主要期刊出版机构情况

（依据 AIR 指标划分）

排序	出版机构	万人	比重	出版物数量（种）
1	鲍尔传媒（Bauer Media）	960.15	15.7%	18
2	博达（Burda）	830.35	13.6%	18
3	赫斯特·什古廖夫出版（Hearst Shkulev Publishing）	772.54	12.6%	9
4	牧场（Толока）	515.33	8.4%	24
5	共青团真理报（Комсомольская правда）	464.87	7.6%	2
6	独立传媒（Independent Media）	453.44	7.4%	6
7	证据与事实（Аргументы и Факты）	452.37	7.4%	1
8	7 天（7 дней）	430.13	7.0%	3
9	报刊—信使（Пресс-Курьер）	384.89	6.3%	5

续表

排序	出版机构	万人	比重	出版物数量（种）
10	驾车（За рулем）	382.44	6.2%	1
11	莫斯科时报（Москоутаймс）	291.59	4.8%	3
12	莫斯科共青团报（Московский комсомолец）	219.81	3.6%	3
13	康泰纳仕（Conde Nast）	203.05	3.3%	4
14	俄罗斯商务咨询传媒（РБК Медиа）	163.74	2.7%	2
15	地铁（Metro）	161.86	2.6%	1

AIR——出版机构全部出版物每期在10万及以上人口的城市中16岁及以上人群拥有读者的平均数；日报《共青团真理报》未参与此次调查。

资料来源：Mediascope、NRS，2019年5—10月

表36　2009年受众数量排名前18的俄罗斯主要期刊出版机构情况

（依据AIR指标划分）

排序	出版机构	万人	比重	出版物数量（种）
1	博达	1656.63	28.7%	25
2	HFS & ИМГ	1355.69	23.5%	10
3	鲍尔传媒	1163.10	20.1%	15
4	独立传媒	1009.01	17.5%	12
5	证据与事实	714.59	12.4%	1
6	7天	696.98	12.1%	4
7	共青团真理报	690.17	11.9%	4
8	驾车	671.67	11.6%	4
9	大众刊物（Популярная пресса）	526.09	9.1%	3
10	普龙托—莫斯科（Пронто-Москва）	381.33	6.6%	2
11	报刊—信使	384.89	6.3%	5
12	游戏王国（Gameland）	349.65	6.6%	8
13	埃季报刊·孔利加（Эдипресс Конлига）	345.36	6.0%	4
14	阿克塞尔·斯普林格俄罗斯（Axel Springer Russia）	316.91	5.5%	6
15	莫斯科共青团报	287.27	5.0%	5
16	前锋传媒集团（Forward media Group）	265.08	4.6%	5
17	俄罗斯商务咨询传媒	163.74	2.7%	2
18	地铁	161.86	2.6%	1

AIR——出版机构全部出版物每期在10万及以上人口的城市中16岁及以上人群拥有读者的平均数；日报《共青团真理报》参与此次调查。

资料来源：TNS俄罗斯、NRS，2009年5—10月

十多年间，俄罗斯期刊发行量持续缩减，发行额在 500 亿~750 亿卢布区间浮动，主要依赖提高销售价格保持市场总量。根据俄罗斯联邦统计局数据，近年来，除 2018 年外，俄罗斯期刊价格一般较当年通货膨胀率高出 2%~4%（见表 37）。期刊价格上涨主要原因在于纸张、订阅以及物流等费用的增加。

表 37　2015—2020 年俄罗斯通货膨胀率与期刊价格增幅情况

项目	2015	2016	2017	2018	2019	2020（预测）
通货膨胀率	12.9%	5.4%	2.5%	3.4%	4.0%	3.0%
期刊价格增幅	14.0%	6.7%	6.8%	13.7%	7.1%	7.0%

资料来源：俄罗斯统计局、连续出版物出版商协会下属印刷企业协会（СППИ-ГИПП）专家组

据连续出版物出版商协会下属印刷企业协会统计，俄罗斯共有报刊亭 16547 个，平均每个报刊亭为 8871 人服务，每 1 万人拥有 1.13 个报刊亭。其中，南部联邦管区报刊亭保障程度最高，每 1 万人拥有报刊亭为 1.38 个，平均每个报刊亭为 7200 余人服务；其次是中央联邦管区和西北联邦管区，每 1 万人拥有报刊亭约为 1.3 个，平均每个报刊亭约为 8000 人服务；报刊亭保障程度最差的依然是北高加索联邦管区，报刊亭不足 400 个，每 1 万人拥有报刊亭 0.4 家，平均每个报刊亭服务 2.5 万余人。各联邦管区报刊亭及其保障情况见表 38。

表 38　俄罗斯各联邦管区报刊亭及其保障情况

名称	报刊亭数量（个）	每个报刊亭的服务人数（人）	每 1 万人拥有的报刊亭数量（个）
中央联邦管区	5091	7735	1.29
伏尔加河沿岸联邦管区	2838	9975	0.97
南部联邦管区	2273	7239	1.38
西伯利亚联邦管区	1825	9410	1.06
西北联邦管区	1743	8016	1.25
乌拉尔联邦管区	1406	8784	1.14
远东联邦管区	981	8347	1.20
北高加索联邦管区	390	25229	0.40
合计	16547	8871	1.13

资料来源：连续出版物出版商协会下属印刷企业协会

据俄罗斯通讯协会统计，2019年俄罗斯广告市场总量为4939亿卢布，较2018年增加5%。其中，互联网广告依然是增长最为迅猛的板块，同比增幅20%；户外广告保持不变；电视广告、广播广告同比减少分别为6%、5%；期刊广告同比缩减16%。2019年俄罗斯期刊广告收入为151亿卢布，其中杂志广告收入为94亿卢布，较2018年减少13%。（见表39）

表39 2019年各类媒体广告收入情况

单位：亿卢布

媒体类别	2019年	2019年较2018年
电视	1750	−6%
广播	160	−5%
期刊	151	−16%
其中：报纸	57	−22%
其中：杂志	94	−13%
户外广告	438	0%
互联网	2440	+20%
合计	4939	+5%

资料来源：俄罗斯通讯协会（AKAP）

参考文献

1. 《俄罗斯图书市场》，联邦出版与大众传媒署。
2. 《俄罗斯连续出版物市场》，联邦出版与大众传媒署。

（作者单位：中国新闻出版研究院）

2019年挪威出版业发展报告

李梦涵　宋　毅

挪威王国（简称挪威），于公元9世纪前后形成统一王国，13世纪进入全盛时期，14世纪中叶开始衰落，先后受到了丹麦和瑞典的统治，直到1905年才成为独立的君主国。因其特殊的历史背景，挪威的官方语言挪威语有两种形式——书面挪威语（bokmål）和新挪威语（nynorsk）。这两种形式被广泛用于挪威文学出版物和官方文件，但是相较而言书面挪威语的使用范围更为广泛。挪威位于北欧斯堪的纳维亚半岛西部，东邻瑞典，东北与芬兰和俄罗斯接壤，南同丹麦隔海相望，领土总面积约为38.5万平方公里（包括斯瓦尔巴群岛、扬马延岛等属地）。挪威的主要流通货币为挪威克朗[①]，人口为537.5万（2020年9月）。挪威实行君主立宪制，国王哈拉尔五世（Harald V）是现任国家元首。挪威是一个高度发达的资本主义国家，是欧洲自由贸易联盟和北约的成员国，采取市场自由化和政府宏观调控相结合的经济政策。挪威自然资源丰富，是世界第三大石油出口国，石油工业是国民经济的重要支柱。挪威是现代福利国家的先驱之一，社会模式为典型的北欧"三高"模式，即具有高收入、高税收、高福利的特征。2009—2019年期间，挪威一直在联合国发布的人类发展指数中排名第一。

挪威是最早承认中华人民共和国的北欧国家，1954年10月5日与中国正式缔结外交关系。1963年，两国签订了我国与西方国家的第一个文化协定。20世纪初期，挪威戏剧家亨利克·易卜生（Henrik Ibsen）的《玩偶之家》《人民公敌》等作品开始在中国传播，并对中国观众产生了深远影响。2006年，值易卜生逝世一百周年之际，

[①] 1人民币=1.2638挪威克朗。

两国共同举办了"易卜生年"纪念活动，杭州越剧团根据易卜生剧本改编的越剧《心比天高》在挪威进行公演。如今，两国在政治、经济、文化等方面开展广泛交流合作。

一、行业发展背景

挪威政府认为，挪威是一个文化小国，必须保持和发展本民族文化，繁荣出版事业是政府文化政策的重要组成部分。为此，挪威出版业内结成了全国性、系统性的社会团体，政府也出台了一系列支持、保护和促进出版行业发展的政策法规。

（一）行业协会情况

19世纪中后期，挪威出版界的两大全国性行业组织成立，分别为挪威书商协会（Bokhandlerforeningen）和挪威出版商协会（Den Norske Forleggerforening）。1851年，挪威书商协会成立。截至2020年4月，该协会成员共有478家书店和12家网上书店，囊括了挪威的大部分书商。1875年，挪威早期的四大出版商——阿斯卡豪格（Aschehoug）、卡普兰（Cappelen）、梅林（Malling）、凯尔梅亚（Cammermeyer）联合成立了挪威出版商协会。上述两个组织涵盖挪威80%的出版商和图书经销商。除此之外，挪威作家协会（Den Norske Forfatterforening）于1893年成立，以保护作家利益、推动挪威文学发展为宗旨，在海外版权销售方面协助解决出口和海外市场投资政策等问题。目前，该协会约有680名成员。

20世纪末21世纪初，挪威政府大力推动国际文化交流与合作发展。其中，挪威外交部和文化部分别负责文化的"走出去"和"请进来"。期间，挪威艺术对外推广联合体应运而生，其成员包括挪威当代艺术办公室、挪威音乐中心、挪威演艺中心、挪威工艺中心、挪威设计和建筑中心、挪威电影研究中心以及挪威文学对外推广基金会等。挪威文学对外推广基金会（Norwegian Literature Abroad，简称NORLA）作为挪威艺术对外推广联合体的重要成员，是挪威文学对外推广活动的主要执行者。该基金会成立于1978年，致力于推动挪威图书的对外翻译和挪威文学的对外推广与合作。该基金会每年都会举办"挪威文学对外推广基金会翻译奖"，用以表彰对挪威文学的翻译和对外推广做出杰出贡献的译者。此外，该基金会获得挪威政府、文化部、外交部、北欧理事会等的广泛财政支持，提供了三大类资助项目：译者资助项目，代理商、出版商资助项目以及文化艺术节、会议等的组织者资助项目。（见表1）部分项目对申请者和机构的国籍有所要求。比如，翻译资助项目针对虚构和非虚构类图书的翻译出版，旨在激励外国出版商出版挪威作家撰写的图书。因此，该项目要求图书作者必须为挪威作者，申请人必须为外国出版商。从语种来看，获得该项资助由挪威语翻译为中文的图书不多。（见表2）

表1 挪威文学对外推广基金会海外文学推广资助项目情况

类型	资助名称	项目简介	资助金额与项目数量
译者资助项目	样张翻译	国内外译者可申请获得挪威图书样张翻译的资助。	通常每年为3000挪威克朗。对于直接从挪威语翻译成非北欧语种的译者，可申请获得2本书的翻译资助，总金额每年最多5000挪威克朗。
	译者文学推广资助	通过传统模式和数字模式推广挪威文学的译者可申请获得此项资助。推广活动包括电子阅读或研讨会、图书馆实体活动等。	5000~7000挪威克朗。
	导师顾问计划	始于2014年，为挪威文学译者提供单独的指导，提高其翻译能力。计划面向从挪威语直接翻译为目标语言的译者，导师对其100页以下的作品进行口头或书面的指导。导师可由译者自行寻找或由挪威文学对外推广基金会帮助寻找，但其不可代替编辑的校对和审阅工作。	导师报酬通常不超过5000挪威克朗。
	外国译者交通资助	资助外国译者到挪威与当地作者、代理商、出版商会面的交通费用。	提供交通补贴。
	奥斯陆"译者旅馆"计划	于2014年与奥斯陆市中心传统酒店——邦德海姆酒店（Bondeheimen）签订协议，译者可申请该酒店两周的住宿。计划还将为译者申请居留许可权提供便利。但计划仅面向从挪威语直接翻译为目标语言的译者。计划获外交部财政支持。	提供差旅费补贴、5000挪威克朗的居住补贴。此外，酒店提供午餐。
	"NORLA办公室"计划	每次可同时为3位译者提供奥斯陆市中心的免费办公场所，最长使用时间为3周。	无差旅和居住补贴。
代理商、出版商资助项目	样张翻译	国内外出版商和代理商可申请获得挪威图书样张翻译的资助。图书从挪威语翻译为英语。项目获外交部财政支持。	每本3000~5000挪威克朗。
	挪威代理商、出版商的样张翻译资助	挪威出版商和代理商可申请获得挪威图书完整样张翻译和推广的资助。图书从挪威语翻译为英语。资金来源为挪威政府对文化和创意产业的投资。	每本通常为15000~20000挪威克朗，最多不超过30000挪威克朗。
	翻译资助	为北欧和世界各国的出版商出版挪威作家的纯文字图书及图画书提供翻译或生产资助。通常情况下，译者应精通挪威语并从挪威语直接翻译为目标语言。	每个出版商每年最多申请4个项目。
	北欧语言互译资助	北欧内阁会议持续资助的艺术、文化领域项目，优先支持诗歌、戏剧、青少年图书的翻译。格陵兰语、法罗语和萨米语等北欧小语种也涵盖其中。	每个出版商每年最多申请4个项目，每个项目最多包括2本书。
	挪威戏剧翻译资助	挪威文化部从挪威文学对外推广基金会预算中拨出专用款项，支持挪威戏剧的翻译和海外推广。项目由挪威剧作家协会负责。挪威文学对外推广基金会将代表北欧部长理事会管理申请翻译成其他北欧语言的项目。	—
	选集、期刊的翻译资助	资助以作品选集、期刊形式出版的作品的翻译。	

续表

类型	资助名称	项目简介	资助金额与项目数量
代理商、出版商资助项目	挪威儿童绘本、非虚构类图画书出版资助	对出版挪威儿童绘本、非虚构类图画书的外国出版商提供生产和出版支持。该项目要求必须与挪威版本保持相同的生产标准。	最高每本16000挪威克朗。
	外国代理商、出版商交通资助	资助外国代理商、出版商到挪威与当地作者、代理商、出版商会面的交通费用。	—
	挪威代理商、出版商交通资助	资助挪威代理商、出版商到国外参加挪威文学国际推广活动（包括国际书展、文化艺术类节日、行业会议等）的交通费用。	—
	挪威作者、演讲者交通资助	挪威外交部委托挪威文学对外推广基金会每年发放一笔资金，对挪威作家通过传统或数字形式应邀参加国外文化艺术类节日或会议（包括参加国外文化艺术类节日、图书落地、作者展示交流活动）进行交通资助。	—
	挪威图书的对外进出口和作者的市场开拓资助	资助挪威出版商、代理商推广挪威图书和作家，开发海外图书市场，提高国外对挪威图书的市场需求，提升挪威出版市场收益和国际影响力。资金来源为挪威政府对文化和创意产业的投资。	最高申请金额为50000挪威克朗。
组织者资助项目	挪威作者、演讲者访问国外高等教育机构资助	资助挪威作者、演讲者参加国外高等教育机构举办的与介绍挪威语言相关的活动。项目获外交部财政支持。	—
	挪威作者、演讲者应邀参加国外文化类节日、会议资助	对挪威作家通过传统或数字形式应邀参加国外文化艺术类节日或会议提供资助。申请者需在活动后向挪威文学对外推广基金会发送半页以上的报告，包括活动摘要、参与人数、照片等内容。项目获外交部财政支持。	通常仅包括机票（经济舱）。

资料来源：《挪威文学对外推广和传播模式探析》和挪威文学对外推广基金会

表2 2010—2019年挪威文学对外推广基金会翻译资助项目情况

	类别	2010	2011	2012	2013	2014	2015	2016	2017	2018	2019
项目数量	申请资助项目总量（种）	351	398	446	427	431	451	518	557	651	585
	获资助书目总量（种）	329	383	431	412	419	431	499	538	639	572
图书类别	虚构类作品（种）	246	299	327	322	333	339	382	409	479	404
	非虚构类作品（种）	83	84	104	90	86	92	117	129	160	168
	青少年图书（种）[①]	—	81	82	84	99	114	129	152	197	136
语种类别	语种数量（个）	45	42	47	46	47	46	46	44	45	47
	译为中文的数量（种）	2	15	5	12	6	8	18	15	20	9
翻译资助金额（万挪威克朗）		—	540	577.54	560.63	650.81	620.1	704.15	773.21	1006.575	784.29

资料来源：挪威文学对外推广基金会

---

① 青少年图书包含虚构类和非虚构类。

（二）政策法规情况

19世纪，挪威出版业发展迅速，不仅两大行业组织相继成立，而且挪威政府也加大了对挪威文化的监管和保护。从1965年起，挪威执行一整套出版促进计划，大力资助本国文学作品、少儿图书和外国文学作品的出版工作，措施包括免收图书增值税、要求图书馆有购书义务和给作家资助等。

20世纪下半叶，挪威政府实施了强有力的文化和政治措施，支持挪威文化网络的构建和文化责任感的提升。1989年，挪威出台《出版物法定缴存法》（*Pliktavlevering*），规定出版商在挪威出版任意形式的出版物时，都必须向挪威国家图书馆呈缴一份；如其需在挪威发行或改编出版已有的国外出版物，则也需要向国家图书馆提供一份在挪威出版的版本。该法律旨在保持本国文化的完整性，增强文化内容的传播力，丰富其公共获取途径，为后世留下充足的文化研究资料。

此外，挪威《竞争法》（*Konkurranseloven*）给予出版行业单独豁免，为挪威文学的发展创造了良好的生态环境。挪威出版商协会和挪威书商协会自愿签订了《图书协议》（*Bokavtale*）。该协议的主要目的为规范商业行为，鼓励企业关注图书质量和文化价值，保障消费者的自主选择权，促进知识的广泛传播。协议包含固定书价制度，即从图书发行日起至4月30日，任何形式（包括纸质书和电子书）的第一次出版物均需以出版商设定的固定价格销售，且任何销售渠道的折扣不可超过定价的12.5%。针对不同形式出版的同一种书，出版商可设置不同的定价。该制度的适用范围为挪威书商协会成员。协议旨在通过该制度，保障作者和出版商的利益，避免市场恶性竞争。在欧洲各国中，挪威的固定价格制度相对宽松，其固定价格应用阶段较短且每本书的应用期限并不一定相同，图书的折扣也较大。（见表3）

表3 部分欧洲国家的图书固定价格制度情况

国家	应用期限	最高折扣率
荷兰	出版社可每隔6个月降低价格	学生5%~10%
斯洛文尼亚	出版后6个月	平日无折扣，书展、系列书及订阅享受20%
挪威	从出版至4月30日	12.5%
葡萄牙	出版后18个月	10%，图书馆及书展期间20%
德国	最短18个月	无折扣

续表

国家	应用期限	最高折扣率
意大利	出版后20个月,最后一次从书店购买后的6个月	15%
希腊	出版后2年	10%
奥地利	出版后2年	5%,图书馆、书展、图书节期间10%
西班牙	出版后2年,在书店发行之后6个月	5%,世界图书日、书展10%,公共部门15%
法国	出版后2年,最后一次向书商供货后的6个月	大众读物5%,图书馆9%

资料来源:国际出版商协会

挪威文学采购计划于1965年开始实施,由挪威文化部下属的文化委员会（Kulturrådet）负责,包含自动购买计划和单独购买计划,旨在购买一定数量图书后配发给挪威公共图书馆、学校图书馆、教育机构,从而给予作家和出版社一定的经济保障,并促进挪威新文学的传播和推广。其中,自动购买计划2019年采购773种挪威虚构类成人图书和1550种青少年图书；单独购买计划则是在文化委员会与挪威出版商协会、挪威作家协会、青少年图书作家协会（Norske Barne- og Ungdomsbokforfattere）商讨后决定是否要购买一定数量的翻译图书、非虚构类图书、图画书等。21世纪以来,政府越发注重挪威文学的"引进来"和"走出去",并根据全球化和信息时代的新特征,"升级"了挪威的文化系统。自2012年起,翻译图书被列入了政府文学采购计划（Innkjøpsordningene for litteratur）的可选范畴,2019年单独购买计划采购翻译图书542种。(见表4)

表4 2019年挪威文学采购计划情况

单位:种

	类别	数量
自动购买计划	成人虚构类图书	773（703种纸质书,70种电子书）
	青少年图书	1550（1489种纸质书,70种电子书）
单独购买计划	翻译图书	542（502种纸质书,40种电子书）
	非虚构类图书	773（703种纸质书,70种电子书）
	青少年非虚构类图书	1550（1489种纸质书,70种电子书）
	成人图画书	1480

续表

类别		数量
单独购买计划	儿童图画书	703
总计		7371

资料来源：《挪威图书馆国家战略（2020—2023）》（*Nasjonal bibliotekstrategi*）

信息时代技术的发展拓展了挪威出版业的外延。对挪威出版业来说，2019年具有里程碑式的意义。挪威政府在多年前就已免收纸质印刷出版物的增值税，但数字出版物的税率一直保持在国家标准增值税税率的25%。目前，已有其他欧洲国家，如卢森堡和德国，降低了电子书增值税的税率。自2019年7月起，挪威政府开始对电子期刊和图书免收增值税，该项规定的实施给予电子出版物和纸质出版物更加平等的竞争环境，更加顺应数字化时代的新要求。

二、图书出版概况

挪威出版界将图书分为9个类别。（见表5）总体来说，2019年，挪威出版市场的图书出版量较2018年有所减少。但是，新出版的图书在主题、类别上较之前都有所创新，女性作家和翻译类作品的数量有了大幅度的突破。

表5　挪威九大图书类别情况

类别	说明
学校教辅图书	包括纸质中小学教科书
专业技能图书	包括高校和研究所等的纸质专业图书
非虚构类图书	包括历史、文化、自传等纸质图书
虚构类图书	包括源语言为挪威语或翻译为挪威语的短篇小说、长篇小说、诗歌、戏剧、散文等纸质图书
平装图书	包括源语言为挪威语或翻译为挪威语的成人和儿童纸质图书
行业标准图书	包括纸质词汇书等
任务图书	包括纸质法律、研究报告等
电子教辅或其他电子产品	包括各种内容的有声书和电子书
其他图书	包括纸质的挪威语系列小说、翻译为挪威语的娱乐小说、非挪威图书等

资源来源：《挪威出版行业报告（2019）》（*Forleggerforeningens bransjestatistikk*）[1]

---

[1] 数据为挪威出版商协会成员情况。

（一）新书出版情况

2019年，挪威新出版了6232种图书，较2018年的出版量减少了9.6%，即662种新书。（见表6）出版市场的图书平均定价为175挪威克朗，较2018年下降了5挪威克朗。教辅书市场较去年多出版了79种新书，其中，中小学图书的出版量减少了20种，大学和专业图书多出版了46种，电子出版物增加了53种。翻译类图书较去年少出版了20.5%，即209种新书。而非挪威语的图书较去年少出版了76.5%，即78种新书。

表6　2018—2019年各类别图书新出版量情况

单位：种

类别	2018	2019	变幅
学校教辅图书	177	157	−11.3%
专业技能图书	424	470	10.8%
非虚构类图书	1077	910	−15.5%
虚构类图书	1148	1004	−12.5%
平装图书	784	560	−28.6%
行业标准图书	1	0	−100.0%
任务图书	93	81	−12.9%
电子教辅或其他电子产品	2825	2793	−1.1%
其他图书	365	257	−29.6%
总计	6894	6232	−9.6%

资料来源：《挪威出版行业报告（2019）》

挪威文化委员会的数据显示，2019年挪威图书市场出版了更多图画书。同小说比较，图画书目标读者的年龄针对性没有那么强，儿童和成人都可以对图画书做出适合自身年龄的解读。2019年，出版的图画书的类型和主题较2018年都更为丰富。其中包括了个人风格强烈的自传性作品、以古代和近代历史为背景的系列作品和带有现代主义风格的科幻作品。

挪威的虚构类作品以当代现实类小说为主。2019年，挪威小说在主题、形式和风格上呈现出较大的多元性，包括现实主义小说、历史小说、犯罪小说、惊悚小说、讽刺小说、诗歌散文等。从小说的主题来看，一方面，与2018年相比，有关疾病方面的图书数量有所增加，这说明读者对身心健康方面的关注有所增长，体现了挪威图书行业发展的新亮点。另一方面，有关家庭方面的图书数量也有所增加。2019年，许多关于代际冲突、儿童教育与儿童社会融入等问题的图书出版。其中，家庭主题小说的典型代表包括蒂里尔·布罗克·阿克雷（Tiri Broch Aakres）的小说《母亲和女儿》（*Mødre og døtre*）和凯尔斯蒂·哈尔沃森（Kjersti Halvorsen）的小说《伊达承担责任》（*Ida tar ansvar*），后者还获得了挪威最佳新人小说奖提名。值得注意的是，无论是在家庭类小说还是犯罪悬疑类小说，很多作家都不约而同地将第二次世界大战作为叙述背景。尽管近年来气候变化和环境保护已成为国际社会关注的热点问题，但是图书市场鲜少将之作为主题。2019年，有很多新出版的图书聚焦贫困和难民问题，呈现出反乌托邦的风格，如苏尼瓦·雷林（Suniva Relling）的《北极之夜》（*Polarnatt*）一书。

2019年，作家的性别分布与之前相比呈现出较大的差异。2018年，儿童和青少年图书的作家男女比例基本持平。但是2019年，该类别下的女性作家几乎是男性的2倍。

（二）翻译出版情况

2019年出版的翻译类图书与之前的情况类似，源语言仍以英语和挪威附近的斯堪的纳维亚语言（丹麦语、瑞典语等）为主，法语类翻译作品的数量增长显著。翻译类青少年图书涵盖了青少年所关注的社会话题和知识领域，如种族主义、"Me Too"（"我也是"）运动、人工智能、机器人等。然而挪威文化委员会数据表明，不少面向青少年和成人的翻译类作品都具有引发地缘政治问题和文化冲突的隐患，在很大程度上也影响了挪威读者对于其他地区的认知和立场。在海外翻译类作品的选材方面，挪威出版商存在均质化和单一性的问题，例如源语言是阿拉伯语的图书大多与宗教文化和地区冲突有关。

2019年距1519年挪威出版最早的两本图书已500年，因此，2019年被定为"图书年"（Bokåret 2019）。挪威图书于2019年在海外市场取得了骄人的成绩。其中，挪威图书创下了德国图书市场的发行纪录。包括从挪威语翻译至德语的图书和用德语写的与挪威有关的图书在内，共有510种与挪威相关的图书在德国图书市场发行，其中296种书来自挪威，80位挪威作家的图书首次被翻译为德语。2019年，共有6种挪威图书登上德国年度畅销图书榜。这些成果与2019年挪威担任法兰克福书展主宾国不无关系。本次主宾国活动主要由挪威文学对外推广基金会负责，总共投入约5200万挪威克朗，是挪威2019年规模最大的文化对外传播活动。本次活动主题设为"我们的梦想"（The Dream We Carry），该表述出自于当代挪威著名诗人奥拉夫·豪格（Olav H. Hauge）的诗歌，体现着挪威希望讲好挪威故事，激发读者阅读兴趣，鼓励自由言论的美好愿景。该活动在欧洲各国引起了巨大的文化和社会反响，是挪威将其文化影响力辐射到世界的有益尝试。据《挪威2019年法兰克福书展主宾国报告》（*Rapport: Norge some gjesteland på Frankfurter Buchmesse 2019*）统计，2019年10月"挪威主宾国"的相关内容在德国媒体中出现了14997次，其中包括8385篇印刷出版物文章、3256篇网络媒体文章、2010个社交媒体帖子、1084个广播报道和262个电视报道。这样的报道力度对主宾国而言可谓是史无前例，其所创造的"广告价值"相当于8亿挪威克朗。可见，挪威担任2019年法兰克福书展的主宾国，有助于挪威文学进入更多国家的视野，推动挪威文学"走出去"。

三、图书销售情况

2019年，挪威图书市场整体销售额较上年有所下降。不过，就具体销售额和奖项来看，挪威出版市场在数字化和作家性别平等化方面有较大进展。

（一）整体情况

2019年，挪威图书市场整体销售额达49.5亿挪威克朗。相较2018年，2019年挪威图书市场的整体销售额下降4%，即2.1亿挪威克朗。数据显示，电子图书产品的销售呈现长足增长的态势，尤其是有声读物的销量增长迅速。2019年，在流媒体服务器平台，如斯德拓（Storytel）、费博（Fabel）、艾伯克（Ebok），有声书和电子书的销售额为2.63亿挪威克朗，相较去年增加43.1%，总收听量为520万，相较去年增加40.7%。其中，斯德拓是国际有声书和电子书平台，为20个国家提供有声书及电子书订阅服务，在该平台上，读者不可单独购买某本读物，需支付每月189挪威克朗的订阅费用，并在手机或电脑上收听或阅读读物；费博是挪威的有声读物平台，该平台由1978年成立的挪威有声读物出版商（Lydbokforlaget）建立，读者可单独购买感兴趣的有声书并支付相应费用，或每月支付179挪威克朗的订阅费用，下载并通过手机应用程序或其他播放器收听有声书；艾伯克是学术有限公司（Akademika AS）

的子公司，也是挪威最大的电子书和有声读物在线书店，其读物仅可单独购买，不可订阅。《挪威阅读、购买和购书渠道报告2020》(*Leserundersøkelsen–Lesing, kjøp og handelskanaler*)数据显示，2019年挪威的人均购书量为6.8本书，较2017年减少5.6%，即0.4本书。有68%的挪威人购买了一本或多本图书，较2017年减少了2个百分点。2019年，78%的男性和74%的女性购买了图书。在2019年有过购书行为的挪威人中，25%购买过电子书，较2017年增长了5个百分点。从性别来看，33%有过购书行为的男性和18%有过购书行为的女性购买过电子书。男性较女性更喜欢购买电子书。从年龄来看，有过购书行为的人按照年龄划分，购买过电子书的比例分别为：16~24岁，42%；25~39岁，31%；40~59岁，20%；60岁以上，16%。也就是说，电子书更受到年轻群体的青睐。

（二）图书奖项情况

从1948年起，每年挪威书商协会都会结合图书的销量、内容等指标，对图书进行投票，评选出年度最佳图书。2019年的年度最佳图书为《生活—插画》(*Livet-illustrert*)，是挪威年轻的80后作家、插画家莉萨·埃伊萨托（Lisa Aisato）所作。她的画作运用了超现实主义的画法，面向不同年龄层次的群体，旨在启迪人们思考生活的真谛。

2019年获奖的10种年度最佳图书中，仅《城市的印迹：影子书》(*Byens spor: Skyggeboken*)一书的作者拉斯·萨比·克里斯滕森为男性，他是挪威最受欢迎的作家之一，撰写了大量挪威语图书，但其国籍为丹麦。其余获奖作品的作者皆为女性。挪威书商协会的行政总监特琳·斯坦森（Trine Stensen）将2019年形容为"女性年"，表示这"有助于纠正在评奖史上的性别不均问题"。（见表7）

表7 2019年年度十佳图书情况

书名	作者	出版社
《生活—插画》(*Livet–illustrert*)	莉萨·埃伊萨托（Lisa Aisato）	卡格出版社（Kagge Forlag）
《成年人》(*Voksne mennesker*)	玛丽·欧伯特（Marie Aubert）	十月出版社（Forlaget Oktober）
《城市的印迹：影子书》(*Byens spor: Skyggeboken*)	拉斯·萨比·克里斯滕森（Lars Saabye Christensen）	卡普兰出版社（Cappelen Damm）
《治疗师》(*Terapeuten*)	海伦·福路德（Helene Flood）	阿斯卡豪格出版社（Aschehoug）

书名	作者	出版社
《普热瓦尔斯基的马》（Przewalskis hest）	玛雅·伦德（Maja Lunde）	阿斯卡豪格出版社
《全面覆盖》（Full spredning）	妮娜·莱克（Nina Lykke）	十月出版社
《女儿》（Datteren）	安妮·拉格德（Anne B. Ragde）	十月出版社
《七扇门》（Dei sju dørene）	艾格尼丝·拉瓦特（Agnes Ravatn）	挪威联合出版社（Det Norske Samlaget）
《从不，从不，从不》（Aldri, aldri, aldri）	林恩·斯特伦斯伯格（Linn Strømsborg）	弗莱姆出版社（Flamme）
《出乎意料》（Ut av det blå）	克里斯汀·瓦拉（Kristin Valla）	卡格出版社

资料来源：《世界之路报》（VG）官方网站

四、细分市场情况

2019 年，挪威出版商协会成员单位的图书市场销售额为 38.17 亿挪威克朗，较 2018 年下降了 3.3%，即 1.31 亿挪威克朗。各类别图书的销售额大多呈现不同程度的下降趋势。其中，教育类图书市场受到教育政策变更的影响，销售额下降趋势最为明显，行业标准图书的销售额虽降幅也较大，但因新出版量较少，故不单独进行讨论。但是在这样不景气的图书市场中，电子出版物逆势而上，销售额达到了 6.53 亿挪威克朗，较去年增长了 19.4%。虚构类图书也保持了较为平稳的发展趋势。（见表 8）

表 8　2018—2019 年各类别图书的销售额情况

单位：亿挪威克朗

类别	2018	2019	变幅
学校教辅图书	6.01	4.76	−20.7%
专业技能图书	4.34	4.03	−7.2%
非虚构类图书	7.60	7.31	−3.8%
虚构类图书	8.92	8.90	−0.4%
平装图书	4.94	4.48	−9.3%
行业标准图书	0.02	0.01	−60.7%
任务图书	0.13	0.14	12.5%

续表

类别	2018	2019	变幅
电子教辅或其他电子产品	5.47	6.53	19.4%
其他图书	2.06	2.02	−1.9%
总计	39.49	38.17	−3.3%

资料来源：《挪威出版行业报告（2019）》

挪威课程计划（fagfornyelsen）旨在培养学生的民主和公民观念，锻炼其可持续发展意识，培养其生存和生活技能。2019年，挪威政府对课程计划进行了更新，对中小学的公共课、专业课、选修课进行了重新安排，为学生的深入学习搭建更加良好的框架，以使他们适应时代的发展。新计划从2020年秋季学期开始施行。挪威出版商协会认为，政府在推行课程计划的同时并没有为教辅书市场提供足够的资金支持，直接导致了此阶段教辅书市场的疲软。教育类图书市场的销售额在2019年均有不同程度的下降。教辅书市场销售额为7.25亿挪威克朗，较2018年下降了16.5%；专业图书市场销售额为9.38亿挪威克朗，较2018年下降了1.6%；其他大众图书市场销售额为32.87亿挪威克朗，较2018年下降了4.3%。其中，教辅书市场的销售额下降最为明显。（见表9）

表9 2013—2019年教育类图书子市场（包括纸质和电子版）销售额情况

单位：亿挪威克朗

类别	2013	2014	2015	2016	2017	2018	2019
教辅书市场[①]	8.11	9.17	10.41	10.19	9.70	8.46	7.25
专业图书市场[②]	9.94	10.12	9.03	9.18	9.75	9.53	9.38
其他大众图书市场	37.50	36.31	36.60	36.75	35.55	33.57	32.87
总计	55.55	55.60	56.04	56.12	55.00	51.56	49.50

资料来源：《挪威出版行业报告（2019）》（数据为挪威出版商协会成员情况）

---

① 包括学校教辅图书和电子教辅。
② 包括专业技能图书和电子专业技能书。

五、销售渠道情况

从2013—2019年各销售渠道销售额数据看，书店是挪威图书销售的最主要渠道。除出版商直接销售之外，书店、图书馆中心等销售渠道都受到了挪威新课程计划等原因的影响，销售额有所下降。（见表10）

《挪威出版行业报告（2019）》数据显示，2019年，书店渠道（包括实体书店和网上书店）的销售额为25.39亿挪威克朗，占挪威各渠道总销售额的51.3%。这说明，书店仍是挪威最主要的图书销售渠道。但书店销售额较2018年下降了6.7%，即1.8亿挪威克朗。这既是受到了挪威新课程计划的影响，也与传统销售渠道纸质图书销量整体减少的总趋势紧密相关。

出版商直接销售是第二大销售渠道。2019年，出版商直接销售的销售额为7.02亿挪威克朗，较2018年增长了9.3%，即0.6亿挪威克朗。除此之外，其他零售商销售额的增长也较大，较2018年增长了16.5%，即0.4亿挪威克朗。这两大销售渠道包括了出版商的电子教材和网络有声书的销售。而上述两大图书产品的销量在2019年均呈现上升趋势。

图书馆中心是图书的第三大销售渠道。2019年，图书馆中心的销售额为5.05亿挪威克朗。图书馆中心的主要销售额来源是学校系统销售的教科书。同教科书市场一样，受挪威新课程计划的影响，图书馆中心的销售额也呈下降趋势，较2018年相比下降了14.6%，即0.9亿挪威克朗。

2019年，图书俱乐部的销售额为3.67亿挪威克朗。图书俱乐部的图书销售额在2003年达到了巅峰后，就一直呈下降趋势，2019年较2018年下降了6.9%。2019年，便利店的图书销售额为3.16亿挪威克朗。从2013年至2019年，除了2016年，便利店的图书销售额持续下跌，2019年较2018年下降5.3%，仅为2013年销售额的一半。

表10　2013—2019年各销售渠道销售额

单位：亿挪威克朗

类别	2013	2014	2015	2016	2017	2018	2019
书店	28.48	28.61	29.93	28.73	29.18	27.20	25.39
出版商直接销售	5.20	4.86	6.14	6.41	6.04	6.42	7.02
图书馆中心	5.59	6.06	6.09	7.05	6.84	5.91	5.05

续表

类别	2013	2014	2015	2016	2017	2018	2019
图书俱乐部	5.87	5.18	4.64	4.31	4.13	3.94	3.67
便利店	6.28	5.95	5.15	5.45	4.55	3.34	3.16
其他零售商	2.00	2.71	1.68	1.68	1.98	2.30	2.68
文化委员会	1.65	1.53	1.68	1.48	1.82	2.03	2.04
出口	0.49	0.70	0.74	1.01	0.46	0.43	0.48
总计	55.55	55.60	56.04	56.12	55.00	51.56	49.50

资料来源：《挪威出版行业报告（2019）》

挪威出版商协会提供的各销售渠道销售额数据与挪威人购书渠道的选择呈现一致性。在问及挪威人2019年的购书渠道时，多数挪威人的选择是书店、挪威网上书店、图书俱乐部和百货公司。（见图1）

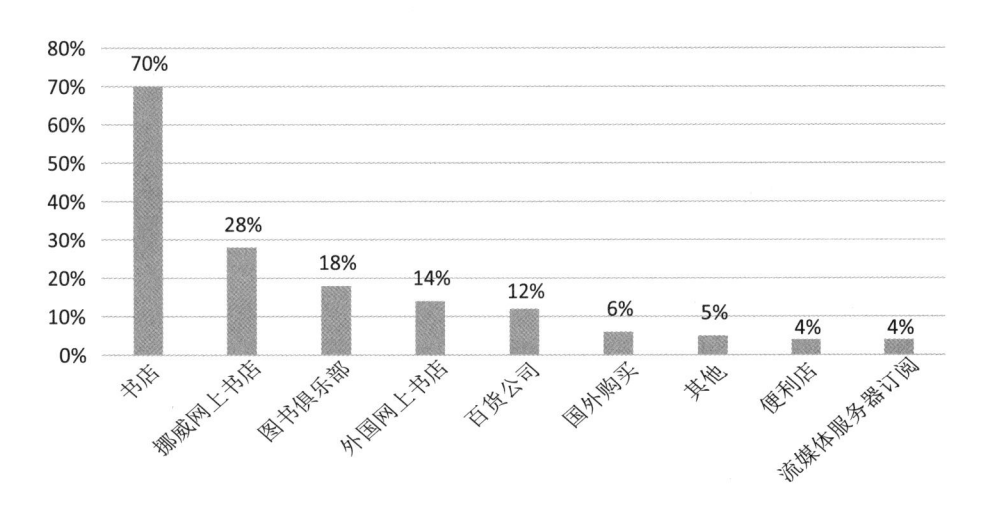

图1 2019年挪威人的购书渠道情况

资料来源：《挪威阅读、购买和购书渠道报告2020》

2019年，有68%的挪威人至少购买了一本书，较上一次调查下降2个百分点。在这些购书者中，有70%的人在实体书店至少购买了一本书，较上一次调查下降8个百分点；有42%的人在网上书店至少购买了一本书，较上一次调查增加3个百分点。

每两年，挪威出版商协会调查并发布《挪威阅读、购买和购书渠道报告》，该报告为挪威人阅读、购书和借书情况的自我评估。2020年的调查较之前有不少变革。从调研机构来看，2018年及之前，调研机构为挪威最大的市场研究机构之一的Ipsos MMI，2020年变为了全球第三大市场研究集团益普索（Ipsos）；从样本来看，样本容量仍是1000人，取样方法为随机抽样，但是年龄跨度从2018年的15岁及以上变成了16岁及以上；从调查方法来看，2018年之前，采用电话调查方式，2018年采用电话调查和网络调查相结合的方式，2020年采用网络调查方式。这些变革，尤其是调查方式的变革直接导致2020年与2018年之前的调查数据缺乏可比性。此外，每次调查均在每年的第4~6周进行，不包括教辅用书。报告直接表明，实体书店是挪威最为传统、地位最为稳固的购书渠道。2019年，48%的挪威人曾在实体书店购书，其中有55%的人购买了1~4本书。购书者在实体书店的平均图书购买量为6.7本，未见明显的性别差异。但是实体书店购书者的平均购买量较2017年相比下降2.2本，即24.7%。18%的挪威人在一周内去过实体书店，42%的挪威人在一个月内访问过实体书店，20%的挪威人在半年内访问过实体书店，12%的挪威人很久没有访问过实体书店了，4%的挪威人从未访问过实体书店。其中，一周内访问过实体书店的比例相较上一次调查减少9个百分点。挪威人去实体书店，不仅会购买图书（占比46%），还会购买其他产品（占比45%）。对于去书店购书这一行为，44%的挪威人表示有预先的购买计划，27%的人是一时兴起，19%的人则表示在书店看到了许多感兴趣的书，所以购买的图书超过了预先的购买计划。

2019年，85%的挪威人表示在他们的住所附近有书店，这一数据较前年下降了3个百分点，这也许是实体书店销售额下降的原因。挪威人表示，在书店他们基本可以获得所有想要的图书，工作人员也较为专业，这让他们很满意。但是，他们对于书店对人的启迪性和书店图书价格的满意度一般。总体来看，挪威人对实体书店的满意度较上一次调查有所下降。

六、阅读情况

该部分将从国民阅读情况和图书馆借阅情况入手，探究挪威国民的阅读习惯和国家的图书馆配备和借阅情况。

（一）国民阅读情况

在挪威，国民有着良好的阅读习惯，且这一习惯呈现积极向好的发展态势。2019年，83%的挪威人阅读了至少1本书，较2017年增加2个百分点；26%的人阅读的书目超过了10本，与2017年持平。2019年，挪威人平均阅读了13.2本书，较2017年增长了3.9%。

国民的阅读习惯在性别、年龄上呈现出了较大的差异。2019年，女性平均阅读18.5本书，男性阅读7.9本书。其中，女性平均阅读量较2017年增加11.4%，男性减少11.2%。结合前文对图书购买情况的分析可知，虽然女性在2019年的图书购买比例不如男性，但是阅读量远远超过了男性。16~24岁挪威人年平均阅读了6.9本书，较2017年下降5.5%。而60岁以上的群体不仅年平均阅读量是前者的两倍多（18.5本），且阅读量较2017年也有所增长，增长了21.7%。结合前文分析可知，电子书更受到年轻群体的青睐，这是因为信息技术的发展给年轻人提供了更广泛、更丰富的娱乐休闲方式，因此导致了不同年龄群体之间阅读习惯的差异。这对出版业提出了更高要求，出版商需要创新出版形式，提高图书竞争力，以切合受众阅读习惯，吸引更多年轻受众。

挪威人有阅读挪威语图书和英语、德语、法语、丹麦语等其他语言的图书的习惯。单就挪威语图书而言，2019年，国民平均阅读了12本。国民的阅读兴趣受到其他媒介形式及图书质量的影响。32%的挪威人表示，相较之前，他们阅读的挪威语图书有所减少。其中，许多人表示他们阅读时间不足，大部分时间被电视、电脑等其他媒介形式所占据。同时，渐增的生活压力和工作、学习、社交等方面的需求迫使他们投入更多的精力，因而很难抽出时间专门进行阅读。而18%的挪威人表示他们阅读的挪威语图书有所增加。除了时间充裕之外，图书趣味性和可读性的增强也是他们增加阅读量的重要原因。就外文图书而言，男性和女性的阅读量大体持平，2019年人均外文图书阅读量达3.8本。超过半数（53%）的挪威人表示，阅读外文图书主要是由于对其主题感兴趣。此外，作者的知名度、图书的话语体系和思想、图书价格、他人的推荐和影响也是促使挪威人阅读外文图书的重要原因。

对于有孩子（年龄10岁以下）的家庭来说，46%的家庭会每天或每周至少2~3天抽出时间为孩子阅读图书。其中，50%的女性和49%的男性选择了此项，性别比例较为一致。但是相较2017年，选择此项的家庭减少了6个百分点。

随着科技的发展，越来越多的挪威人开始选择多媒介的阅读方式。29%的挪威人在2019年选择过有声书的阅读形式，较2017年增长6个百分点。2019年，挪威人平均收听了2.9本有声书，较前年增长0.6本。挪威人对有声书的喜爱，推动了提供有声书借阅服务的流媒体服务器的发展，诸如斯德拓、费博、艾伯克等。25%的挪威人在2019年选择过电子书这一阅读形式，这一数据较2017年增长了4个百分点。2019年，挪威人平均阅读了2本电子书，与2017年持平。值得注意的是，挪威人阅读挪威语和外文电子书的比例基本持平。也就是说，电子书是挪威人阅读外文图书的重要形式。

虽然数字媒介发展迅速，但是纸质图书仍是人们阅读的首选。41%的挪威人表示，在未来3年中，他们只会阅读纸质图书。33%的挪威人表示，未来将会选择多种媒介的阅读方式。余下7%和5%的挪威人分别表示，他们将只会阅读电子书或有声书。除此之外，实体书店的地位也仍然稳固。在问及上一本阅读或收听的图书的渠道时，多数挪威人选择了实体书店购买、图书馆借阅、礼物获得、亲朋好友处借阅、网络书店等渠道。（见图2）

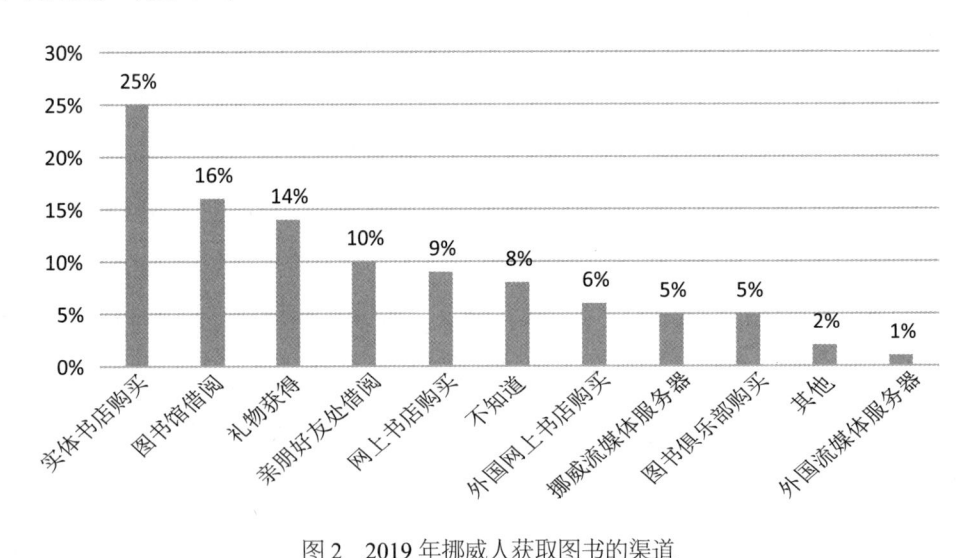

图2 2019年挪威人获取图书的渠道

资料来源：《挪威阅读、购买和购书渠道报告（2020）》

在选择图书时，媒体报道和书评信息、亲朋好友以及身边人的推荐对挪威人的影响较大，但是书店售货员的推荐、社交媒体和互联网的信息对其的影响较小。

（二）图书馆借阅情况

2018年，经挪威政府批准的议会第八号文件——《文化的力量——未来的文化政策（2018—2019）》（*Kulturens kraft – Kulturpolitikk for framtida*），确定了挪威未来的总体文化政策方向和优先事项，提出了新的国家文化政策目标。该文件强调，艺术和文化是建设挪威社会的重要力量，丰富多彩的文化生活是言论自由的保障和民主运行的前提。图书馆作为公民开展文化、学习和会见活动的场所，是挪威基础设施的重要组成部分，也是民主的重要基石。

作为重要的文化活动场所，挪威图书馆类型多样，主要分为公共图书馆（Folkebibliotek）、学校图书馆（Skolebibliotek）、科研图书馆（Fag- og forskningsbibliotek）和其他图书馆。其中，全国共有422家公共图书馆，其余类型的图书馆无官方数据。

挪威国家图书馆（Nasjonalbiblioteket）是公共图书馆的中央政府级主管机构，设立于1989年，主要任务是"为未来保存过去"，是《出版物法定缴存法》的法定执行机构。从2006年开始，国家图书馆系统性地进行数字化工作，目标是将图书馆所有馆藏数字化。2012年，挪威文化部长哈迪亚·塔吉克（Hadia Tajik）启用了图书数字化网站——"挪威在线书架"（bokhylla.no）。该网站上的图书受到版权法保护，部分图书必须通过挪威IP地址才能查阅。但是区别于其他国家的在线图书馆，公众可以获得这些受到版权保护的图书。该行动作为国家文化遗产工作的重要组成部分，旨在保存和传承挪威文化，方便公众获取文化内容。国家图书馆的数字图书服务发展较为成熟，用户量仍在增加。9%的图书馆用户每天访问数字图书馆服务，36%的图书馆用户每周访问数字图书馆服务。（见图3）图书馆用户表示，数字图书馆服务具有便于搜索、阅读和翻页的特点。（见图4）

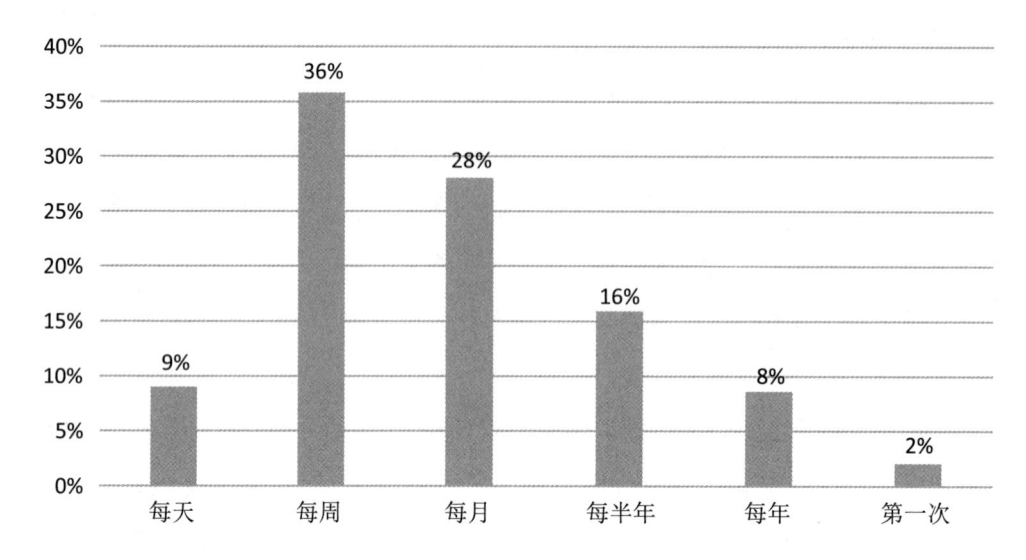

图3 图书馆用户数字图书馆服务访问频率情况

资料来源：《数字时代的图书消费、图书馆和阅读情况》（*Bokforbruk, bibliotek og lesing i digitale tider*）

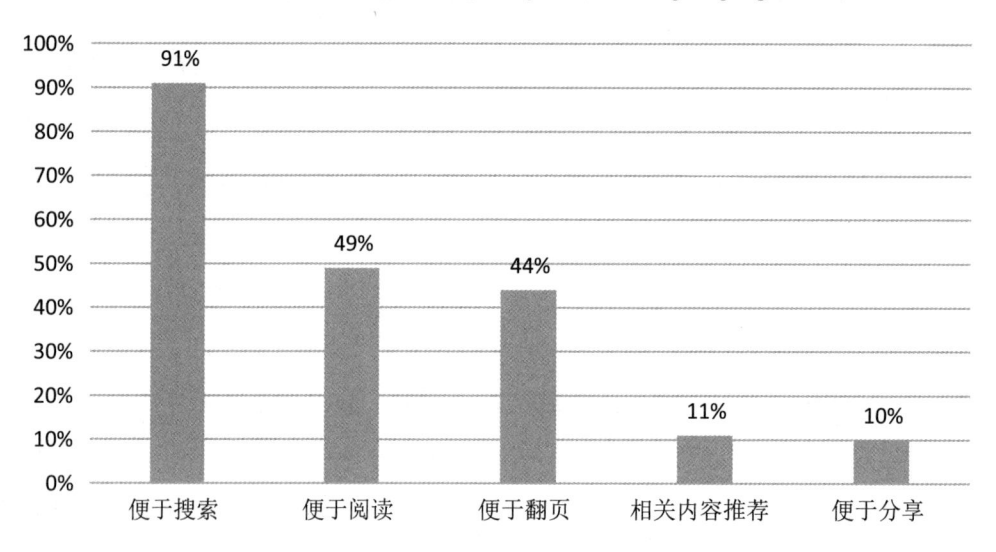

图4 用户认知中数字图书馆服务特点情况

资料来源：《数字时代的图书消费、图书馆和阅读情况》

除了对挪威文化进行保存、开发和研究，国家图书馆作为《公共图书馆法（1985）》（*Lov om Folkebibliotek*）的中央政府级主管机构，还负责制定公共图书馆的相关方针政策，管理图书馆的发展项目经费，统筹规划图书馆的发展方向。2019年是挪威的"图书年"，政府特拨款2700万挪威克朗给国家图书馆，用于"2019图书年"相关活动。

国家图书馆给公共图书馆和其他图书组织分别分配1500万挪威克朗、1200万挪威克朗，用以购买图书和举办相关活动，包括可以为挪威爱书之人提供社交聚会场所的"全挪威"阅读（Hele Norge leser）、"作家读者之书店会面"（Forfatter møter leser i bokhandel）、专门面向青年的"这本书"（Den boka）等活动，以及国际文学作品节、翻译类作品节等各类节展。

根据《公共图书馆法》的规定，挪威每一个区都需要配备公共图书馆。《挪威图书馆国家战略（2020—2023）》（*Nasjonal bibliotekstrategi 2020-2023*）中也强调，图书馆作为公众启蒙和提升修养的重要场所，需要注意其开放性、包容性和可获得性，让全国各地各民族和各年龄层次的人民都可以平等地获得图书馆资源。同时，战略中也指出了新时代赋予图书馆的新使命，即需要培养公众有效鉴别假新闻、谣言的批判思维能力。

2018年，54%的挪威公民访问过公共图书馆，相较2015年，访问人数的增长量高达14个百分点。2019年的该项数据仍在统计中。"2019图书年"推动了挪威公共图书馆实体访问量和举办文化活动数量的增长。其实体访问量为2580.94万次，较2018年增长了3.8%。举办活动63793场，较上年增加了6.5%，170.2万人次参与活动，较上年增加了10.4%。活动种类多样，全面考虑各年龄群体的需求。例如，面向较低年龄群体的活动有：幼儿语言能力培养活动（Bookstart），儿童阅读兴趣激发活动（Lesefrø），青少年绿色网络使用活动（Digital Kveld）等；面向较大年龄群体的活动有：针对年长者的电影放映活动和诗歌咖啡馆活动，脸书（Facebook）、网银等数字科技的教学活动等。为了增进代际沟通，图书馆举办了"故事会"（Fortellerstuer），邀请老人给孩童讲述他们的故事。此外，还有语言咖啡馆、作家见面会、阅读交流会等面向广大公民的活动。

根据公共图书馆的统计数据，2019年的图书借阅量为174.3万本，较去年增加了4.5%，其中，儿童（此处指0~14岁挪威人）图书的借阅量增长了6.3%，成人（此处指15岁及以上的挪威人）图书的借阅量增长了2.4%。虽然图书馆的总借阅量有所增长，但是由于挪威人口数量的增加，人均借阅量较往年实际上有所减少。《挪威阅读、购买和购书渠道报告2020》显示，2019年公共图书馆的人均借阅量为3.7本书，较去年减少24.5%，即减少了1.2本书。有32%的挪威人从图书馆借阅了一本或多本图书。

挪威政府在《挪威图书馆国家战略（2020—2023）》中明确指出，需要"重视46%的在2018年没有去过图书馆的挪威人"，持续注重加强图书馆的建设和使用。挪威《教育法》（*Opplæringsloven*）规定，学生有权使用学校图书馆，传播知识和文化、培养学生阅读兴趣是学校和图书馆共同的使命。

科研图书馆旨在拓宽高校学生和科研人员的信息获取渠道，提高挪威整体的教育水平和科研质量。2019年，科研图书馆的借阅量为167.57万本，较2018年增加了1.2%。

除了上述图书馆，挪威还专门设有面向有视觉听觉障碍人士的特殊图书馆（Norsk lyd- og blindeskriftbibliotek，简称NLB）。特殊图书馆隶属挪威文化部，旨在给予有视觉或阅读障碍的人平等地获取文学、知识、出版作品的机会。该图书馆给全国范围内各种年龄层次和教育背景的人免费提供有声书和盲文书材料。馆藏有约2.1万种有声书和5500种盲文书。截至2019年底，特殊图书馆共有8.12万名注册用户，较去年增长了40.5%，总借阅量约为92.76万本，较去年增长了13.6%。（见表11）

表11　2019年挪威视听觉障碍图书馆（NLB）借阅情况

单位：册

类别	借阅量
有声书	862238
盲文书	2843
学习文献	62509

资料来源：《挪威视听觉障碍图书馆年度报告（2019）》（*Årsrapport NLB 2019*）

七、相关企业情况

挪威图书出版商主要从事图书的出版和推广工作。有出版意愿的作家向出版商发送书稿，出版商综合考虑各种因素，决定是否要出版此书。出版商在向作者提供指导和修改意见之后会将其正式出版。除了承担本国作品的出版任务，出版商还负责引进外国图书，即收集和挑选外国图书文献，将之翻译为挪威语并出版发行。大型出版商的支持对新人作家尤为重要。有了专业人士指导，他们的作品会更易出版。得到大型出版商认可并投资的图书，一般都包含着公众所需要的信息，也较为容易打入图书市场。

（一）大型出版商

挪威出版行业的垄断现象较为严重。挪威出版商认为，行业集中有利于搭建良好的销售网络，提高行业效益。因此，挪威出版业呈现出由三个大型出版商主导的纵向行业结构，即阿斯卡豪格、吉尔登达尔（Gyldendal）、卡普兰（Cappelen Damm）。2019年，这三个大型出版商占有71.5%的图书市场份额。

1. 阿斯卡豪格

阿斯卡豪格于1872年创立，在多家图书相关企业中持有股份：持有大学出版社（Universitetsforlaget）100%的股份，该出版社是挪威主要的学术出版社；持有畅销书出版社（Bestselgerforlaget）100%的股份；持有十月出版社91%的股份，该出版社先前为马克思列宁出版社，现出版虚构类作品；持有有声书出版社50%的股份，该社是挪威成立时间最早且规模最大的有声书出版社。阿斯卡豪格拥有自己的流媒体服务器，即费博，应用程序仅提供挪威语版服务。诺里（Norli）是阿斯卡豪格旗下的连锁书店，在全国有多达137家实体书店，是挪威最大的连锁书店之一。

2. 吉尔登达尔

吉尔登达尔于1925年成立，其名字取自丹麦吉尔登达尔。丹麦吉尔登达尔曾是最大的丹麦挪威语出版商，但是除名字相同外，两大出版商并没有直接联系。吉尔登达尔持有挪威吉尔登达尔出版社（Gyldendal Norsk Forlag）100%的股份；持有知识出版社（Kunnskapsforlaget）100%的股份，该出版社主要出版百科全书；持有有声书出版社余下50%的股份。阿克（Ark）是吉尔登达尔旗下的书店，在全国有多达143家实体书店，是挪威最大的连锁书店之一，还有相应的网上书店和阅读应用程序。

1961年，阿斯卡豪格与吉尔登达尔联合创立了挪威最大的图书订阅俱乐部（Den Norske Bokklubber）。两大出版商由此控制了挪威各个图书俱乐部，并主导挪威图书俱乐部中的图书具体出版情况。在挪威，出版商有很大的自由来决定出版社出版什么图书，读者阅读什么内容。

3. 卡普兰

卡普兰于1829年创立，于1832年成立了挪威首都奥斯陆的第一家书店——谭诺姆书店（Tanum）。卡普兰是挪威最大的出版商，占有卡普兰出版社100%的股份。卡普兰还拥有自己的流媒体服务器，即斯德拓，是挪威最著名的有声书借阅平台之一，提供挪威语和英语的双语版应用程序。除此之外，卡普兰还占有弗莱姆出版社的部分股份。该出版社于2008年成立，致力于打造年轻作家的出版平台，创新出版模式，挑战大型权威出版商的垄断地位，通过获得作家的认可，吸引更多的受众。

（二）小型出版社

在大型出版商的行业垄断背景下，挪威的小型出版社和专业出版社在夹缝中艰难生存，如宗教文化出版社（Kirkelig Kulturversted）、马克思主义出版社（Marxist Forlag）等。其中，新兴的草莓出版（Strawberry Publishing）以其独到的商业策略在不到两年的时间获得了喜人的图书市场份额，得到了挪威出版业的关注。（见表12）草莓出版通过减少图书发行数量，将有限的出版资源集中投资于高度市场化的作者和他们创作的潜在畅销书上，从而实现了较高的图书销售量。但是，在2020年2月22日《阶级斗争报》（Klassekampen）的杂志上，挪威著名组织社会学家约恩·艾瑞克·费克森（Bjørn Erik Fyksen）明确指出这一策略对大型出版商来说是不可取的，如果大型出版商采取这一策略，挪威图书市场的丰富性和多元性将会受到严重影响。

表12　2017—2019年挪威出版社销售额和市场份额占比情况

出版社名称	2017 销售额（千挪威克朗）	2017 市场份额（%）	2018 销售额（千挪威克朗）	2018 市场份额（%）	2019 销售额（千挪威克朗）	2019 市场份额（%）
卡普兰出版社	902452	34.3	827590	32.7	804391	32.7
挪威吉尔登达尔出版社	686145	26.1	699292	27.7	675382	27.4
阿斯卡豪格出版社	346629	13.2	281058	11.1	277892	11.3
大学出版社	96660	3.7	103930	4.1	101222	4.1
卡格出版社	81720	3.1	98809	3.9	86919	3.5
有声书出版社	40514	1.5	57385	2.3	80164	3.3
十月出版社	47775	1.8	48312	1.9	45452	1.8
卡皮塔娜出版社（Capitana Forlag）	—	—	19063	0.8	34520	1.4
挪威联合出版社	41390	1.6	35184	1.4	31115	1.3
草莓出版	—	—	14654	0.6	26852	1.1
出版出版社（Forlaget Press）	17391	0.7	23756	0.9	24708	1.0
派克斯出版社（Pax Forlag）	22806	0.9	14926	0.6	19041	0.8
索罗姆图书之友（Solum Bokvennen）	—	—	16193	0.6	17311	0.7

续表

出版社名称	2017 销售额（千挪威克朗）	2017 市场份额（%）	2018 销售额（千挪威克朗）	2018 市场份额（%）	2019 销售额（千挪威克朗）	2019 市场份额（%）
J. M. 斯泰纳森的出版社（J. M. Stenersens Forlag）	20116	0.8	16474	0.7	16897	0.7
圣经社会出版社（Bibelselskapet Verbum Forlag）	17580	0.7	20451	0.8	16869	0.7
斯巴达克斯出版社（Spartacus Forlag）	14026	0.5	13898	0.5	14657	0.6
知识出版社	14026	1.5	22777	0.9	14534	0.6
德尔出版社（Dreyers Forlag）	14026	0.5	13388	0.5	13791	0.6
斑马出版社（Zebra Forlag）	—	—	—	—	13420	0.5
潘塔格鲁埃尔出版社（Pantagruel Forlag）	16311	0.6	20778	0.8	12791	0.5
挪威图书出版社（Norsk Bokforlag）	12588	0.4	—	—	12044	0.5
维格出版社（Vega Forlag）	15019	0.6	13608	0.5	10150	0.4
畅销书出版社	43483	1.7	21601	0.9	—	—
赫蒙出版社（Hermon Forlag）	18449	0.7	18614	0.7	—	—
频谱出版社（Spektrum Forlag）	23544	0.9	16188	0.6	—	—
其他出版社	113055	4.3	110248	4.4	108077	4.4
总计	2630596	100.0	2528174	100.0	2458199	100.0

资料来源：《挪威出版行业报告（2019）》（仅显示年销售额超过1千万挪威克朗的数据）

八、报刊业发展情况

在丹麦统治时期，挪威施行了严格的图书审查制度。此外，挪威居民点形成缓慢，经济发展滞后，阻碍了挪威报刊业的起步。挪威的报刊业起步相对较晚，直到1763年，挪威第一份报纸《挪威消息笺札》（*Norske Intelligenz-Seddeler*）才由印刷商塞缪尔·康拉德·史瓦赫（Samuel Conrad Schwach）在奥斯陆创刊。1814年制定的《挪威王国宪法》中明确指出了"新闻出版自由"，使挪威的新闻传播事业进入了自由发展的阶段。挪威通讯社（NTB）于1867年成立，是唯一的全国性通讯社，为非官方报联社体制的机构。1884年，现代议会政治制度在挪威建立，开启了挪威党报发展的黄金时代。二战后，政党报纸开始转向商业化或被地方报纸取代。随着广播和电视技术的兴起，1933年挪威国家广播公司（Norsk Rikskringkasting，简称NRK）成立，分为广播、电视两部分，隶属挪威文化部。为了挽救被冲击的国内报刊业，挪威政府从1969年开始对报纸实行补贴制度，旨在保证报刊的独立性和观点的多样性。目前，该广播公司是挪威最重要的新闻机构，约有 3300 名雇员，在全国范围内有近 50 个办事处。每天，约有 90% 的挪威人会使用其服务。而挪威报刊业的垄断现象较为明显，趋向集中于施伯史泰德集团（Schibsted）、艾默迪亚集团（Amedia）和北极星传媒（Polaris Media）三大传媒集团名下。其中，施伯史泰德集团是挪威最大的传媒集团。

（一）报纸

2019 年，挪威共有 218 家报纸，为 2003 年以来的最低值，之前全国报纸数量都稳定在 220~230 家。虽然报纸数量有所减少，全国发行量仍较为稳定，2019 年达到 231.7 万份，2019 年发行量最大的 10 份报纸中有 4 种由施伯史泰德集团发行。（见表 13）

表 13 2019 年发行量最大的 10 种报纸情况

单位：万份

报纸名称	简介	年发行量
《世界之路报》（*Verdens Gang*，简称 *VG*）	该报隶属施伯史泰德集团，由抵抗运动成员于 1945 年在奥斯陆创刊。该报以小报形式发布，主要内容为新闻特写、体育新闻和娱乐报道。1995 年，该报推出网络版。如今，该报是挪威阅读量最大的在线报纸。	26.5132
《挪威晚邮报》（*Aftenposten*）	该报隶属施伯史泰德集团，于 1860 年创刊，是挪威最古老的报纸。从 1885 年起，该报每天发行早报、晚报两版。从 2005 年起，该报以小报形式发布。21 世纪初，该报的网络版曾推出英文版块专门发布英语新闻。但是为了削减开支，英文版块于 2008 年 11 月取消。除了报国内和国际新闻外，该报还专注于报道奥斯陆的地区性新闻。其消息来源多样，报道覆盖面广泛，内容较为严肃。	24.784
《挪威日报》（*Dagbladet*）	该报隶属阿勒集团（Aller），于 1869 年创刊。从 1884 年至 1977 年，该报隶属自由党（左翼）。从 1977 年起，该报秉持政治中立的原则，但是在女权主义、语言斗争、教会政策等文化问题上立场较为激进。1995 年，该报推出网络版。	10.4188
《卑尔根时报》（*Bergens Tidende*）	该报隶属施伯史泰德集团，于 1868 年创刊，是西挪威最大的报纸。该报纸分为两部分：第一部分包括专栏、一般新闻、体育和天气；第二部分包括文化、观点、本地新闻和电视节目清单。其特色周刊 BT 杂志（*BTMagasinet*）每周六出版。从 2006 年开始，该报以小报形式发布。每天，卑尔根有 3/4 的民众阅读该报。	8.3217
《通讯报》（*Adressavisen*）	该报隶属北极星传媒，于 1767 年以报名《皇家特权的特隆赫姆地区的康托尔消息》（*Kongelig allene privilegerede Trondheims Adresse-Contoirs Efterretninger*）创刊，是挪威迄今为止仍在发行的最古老的报纸。1927 年，报纸改名《通讯报》。该报以小报形式发布。1996 年，该报推出网络版。	7.1138
《斯塔万格晚报》（*Stavanger Aftenblad*）	该报隶属施伯史泰德集团，于 1893 年创刊，是西挪威南部最大的报纸。从 2006 年开始，该报以小报形式发布。起初，该报的网络版本提供英语新闻的服务，主要针对在挪威不懂挪威语的受众和对挪威感兴趣的国际受众。但是由于持续的金融危机，英语新闻服务于 2009 年 1 月关闭。	6.2609
《祖国之友》（*Fædrelandsvennen*）	施伯史泰德集团拥有该报的少量股份，于 1875 年创刊，是地方性报纸。从 2006 年开始，该报以小报形式发布。2012 年，该报推出了网络付费版本。	3.7344

续表

报纸名称	简介	年发行量
《阶级斗争报》（*Klassekampen*）	该报于1969年创刊，现在自称为"左翼派报纸"。	3.0434
《鲁默里克报》（*Romerikes Blad*）	该报于1902年创刊，隶属挪威工人党，是挪威鲁默里克（Romerike）的地方报。	3.0291
《挪威晚邮报青少版》（*Aftenposten junior*）	该报主要满足日益增长的对以易于理解的方式向儿童和青少年传播新闻的需求，面向中小学生受众。	2.8562

资料来源：挪威媒体信息中心（Medienorge）及各报纸官方网站

从2014年至2019年，在9~79岁的挪威人中，纸质报纸的订阅比例持续走低，而网络报纸的订阅比例有所增长。（见图5）

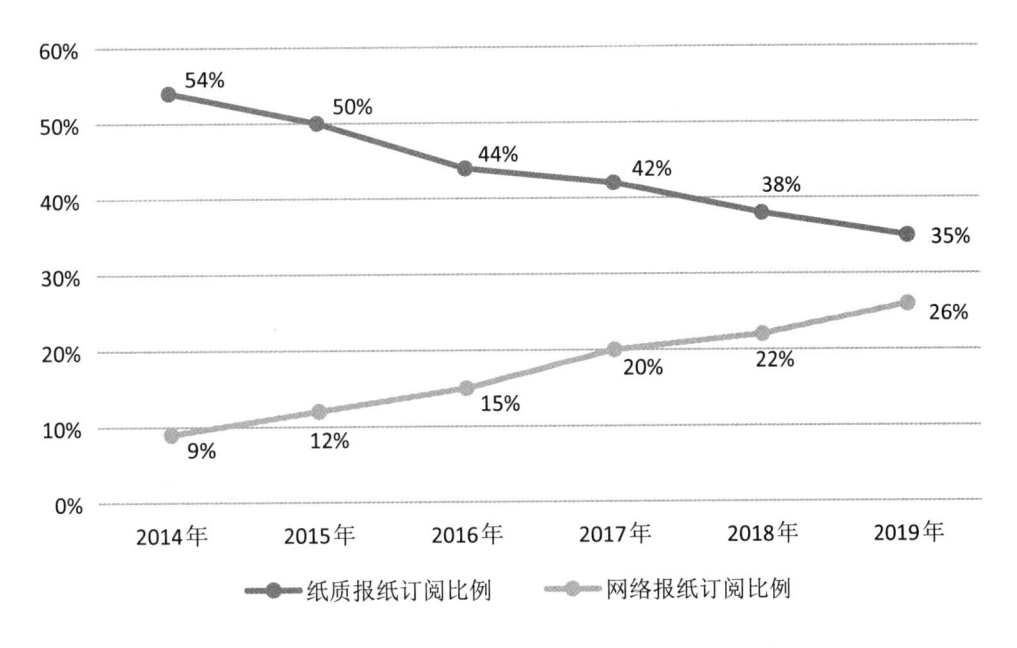

图5 2014—2019年纸质报纸和网络报纸订阅比例情况

资料来源：国家媒体公司协会

挪威媒体管理局（Medietilsynet）的《挪威报业经济报告（2015—2019）》（*Økonomien i norske avishus*）显示：2019年，挪威报业的数字版相关收入增加2.73亿挪威克朗，即增长了9%，而纸质版相关收入减少3.46亿挪威克朗，即下降了4.1%。因此，挪威报业总营业额仍呈现下降态势，减少了7300万挪威克朗。同时，报业的成本也有小幅度增加。这些因素导致2019年挪威报业销售利润较2018年下降了

21.7%，为6.44亿挪威克朗。2019年，报纸收入的71%来自纸质版相关产品，许多报纸仍然高度依赖纸质产品的收入。但是报告分析显示，发行量越大，营业额越高的报纸在数字化方面走得越远，这或许是许多资源有限的小型报纸发展滞后的重要原因。数字化将成为众多报刊未来发展的方向。挪威媒体管理局预测，受到新冠肺炎疫情的影响，整个媒体行业的广告收入大幅下降，2020年挪威报纸业收入额或继续走跌。挪威政府正在推出一项针对媒体的临时补贴计划，预计投资3亿挪威克朗。

（二）期刊杂志

全球最大市场研究集团凯度集团（Kantar）对2019年挪威人阅读期刊和杂志情况的调查显示，2019年，21%的挪威人每天至少阅读一本杂志，较2018年的24%有所减少。其中，女性类杂志在2019年呈现消极的发展态势，而专业技能类杂志、体育与旅游类杂志逆势而为，呈现积极的发展态势。

表14　2019年阅读量最大的10种杂志情况

单位：万次

杂志名称	类别	简介	平均每期杂志净阅读量
《COOP会员》（COOP Medlem）	会员杂志/免费杂志	该杂志的目标群体为客户和商户，主要登载美食、住房、生活窍门、名人逸事等内容。该杂志有纸质版和电子版，纸质版可在所有COOP集团的商店内免费获取，电子版可登陆 https://coop.no/medlem/coop-medlem-magasin/ 阅读和下载。	72
《A-杂志》（A-Magasinet）	报纸补充杂志	该杂志于1926年创刊，为《挪威晚邮报》的补充杂志，每周五发布，主题为新闻、科学/自然、生活方式等。该杂志有纸质版和电子版。	67.7
《NAF汽车杂志》（NAF-magasinet Motor）	会员杂志/免费杂志	该杂志为会员杂志，主题为汽车、运输、测评、旅游等。该杂志有纸质版和电子版，读者需提前在NAF.no上创立账户、填写完整会员信息才能阅读电子版杂志。	59.8
《OBOS杂志》（OBOS-bladet）	会员杂志/免费杂志	该杂志由OBOS主办。OBOS为北欧地区最大的房屋建筑商之一，拥有近50万成员。2020年，该杂志共发刊8期，主题为住房、城市发展、室内设计、行业趋势等。	53.2
《图解科学》（Illustrert Vitenskap）	知识/经济	该杂志于1984年创刊，为北欧最大的出版商邦尼出版物公司（Bonnier Publications A/S）发行的多语种科普杂志，该杂志每三周发一刊，有纸质版和电子版，目前在丹麦、冰岛、挪威、瑞典、芬兰、德国、美国、希腊、荷兰、拉脱维亚、立陶宛、爱沙尼亚、斯洛文尼亚和澳大利亚（共14国）发行。	39.3
《高山和平原》（Fjell og Vidde）	会员杂志/免费杂志	该杂志由挪威旅游协会（Den Norske Turistforening）主办，是挪威最大的户外杂志，每年发布5期普通刊物和1期年鉴。该杂志旨在指导人们购买运动服装和装备，强调体育锻炼对健康的重要，激励更多人外出旅游。	37.6
《唐老鸭》（Donald Duck & Co）	系列漫画/青少年	该杂志创刊于1948年，一经发行便成为挪威最受欢迎的漫画杂志。该杂志为周刊，刊登迪士尼人物，尤其是唐老鸭的相关故事。	29.1

续表

杂志名称	类别	简介	平均每期杂志净阅读量
《世界之路（周末版）》（VG Helg）	报纸补充杂志	该杂志为《世界之路报》的补充刊物，每周六发刊，包括最新新闻报道、深度采访、生活方式和趋势等。该杂志注重采用质量较高的图片。	28.8
《看和听》（周二版）（Se og Hør Tirsdag）	现实&电视	《看和听》为挪威发行量最高的杂志，每周发行周二版和周末特别版两刊。读者在性别和年龄方面分布较为平均，内容包括皇室新闻、名人轶事、电视指南等。此外，《看和听》还有瑞典语和丹麦语版，但是挪威语版发行量最大。	27.9
《挪威日报杂志》（DAGBLADET Magasinet）	报纸补充杂志	该杂志为《挪威日报》的补充刊物，纸质版每周六发刊，电子版每天更新。该杂志除了提供最新新闻和深入报道的相关内容外，还有特别的美食专栏、家庭育儿、填字和数独游戏等内容。	26

资料来源：《期刊阅读情况：阅读纸质期刊的人变少（2019—2020）》（Lesing av magasiner 2019-2020: Færre leser papir magasiner）和各期刊杂志官方网站

鉴于特殊的历史背景和文化特点，在政府的支持和监管下，挪威形成了一套以保护本土文化为核心，以开发海外市场、传播挪威文学为目标，以完备的法律规章制度为保障，以人性化的图书馆设施为基础，以大型出版商为行业主导的独特的挪威出版业结构。

目前，全球出版业正处于重要的转型时期，零售商贸易和人们的交易习惯正发生着翻天覆地的变化。虽然纸质书和实体书店在图书生产形式和销售渠道方面的地位仍不可撼动，但是，各地区、各行业的数字化程度不断提高，人们的消费模式正逐渐向数字化方向发展。挪威政府顺应时代潮流，将图书数字化引入国家文化发展策略，并出台了相应的法律法规，为挪威传统文化和新文化的传播创造了良好的生态环境。挪威出版商应发挥其行业带头作用，把握数字时代的特点和机遇，创新图书格式，提高图书质量，通过创新性的全渠道销售方案，因势利导地发展挪威出版业，为挪威文化"走出去"贡献力量。

参考文献

1. 挪威出版商协会（Den Norske Forleggerforening）官方网站. https://forleggerforeningen.no/vi-mener/rammebetingelser/bokavtalen/#a2.

2. 挪威教育与培训理事会（Utdanningsdirektoratet）官方网站. https://www.udir.no/laring-og-trivsel/lareplanverket/fagfornyelsen/nye-lareplaner-i-skolen/.

3. 挪威统计局（Statistisk sentralbyrå）官方网站. https://www.ssb.no/kultur-og-fritid/statistikker/ffbibl.

4. 挪威统计局（Statistisk sentralbyrå）官方网站. https://www.ssb.no/statbank/table/11758/tableViewLayout1/.

5. 挪威文化委员会（Kulturrådet）官方网站. https://www.kulturradet.no/litteratur/.

6. 挪威作家协会（Den Norske Forfatterforening）官方网站. https://www.for fatter foreningen.no/english/.

7. 中国外交部官方网站. https://www.fmprc.gov.cn/web/gjhdq_676201/gj_676203/oz_678770/1206_679546/1206x0_679548/.

8. 凯度集团—挪威（Kantar）. 期刊阅读情况：阅读纸质期刊的人变少（2019—2020）》（Lesing av magasiner 2019-2020: Færre leser papirmagasiner）[R]. 2020.

9. 挪威媒体管理局（Medietilsynet）. 挪威报业经济报告（2015—2019）（Økonomien i norske avishus）[R]. 2020.

10. 挪威书商协会（Bokhandlerforeningen）. 挪威书商协会年度报告2019（Bokhandlerforeningen. Årsberetning）[R]. 2020.

11. 挪威出版商协会（Den Norske Forleggerforening）. 挪威出版行业报告（2019）（Forleggerforeningens bransjestatistikk）[R]. 2020.

12. 挪威书商协会（Bokhandlerforeningen），挪威出版商协会（Den Norske Forleggerforening）. 挪威阅读、购买和购书渠道报告（2020）（Leserundersøkelsen-Lesing, kjøp og handelskanaler）[R]. 2020.

13. 挪威文化部（Kulturdepartementet），挪威知识部（Kunnskapsdepartementet）. 挪威图书馆国家战略（2020—2023）（Nasjonal bibliotekstrategi）[R]. 2019.

14. 挪威文学对外推广基金会（Norwegian Literature Abroad）. 挪威2019年法兰克福书展主宾国报告（Rapport – Norge som gjesteland på Frankfurter Buchmesse 2019）[R]. 2020.

15. 陈凤兰. 国外图书定价制度及启示[N]. 中国新闻出版广电报, 2019-03-18(005).

16. 陈力丹，黄泽民. 平和发展的挪威新闻传播业[J]. 新闻界, 2016（11）：59-66.

17. 怀国. 与石油结缘的挪威出版业[J]. 对外传播, 1996（Z2）：56.

18. 季丹，郭政. 数字化环境下挪威图书出版业的发展 [J]. 科技与出版，2020（8）：36-42.

19. 甄云霞. 挪威文学对外推广和传播模式探析 [N]. 国际出版周报，2020-03-23（012）.

20. 阿克书店（Ark）官方网站. https://www.ark.no/about-ark.

21. 挪威百科全书（Store Norske Leksikon）官方网站. https://snl.no/Norli_AS.

22. 挪威媒体（Medienorge）官方网站. https://medietilsynet.no/om/aktuelt/svekt-lonsemd-for-avisene-i-2019/.

23. 挪威媒体（Medienorge）官方网站. http://medienorge.uib.no/statistikk/medium/avis/361.

24. 挪威媒体（Medienorge）官方网站. http://medienorge.uib.no/statistikk/medium/boker/151.

25. 欧洲报纸奖（European Newspaper Award）官方网站. https://newspaperaward.org/examples-european-newspaper-of-the-year/#toggle-id-5.

26. 世界之路报（VG）官方网站. https://www.vg.no/informasjon/om-schibsted.

27. 世界之路报（VG）官方网站. https://www.vg.no/rampelys/bok/i/RRX4kO/norske-bokhandlere-her-er-aarets-beste-boeker-2019.

（作者单位：北京外国语大学）

2019年澳大利亚出版业发展报告

刘莹晨　郭永琪

2019年，澳大利亚经济有所放缓，但仍保持增长态势。国际货币基金组织（International Monetary Fund，简称 IMF）数据显示，2019年澳大利亚经济增速为1.8%，为1992年以来最低水平，较2018年下降0.9个百分点。澳大利亚统计局数据显示，2019年第一季度澳大利亚居民消费价格指数（CPI）同比涨幅为1.3%，为2016年第四季度以来最低水平，其中娱乐文化消费价格指数涨幅为0.9%。澳大利亚出版业在其文化产业中仅占较小部分，2019年共出版新书22634种，较2018年减少约2000种；不含电子书和有声书的销售额为11.4亿澳元，较上一年减少3%。澳大利亚本土出版机构面临海外，特别是英美出版机构的激烈竞争，2019年5500余家出版机构中，仅培生澳大利亚控股有限公司、企鹅兰登书屋澳大利亚有限公司、圣智澳大利亚控股有限公司以及学乐澳大利亚有限公司等四家外国出版机构在澳大利亚的分支机构有营业收入，即占澳大利亚图书出版市场的1/3多；另外有超过一半的出版机构2019年仅出版了1种及以下的图书。同时，随着互联网技术的不断发展和普及应用，澳大利亚电子书、电子期刊、跨平台期刊杂志市场也不断发展，出版机构在数字出版领域的投入不断增加。

一、行业发展背景

澳大利亚政府对国内的出版市场活动采取宽松政策，未设立专门的全国性图书出版管理和审查机构，出版机构的设立采取注册制，申请者持有效证件到相关部门完成注册即可。同时，面对海外出版机构的激烈竞争，澳大利亚政府通过《版权法》

（Copyright Act 1968）、"30日原则"、"平行进口限制"等法律条文，保护并推动澳大利亚本土出版和文化产业的发展。

（一）政策法律环境

在过去五年中，澳大利亚图书出版业一直受到适度规范，保持稳定态势。澳大利亚出版业尚未出台专门法案，1968年《版权法》是行业监管的主要依据。该法案以英国版权法为基础，概述了关于剽窃和图书进口的监管环境。法律规定，澳大利亚出版商的版权保护期为自作品出版之日起25年，在作品被改编或复制前，作者享有70年的版权保护期。《版权法》中明确规定了"30日原则"，即"如果澳大利亚作者创作图书在澳出版，任何澳大利亚以外的出版商不得在其境内销售该书的海外版"；"澳大利亚出版商在澳出版海外发行的书籍时享有30天的版权，只有在出版企业放弃该项权利时，其他书商才能自由引进该书籍的海外版"；等等。该"原则"的实施大大提高了澳大利亚本土平装图书的贸易，为本土出版市场吸引了更多投资。2006年，澳大利亚和美国签署自由贸易协定后，对该法案进行了修订，为消费者提供了包括印刷版转换为电子版等在内的格式转换图书的例外情况、平衡进口限制等图书进口相关法律，为出版商提供了重要帮助。

2018年11月，联邦政府通过《2018年现代奴隶制法案》（Modern Slavery Act 2018），于2019年1月1日生效，法案要求年综合营收超过1亿美元的澳大利亚大型企业必须报告如何在其运营和供应链中减少现代奴隶制的风险。法案的实施将对澳大利亚图书出版业产生一定影响。虽然大多数出版商主要在澳大利亚境内开展业务，但是许多出版商将其印刷业务外包给境内外其他公司。因此，如果将印刷外包到现代奴隶制风险较高的国家，或者从现代奴隶制风险较高的国家采购纸张和油墨，上述出版商将存在现代奴隶制风险。因此，出版商必须采取有效措施，以避免其供应链中可能出现现代奴隶制风险。

（二）行业重大事件

1.澳大利亚召开全国编辑大会

2019年5月，澳大利亚全国编辑大会在墨尔本召开，超过300名代表出席这场会议，会议主题为"超越页面"（Beyond the page），由专业编辑协会（Institute for Professional Editors，简称IPEd）承办。前麦考瑞词典（Macquarie Dictionary）编辑苏珊·

巴特勒（Susan Butler）、惠勒中心主任迈克尔·威廉姆斯（Michael Williams）、澳大利亚国立大学（Australian National University）学者凯瑟琳·博德（Katherine Bode）以及好的副本（Good Copy）联合创始人彭妮·莫德拉（Penny Modra）做主题演讲，此外还组织了一系列不同类型编辑实践研讨会；讨论专业编辑协会的首届大使计划，此为期两年的试点项目旨在"提高编辑专业水平，了解教育行业中编辑在出版过程中的作用"；推出以创始人维多利亚·珍妮特·麦肯齐命名的新奖章，以表彰对专业编辑协会具有杰出贡献的人；推出与澳大利亚出版商协会（APA）合作的《澳大利亚包容性出版入门指南》，该指南在2016年澳大利亚包容性出版倡议（AIPI）年度会议中提出的，通过为创建设计具有包容性的无障碍数字图书提供工作策略以及资源，从而为澳大利亚纸质阅读障碍者提供更多获得阅读资源的机会。

2. 2020年澳大利亚作家文学奖获奖情况

塔拉·琼·温奇（Tara June Winch）凭借其第二部小说《收获》（*The Yield*）获2020迈尔斯·富兰克林文学奖、2020年新南威尔士州总理文学奖及年度图书等三个奖项，入围斯特拉奖、澳大利亚书业奖和维多利亚州总理文学奖等，同时该作者成为书商选择的年度成人小说图书联合获奖者。奖项评委认为该作品是一部关于痛苦、失落、恢复力和希望的故事，探索了殖民暴力、耻辱、代际创伤和环境破坏等遗留问题。伊丽莎白·谭（Elizabeth Tan）的《孤独者的智能烤箱》（*Smart Ovens for Lonely People*）获2020年澳大利亚新小说阅读奖，其作品集以独创的内容、简洁的风格以及幽默的叙述在参评作品中脱颖而出。克里斯蒂安·怀特（Christian White）的《妻子和寡妇》（*The Wife and the Widow*）获2020年内德·凯利奖（Ned Kelly Awards）的最佳犯罪小说奖。该奖项设立于1996年，是澳大利亚表彰出版的犯罪小说及写作的重要奖项。作家、学者萨利·杨（Sally Young）因其非小说作品《报业皇帝：澳大利亚报业帝国的崛起》获2020年科林·罗德里克文学奖（Colin Roderick Literary Award）和普里斯特利奖章（the H T Priestley Medal）。评委认为其作品是对澳大利亚报业历史的深入研究，具有很强的可阅读性。迈克尔·罗博瑟姆（Michael Robotham）凭借《好女孩坏女孩》（*Good Girl, Bad Girl*）赢得2020年英国犯罪作家协会（CWA）的"金匕首"奖，被评为"年度最佳犯罪小说"。该作家曾在2015年凭借《生或死》获得该奖项，是唯一一位两次获奖的澳大利亚人。英国犯罪作家协会评委在谈到《好女孩坏女孩》时说："罗博瑟姆绝对是一个具有影响力的开场白的大师，在无缝地加剧紧张和危险之前，他会毫不费力地把你吸引进来。"

二、图书业发展概况

澳大利亚作为世界上除美国、英国以外的重要英语图书出版市场，2019 年其新书出版总数及纸质出版物出版数量均呈下降趋势。鲍克图书数据显示，2019 年澳大利亚共有 5564 家出版商出版 22634 种图书。出版商数量显著增加，较 2018 年的 3946 家增长了 41%。尽管出版商数量大幅增加，但是 2019 年发行的新书数量却减少了 2000 多种（2018 年为 24738 种），这其中包含了纸质图书和电子书。

从出版商出版数量来看，2019 年有 20 家出版商出版超过 100 种图书，比 2018 年的 31 家大幅下降；115 家出版商出版了 20~99 种出版物（高于 2018 年的 103 家）；115 家出版了 11~20 种出版物（2018 年为 119 家）；2056 家出版商在 2019 年出版了 2~5 种图书，2976 家出版商仅出版了 1 种图书，另有 280 余家出版商未出版图书。出版数量在 5 种图书以下的小微型出版商，大部分为自助出版商，其数量从 2018 年的 3700 余家增长至 5300 余家，增长幅度超过 40%。

从图书类型上看，纸质出版物仍是最主要的出版形式，并且数量呈持续增长趋势。2019 年，平装版图书占所有已出版图书一半以上，为 54%；精装版图书占 10%，2018 年分别占比 50%、11%。电子书和其他数字格式稳定在 17%，CD／DVD 格式（包括 MP3 和数字有声读物）从 2018 年的 10% 和 2016—2017 年度的 15% 略降至 9%。

三、图书销售情况

2019 年，除出版商直接向教育机构及图书馆销售图书以外，澳大利亚图书销售仍以实体图书零售渠道为主，线上销售渠道则更受年轻人欢迎。

（一）图书细分市场情况

澳大利亚图书出版业传统上分为贸易（消费者）出版和教育出版。贸易出版包括成人小说、成人非小说以及儿童图书及其他图书，教育出版涵盖小学、中学和高等教育。IBISWorld 数据显示，澳大利亚教育类图书产品和服务以近半数的比例占据榜首，成人非小说图书占 19.1%，儿童图书占 12.6%，成人小说和其他图书分别占 9.2% 和 9.7%。

1. 贸易出版情况

成人小说类图书是关于虚构人物和事件的文学作品。小说类图书包括犯罪、浪漫和幻想等体裁，以及年轻的成人小说，如《哈利·波特》和《暮光之城》系列。在过去五年中，许多小说的持续成功助推了这类图书的整体收入。但同时，这类图书还面临着如电子书和有声读物等其他格式的替代问题。

成人非小说类图书包括传记、回忆录、散文和历史图书，构成了贸易图书中最大的部分。新的名人自传经常推动对非小说类图书的需求。政治发展和战争纪念等主题性事件往往拉动对历史图书的需求。澳大利亚重点人物和事件的发生通常明显带动消费者对非小说类图书的需求。

儿童图书包括以儿童为对象的小说和非小说类图书，主要面向学龄前或小学年龄段儿童。育儿图书通常以图画、插图为主，不宜转换成电子书。根据澳大利亚统计局发布的人口调查数据，截至2019年12月31日，澳大利亚0~14岁儿童人口数量约480万，占总人口数量的18.6%。因此澳大利亚童书市场具有较大的潜力，近五年间童书在行业收入中所占份额也略有增长。

其他图书主要包括专业技术图书、烹饪图书和旅游指南，以及专业公司出版的电子书和有声读物等。在过去的五年中，有声读物销售增长明显，使得这类图书在行业收入中所占的份额有所增加。

2. 教育图书出版情况

教育类图书主要包括小学、中学和大学教育等教科书。大多数中小学校、大学和其他高等教育机构的课程通常需要一本或多本规定的教科书，且这些教科书中有许多是根据澳大利亚要求编写的，并在当地出版，因此学生人数和中学阶段教育巩固率明显影响对教育图书的需求。此外，随着高等教育水平的提高，除阅读教材、教育类图书外，还会对贸易图书的需求有一定的促进。同时，教育出版商日益注重数字设备对学习生活的重要性，开发了课件包等学习材料，在一定程度上影响了教育图书销售的持续增长。高等和学术图书变得越来越昂贵，导致许多学生购买教科书二手书或非法下载在线内容，也给教育图书销售带来一定负面影响。总的来说，在过去五年里，教育类图书在行业收入中所占的份额有所增加。

（二）图书销售渠道情况

澳大利亚图书出版业主要通过图书零售商、直接销售（指出版商直接向图书馆或教育机构等销售图书）、线上零售商等渠道进行销售。各渠道市场细分情况见图1。

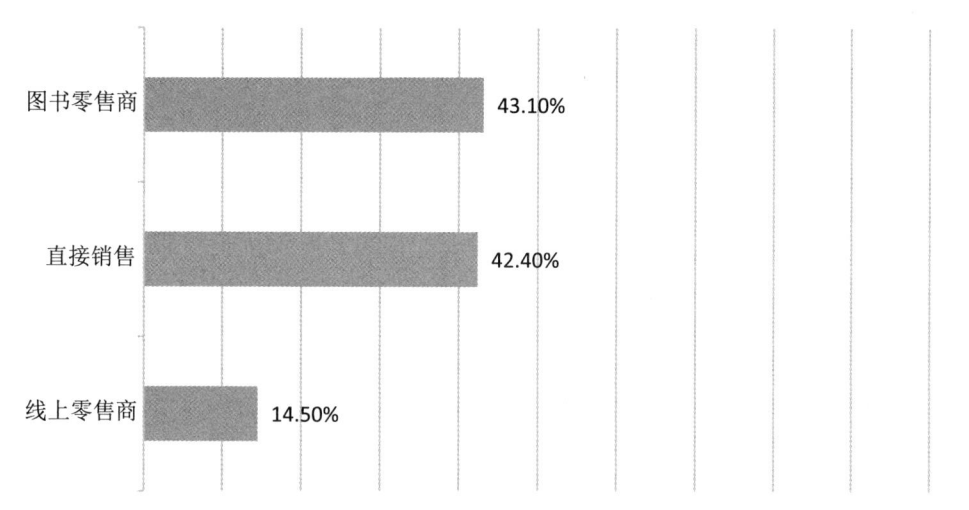

图书零售商　43.10%
直接销售　42.40%
线上零售商　14.50%

图1　2020年澳大利亚图书业主要销售市场细分情况

资料来源：宜必思世界（IBISWorld），2020年7月

《澳大利亚阅读习惯调查》（*A Survey of Australian Reading Habits*）显示，71%受访者更喜欢在实体零售商购买图书，明显高于在线上购买图书的人（52%）。其中，主要连锁书店（47%）、二手书店（39%）比例较高，其次为独立书店（37%）、超市及百货商店（36%）以及打折书店（30%）；而线上购买平台中，从海外线上供应商购买图书的比例（40%）要明显高于从澳大利亚国内线上平台购买图书的比例（31%）。

1. 图书零售商情况

澳大利亚图书零售商包括专业书店和其他出售图书的实体零售商，如超市和百货公司。在过去的五年中，来自海外和澳大利亚在线图书零售商的竞争使澳大利亚书店数量明显减少。因此，图书零售商销售收入所占市场份额有所下降。

悉尼乔治街的戴莫克（Dymocks）旗舰店是澳大利亚最大的书店，其历史可以追溯到1879年，是澳大利亚140年来的领先书商，在澳大利亚、新西兰有多家连锁店。

除此之外，书店还创立了儿童慈善机构（DCC），为学龄前儿童和小学儿童提供高质量的图书。2017 年，戴莫克对其 15% 的连锁书店进行了店铺全面翻新，包括图书类别统一标识、库存盘点装置、数字显示屏和标牌以及店面设计等。

Big W 是澳大利亚零售连锁超市巨头伍尔沃斯（Woolworths）旗下的折扣百货连锁商店，1964 年在新南威尔士州成立。截至 2016 年底，Big W 在澳大利亚共有 186 家门店，聘用员工近 2.3 万人。同时，该折扣连锁店拥有线上购物平台，为顾客提供包括图书在内的各种低价产品。

柯林斯书店（Collins）于 1922 年开始营业，1929 年注册为柯林斯书店有限责任公司（Collins Book Depot），并开设了两家分店。20 世纪 70 年代，柯林斯开始在全国扩张，除购物中心的分店外，还进入了书店、机场以及特许经营产业等其他领域。此后，该书店还实施了多项收购计划，与在全球 100 多个国家拥有超过 430 万用户的电子阅读全球领导者 Kobo 合作，为其客户提供电子阅读服务。目前柯林斯拥有 37 家连锁店，大部分属于加盟经营。

尽管在线零售兴起，但是实体书店对许多澳大利亚新出版的贸易图书的成功至关重要。如果作家新出版的图书能得到独立书店和零售连锁店的大力支持，那么他们便能获得更多读者的关注。例如，由西蒙与舒斯特（Simon & Schuster）出版的安·特纳（Ann Turner）的《迷路的游泳者》（*The Lost Swimmer*）、阿歇特（Hachette）出版的布鲁克·戴维斯（Brooke Davis）的《失而复得》（*Lost and Found*）、艾伦昂温出版社（Allen & Unwin）出版的约瑟芬·莫恩（Josephine Moon）的《茶箱》（*The Tea Chest*）等图书之所以能引起很大反响，实体书店营销推广功不可没。

2. 线上发行渠道情况

随着互联网使用的普及，便利的网上购物方式推动澳大利亚消费者逐渐从实体零售商向在线跨国销售平台转变，这一现象对图书发行销售渠道变化的影响也尤为明显。过去五年中，在线书店以便捷性、可获得性、价格透明度高，以及其他开销的减少等优势吸引了澳大利亚消费者进行线上购书，且服务满意度不断提升，从而影响了实体书店的生存。澳大利亚本土在线零售平台书托邦（Booktopia）等在线书店的发展和扩展为澳大利亚图书零售市场增长做出了积极的贡献。但是，美国亚马逊（Amazon）、美国巴诺书店（Barnes & Noble）网络书店、英国图书储存库（Book Depository）等全球主要在线平台逐渐吸引更多的澳大利亚消费者，也在一定程度上影响了澳大利亚本土线上发行渠道的发展。

亚马逊于 2017 年在澳大利亚全面上线，为澳大利亚提供上亿种产品，其中包括从美国出版商向澳大利亚市场供应纸质书，以及通过 Kindle 销售电子书。截至 2019 财年，亚马逊澳大利亚站总营收为 5.62 亿美元，在澳大利亚提供 1.25 亿种产品，但由于其产品类别的不断扩张，图书在其总收入中占比低于 5%。巴诺书店作为美国最大的实体书店，也是全球第二大网络书店，仅次于亚马逊。图书储存库是全球领先的专业网上书店之一，拥有自己的出版品牌 Dodo Press，能够提供超过 1800 万种图书，其每天从英国格洛斯特和澳大利亚墨尔本的仓库发货，免费送达到全球 100 多个国家。

在一众海外线上销售平台的冲击中，澳大利亚最大的本土在线零售商书托邦平台，以实体零售的逻辑布局电子商务，走出澳大利亚本土在线零售商的独特发展路径。该公司于 2004 年成立，成立之初依附于澳大利亚连锁书店安格斯和罗伯逊（Angus & Robertson），随着其迅速发展，2007 年从安格斯和罗伯逊书店剥离独立运营。2015 年，该公司从企鹅兰登书屋（Penguin Random House）手中正式收购了安格斯和罗伯逊书店以及其最大的竞争对手图书世界（Bookworld）在线书店，将二者合并运营，使其在澳大利亚在线图书市场所占份额达到了近 80%。该公司采取全球化采购、买断制供货的自销机制，在悉尼建立了自有配送中心，为其网站提供的 600 余万种图书产品供货。2019 财年，书托邦的年度收益超过 1.3 亿美元。据统计，书托邦目前在澳大利亚拥有 520 多万客户，平均每分钟能卖出 10 余本书。同时书托邦具有一定的价格优势，其作为许多出版商分销代表，直接向市场上的许多书店和企业供应图书，进而成为澳大利亚重要的发行商。与此同时，书托邦在阅读推广、支持图书产业发展等方面也积极作为。内容方面，该公司根据消费需求积极调整采购决策；阅读推广方面，在网站开设读者互动专区，建立读书俱乐部，加强作者交流，同时参与图书馆筹款以及各种赠书活动；支持产业发展方面，设立资金扶持奖励澳大利亚本土作家创作，展开行业交流活动等。其在不断拓展市场规模，促进经济收入的同时，将民族利益、社会效益放在其发展的重要位置，也赢得了良好的品牌声誉，真正建立了澳大利亚本土以图书、阅读和知识传播的"乌托邦"。

（三）畅销书情况[①]

2019年，澳大利亚畅销书多以小说、童书为主，而根据亚马逊澳大利亚2020年消费趋势报告显示，2020年精神类图书以及娱乐消遣类图书在畅销书榜中有所增加，这与2020年新冠肺炎疫情给人们工作及生活带来的压力关系巨大。

尼尔森图书调查公司发布的2019年澳大利亚畅销书榜中，2019年的几本澳大利亚畅销书一直延续到2020年。2019年最畅销的澳大利亚成人小说和非小说类图书、特伦特·道尔顿的处女作小说《吞下宇宙的男孩》和斯科特·佩普的《赤脚投资者》在2020年前8个月的分类排行榜上高居榜首。

2020年澳大利亚出版业最大的成功案例是根据同名儿童电视节目改编的儿童图书系列"布鲁伊"（Bluey）。2020年前8个月，澳大利亚排名前10的图书中有7本是"布鲁伊"类图书，总销量超过65万册，而《布鲁伊：海滩》成为今年第一本获澳大利亚图书业大奖（ABIAs）最高奖的儿童绘本。"布鲁伊"系列，包括图书和电视节目将很快在世界各地推出，企鹅兰登书屋拥有除中文以外语言的图书全球版权。（见表1、表2）

表1　2019年澳大利亚畅销书排行榜情况

序号	作品名称	作者	出版社	销量（册）
1	赤脚投资者（The Barefoot Investor）	斯科特·佩普（Scott Pape）	莱特出版社（Wrightbooks）	252380
2	小屁孩书屋历险记（The 117-Storey Treehouse）	安迪·格里菲斯（Andy Griffiths）	潘麦克米兰澳大利亚出版社（Pan Macmillan Australia）	213100
3	吞下宇宙的男孩（Boy Swallows Universe）	特伦特·道尔顿（Trent Dalton）	第四等级出版社（FourthEstate）	177790
4	布鲁伊：海滩（Bluey: The Beach）	布鲁伊（Bluey）	海雀出版社（Puffin）	129520
5	奥斯维辛的文身师（The Tattooist of Auschwitz）	希瑟·莫里斯（Heather Morris）	回声出版社（Echo）	116500
6	黑鸸鹋（Dark Emu）	布鲁斯·帕斯科（Bruce Pascoe）	澳大利亚涂鸦出版社（Scribe Publications）	115270
7	布鲁伊：果蝠（Bluey: Fruit Bat）	布鲁伊	Puffin	111239
8	布鲁伊：去玩耍！（Bluey: Time to Play!）	布鲁伊	Puffin	106530

① 澳大利亚畅销书情况包括两个数据来源：尼尔森图书调查公司发布的澳大利亚畅销书数据；亚马逊澳大利亚2020年消费趋势报告，由于其未发布2019年相关报告，故此处采用2020年发布的相关数据。

续表

序号	作品名称	作者	出版社	销量（册）
9	凯蒂·弗拉纳根的488条生活准则 （488 Rules for Life）	凯蒂·弗拉纳根 （Kitty Flanagan）	艾伦昂温出版社 （Allen & Unwin）	99480
10	卡其镇 （Khaki Town）	朱迪·那恩 （Judy Nunn）	海涅曼出版社 （William Heinemann）	68870

资料来源：尼尔森图书调查公司（时间覆盖：2018年12月30日至2019年12月28日）

表2　2020年澳大利亚畅销书排行榜（YTD）情况

序号	作品名称	作者	出版社	销量（册）
1	布鲁伊：大花园 （Bluey: Big Backyard）	布鲁伊	海雀出版社	156880
2	布鲁伊：去玩耍！	布鲁伊	海雀出版社	116050
3	赤脚投资者	斯科特·佩普	莱特出版社	90270
4	布鲁伊：海滩	布鲁伊	海雀出版社	83350
5	吞下宇宙的男孩	特伦特·道尔顿	第四等级出版社	81720
6	布鲁伊：小溪 （Bluey: The Creek）	布鲁伊	海雀出版社	80260
7	布鲁伊：兔耳袋狸鲍勃 （Bluey: Bob Bilby）	布鲁伊	海雀出版社	79010
8	磷光 （Phosphorescence）	茱莉亚·拜尔德 （Julia Baird）	哈珀·柯林斯出版社 （HarperCollins）	78430
9	布鲁伊：果蝠	布鲁伊	海雀出版社	72510
10	布鲁伊：复活节快乐！ （Bluey: Easter Fun！）	布鲁伊	海雀出版社	68160

资料来源：尼尔森图书调查公司（时间覆盖：2019年12月29日至2020年8月29日）

根据亚马逊发布的澳大利亚2020年消费趋势统计，可以看到在纸质书、Kindle电子书以及有声读物的消费者购买倾向上存在较大区别。通过亚马逊的畅销图书排行榜体现出来的图书体裁和类别，一定程度上反映了在新冠肺炎疫情爆发期间人们的精神状态和需求。在纸质书中，"精神性"和"幽默与娱乐"是继儿童图书之后最受欢迎的体裁。澳大利亚人选择把电子阅读作为一种逃避现实的手段，其中"浪漫""神秘、惊悚和悬疑""文学和小说""科幻和幻想"以及"儿童和青少年"是最受消费者欢迎的五种类型。

澳大利亚作家斯科特·佩普证明了他的作品吸引力，在纸质书和有声读物排行榜上都名列前茅，同时也证明了他在 2020 年对个人金融的关注。此外，迪莉娅·欧文斯（Delia Owens）的处女作小说《蝲蛄吟唱的地方》（*Where the Crawdads Sing*）在纸质书、电子书以及有声读物排行榜上均名列前十，成为了全球轰动一时的畅销书。（见表 3、表 4、表 5）

表 3　2020 年亚马逊澳大利亚印刷图书畅销榜情况

序号	作品名称	作者
1	赤脚投资者	斯科特·佩普
2	蝲蛄吟唱的地方	迪莉娅·欧文斯
3	人类简史：从动物到上帝（*Sapiens: A Brief History of Humankind*）	尤瓦尔·赫拉利（Yuval Noah Harari）
4	狂野：停止享受，开始生活（*Untamed: Stop Pleasing, Start Living*）	格伦农·多伊尔（Glennon Doyle）
5	人生十二法则（*12 Rules for Life: An Antidote to Chaos*）	乔丹·彼得森（Jordan B.Peterson）
6	聪明的投资者（*The Intelligent Investor*）	本杰明·格雷厄姆（Benjamin Graham）
7	奥托伦吉：简单（*Ottolenghi SIMPLE*）	尤塔姆·奥托伦吉（Yotam Ottolenghi）
8	掌控习惯（*Atomic Habits*）	詹姆斯·克利尔（James Clear）
9	黑鹂鹊	布鲁斯·帕斯科
10	奥托伦吉：风味（*Ottolenghi FLAVOUR*）	尤塔姆·奥托伦吉

资料来源：《亚马逊消费趋势报告 2020》

表 4　2020 年亚马逊澳大利亚 Kindle 电子书畅销榜情况

序号	作品名称	作者
1	蝲蛄吟唱的地方	迪莉娅·欧文斯
2	成长（*Grown Ups*）	玛丽安·凯斯（Marian Keyes）
3	美国泥垢（*American Dirt*）	珍宁·康明斯（Jeanine Cummins）
4	正常人（*Normal People*）	萨利·鲁尼（Sally Rooney）
5	幸存者（*The Survivors*）	简·哈珀（Jane Harper）
6	荷兰小屋（*The Dutch House*）	安·帕契特（Ann Patchett）
7	照片里的男孩（*The Boy in the Photo*）	尼可·特罗普（Nicole Trope）
8	五个法国女人（*Five French Hens*）	朱迪·莉（Judy Leigh）
9	裁缝的礼物（*The Dressmaker's Gift*）	菲奥娜·瓦尔比（Fiona Valpy）
10	吞下宇宙的男孩	特伦特·道尔顿

资料来源：《亚马逊消费趋势报告 2020》

表5 2020年亚马逊澳大利亚有声读物畅销榜情况

序号	作品名称	作者
1	赤脚投资者	斯科特·佩普
2	复原计划（The Resilience Project）	休·范·克伦伯格（Hugh van Cuylenburg）
3	掌控习惯	詹姆斯·克利尔
4	重塑幸福（The Subtle Art of Not Giving a Fuck）	马克·曼森（Mark Manson）
5	我，刀枪不入（Can't Hurt Me）	大卫·戈金斯（David Goggins）
6	哈利·波特与魔法石（Harry Potter and the Philosopher's Stone）	J. K. 罗琳（J. K. Rowling）
7	成为（Becoming）	米歇尔·奥巴马（Michelle Obama）
8	蝲蛄吟唱的地方	迪莉娅·欧文斯
9	无拘无束（Untamed）	格伦农·道尔（Glennon Doyle）
10	哈利·波特与密室（Harry Potter and the Chamber of Secrets）	J. K. 罗琳

资料来源：《亚马逊消费趋势报告2020》

四、国民阅读情况

澳大利亚政府通过设立基金和开展各项全国及区域性阅读活动，大力推动国民阅读的发展，不断提升本土作品的影响力。同时，澳大利亚公共图书馆等不断提升硬件服务能力及信息服务能力，开展各类活动，不断加强图书馆服务能力，提升公民对图书阅读的参与度及关注度。

（一）阅读推广活动情况

2017年，由澳大利亚图书馆与信息协会（Australian Library and Information Association）、澳大利亚作家协会（Australian Society of Authors）、澳大利亚出版商协会（Australian Publishers Association）、澳大利亚书商协会（Australian Booksellers Association）、澳大利亚版权局（Copyright Agency）共同发起了"澳大利亚阅读一小时"（Australian Reading Hour）的新全民阅读活动，鼓励所有年龄段的澳大利亚人在9月的第二个或第三个星期四阅读一小时。2019年，该活动更名为"澳大利亚阅读"（Australia Reads），进一步扩大活动范围，获得更广泛的关注。"澳大利亚阅读"活动赞助者包括澳大利亚公共图书馆联盟（The ALIA Australian Public Library Alliance）、澳大利亚书商协会、澳大利亚图书馆和信息协会、澳大利亚文学代理人协会（Australian Literary Agent's Association）、澳大利亚出版商协会、澳大利亚作家协会、更好阅读（Better Reading）、澳大利亚版权局、艺术办公室（The Office for the Arts）。《尼尔森澳大利亚图书》（*Nielsen Book Australia*）报告显示，在2020年"澳大利亚阅读"活动中，纸质书销售额比上一年增长了近5%。

澳大利亚书商协会还发起一项全国性的图书代金券计划"澳大利亚图书代金券"（Australian Book Vouchers），代金券面额为10~100澳元不等，有效期三年。读者可以在全国范围内包括戴莫克书店、柯林斯书店以及QBD书店等500多家书店兑换购买图书，可以获得一份小礼物，书商可以通过该代金券计划来增加图书销售额。

（二）国民阅读与购买相关调查情况

1. 澳大利亚阅读习惯调查

澳大利亚艺术理事会（Australia Council for the Arts）和麦考瑞大学（Macquarie University）发布的《澳大利亚阅读习惯调查》数据显示，阅读图书排在最受欢迎的休闲活动首位，占比15%，其次为创意手工活动（11%）、浏览互联网（10%）、看电视（10%）、观看现场表演（9%）。受访者中，66%的人每周至少阅读一次，每周少于一次的占29%，从不阅读的占5%；从阅读数量上看，一年内阅读超过10本书的频繁阅读人群占41%，阅读10本书以内的偶尔阅读人群占51%；从性别上看，女性阅读数量明显高于男性阅读者，每年阅读超过10本书的女性占比超过60%，而不阅读的男性数量则是女性数量的3倍；从年龄结构看，30~59岁人群为最主要阅读群体，14~29岁群体仅占频繁阅读人群的16%。

报告显示，超过2/3的受访者会鼓励13岁以下儿童阅读图书，或尽可能鼓励他们可以每天、每周尽量多地阅读图书，76%的家长会陪孩子读书，近一半的家长会为孩子借阅图书，36%的家长会选择带孩子去书店或图书馆阅读。

从阅读内容上看，成人小说类图书中，近一半受访者喜爱阅读犯罪、神秘、惊悚小说，其次为历史小说、当代小说、科幻小说以及古典文学；非小说类图书中，自传、传记、回忆录最受读者欢迎，美食、厨艺类，历史类，幽默类以及园艺、居家类图书排名靠前（见表6）。

表6 澳大利亚人最喜欢阅读的小说及非小说类的图书

排名	小说类型	比例	非小说类型	比例
1	犯罪、神秘、惊悚小说	49%	自传/传记/回忆录	45%
2	历史小说	36%	美食/厨艺类	37%
3	当代小说	33%	历史类	28%
4	科幻小说	32%	幽默类	28%
5	古典文学	31%	园艺/家居类	27%

资料来源：《澳大利亚阅读习惯调查》。

调查显示，纸质图书仍是澳大利亚人最喜欢阅读的形式，89%的人选择经常或偶尔阅读纸质图书，选择电子书的人占53%，而听有声书的人仅有12%；年龄在60岁以上的读者比年轻人更喜欢阅读纸质图书，有声书则在30~59岁的人群中更受欢迎。

2. 澳大利亚浪漫小说读者阅读与购买习惯调查

2019年8月15日，澳大利亚浪漫小说读者协会进行了一项有关浪漫小说读者阅读与购买习惯的调查。该调查为期45天、共339人参与，参与人数同比增长13.3%。受访者主要包括新南威尔士州127人、维多利亚州72人、昆士兰州60人以及其他州80人。受访者年龄均在20岁以上，年龄范围较2018年有所增长，其中超过65%的受访者年龄在45岁以上。

调查结果显示，受访者中脸书（Facebook）为首选的社交媒体平台，使用率为92.58%，较上一年增加了1.82%；好读（Goodreads）排名第二，使用率为68.25%，较上一年增加了4.15%；照片墙（Instagram）使用率为59.64%，较上一年增加了6.34%；而推特（Twitter）使用率由上一年的47.7%下降为44.21%；拼趣（Pinterest）也由上一年的42.86%降低为38.58%。此外，还有33%的受访者拥有自己的网站或博客。有82.53%的受访者表示其阅读的50%或50%以上的书是爱情类的，11.75%的受访者表示其阅读的全部书都是爱情类的。

在阅读时间方面，受访者们表示可供阅读的时间仍然较少。56.04%的受访者每天仅阅读1~2小时，较上一年下降1.16%；30.96%的受访者每天花3~4小时阅读，较上一年降低1.64%；还有11.76%的人每天阅读时间可达5~6小时。对很多读者来说，爱情小说的阅读量有所上升。40.66% 的受访者表示其每月阅读的爱情小说少于 5 部，低于上一年的 44.7%；但也有 12.05% 的受访者表示其每月阅读的爱情小说超过 15 部，较上一年增加 0.75%。

今年最受欢迎的图书类型仍然是当代爱情小说，有 82.01% 的受访者阅读，较上一年增加了 1.41%。位列第二名至第五名的历史爱情小说、悬疑爱情小说、喜剧爱情小说以及乡村爱情小说的阅读者在受访者所占比重分别为 64.94%、56.40%、53.05%、49.39%，其中喜剧爱情小说的读者较上一年增加了 7.15%。（见表 7）

表 7　2018—2019 年澳大利亚读者浪漫小说阅读调查情况

类别	当代爱情	历史爱情	悬疑爱情	喜剧爱情	乡村爱情	超自然爱情	情色爱情
2019 年	82.01%	64.94%	56.4%	53.05%	49.39%	48.48%	42.68%
2018 年	80.6%	—	—	45.9%	—	45.2%	43.4%

资料来源：《澳大利亚浪漫小说读者协会 2018—2019 年度报告》

近年来，随着信息技术的不断发展，澳大利亚图书出版格局也发生了较大变化，自助出版越发流行，新的付费服务出版社层出不穷，书商网站的自助出版平台使用率也明显升高。在回答主要阅读传统图书还是自助出版图书时，39.80% 的受访者选择了传统图书，较上一年减少 2.7%；既阅读传统图书又阅读自助出版图书的受访者比例为 37.04%，高于上一年的 36.7%；而仅有 10.8% 的受访者表示其主要阅读自助出版作品，较上一年减少 0.7%。

在浪漫小说图书购买形式上，电子书的购买频率最高，为所有纸质图书购买总量的两倍以上。大众市场平装书购买量小幅增长到 20.44%，上一年为 20.1%；而电子书购买量为 65.4%，高于上一年的 60.2%。平装书销量由上一年的 15.0% 下降到 10.38%，有声书销量略有上升，由上一年的 3.3% 上升到 3.46%。（见图 2）

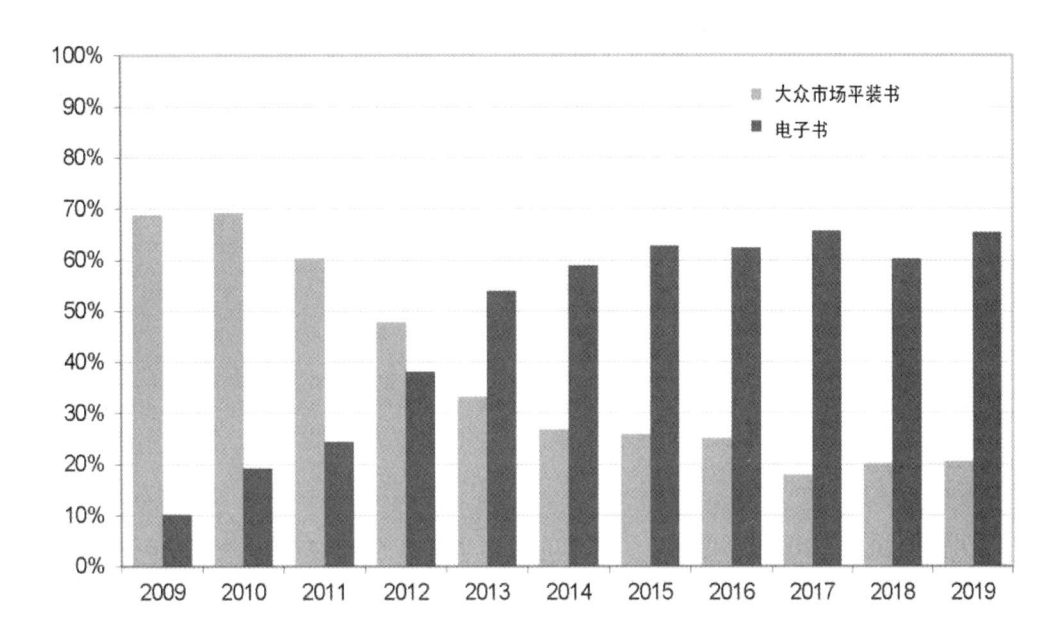

图 2　2009—2019 年澳大利亚浪漫小说的大众市场平装书和电子书购买情况

资料来源：《澳大利亚浪漫小说读者协会 2018—2019 年度报告》

在科学技术不断发展的互联网时代，尽管越来越多的人选择购买电子书、订阅电子杂志，但是澳大利亚浪漫小说读者协会的调查显示，从不阅读电子书的受访者比例由 2018 年 8.8% 增至 2019 年 10.53%，这一数据在 2016 年和 2017 年的调查报告中为 10.9% 和 7.6%，这与参与调查人群年龄结构变化呈正相关。但纸质书购买量仍然很低，57.5% 的受访者表示每月购买的纸质浪漫小说不超过 5 本，这一比例较上一年下降了 0.3%。每月购买 10 本以上纸质书的受访者只有 7 人，而每月不购买新的纸质书的人数保持在 33.13%，这一比例与 2018 年基本持平。在对比电子书与纸质书时，66.45% 的受访者表示其购买的书中超过一半是电子书，较 2018 年增长 1.65%；而只购买纸质书的受访人比例则由 2018 年的 11.4% 增至 2019 年的 13.29%；此外，还有 24.68% 的人仅购买电子书，这一数据低于 2018 年的 26.4%。

在电子书阅读设备方面，澳大利亚浪漫小说读者协会的调查数据显示，仅有不到一半的受访者表示拥有某种电子书阅读器，而拥有不止一种设备的受访者更为少数。Kindle 仍是最受欢迎的电子设备，有 100 名受访者选择了使用这一设备，其中 Kindle Paperwhite 是最受欢迎的机型，此外还有 18 名受访者使用了 Kobo 电子阅读器，11 名受访者使用了iPad。此外，自2018年起该调查报告还向受访者提出了一个新问题"是否进行书评"（包括在亚马逊、好读等网站上留言）。对于该问题，有25.47%的受访者选择了"经常"，较2018年下降了0.71%；选择"偶尔"的受访者比例由2018年的46.55%增至2019年的49.69%；而选择了"从未有过"的受访者则由2018年的27.27%降至2019年的24.84%。

（三）公共阅读发展情况

据澳大利亚国立图书馆的年度报告统计，2018—2019年度澳大利亚国立图书馆共收藏包含电子书在内的30454种已出版图书。同年，澳大利亚国立图书馆由于对大量档案照片藏品进行了收购，使得当年未出版作品馆藏量大幅升高，达到322365件，这一数据到2019—2020年度恢复了平稳的发展水平，为43747件，较2017—2018年数量明显增长。2018—2019年度国立图书馆海外作品收藏数量较上一年的12922件增长了近10个百分点，达到14179件。然而，2019—2020年由于新冠肺炎疫情暴发影响了海外作品生产和运输，以及澳大利亚国立图书馆对海外作品收藏采取了更严格的收藏政策，仅有9831件海外作品纳入馆藏，较上年下降了30%。

1. 图书馆借阅情况

2020年6月，昆士兰州州立图书馆（State Library of Queensland）代表澳大利亚国家与州立图书馆联合会（National and State Libraries Australia，简称NSLA）发布了《澳大利亚公共图书馆2018—2019年统计报告》（*Australian Public Libraries Statistical Report 2018-2019*）。该联合会是澳大利亚国家、州和地区图书馆的最高机构，机构成员囊括了澳大利亚各州和其他地区内的公共图书馆网络。

澳大利亚公共图书馆目前的注册会员总人数已超过900万，占澳大利亚总人口的36%。澳大利亚公共图书馆通过1682个服务点提供服务，其中包括1410个分馆、81部为数百个不同地点服务的移动电话和191个其他网点，这些实体设施的访问量超过1.1亿次，线上网站访问量超过了5100万次。澳大利亚公共图书馆共收集了超过3900万本图书供社区使用，平均每人达到1.5本，并投入了超过1.33亿美元以确保这些藏品的时效性和关联性，馆藏总借阅量超过1.58亿册，包括1.36亿册实物借阅和2200多万册电子馆藏的借阅、下载和检索，较2014—2015年度下降4.9%。昆士兰、南澳大利亚、塔斯马尼亚和维多利亚等州较去年同期保持了一定的增长，其余各州图书借阅情况均呈下降趋势，仅有昆士兰在五年内保持了 1.3% 的增长；北领地和澳大利亚首都地区五年内下降情况最为严重，分别达到了 25.9% 和 20.5%；澳大利亚首都地区较上一年同期下跌幅度达 10.7%。（见表 8）

表 8　2014—2015 年度至 2018—2019 年度澳大利亚公共图书馆借出图书数目统计

单位：册

类别	2014—2015	2015—2016	2016—2017	2017—2018	2018—2019	过去 5 年增减率	同比增减率
澳大利亚首都地区	3061633	2856975	2743448	2725915	2434012	−20.5%	−10.7%
新南威尔士	43676357	42178654	41255806	38525939	38541128	−11.8%	0.0%
北领地	994303	811352	705978	774040	736977	−25.9%	−4.8%
昆士兰	36415025	36098022	36053985	35347116	36889197	+1.3%	+4.4%
南澳大利亚	15273273	15163280	14969927	14572420	14854450	−2.7%	+1.9%
塔斯马尼亚	4181141	4132875	3902023	3711044	3736624	−10.6%	+0.7%
维多利亚	46998912	47428702	46140862	45360974	45391211	−3.4%	+0.1%
西澳大利亚	16183917	16665968	15654977	16437332	16064405	−0.7%	−2.3%
合计	166784561	165335828	161427006	157454780	158648004	−4.9%	+0.8%

资料来源：《澳大利亚公共图书馆 2018—2019 年统计报告》

澳大利亚全国范围内的图书借阅颓势也同样反映在澳大利亚人均图书借阅情况中。在 2014—2018 年间，澳大利亚人均借出图书数量降低 12.9%，各州中，降幅最大的仍旧是澳大利亚首都地区和北领地，分别达 27.2% 和 26.3%，而新南威尔士州也以 16.9% 的降幅紧随其后。与 2017 年同期相比，在人均图书借阅情况中也有三个州呈现增长态势，昆士兰州、南澳大利亚州和塔斯马尼亚州的增幅分别为 2.7%、1.0% 和 2.2%，虽然这三个州有微弱的增幅，但是从其五年发展趋势来看，未来的人均图书借阅情况依然有持平或下降的可能。（见表 9）

表 9　2014—2015 年度至 2018—2019 年度澳大利亚公共图书馆人均借出图书统计情况

单位：次

类别	2014—2015	2015—2016	2016—2017	2017—2018	2018—2019	过去五年增减率	同比增减率
澳大利亚首都地区	7.83	7.21	6.69	6.24	5.70	−27.2%	−11.9%
新南威尔士	5.73	5.46	5.25	4.72	4.76	−16.9%	−1.2%

续表

类别	2014—2015	2015—2016	2016—2017	2017—2018	2018—2019	过去五年增减率	同比增减率
北领地	4.07	3.31	2.87	3.13	3.00	−26.3%	−4.2%
昆士兰	7.62	7.45	7.32	7.05	7.24	−5.0%	+2.7%
南澳大利亚	8.99	8.88	8.69	8.10	8.48	−5.7%	+4.7%
塔斯马尼亚	8.09	7.96	7.49	6.84	6.99	−13.6%	+2.2%
维多利亚	7.91	7.82	7.30	7.02	6.88	−13.0%	−2.0%
西澳大利亚	6.25	6.37	6.07	6.06	6.13	−1.9%	−3.2%
澳大利亚	7.01	6.85	6.56	6.26	6.15	−12.3%	−1.8%

资料来源：《澳大利亚公共图书馆2018—2019年统计报告》

2. 图书馆项目举办及参与情况

《澳大利亚公共图书馆2018—2019年统计报告》的调查数据显示，在公共图书馆的项目举办方面，澳大利亚各州和地区都呈现出非常显著的增长态势。在2014—2018年间，澳大利亚公共图书馆举办项目次数的增长率达45.9%，大多数州增长率都超过了50%，其中北领地、南澳大利亚州以及塔斯马尼亚州的增长率更是分别高达86.3%、73.2%和79.9%。在2018—2019年度统计中，澳大利亚公共图书馆举办项目总次数已达27.3万余次，较上一年度同期相比增长了9.2%。（见表10）

表10　2014—2015年度至2018—2019年度澳大利亚公共图书馆举办项目情况

单位：次

类别	2014—2015	2015—2016	2016—2017	2017—2018	2018—2019	过去五年增长比	去年同期增长比
澳大利亚首都地区	1966	1830	2090	2901	3113	58.3%	7.3%
新南威尔士	74026	84105	84801	87734	95623	29.2%	9.0%
北领地	1844	2611	2356	3090	3435	86.3%	11.2%
昆士兰	57551	70115	75751	83700	87386	51.8%	4.4%
南澳大利亚	20841	21141	30909	36088	36088	73.2%	0.0%
塔斯马尼亚	4226	4650	4642	4836	7604	79.9%	57.2%
维多利亚	—	—	—	—	—		
西澳大利亚	26661	26971	31376	31750	39792	49.3%	25.3%
澳大利亚	187115	211423	231925	250099	273041	45.9%	9.2%

资料来源：《澳大利亚公共图书馆2018—2019年统计报告》

与公共图书馆举办项目活动的增长趋势基本相同，澳大利亚公共图书馆的项目参与度也呈现良好上升态势。在2014—2018年间，澳大利亚公共图书馆的项目参与度增长率达28%，2018—2019年度参与总人数达744万余人。除澳大利亚首都地区在五年间呈下降趋势，其他州和地区都处于明显增长态势，昆士兰州的项目活动参与度的增长率更是高达49.7%。

3. 国家书目数据库建设情况

澳大利亚国家书目数据库（Australia National Bibliographic Database）是澳大利亚最大的单一书目资源和全国性出版物目录，目前由澳大利亚国家图书馆（National Library of Australia）负责管理和建设。书目记录是澳大利亚图书馆馆藏资源的一部分，包括已发表和未发表的资源，如原始图片、档案和手稿，及其他资源等。除书目记录外，澳大利亚国家书目数据库中还包括：澳大利亚图书馆为支持复印编目而要求的其他书目记录（如国会图书馆记录）；以支持副本编目和馆际借阅的显示级别记录；如果显示级别记录不可用或有显示级别记录之外的记录，则收集级别记录；专著各组成部分的分析记录，而如果提交记录的图书馆判定该部分有足够的价值，需做出单独说明，例如罕见地图集中的地图图版；以书目记录或单独保存记录提供的保存数；名称和主题权限记录；符合澳大利亚图书馆要求的数据元素的记录；以服务支持的格式之一提供给澳大利亚图书馆的记录；等等。澳大利亚图书馆为形成馆藏而购买的精选书目记录也加入到澳大利亚国家书目数据库中，例如康复和残疾文学、妇女历史等。（见表11）

表11　2015—2016年度至2018—2019年度澳大利亚国家书目数据库部分数据情况

单位：百万

类别	2015—2016	2016—2017	2017—2018	2018—2019
国家书目数据库馆藏	52.27	54.35	57.05	60
国家书目数据库中的书目记录	29.49	31.44	34.21	35.9
国家书目数据库的权威记录	1.86	1.92	1.94	1.95
国家书目数据库的搜索记录	13.4	12.7	12.6	12.9
国家书目数据库中的"资源描述和访问"记录	2.1	2.8	3.8	4.76

资料来源：《澳大利亚图书馆咨询委员会报告（2018—2019）》

澳大利亚图书馆咨询委员会 2018—2019 年的报告显示，澳大利亚图书馆全年搜索量增至 1290 万，比去年同期增长 2%，是五年来的首次增长。2018—2019 年间，澳大利亚图书馆共有 1178 个会员，其中新增了 39 个会员图书馆，取消了 27 个会员图书馆，较 2017—2018 年度的 1201 个会员降低了 1.9 个百分比。近五年间，国家书目数据库馆藏量一直呈现良好的增长态势，到 2019 年已达到了 60 万，此外书目记录与权威记录也在稳步增长。

为提高澳大利亚国家书目数据库的数据质量，从 2019 年 7 月 1 日起澳大利亚图书馆转向一个全新模式——Trove 协作服务，采用新的定价模式和治理框架，向会员提供新的服务。Trove 协作服务包括一个新的治理结构，Trove 品牌的更新将使有所贡献的图书馆和组织得到更大的认可；以及一个定价结构，根据 Trove 和澳大利亚图书馆的使用情况确定费用。加入 Trove 协作服务的大多数公共图书馆都来自南澳大利亚公共图书馆联盟，目前 71 个图书馆都是该联盟的成员。

此外，澳大利亚图书馆还实施了一个新的系统配置，允许将 Austlang 代码添加到 ANBD 的描述性目录记录中，通过这一技术，由澳大利亚国家图书馆、州立图书馆（NSLA）、澳大利亚土著和托雷斯海峡岛民研究所（AIATSIS）进行组织，设置十分复杂的密码，在 8017 份记录中增加了 9117 种语言代码，代表 465 种土著语言。在设置长密码之前，大约有 8000 个书目记录使用了批量处理的 Austlang 代码，替换掉了原来的"AUS-Australian languages"代码。同时，Trove 也升级了一个新的索引，使其合作伙伴能够在自助系统中查看这些数据。

4. 图书馆接入互联网设备情况

2014—2019 年期间，澳大利亚全国公共图书馆接入互联网的设备数量显著增加，由 12762 台增至 14270 台，涨幅达 11.8%。澳大利亚各州之间接入互联网的设备数量差异较大，新南威尔士州、昆士兰州、维多利亚州的设备数量最多，占总数的 72.47%。北领地五年内增幅最大，以 70.7% 的增长率居各州之冠，但在 2018—2019 年度统计中也仅有 256 台设备接入了互联网。各州公共图书馆在接入互联网设备之间的差异不仅与其年度预算有关，与各州的人口和经济发展情况也存在一定关系。（见表 12）

表12 2014—2015年度至2018—2019年度澳大利亚公共图书馆接入互联网设备情况

单位：台

类别	2014—2015	2015—2016	2016—2017	2017—2018	2018—2019	过去五年增减率	同比增减率
澳大利亚首都地区	87	88	88	117	117	34.5%	0.0%
新南威尔士	3521	3252	3439	3472	3567	1.3%	2.7%
北领地	150	197	157	226	256	70.7%	13.3%
昆士兰	2364	2426	2564	2566	2746	16.2%	7.0%
南澳大利亚	1066	1125	1304	1703	1446	35.6%	−15.1%
塔斯马尼亚	680	614	614	691	732	7.6%	5.9%
维多利亚	3790	4119	4286	3978	4029	6.3%	1.3%
西澳大利亚	1104	985	1079	1149	1377	24.7%	19.8%
合计	12762	12806	13531	13902	14270	11.8%	2.6%

资料来源：《澳大利亚公共图书馆2018—2019年统计报告》

与澳大利亚公共图书馆接入互联网设备总数增长一致，每万人接入互联网设备数也呈现总体上升趋势，2018—2019年度也比上一年度同期增长了1.1个百分点。相比澳大利亚其他各州较为平均的数据，塔斯马尼亚州每万人接入互联网设备数以13.7台高居各州之首；而北领地则以五年内69.8%的高增长率夺得各州之冠，为当地提供了更大的公共网络服务覆盖面。（见表13）

表13 2014—2015年度至2018—2019年度澳大利亚公共图书馆每万人接入互联网设备情况

单位：台

类别	2014—2015	2015—2016	2016—2017	2017—2018	2018—2019	过去五年增减率	同比增减率
澳大利亚首都地区	2.23	2.22	2.14	2.78	2.74	23.2%	−1.4%
新南威尔士	4.62	4.21	4.37	4.35	4.41	−4.6%	1.4%
北领地	6.13	8.04	6.38	9.14	10.41	69.8%	13.9%
昆士兰	4.95	5.01	5.20	5.12	5.39	9.0%	5.3%
南澳大利亚	6.28	6.59	7.57	9.81	8.25	31.5%	−15.8%
塔斯马尼亚	13.16	11.83	11.79	13.08	13.70	4.1%	4.7%
维多利亚	6.38	6.79	6.78	6.16	6.11	−4.3%	−0.8%
西澳大利亚	4.26	3.76	4.18	4.43	5.25	23.3%	18.7%
澳大利亚	5.73	5.31	5.50	5.56	5.63	4.8%	1.1%

资料来源：《澳大利亚公共图书馆2018—2019年统计报告》

5. 图书馆支出情况

《澳大利亚公共图书馆2018—2019年统计报告》显示，澳大利亚公共图书馆服务支出在2014—2019年间大幅增加，整体增幅达16.4%，到2018—2019年度澳大利亚公共图书馆总开支达到13.28亿美元。其中各州公共图书馆的开支较不平衡：新南威尔士州五年内平均支出为3.97亿美元，为澳洲开支最大的州；而北领地作为开支最少的州，五年内平均支出仅有0.11亿美元，与新南威尔士州相差达3.86亿美元；塔斯马尼亚州在公共图书馆的开支方面依然保有令人惊讶的增长态势，这与其地区公共图书馆图书借出总额和人均借出量呈一定的正相关有关。（见表14）

表14　2014—2015年度至2018—2019年度澳大利亚公共图书馆经费支出情况

类别	服务总支出（亿美元）	人均支出（美元）	藏书总支出（亿美元）	人均藏书支出（美元）
2014—2015	11.41	48.00	1.30	5.47
2015—2016	11.85	49.11	1.27	5.25
2016—2017	12.28	49.92	1.26	5.14
2017—2018	12.24	48.99	1.29	5.18
2018—2019	13.28	52.38	1.34	5.28
过去五年增减率	16.4%	9.1%	2.9%	−3.5%
同比增减率	8.5%	6.9%	3.5%	2.0%

资料来源：《澳大利亚公共图书馆2018—2019年统计报告》

在公共图书馆总开支不断增长的趋势下，澳大利亚人均支出也呈现增长态势，过去五年间增长了9.1%，2018—2019年度人均支出为52.38美元，各州之间差异不大。仅维多利亚州在五年内出现负增长，昆士兰州在2018—2019年的统计报告中出现了下降趋势。

澳大利亚公共图书馆藏书支出在2014—2018年间总体变化幅度较小，五年内增长了2.9%，达1.34亿美元。但各州公共图书馆的藏书支出比例极不均衡。2018—2019年，新南威尔士州、昆士兰州、维多利亚州的公共图书馆当年藏书支出最多，总额达1.05亿美元，占总支出的78.87%；而澳大利亚首都地区、北领地、塔斯马尼亚州藏书支出最少，仅占总支出的4%。与公共图书馆藏书总支出的增长趋势相反，五年内澳大利亚公共图书馆人均藏书支出下降3.5%，2018—2019年度为5.28美元。

五、相关企业情况

澳大利亚出版企业分布与其人口分布成正相关，新南威尔士州和维多利亚州为人口最为密集的地区，由此带来的如人工成本等图书出版成本较低，使得这两个州的出版机构较多；其次，悉尼和墨尔本作为其经济文化交流中心，更多的外国出版机构集中在这两个城市中，其中培生、企鹅兰登书屋、圣智等国际出版集团的澳大利亚分支机构的营业收入占本国图书出版市场的近 35%。

1. 培生澳大利亚控股有限公司

培生（Pearson）澳大利亚控股有限公司是位于英国的跨国公司培生出版集团的子公司。培生出版集团主要专注于教育图书出版，其国内业务主要集中在教育图书和电子书上。除职业和英语教学资源外，该集团还提供小学、中学和大学教育教科书。近年来，该集团不断加大投入，扩大其数字产品和内容的生产，包括基于云的学习资源。培生澳大利亚公司则与莫纳什大学和格里菲斯大学合作开设在线课程，为用户提供数字产品和解决方案。2019 年该公司占澳大利亚出版业市场份额的 10.8%，营业收入约 1.77 亿美元，但是由于对数字内容生产成本的增加，公司利润有所减少。

2. 企鹅兰登书屋澳大利亚有限公司

企鹅兰登书屋澳大利亚有限公司（Penguin Random House Australia Pty Ltd）主要出版成人小说、儿童图书、犯罪和惊悚小说以及经典名著等贸易图书，创建了许多令人印象深刻的品牌，如企鹅、松饼经典、黑色经典、流行企鹅、古董经典等。2019 年企鹅兰登书屋澳大利亚公司占澳大利亚出版市场总份额的 9% 左右，营业收入达 1.44 亿美元。

3. 圣智澳大利亚控股有限公司

圣智澳大利亚控股有限公司（Cengage Australia）是一家出版和销售教育图书和教材的外资公司，是美国教育出版商圣智学习集团的子公司。2019 年 5 月，其母公司与全球领先的教育出版集团麦格劳 – 希尔教育集团达成合并协议，但在监管审查之后，合并计划于 2020 年 5 月被取消。该公司为小学、中学、大学、职业教育与培训和英语教学市场出版教育图书和内容，是澳大利亚最大的高等教育出版商，与小学、中学和大学各级教育机构有着密切的联系。

4. 学乐澳大利亚有限公司

学乐澳大利亚有限公司（Scholastic Australia）是一家外国独资公司，其总部是设在美国的全球图书出版和媒体公司学乐出版公司。该公司分销、财务、销售和信息技术部门位于新南威尔士州利萨罗，贸易、出版和教育部门设在悉尼。公司出版和发行儿童图书和教材，近一半的收入来自通过学校图书俱乐部和书展进行的销售。

六、期刊业发展概况

2019年，澳大利亚所有期刊杂志销售中，目录黄页类杂志销售占比最高，为46.2%，女性杂志占比13.8%，家具与花园类杂志占比11.4%，其他期刊占比28.6%。《罗伊·摩根澳大利亚读者报告》（Roy Morgan Australian Readership）显示，2019年澳大利亚纸质及电子期刊杂志阅读人数超过其人口总数的70%以上，并较上一年有所增加，但其中纸质杂志期刊阅读人数有所减少。据堪培拉大学一项抽样调查发现，越年轻的受众，阅读数字杂志期刊的习惯越明显。在新形势下，澳大利亚传统新闻媒体杂志期刊纷纷向数字化转型，跨平台期刊杂志发展趋势向好。

（一）基本情况

《罗伊·摩根澳大利亚读者报告》数据显示，2019年共有超过1520万澳大利亚人阅读纸质杂志或通过线上阅读杂志，占总人口的73.3%，这一数字比上一年上升了0.6%，即8.8万人；其中阅读纸质杂志的人数约为1330万，占比为64.0%，比上一年下降了2.5%，但阅读纸质杂志的人数远超在线阅读的人数。

据统计，在2018年9月到2019年9月的一年间，澳大利亚十五大杂志中有六本杂志的读者人数有所增长。《美好家园》（Better Homes & Gardens）是澳大利亚发行量最大的付费杂志，纸质版读者人数为167.3万人，比《女性周刊》（Women's Weekly）的143.4万人多了3.1%。此外，《国家地理》（National Geographic）杂志纸质版读者数量小幅增长0.9%，达128.6万，而《澳大利亚地理》（Australian Geographic）杂志纸质版读者数量增长了17.2%，达67.5万人。在所有顶级杂志中，《超级美食创意》（Super Food Idea）的读者增幅最大，为39.5%，达59万人。《Coles杂志》（Coles Magazine）读者人数增加了3.1%，达476.2万人，《清新》（Fresh）读者人数增加了1.7%，达419.4万人。《Bunnings杂志》（Bunnings Magazine）是排名第三的受欢迎的免费杂志，现有109.6万人阅读。在前15名之外表现强劲的其他主要杂志包括《读者文摘》（Reader's Digest），读者数量增加3.6%，达42.8万人，《服饰与美容（澳大利亚）》（Vogue Australia）增加13.5%读者，达42万人。新创办的杂志如《超级生活月刊》（That's Life Mega Monthly）的阅读量为40.3万，《女性周刊：美食》（Women's Weekly Food）的阅读量为34万，也都有一个强劲的开端。（见表15）

表15 2018—2019年澳大利亚十五大杂志读者数量变化情况

杂志名称	2018年9月份读者人数（万人）	2019年9月份读者人数（万人）	增减率
《Coles杂志》（Coles Magazine）	461.8	476.2	+3.1%
《清新》（Fresh）	412.4	419.4	+1.7%
《美好家园》（Better Homes & Gardens）	162.3	167.3	+3.1%
《女性周刊》（Women's Weekly）	153.9	143.4	−6.8%
《国家地理》（National Geographic）	127.5	128.6	+0.9%
《Bunnings杂志》（Bunnings Magazine）	—	109.6	—
《开放道路》（Open Road）	103	94.4	−8.3%
《妇女日》（Woman's Day）	124.6	92.1	−26.1%
《新思维》（New Idea）	103.8	81.5	−21.5%
《澳大利亚地理》（Australian Geographic）	57.6	67.5	+17.2%
《皇家汽车》（Royal Auto）	70.9	63.8	−10.0%
《Take 5月刊》（Take 5 Bumper Monthly）	73.6	60.4	−17.9%
《皇家前锋》（Royal Ahead）	65.8	59.6	−9.4%
《超级美食创意》（Super Food Ideas）	42.3	59.0	+39.5%
《美味杂志》（Taste.com.au Magazine）	66.7	57.2	−14.2%

资料来源：《罗伊·摩根澳大利亚期刊读者报告》

（二）大众类杂志情况

2019年，澳大利亚大众类杂志阅读量最大的五个类别分别是：食品和娱乐类，有679.2万订阅者，占澳大利亚总人口的32.7%；大众兴趣类，有461.5万人阅读，占澳大利亚总人口的22.2%；大众女性类，有318.1万名订阅者，占澳大利亚总人口的15.3%；家庭和花园类，有312.9万澳大利亚人阅读，占总人口的15.1%；商业、金融和航空业类，订阅人数有 150.8 万，占澳大利亚总人口的 7.3%。

食品和娱乐类杂志有 679.2 万名澳大利亚人阅读，占总人口的 32.7%，截至 2019 年 9 月这一数字增长了 2.2%。阅读量前十的杂志中，有七种的读者数量都出现了较大幅度的增加，《Coles 杂志》目前读者人数为 476.2 万人，较上一年增长 3.1%，《清新》现有 419.4 万名订阅者，较上一年增长 1.7%。推动这一类别总体增长的其他杂志还包括：《超级美食创意》，增长 39.5%，订阅量达 59 万；《女性周刊：美食》作为 2019 年新发行杂志，当年便达到了 34 万读者数量；《美食》（Delicious）增长了 4.2%，订阅量达 31.9 万；《澳大利亚美食旅行家》（Australian Gourmet Traveller）增长 35.6%，有 23.6 万人订阅；《美食旅行家：红酒》（Gourmet Traveller Wine）增长 4.5%，订阅量达 7 万；《哈利德》（Halliday）增长 28%，有 3.2 万名订阅者。

大众兴趣类杂志较上一年增加了 461.5 万名读者，占总人口的 22.2%。以《澳大利亚地理》为这一类别的代表性杂志，10 家大众兴趣类杂志中有 7 家读者人数有所增加，增幅达 17.2%，总人数达 67.5 万人。《国家地理》也增长了 0.9%，读者量达 128.6 万。还有两家汽车杂志表现也很出色：《视界》（Horizons）的订阅量为 28.5 万，较上一年增长了 14.5%，《SA 马达》（SA Motor）订阅量为 22.6 万，较去年增长了 13%。《澳大利亚读者文摘》（Reader's Digest Australia）阅读量也增长了 3.6%，达 42.8 万；《大问题》（Big Issue）增长了 8.2%，达 29.1 万。

在大众女性类杂志方面，目前有 318.1 万名澳大利亚人订阅了此类杂志，占总人口的 15.3%。《女性周刊》读者人数为 143.4 万人，但《皇家婚礼》（Royal Wedding）读者人数较上一年同期下降了 6.8%，为 92.1 万人。太平洋地区的领军杂志《新思维》（New Idea）读者人数也达到 81.5 万人，《Take 5 月刊》（Take 5 Bumper Monthly）目前订阅人数为 60.4 万，《Take 5 杂志》（Take 5）阅读量为 49.4 万。其他被广泛阅读的杂志还有《超级生活杂志》（That's Life），读者人数为 50.6 万人，它的衍生杂志《超级生活月刊》读者人数则为 40.3 万人。

家庭和花园类杂志受众人数也在不断增加，目前已达到 312.9 万人，比一年前增加了 8.6%。这一类别的增长主要是由《Bunnings 杂志》杂志推动的，仅该杂志单独订阅量就增加了 110 万。另外，此类杂志中有五种读者人数也增加了，包括澳大利亚最受欢迎的付费杂志《美好家园》，读者人数较上一年增长 3.1%，达 167.3 万人。鲍尔（Bauer）公司旗下杂志《生活方式》（Real Living）读者人数也在增加，较上一年增长了20.6%，达11.7万人，《室内装饰与设计》（Belle）读者人数增长了11.8%，达11.4万人。读者人数增加的其他家庭和花园类杂志包括《时尚家居》（Vogue Living），增长了20.2%，达12.5万；《家居设计》（Home Design），增长了2.6%，订阅量达12万。

就商业类杂志而言，有关商业、金融和航空业的杂志读者人数比上一年减少了5.9%，为150.8万人，占澳大利亚人口的7.3%。《澳洲航空》杂志（Qantas Magazine）仍为这一类别中最受欢迎的杂志，有39.3万名读者。尽管此类杂志读者总人数有所下降，但是该类别中三家杂志的读者人数则有所增加。其中以政治为主要内容的《月刊》杂志（The Monthly）读者人数增加了6.4%，达到15万人；航空杂志《捷星》（Jetstar）读者人数增加了9.9%，达26.7万人，而《澳大利亚维珍杂志》（Virgin Australia Magazine）读者人数增加了1.8%，达23万人。

（三）跨平台杂志期刊情况

根据罗伊·摩根公司对2020年1月至6月间澳大利亚报纸和杂志的最新跨平台受众调查结果，有1850万14岁以上的澳大利亚人，平均每四个星期就会通过网站、应用程序或新闻平台等方式阅读或访问报纸或报纸内容，占总人数的88%，其中包括所占比重77%的1610万的阅读者只查看或访问了新闻标题。而14岁以上的澳大利亚人中，约有1570万阅读或访问过杂志或杂志内容，占总人数的74%。

《悉尼先驱晨报》是澳大利亚新闻行业的领军者，根据2020年1—6月的统计数据，其跨平台受众人数接近830万，是人数最多、访问量最大的跨平台期刊杂志。其次是墨尔本的《时代》杂志，跨平台受众人数超过了560万人。排在第三位的是新闻集团的《每日电讯报》，拥有485万跨平台受众。此外，《澳大利亚人报》（The Australian）和《先驱太阳报》均拥有430万名跨平台受众。2020年第二季度增长最快的报刊包括《澳大利亚人报》《澳大利亚金融评论》《每日电讯报》《悉尼先驱晨报》《时代》以及珀斯的《西澳大利亚/周日时报》。

表16 澳大利亚十大跨平台杂志读者总数情况

单位：千人

杂志名称	印刷版 2018年9月	印刷版 2019年9月	数字（网站或app）2018年9月	数字（网站或app）2019年9月	跨平台受众总数（印刷版、网站或app）2018年9月	跨平台受众总数（印刷版、网站或app）2019年9月	变化（%）
《美味》（Taste.com.au）	66.7	57.2	276.8	277.9	323	319	-1.20%
《女性周刊》	153.9	143.4	102.1	122.5	245	250.9	2.40%
《美好家园》	162.3	167.3	36	39.5	186.6	197	5.60%
《Take 5月刊》	73.6	60.4	—	122.1	—	177.2	—
《国家地理》	127.5	128.6	35.5	43.2	154.1	162	5.10%
《健康》（Good Health）	25.6	27.8	101.7	122.1	126	147.5	17.10%
《电视周刊：特写》（TV Week Close Up）	—	11.3	—	122.1	—	132.4	—
《妇女日》	124.6	92.1	30.7	34.8	150.7	122.5	-18.70%
《新思维》	103.8	81.5	15.7	32.6	115.9	111	-4.20%
《开放道路》	103	94.4	7.7	10.2	106.6	99.7	-6.50%

资料来源：《罗伊·摩根澳大利亚期刊读者报告》

除此之外，还有鲍尔媒体（Bauer Media）的"Now to Love"网站也吸引了大量澳大利亚人进行阅读，在平均4周时间内就收获了260万读者，这种尝试也给杂志出版商们提供了新思路，他们可以选择以新的方式创新在线产品以吸引受众。鲍尔媒体的许多杂志品牌，包括《澳大利亚女性周刊》《妇女日》《电视周刊》《Take 5杂志》等，都在"Now to Love"网站上巩固了在线形象。据估计，包括《妇女日》在内的纸质期刊，本来就已经很强势的出版物越来越多在平均4周的时间内达到140万读者，还有其同类期刊《澳大利亚女性周刊》印数达到110万。还有包括新闻集团的《美味》杂志在内的跨平台杂志，读者总数超过320万人，鲍尔媒体的《新思维》拥有读者超过240万，《美好家园》平均读者也都超过了190万。（见表16）

参考文献

1. *Statista Global Consumer Survey*[R]. Statista.
2. *Australian Romance Readers Association ANNUAL REPORT 2018-2019*[R].

Australian Romance Readers Association.

3. *National Library of Australia Annual Report 2019-2020*[R]. The National Library of Australia.

4. *Australian Public Library Statistics 2018-2019*[R]. National and State Libraries Australia (NSLA).

5. *IBISWorld Book Publishing in Australia Industry Report 2020*[R]. IBISWorld.

6. *Roy Morgan Australian Readership*[R]. Roy Morgan.

7. *Amazon Australia Consumer Trends Report 2020*[R]. Amazon.com.au.

8. 张岩. 澳大利亚图书出版业的发展现状与趋势研究 [J]. 出版参考，2019（8）：28-32.

9. 王晴，包旖旎. 简谈澳大利亚新闻出版业现状及启示 [J]. 科技与出版，2017（12）：35-37.

（作者单位：中国新闻出版研究院、辽宁大学）

2019年日本出版业发展报告

秦石美

2019年5月1日，日本进入"令和"新时代，日本出版业也迎来了具有纪念意义的一年。日本全国出版协会出版科学研究所公布的出版业统计数据显示，2019年日本的纸质和电子出版市场规模合计15432亿日元，同比增长0.2%。这是该研究所自2014年统计电子出版市场以来，纸质和电子出版市场总额首次实现增长，其中电子漫画市场总额超过了纸质漫画市场总额。在纸质出版市场持续不景气的情况下，电子出版市场稳步扩大，占总体出版市场的20%，起到了很好的支持、补充作用，给日本自1996年以来日益萎缩的出版市场带来一线复苏的希望。

一、经济政策环境

2019年，受世界经济复苏放缓和外部需求疲软等因素影响，日本经济继续保持缓慢增长态势，无明显好转迹象。据日本贸易振兴机构（JETRO）统计[①]数据显示，2019年日本名义国内生产总值（Nominal GDP）总量为5.15万亿美元，人均40847美元，实际国内生产总值（Real GDP）同比增长0.89%，连续8年维持缓慢增长态势。

（一）经济环境

2019年，日本前三季度的实际国内生产总值增长率分别为0.6%、0.5%、0.1%。进入第四季度后，消费税上调和超级台风令经济活动显著承压，导致消费支出、企业

[①] 日本贸易振兴机构. https://www.jetro.go.jp/world/japan/stats/stat_01.html.

投资和生产供应链降温。扣除物价因素后,第四季度日本实际国内生产总值环比下降1.6%,按年率计算,降幅为6.3%,是继2014年第二季度下滑7.4%后的最大降幅,加剧了日本社会对本国经济陷入衰退的担忧情绪。无论是个人还是企业,消费和投资心理不断恶化。2019年10月,日本的消费税税率从8%提高至10%,其对消费市场的影响有待观察。

人口增长下降是日本经济陷入紧缩和低迷的重要原因之一。据日本总务省统计局公布的数据,2019年10月,日本总人口为1.2617亿,同比下降0.22%,连续9年呈下降趋势。其中15～64岁人口比例为59.5%,15岁以下人口占12.1%,均为1951年统计以来最低;65岁以上人口占28.4%,为统计以来最高;少子高龄化现象日趋严重。人口持续负增长导致市场萎缩、消费不振、通缩持续、社会发展后劲不足等一系列社会问题,使得日本社会劳动力不足困局无法缓解,医疗、养老等社会负担持续加重,财政状况进一步恶化。

2019年7月初,日本宣布限制向韩国出口某些高科技材料后,日韩关系随即出现紧张局面,日韩贸易摩擦持续升级。受其拖累,日本第三季度出口贸易额环比下降0.7%,影响了国内生产总值增速,同时也影响了对韩出版物出口,出口额一再下跌。

同时,2019年以来,日本劳动就业稳定增加,就业形势出现了切实改善。日本有效求人倍率(有效职位数量与有效求职人数之比)在2018年达到了最高水平的1.63,此后一直维持较高水准,2019年11月为1.57。应届毕业生就业率高达89.1%,较2018年增长0.7个百分点。同时,2019年日本失业率始终维持较低水平,完全失业率为2.4%,和2018年持平,完全失业人数为162万,连续10年减少。但是,非正式员工同比增加45万人,而正式员工只增加了18万人。据日本国税厅发布的数据,2019年,日本人平均年收入为436万日元,同比下降1%。其中,正式员工的平均年收入为503万日元,而非正式员工仅为175万日元[①]。由此可见,虽然经济刺激带来了一定的岗位需求,但日本普通国民的经济状况并没有得到大幅改善。

随着持续平稳的经济增长,日本的广告费也实现了连续8年的增长。2019年日

---

① 令和元年民间薪金收入情况统计调查(令和元年分 民間給与実態統計調査)[DB/OL]. https://www.nta.go.jp/publication/statistics/kokuzeicho/minkan/gaiyou/2019.htm#a-01.

本的总广告费为 69381 亿日元，同比增长 6.2%。从媒介类别来看，"报纸"广告费用比上一年减少 5.0%，"期刊"广告费用减少 9.0%，"广播"广告费用减少 1.4%，"电视媒体"广告费用减少 2.7%，四大大众媒介合计广告费用比 2018 年减少了 3.4%。出版在四大大众媒介的广告费投入为 652.6 亿日元，占总广告费的 2.6%，同比下降 4.1%。"互联网"广告费用连续六年保持两位数的增长率，2019 年同比增长 19.7%，以应用型广告为中心，保持着稳健的增长态势。

（二）政策环境

1. 著作权保护

2019 年 1 月 1 日，日本开始施行著作权法修正案，放宽了部分限制，实施"灵活的权利限制条款"，即数字平台对作品的使用"不侵害著作权所有者利益"或者"损害程度轻微"，在没有版权所有者许可的情况下也能把图书全文电子数据化，开展含特定关键词的图书网上搜索服务，也有望将人工智能用于研究，教育者也可以将互联网材料用于教学。同时，2019 年 1 月 25 日，日本文化厅文化审议会小委员会确定并通过了下载无版权授权的盗版漫画或小说等"静态漫画"属于违法行为，应受到刑事处罚的著作权法修正案。但由于没有得到著作权人的同意，3 月 13 日，政府决定暂缓向国会提交该议案。

为进一步保护著作权，2018 年日本政府取缔了"漫画村"等盗版网站。2019 年 9 月 24 日，"漫画村"的主要运营者星野路实从菲律宾遣返回日本后立即被捕。星野等人因"漫画村"的广告收入达 4845 万日元被起诉。讲谈社于 11 月 18 日起诉盗版网站"はるか夢の址"，要求其赔偿因该网站提供盗版链接带来的损失。最终，大阪地裁支持该诉讼，判决讲谈社胜诉，该网站运营者赔偿 1.6 亿日元，并负刑事责任。这些为如何利用法律武器保护著作权提供了参考。

2. 电子教科书

2019 年 4 月 1 日起，日本实施学校教育法修订案（改正学校教育法），将使用平板电脑等电子终端为载体的电子教科书认定为正式教科书，以增加教学的灵活性。之前学校教育法规定必须使用纸质教科书，电子教科书仅作为辅助。在修订案中，将纸质教科书定为主要教材，在一部分教育课程中可以用电子教科书取代纸质教科书。对一部分由于视觉障碍和发育障碍等原因不能使用纸质教科书的学生，所有的教育课程均可使用电子教科书，利用扩大文字及朗读功能有效帮助残障儿童学习。这一决定使各教科书出版社和相关代销商纷纷投入电子教科书的刊行。

3. 无障碍阅读

2019年6月21日，日本参议院通过了《关于为视觉障碍者等完善读书环境的法律（无障碍读书法）》（『視覚障害者等の読書環境の整備の推進に関する法律（読書バリアフリー法）』），并于同月28日开始实施。该法律对国家及各自治体在普及盲文数据、音声朗读等方面提出了要求，为视觉障碍、发育障碍、肢体残障等人士完善了读书环境，使他们最大化地享受读书的乐趣。

4. 成人期刊管制加强

为了给女性、青少年以及访日游客营造一个舒适的环境，日本7-11、罗森、全家三大便利店相继决定：2019年8月末开始，在日本国内所有店铺全面停售成人期刊。同时，2019年3月，知识产权振兴协会（知的財産振興協会，IPPA）、日本影像制作贩卖伦理机构（日本映像ソフト制作・販売倫理機構，JVPS）、软件内容产业协同组合（ビジュアルソフト・コンテンツ産業協同組合，VSIC），三个组织共同向各出版社成人期刊负责人发布通知，要求使用AV素材的出版社，必须是以上三个组织的会员。会员使用AV素材时，必须接受收费审查，通过后方可使用。因为管制越来越严格的原因，出版社渐渐减少BL、TL、成人题材作品，转向一般题材。

二、图书出版概况

2019年，日本出版业迎来了新的曙光，纸质和电子出版物总体市场规模为15432亿日元，较2018年增加0.2%。纸质出版物的销售额为12360亿日元，比2018年减少4.3%，减速放缓。电子出版物的销售额为3072亿日元，同比增加23.9%，增速喜人，抵消了纸质出版物的下降导致的销售额减少情况。（见图1）

图 1 2015—2019 年日本出版业销售额情况

资料来源：全国出版协会出版科学研究所《出版指标年报 2020 年版》(『出版指標 年報 2020 年版』)

（一）纸质出版情况

近年来，日本纸质图书市场持续低迷，除了 2015 年与上一年基本持平（减少 20 种）以外，新书出版种数已经连续六年走低。2019 年出现反转，为 71903 种，较 2018 年增加了 0.3%。（见图 2）

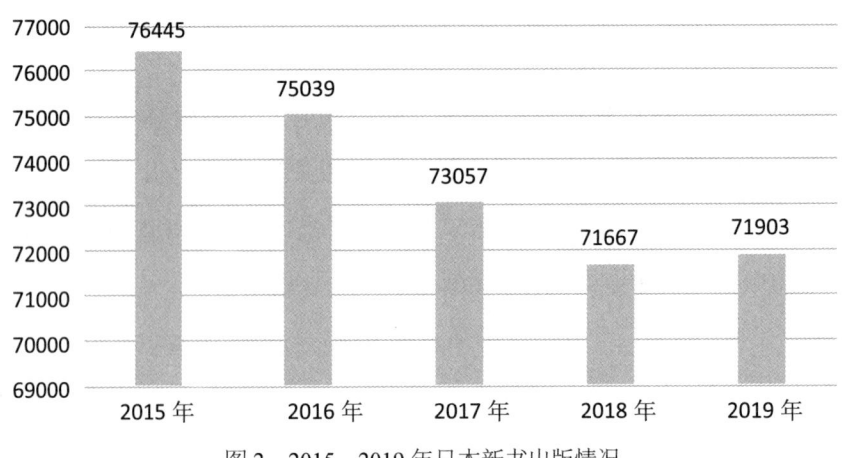

图 2 2015—2019 年日本新书出版情况

资料来源：全国出版协会出版科学研究所《出版指标年报 2020 年版》

从类别上来看，2019年日本纸质新书出版种数最多的是"社会科学"类，为15482种，同比增加1.7%，占总数的21.53%；其次为"文学"类，出版种数为12979种，同比减少0.5%，占总数的18.05%；再次为"艺术·生活"类，2019年的出版种数为12383种，占总数的17.22%，同比增加4.4%。此外，"总论""历史·地理""工学·工业""社会科学""艺术·生活"的出版种数较2018年有所增加，其余皆有所减少，减少幅度最大的是"哲学"，2019年的出版种数为3743种，同比减少5.4%。（见表1）"童书"的新书种类一反三年连续增加的趋势，2019年出现了小幅减少。

表1 2019年日本新书出版种类情况

类别	种数（种）	占比（%）	同比（%）
总论	804	1.12	104.8
哲学	3743	5.21	94.6
历史·地理	3890	5.41	110.2
社会科学	15482	21.53	101.7
自然科学	5066	7.05	95.1
工学·工业	3951	5.49	101.2
产业	2444	3.40	98.1
艺术·生活	12383	17.22	104.4
语言	1473	2.05	96.0
文学	12979	18.05	99.5
童书	4583	6.37	97.1
学习参考书	5105	7.10	96.2
合计	71903	100.0	100.3

资料来源：全国出版协会出版科学研究所《出版指标年报2020年版》。

其中，经由代销商的新书种类为49421种，同比减少2.8%。订货的新书为22482种，同比增加了8.1%。经由代销商的新书种类已经连续七年减少，特别是文库本和新书减少的种类尤为显著。

（二）电子出版情况

日本的电子出版主要分为电子图书、电子漫画、电子期刊三个类别。2019年，日本电子出版物的市场规模为3072亿日元，比2018年增长23.9%，逐年加速。电子出版市场在整体出版市场的比例不断提高，从 2016 年的 11.49% 增加到了 2019 年的 19.91%。（见表 2）

表 2　2016—2019 年电子出版市场在整体出版市场中的占比情况

类别	2016 年	2017 年	2018 年	2019 年
电子出版市场（亿日元）	1909	2215	2479	3072
整体出版市场（亿日元）	16618	15916	15400	15432
占比	11.49%	13.92%	16.10%	19.91%

资料来源：全国出版协会出版科学研究所《出版指标年报 2020 版》

2019 年，电子漫画推定销售额[①]为 2593 亿日元，同比增长 29.5%，占电子出版市场的 84.4%，这个比重相对 2018 年上升了 3.6 个百分点。自 "漫画村" 等盗版网站被取缔之后，正规的电子书和 APP 等平台占比增势喜人。"异世界转生" 题材的漫画备受欢迎，出版类似题材的出版社和公司的销售业绩表现不俗。影视化相关作品的电子版人气飞涨，《鬼灭之刃》的纸质版卖到断货，电子版销售量更是创下了纪录。很多出版社采取了增加免费阅读的页数、加大返利力度等销售策略，注重独家发行原创作品，甩开同行。这些因素促进了电子漫画市场的飞速发展。

电子图书推定销售额为 349 亿日元，同比增长 8.7%，占电子出版市场的 11.4%，增速放缓。越来越多的出版社在纸版出售的当天发行电子版，这样在报纸和公共交通设施上可以同时投放纸版和电子版的广告。2019 年，"异世界" 题材作品和商务相关图书销售情况较好。一些原本对电子版采取消极态度的出版社和作家开始尝试将作品电子化。宝岛社开始发售电子版作品，宫部美雪、桐野夏生等一部分作家的作品开始电子化，使电子图书销量有缓慢增长。日经 BP 发行的《事实》（*FACTFULNESS*）尝试在纸版之前发行电子版，之后纸版和电子版业绩均不错，作为数码先行的成功案例，备受关注。岩波书店自 9 月开始，连续三个月从岩波新书的青版（1949—1977 年）和黄版（1977—1987 年）中选择 100 个题目，以 "岩波新书 e 古典 100" 为主题首次进行电子化。

持续增长的电子期刊在 2018 年首次出现负增长，2019 年持续负增长，销售额为 130

---

① 根据经由代销商公布的出版流通数据推算而来。

亿日元，占电子出版的 4.2%，下降幅度较大，达到了 16.7%。（见图 3）市场占有率较高的 NTTDoCoMo 定额制无限套餐的会员数连续三年大幅下降是一个很重要的原因。

单位：亿日元

图 3　2014—2019 年日本电子出版市场规模变化情况

资料来源：全国出版协会出版科学研究所《出版指标年报 2020 年版》

三、图书销售情况

2019 年纸质图书的推定销售额同比下降 3.8%，降幅相比 2018 年的 2.3% 有所加速。销售量同比下降 5.1%，相比 2018 年的 3.1% 也有所加速。图书退货率进一步转好，同比下降 0.6 个百分点。

（一）图书销售概况

2019 年纸质图书的推定销售额为 6732 亿日元，同比下降 3.8%。其中，文库本持续下降，文艺、生活实用书、学习参考书等种类销量下降幅度超过了 2018 年。畅销书较多的商务书种类中，新书超过了上一年。儿童图书依旧坚挺。期刊为 5637 亿日元，同比减少 4.9%，减速放缓。销量方面，图书为 5.4240 亿册，同比减少 5.1%；期刊跌破 10 亿大关，为 9.7554 亿册，同比减少 8.0%。自 2016 年图书的销售额首次超过期刊以来，这个差距逐渐拉大，2019 年已经进一步扩大到 1095 亿日元。（见图 4、图 5）

单位：亿日元

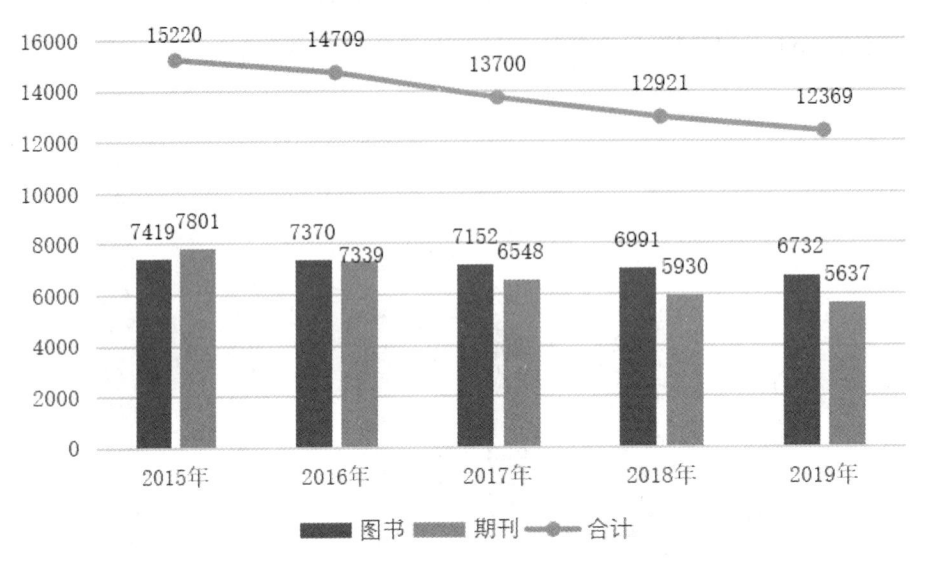

图4 2015—2019年日本纸质出版物销售额情况

资料来源：全国出版协会出版科学研究所《出版指标年报2020年版》

单位：万册

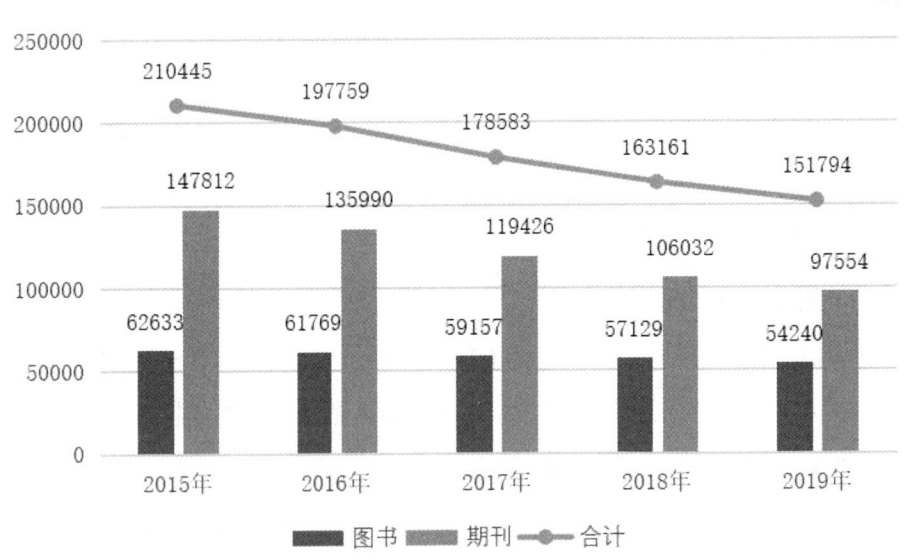

图5 2015—2019年日本纸质出版物销售量情况

资料来源：全国出版协会出版科学研究所《出版指标年报2020年版》

虽然销售额和销量一直在减少，但日本的图书退货情况却持续改善，2019年图书和期刊的退货率都有不同程度的下降。图书的退货率为35.7%，同比下降0.6个百分点；期刊为42.9%，同比下降0.8个百分点。其中，月刊下降1.2个百分点，为43.1%；周刊增加1.1个百分点，为42.3%。（见图6）

单位：%

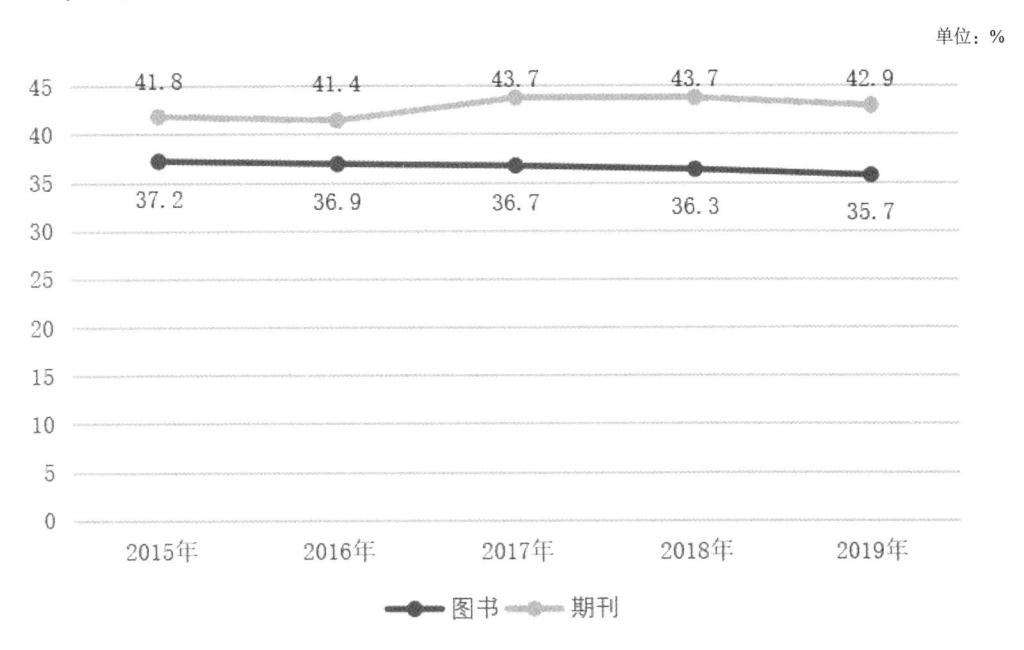

图6　2015—2019年日本纸质出版物退货率情况

日本图书的平均价格连续6年保持微弱的增长势头。2019年，图书的平均价格为1182日元，同比上涨1.5%。期刊的平均价格连续8年保持微弱增长势头。2019年期刊的平均价格为589日元，同比上涨2.6%。（见图7）

单位：日元

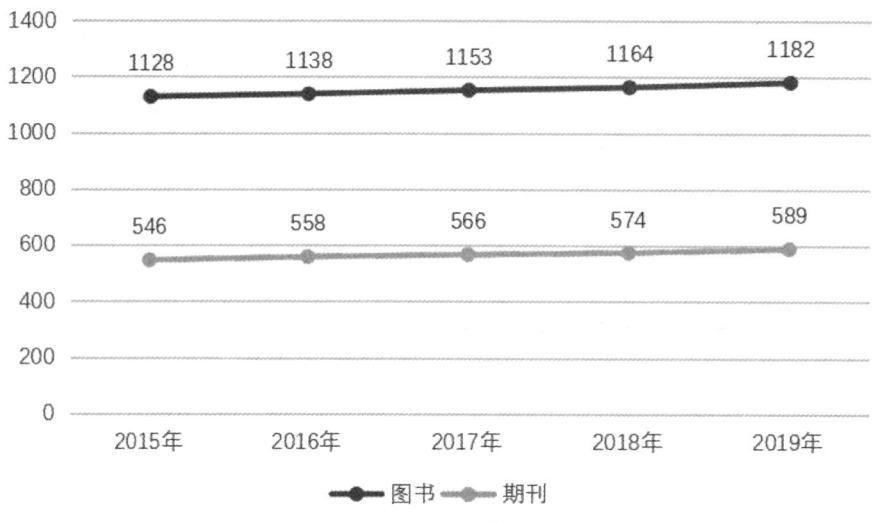

图7 2015—2019年日本纸质出版物平均价格

总体来说，由于电子漫画出版市场的优异表现，2019年日本出版市场初现曙光。纸质和电子出版物总体市场实现增长，销售额相比2018年增加41亿日元，增长率为0.2%。（见表3）

表3 日本纸质图书与电子图书销售情况

类别		2018年销售额（亿日元）	2019年 销售额（亿日元）	2019年 市场占有率（%）
纸质	图书	6991	6732	43.6
	期刊	5930	5637	36.5
	小计	12921	12369	80.1
电子	电子漫画	1965	2002	13.0
	电子图书	321	349	2.3
	电子期刊	156	130	0.8
	小计	2479	3072	19.9
纸质+电子	合计	15400	15441	100

资料来源：全国出版协会出版科学研究所《出版指标年报2020年版》

其中，漫画单行本的纸质和电子市场合计4980亿日元（纸质2387亿日元，电子

2593亿日元），同比增加了12.8%，电子市场超过了纸质市场。

图书的纸质和电子市场合计7081亿日元（纸质6732亿日元，电子349亿日元），同比减少了3.2%。因纸质图书占比较大且下降率较高，因此即使电子图书有所增长，仍然无法弥补其缺口。

期刊的纸质和电子市场合计5767亿日元（纸质5637亿日元，电子130亿日元），同比降低5.2%。其中电子下降了一成以上，比纸质下降幅度更大。

（二）图书进出口情况

1. 出口情况

2019年，出版市场的复苏似乎给图书出口带来一线曙光。虽然几个出口大国略有下降，但是美国、中国香港等国家和地区出现大幅增长，在巴布亚新几内亚、墨西哥等国家和地区更是出现了历史性突破，因此，2019年日本图书出口涨势喜人。日本图书出口贸易总额为98.63亿日元，较2018年增加15.8%，打破了连年下降趋势，并超过了2016年出口贸易总额。（见图8）

单位：万日元

年份	金额
2015年	1044941
2016年	958663
2017年	905431
2018年	851730
2019年	986280

图8　2015—2019年日本图书出口情况

资料来源：全国出版协会出版科学研究所《出版指标年报2020年版》

从出口对象国/地区来看，占据2019年日本图书出口贸易额前三甲的依次是美国（20.89亿日元）、中国大陆（10.59亿日元）和中国台湾（10.45亿日元），分别占出口贸易总额的 21.2%、10.74% 和 10.6%，美国的占比有所增加，中国大陆和中国台湾同比减少。其中对美出口贸易额较 2018 年增加 3.84 亿日元，涨幅达 22.5%。

除北美外，亚洲是日本最重要的图书出口地区。日本对中国大陆的图书出口额在 2014—2017 年保持 9 亿日元左右，2018 年有较大增长，达到 11 亿日元以上，2019 年稍有回落，同比下降 4.8%。对中国台湾地区的出口同比下降 18.4%。对中国香港地区的出口，2019 年有大幅增长，增长率达到 28.8%。受日韩贸易摩擦拖累，日本对韩国的出口近些年呈现逐年下降的趋势。对韩国的出口额从 2014 年的 11 亿日元下降到 2019 年的 6.21 亿日元，跌破 7 亿大关，下降 43.5%，2019 年同比 2018 年下降 17.2%。除此之外，2019 年，日本图书在东南亚地区，如泰国、新加坡、马来西亚、菲律宾、印度尼西亚、柬埔寨等国家和地区的出口均有所增长。

在欧洲地区，德国以 2.67 亿日元成为日本图书 2019 年最大出口对象国，这个数字比 2018 年的 3.04 亿日元有所下降，降幅为 12.2%。排第二、第三位的分别是英国（1.74 亿日元）和法国（1.19 亿日元）。2019 年日本对英国的图书出口打破了逐年下降的趋势，实现 2% 的上涨。对法国出口的下降趋势尚未停止。对土耳其的出口近几年总体呈增长趋势，2019 年为 1.43 亿日元，同比实现 26.7% 的大幅上涨。

在大洋洲，近几年日本对澳大利亚的出口总体呈现下降趋势，2019 年对澳大利亚的图书出口额为 1.69 亿日元，同比下降 10.4%。同时，在巴布亚新几内亚出现了爆发式增长，2019 年为 1.91 亿日元，超过了澳大利亚，为 2018 年的 12.9 倍。

同样的爆发性增长还出现在中南美地区的墨西哥，2019 年日本对墨西哥的出口额达到 7.68 亿日元，是 2018 年的 45.9 倍。巴西为 3.99 亿日元，同比增长 161.4%。日本的图书，尤其是漫画图书，在中南美人气高涨。（见表 4）

分析其原因，近年来日本动画以网络为媒介向海外推送，越来越多的海外用户通过动画了解该作品，对原作漫画产生兴趣，进而购买纸质版或电子版漫画，这使得漫画的版权贸易不断增长。墨西哥、巴西、阿根廷、俄罗斯、土耳其等地区兴起了日本漫画热。日本出版社纷纷向这些地区发起销售攻势，当地的销售商也纷纷引入这些漫画开发市场。

表4 2015—2019年日本图书出口主要国家/地区情况

单位：万日元

国家/地区	2015年	2016年	2017年	2018年	2019年
中国大陆	92776	91385	91523	111268	105945
中国台湾	121247	128696	114467	128045	104524
中国香港	46333	47396	47595	55493	71459
韩国	84520	87826	76234	74945	62083
泰国	62234	51480	54762	44276	47818
英国	22358	18065	20143	17034	17379
法国	16222	13059	13612	12916	11854
德国	12761	18960	15201	30440	26699
土耳其	2335	5184	16858	11277	14283
澳大利亚	25751	17413	21676	18819	16854
巴布亚新几内亚	20	121	659	1203	19133
美国	294761	269695	201881	170467	208887
加拿大	32891	8203	1745	3259	4242
巴西	40530	35564	18972	15257	39885
墨西哥	951	868	1636	1674	76827

资料来源：全国出版协会出版科学研究所《出版指标年报2020年版》

一直以来，日本从事海外图书输出的出版社比较少，规模有限。直到2013年，中国大陆、中国台湾、韩国等东亚地区的市场急速成长，越来越多的出版社开始在这些地区开展图书版权贸易。亚洲地区有庞大的日语学习人群，日文翻译家和编辑也相对较多，文化之间有很多相通之处，因此在亚洲，特别是东亚，很多出版社有引进日本内容产品意向，日本现代作家极受欢迎，很多作品一经出版马上被引进翻译。DIAMOND出版的《被讨厌的勇气》2014年在韩国发售，突破130万册。2017年，东野圭吾的《解忧杂货店》（角川）被拍成电影，再一次引发纸质书的大热，以亚洲为中心全世界的销售量达到了惊人的1000万册，同时也是中国最大的网络书店当当网年度图书畅销榜第二名（第一名是太宰治的《人间失格》，2018年太宰治的《人间失格》是当当网年度图书畅销榜第5名，2019年荣升榜首）。

和亚洲相比，日本图书在欧美的版权贸易并不繁盛。由于东西方文化的巨大差异，欧美人很难理解和欣赏日本文学作品中的审美意趣和文化内涵，除了村上春树、吉本芭娜娜等世界级作家，日本作家的作品很难进入欧美市场，专精日文的翻译和编辑又较少，日本作品较难被关注和推广。近年来，日本的一些实用书开始在欧美流行起来。SUNMARK 出版社出品的近藤麻理惠的《怦然心动的人生整理魔法》系列自 2011 年在中国台湾发售以来，不仅在亚洲，在欧美地区也达到百万销售量。这个成功大大鼓舞了日本出版界，但总体而言，欧美地区的日本图书市场还有待进一步开发。

2. 进口情况

2019 年日本图书进口贸易总额为 150.04 亿日元，同比减少 14.3%。日本进口图书依然以英文图书为主，排在第一位的美国和第二位的英国分别为 41.25 亿日元和 34.24 亿日元，虽然分别下降了 20.6% 和 12.4%，但依然占据 2019 年日本图书进口贸易总额的大半部分，为 50.3%。中国大陆紧随其后，以 32.5 亿日元成为 2018 年日本图书第三大进口贸易国，同比上涨 7.1%。

近五年，日本在中国台湾地区进口图书总体呈现增长趋势，2019 年为 2.07 亿日元，同比增长 40.1%。同时，中国香港地区为 4.25 亿日元，同比下降 45.1%。

2019 年，日本从德国、法国、意大利等欧洲国家进口图书同比均为下降，其中，法国减少了一半。（见表 5）

表 5　2015—2019 年日本图书进口主要国家／地区情况

单位：万日元

国家／地区	2015 年	2016 年	2017 年	2018 年	2019 年
中国大陆	312797	323213	326352	303432	324971
中国台湾	12038	14664	13518	14769	20696
中国香港	98750	93719	104710	77409	42529
韩国	58730	55321	57607	67208	76552
新加坡	62178	26023	28274	26315	21574
美国	712467	581787	586136	519229	412523
英国	513576	400150	406234	390870	342399
德国	153271	120191	125623	114871	71625

续表

国家/地区	2015年	2016年	2017年	2018年	2019年
法国	97427	68227	69690	64555	32238
意大利	46051	18033	28008	45277	27447

资料来源：全国出版协会出版科学研究所《出版指标年报2020年版》。

（三）畅销书情况

1. 大爆款——树木希林相关的图书

2018年因病去世的国民演员树木希林相关的图书在2019年备受关注，销量一直不错。据东贩发布的2019年畅销书排行榜（不含文库本和全集），由树木希林生前接受采访时的一些语录汇编而成的《一切随缘 树木希林的话》（文艺春秋）占据榜首，《树木希林的120句遗言 死的时候就由着自己的性子吧》（宝岛社）位列第二。树木希林是日本著名女演员，2008年被授予"紫绶褒章"，该奖项是日本政府所颁发的奖章之一，授予在学术、艺术、运动领域中有卓越贡献的人。2013年树木希林公布身体状况，癌细胞已转移全身，但是她并没有悲观，而是工作到了最后一刻。她的文字充满温情和力量，不惧失败，勇敢追求幸福又不强求，其积极向上的人生态度鼓舞了广大读者。《一切随缘 树木希林的话》以50~70岁的女性为购买主力，书中关于年老、孤独、疾病、工作、家庭、夫妻关系的话题得到共鸣。2018年底出版以来受到日本全国上下的关注，仅三个月销量就超过100万册，年末更是达到惊人的150万册，是日本国内2019年的超级畅销书。

2. 关注内心需求和实用型图书

年年都在排行榜上"露脸"的日本畅销作家大川隆法的《青铜之法》（幸福的科学出版）、池田大作的《新·人间革命（30）（下）》（圣教新闻社）、百田尚树的《日本国纪》（幻冬社）分别位列3、4、5位。排名6—10的分别是前田裕二的《笔记的魔力》（幻冬社）、黑川伊保子的《妻子的使用说明书》（讲谈社）、濑尾舞子的《于是，接力棒到了我手中》（文艺春秋）、汉斯·罗斯灵等的 FACTFULNESS（日经BP发行，日经BP市场发售）、清水建二、铃木广的《英语单词词源图鉴》（KANKI出版）。《笔记的魔力》和 FACTFULNESS 是商务类书籍。《妻子的使用说明书》从脑科学的立场出发，为丈夫们提供"解题思路"，不仅吸引了不少男性读者的兴趣，同时也引起了女性读者的兴趣,发行量超过40万册。2019年销量最好的文学作品是濑尾舞子的《于是,接力棒到了我手中》,销量达42万册。该书获得"2019年书店大奖"(本屋大赏)等奖项,获奖后该书的销量更上层楼。(见表6)

和小说等文学作品相比,随笔等更受欢迎。虽然有文学作品热卖,但没有超过50万册的作品。由此可见,当前日本人比较关注与生活方式、生存方式相关的图书,并更多地关注内心需求。此外,商务类、学习类等实用性强的图书也很受欢迎。

表6 2019年日本畅销书情况

排名	书名	作者	出版社	定价(日元)
1	一切随缘 树木希林的话	树木希林	文艺春秋	800
2	树木希林的120句遗言 死的时候就由着自己的性子吧	树木希林	宝岛社	1200
3	青铜之法	大川隆法	幸福的科学出版	2000
4	新·人间革命(30)(下)	池田大作	圣教新闻社	1238
5	日本国纪	百田尚树	幻冬社	1800
6	笔记的魔力	前田裕二	幻冬社	1400
7	妻子的使用说明书	黑川伊保子	讲谈社	800
8	于是,接力棒到了我手中	濑尾舞子	文艺春秋	1600
9	FACTFULNESS	汉斯·罗斯灵等	日经BP发行 日经BP市场发售	1800
10	英语单词词源图鉴	清水建二、铃木广	KANKI出版	1500

资料来源:全国出版协会出版科学研究所《出版指标年报2020年版》

3. 翻译作品

2019年,亚洲其他国家的翻译作品人气大涨。韩国作家赵南柱的短篇小说《82年生的金智英》广受关注。作者收集了大量女性相关报道和统计资料,把韩国女性生活中可能遭遇的所有性别不公都糅合、投射到小说主人公"金智英"身上,刻画出一个日常生活中平凡无奇的女性,但映射出许多女性面临的困境,引发亚洲其他国家女性的强烈共鸣。被翻译成日语后,销量不断攀升,2019年末达到15万册。

2019年7月,中国作家刘慈欣的科幻小说《三体》日文版正式在日本发售,销量持续走高,一度成为日本图书业的话题中心。发售第一天,首印1万册全部告罄。

一周内加印 10 次，印刷数达 8.5 万册。三周内，销售量突破 10 万册（包括 Kindle 版）。2019 年末，纸版销售量超过 10 万册。《三体》日文版的监制立原透耶认为，三体之所以风靡，是因为其兼具中国性和世界性，既有关于中国历史、文化、风物的扎实描写，也有优秀的科幻设定，让外国人也能理解、共情、认同。

四、细分市场情况

纵观 2019 年日本的出版市场，我们可以看出学习参考书市场、文库本市场规模有所减少。儿童图书因其轻松治愈的风格收获大量读者，成为出版界的一道亮丽风景线。漫画图书市场仍占有极大比重，由于电子漫画的良好表现，总体呈现增长趋势。

图 9 《三体》日文版在日售卖

（一）学习参考书

2019 年，日本学习参考书的市场规模比 2018 年减少 2.1%，为 465 亿日元，减速放缓。日本的学习参考书销售额从 2011 年开始连续 7 年增长，却在 2018 年、2019 年连续两年出现了负增长。2019 年，小学学参较为坚挺，中学学参下降，总体规模小幅下降。

2019 年，日本大学入学考试有重大变化。原定 2021 年 1 月开始的"大学入学共通考试"（大学入学共通テスト）将取代大学入学考试中心的考试。特别是英语，为了测试学生的"读、听、说、写"的实际应用水平，原定导入托业考试（TOEIC）等民间考试，但是，11 月 1 日文部科学省发布通知，延期到 2025 年进行。这给备考的学校、考生、出版社带来了很大的影响，曾经一度造成混乱。

2020 年开始实施大幅修改后的学习指导要领，学校课程将发生巨大变化。如导入了编程教育，将英语课程提前至小学开设。并且，2021 年在初中，2022 年在高中实施该修订方案。这些改革措施给出版业带来巨大影响，今后将按照新的课程设计来发行学习参考书。2018 年和 2019 年的学参市场出现下调，究其原因，是受到学习指导要领调整的影响。同时，2019年，各出版社抑制旧参考书的重版，也影响了销售额。预计2020年，学参市场将出现反弹。

1. 学前和小学学参

2019年，学前和小学学参的店面销售情况和2018年基本相同。约占小学学参七成销售额的幼儿习题，同比销售额有所增加。其中，《便便练习册》系列（文响社）中面向学前儿童的"平假名""片假名""数字"等，销售量尤为突出。1977年开始刊行的《公文幼儿练习册》于2019年累计销售突破1亿册。

公文出版和学研plus准备在2020年修订系列所有的幼儿练习册，并对库存进行了调整。面向小学生的练习册《角落萌宠练习册》（『すみっコぐらし学習ドリル』）（主妇和生活社），2019年被拍成动画电影大受欢迎，其汉字、英语练习册销售情况较好。文响社的《便便汉字练习册》（『うんこ漢字ドリル』）销售情况良好，可以看出有漫画角色的练习册较受欢迎。

此外，日本越来越重视英语教育，英语学习用书的需求不断增加。2019年，旺文社的《小学生的英语练习册》（『小学生のための英語練習帳』）、小学馆的《和名侦探柯南一起快乐学小学英语》（『名探偵コナンと楽しく学ぶ小学英語』）、学研plus的《小学生英语练习册》（『小学生の英語ドリル』）等较受欢迎。

2. 中学学参

初中学参的店面销售额同比下降了3%。特别是占初中学参三成市场的按学习指导要领编写的教科书降幅较大。2017年热卖的学研plus开发新类型学参《用语音合成软件记忆》（『ボカロで覚える』）系列在2019年销售平稳。角川于3月份启用了大量的人气插画家，刊行以漫画和会话的形式学习的《绝对能明白》（『ゼッタイわかる』）系列，并且随书附带人气声优朗读的CD。

初中学参中，学研plus的商品销路不错。特别是《睡前五分钟背诵手册》（『寝る前5分暗記ブック』）、《活页参考书》（『ルーズリーフ参考書』）成为经典系列，每年都大受欢迎。2018年开始刊行的《跟着漫画学超简单！7天掌握初中英语》（『マンガでカンタン！中学英語は7日間でやり直せる』），全本都是以漫画的形式，解说英语学习的基础。不仅学生需要，也受到一部分想重学英语的成人的欢迎。此外，介绍学习方法的图书也很有人气，如学研plus的《初中学习的说明书》（『中学の勉強のトリセツ』）等。

相比之下，高中学参市场店面销售额减少约 3%。因为大学入学考试形式将发生重大变化，相应的参考书和习题册销量下降。为应对新考试，世界思想社教学社、旺文社、角川等出版社开始发行新的学参。学科参考书中，英语的参考书占比较大，旺文社的《英语单词目标 1900》（『英単語ターゲット 1900』）、骏台文库的《系统英语单词 修订版》（『システム英単語 改訂新版』）等经典款销量不错。

3. 辞典

2018 年热卖的《广辞苑 第七版》（岩波书店），2019 年销售额大幅下降。受其影响，2019 年日本辞典类图书市场店面销售额锐减，降幅达到 24%。去除该辞典的影响，降幅约为 4%。

2019 年，新版辞典引人注目。时隔 13 年，三省堂修订出版了《大辞林 第四版》。该辞典在增税之前的 9 月份发行，一经推出，大家纷纷购买。时隔 10 年，岩波书店在 11 月修订发行了《岩波国语辞典 第八版》。为应对小学教科书的修订，学研 plus、小学馆、三省堂等纷纷出版新的国语和汉字辞典以及英语辞典，销量也被业内看好。

（二）儿童图书

2019 年日本儿童图书维持增长态势，销售额为 880 亿日元，同比增长 0.6%。推定发行册数为 2520 万册，同比增加 3.2%。平均价格为 1123 日元，同比降低 1.7%。虽然新书数量为 4583 种，同比减少 2.9%，绘本略有减少，但是，白杨社的《屁屁侦探》系列爆火，销量大增，再加上学习漫画、图鉴、儿童文库等销量良好，热门图书较多，使儿童图书市场热度不减。

1. 少子化背景下的儿童图书市场坚挺

儿童图书的主要读者是 0~14 岁的青少年。2019 年 8 月 1 日，这部分人口为 1526 万人，1982 年以后连续 38 年减少。日本的少子化现象越发严重，但为什么儿童图书仍能维持增长呢？究其原因，主要有以下几点：一、热心于教育的家长积极购买儿童图书；二、新锐的绘本作家和出版社的全新企划被广为接受；三、越来越多的书店在店内设置儿童角吸引相关读者；四、各种读书推进活动重视推进儿童阅读。近年来，高桥书店、钻石社、早川书房等出版社的儿童图书事业进展飞速，引起业界关注。儿童图书有盈利空间，越来越多的出版社从事儿童图书的出版，2019年日本已经有427家出版社发行儿童图书，甚至以出版日历闻名的神宫馆等都纷纷开始发行绘本等童书。（见图10）

单位：家

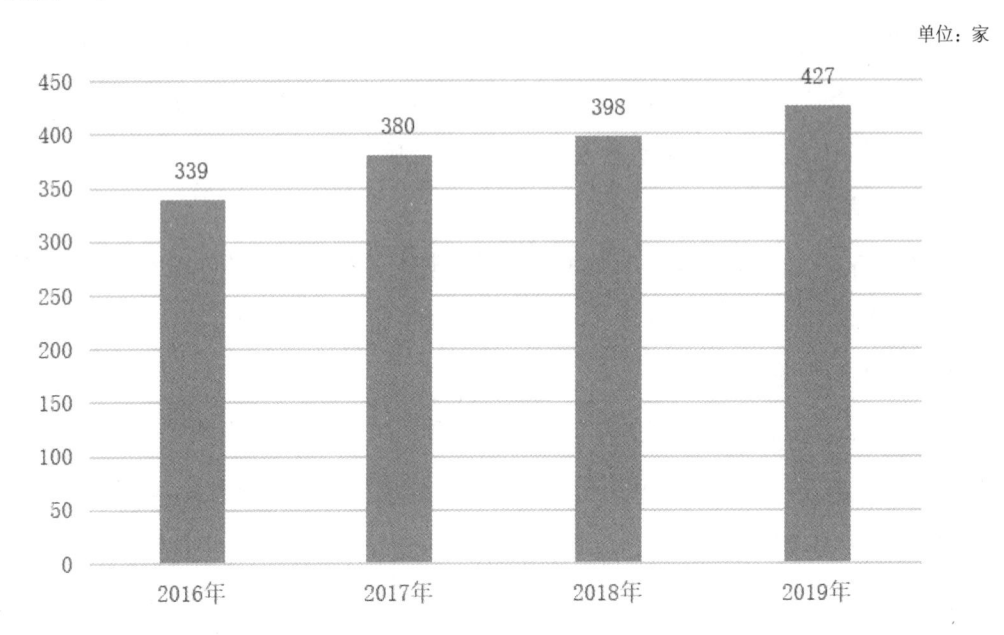

年份	数量
2016年	339
2017年	380
2018年	398
2019年	427

图10 2016—2019年出版儿童图书的出版社数量情况

资料来源：全国出版协会出版科学研究所《出版指标年报2020年版》

原本儿童图书主要依赖长销书，变化较慢。但是近年来，出现了很多绘本、学习漫画、读物等新作家和新领域的作品，短时间内就形成了畅销书，童书市场发生了不小的变化。

2. 绘本市场稍有回落

2019年的绘本市场规模为312亿日元，同比减少0.6%，降幅不大。自2015年绘本市场突破300亿日元以来，一直居高不下。（见图11）2019年，绘本占儿童图书市场的比例为35.5%，同比降低了0.4个百分点。

单位：亿日元

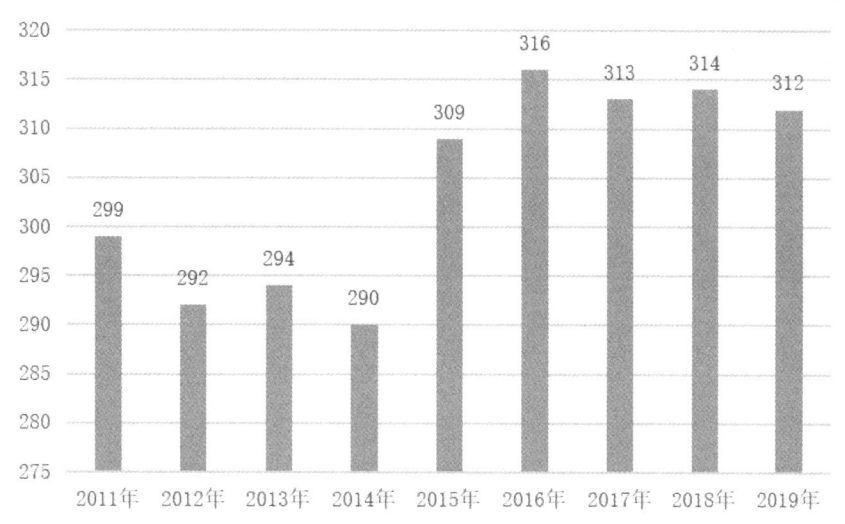

图11　2011—2019年日本绘本市场规模情况

2019年，绘本作家吉竹伸介的作品依然大火，《滑倒也无妨》（『ころべばいいのに』）销量达17万册。其独特的思维方式和处世哲学不仅吸引了小朋友，也受到成人的喜爱。白泉社于2012年开始发行工藤纪子的《野猫军团》（『ノラネコぐんだん』），2019年该系列销量突破150万册。11月份发行的《~咖喱饭》（『~カレーライス』）销量达到10.5万册。与此同时，长销书市场有所回落，在绘本市场的占比有所下降，相应的老牌出版社面临挑战。

3. 火爆的《屁屁侦探》

2019年儿童读物中，最大的爆款是白杨社的《屁屁侦探》系列（『おしりたんてい』），独霸儿童读物畅销榜，在幼儿和低年级学生之间拥有超高人气。该作品既轻松好玩又跌宕起伏，还能提升孩子观察力、逻辑力。该系列书始于2012年，到2019年为止，已经发行了7部绘本和11部读物。2019年，当屁屁侦探桥梁书推出第10本时，首印量已高达50万册，而同类童书首印量一般在1万册左右。目前该系列的累计发行量达到700万册，是白杨社的主打商品。2018年12月在NHK开始播出动画片，2019年4月，被制作成动画电影。动画电影的原作《屁屁侦探 变成咖喱的事件》（『おしりたんてい　カレーなるじけん』）从元旦到3月31日在全日本的大约 2 万家 7-11 便利店限期出售。4 月开始，又在书店推出了"书店限定 屁屁侦探 解谜活动"，为孩子和书店职员提供了交流的机会，受到读者的欢迎。"屁屁侦探"还登上了 2019 年日本红白歌会（相当于中国的春晚）的舞台，衍生的音乐剧和周边产品也备受关注。"屁屁侦探"俨然已经成为可以媲美蜡笔小新、哆啦 A 梦等的超级 IP。（见图 12）①

图 12 屁屁侦探

4. 其他

在儿童读物中，面向小学生以上群体的作品销售良好，但面向 6～8 岁的幼儿读物缺乏优质作品，销量堪忧。儿童文库略有增长，其中，被影视化的经典 IP 作品较受欢迎。如小学馆青少年文库的《名侦探柯南：绀青之拳》、著名作家辻村深月撰写的小说《电影哆啦 A 梦 大雄月面探查记》、电影《天气之子》原著等。

2019 年儿童图书中的黑马可以说是弘文堂的《儿童六法》（『こども六法』），作者是年仅 26 岁的山崎聪一郎。这是一部面向儿童的法律图书，主要内容是宣传法律常识，保护儿童不受霸凌和虐待。该书通过大量插图和图表进行图文并茂的详细解说，通俗易懂地讲解了儿童保护的相关法律。该书初版仅发售 1 万册，通过各媒体的介绍和 SNS 等社交媒体的推送后，广为人知，不断增印。到 2020 年 1 月，该书已经售出 50 万册。

此外，学习图鉴销量微增。小学馆的《小学馆的图鉴 NEO》（『小学館の図鑑 NEO』）和讲谈社的《活动图鉴 MOVE》（『動く図鑑 MOVE』）约占 80% 的市场份额。学习漫画和上一年持平。海外翻译的科学系列较受欢迎，韩国的《科学漫画 survival》系列（朝日新闻出版，2008 年开始发行）累计发行 800 万册，马来西亚的《哪个更强》系列（角川，2016 年开始发行）累计突破 100 万册。2019 年 6 月，高桥书店的动物生态系列第四辑《更遗憾的生物事典》（『もっとざんねんないきもの事典』）发售，初版 22 册，累计销量 40 万册。该系列丛书共 4 部，合计发售 357 万册。

---

① 屁屁侦探官网．https://www.oshiri-tantei.com/character/?char=char-oshiri．

（三）文库本

1. 文库本的销售情况

2019年文库本（除漫画文库本）的推定销售额为901亿日元，同比减少4.8%，减速放缓。2014—2018年，持续以每年5%~6%的速度下降，2018年销售额跌破千亿大关，曾经风光无限的文库本一蹶不振。2019年，由于小野不由美的架空奇幻小说《十二国记》（新潮社）18年来第一次出新作，成为超级热卖作品。新作总共4卷，初版共188万册，累计达到254.5万册的惊人销量，成功减缓文库本的下跌趋势。

2019年，文库本推定销售量为1.33亿册，同比减少6.1%。轻小说文库的推定销售额为143亿日元，同比减少13.9%，连续两年两位数下降，给文库本整体销售带来不良影响。文库本新书（除漫画文库本）种类连续五年降低，2019年新刊种类同比减少7.1%，为7355种，减少了564种。角川、文艺社、讲谈社等大型出版社也纷纷减少文库本的发行。但同时，也有一些出版社在增加文库本新刊的种类，如OVERLAP增加了23种，COSMIC增加了14种，文艺春秋增加了11种。但总体而言，增加的量远远弥补不了减少的量。

新刊的发行数量同比减少7.7%，每种新刊的平均发行量为1.1万册，同比减少1000册。新刊的数量也是继2014年之后以每年5%以上的速度减少。书店每年在减少，出版社为了降低退货率，尽可能抑制初版的数量。另一方面，初版数减少，使得一些新书在书店内无法形成规模，被淹没在书海里，造成了恶性循环。新刊加既刊的发行量是2.1736亿册，同比减少8.2%，减幅变大。其最重要的原因是书店进货变少，出版社控制再版数量。这也造成2019年的退货率同比减少1.4个百分点，为38.6%。2012年以来，除了2017年，几乎每年退货率都是同比增加趋势，2019年终于有所改善。（见表7）

表7　2015—2019年文库本市场变化情况

年份	新刊（种）	增减率（%）	推定上市数量（万册）	增减率（%）	推定销量（万册）	增减率（%）	推定销售额（亿日元）	增减率（%）	退货率（%）
2015	8514	-1.2	29189	-5.8	17572	-7.0	1140	-6.0	39.8
2016	8318	-2.3	27125	-7.1	16302	-7.2	1069	-6.2	39.9
2017	8136	-2.2	25571	-5.7	15419	-5.4	1015	-5.1	39.7

续表

年份	新刊（种）	增减率（%）	推定上市数量（万册）	增减率（%）	推定销量（万册）	增减率（%）	推定销售额（亿日元）	增减率（%）	退货率（%）
2018	7919	-2.7	23677	-7.4	14206	-7.9	946	-6.8	40.0
2019	7355	-7.1	21736	-8.2	13346	-6.1	901	-4.8	38.6

2. 文库本不景气的原因

2019年，日本新刊价格同比增加13日元，为698日元，消费税上涨后税后为768日元。将各类书的平均价格与二十年前的1999年相比，单行本便宜了190日元（降幅11.5%），新书贵了75日元（增幅10%），儿童图书贵了50日元（增幅为4.7%），文库本贵了117日元（增幅20.1%）。相比之下，文库本的增幅最为明显，和读者从前"文库本＝便宜"的印象相去甚远。此外，不仅学术文库本，超过千元的娱乐小说也频频出现，文库本渐渐失去和单行本竞争的优势和特点。

此外，实体书店数量的下降也是很重要的因素之一。据调查，2019年5月日本全国书店为11446家，同比减少580家。加盟日本书店商业组合联合会（日本書店商業組合連合会）的书店为3063家。可以预见2020年或将跌破3000家。文库本逐渐失去展示的舞台。

此外，智能手机带来的冲击也是其中一个重要的原因。随着智能手机的普及，文库本的销售额急速减少。智能手机不仅拥有和文库本相同的便宜、便携、方便打发时间等优点，甚至比文库本做得更好，因此渐渐取代文库本。

对于电子书对文库本的影响，目前日本业界还没有达成共识。但是，村上春树、西尾维新、宫部美雪等越来越多知名作家的作品都逐渐被电子化。2019年12月，角川和bookwalker合作推出了无限套餐服务"角川文库 轻小说无限阅读"。超过一万部的小说和轻小说包月价格是760日元（税前），还附送两个月的免费体验期。也就是说一本文库本的价格就可以无限阅读电子书，这对文库本的冲击可想而知。

（四）漫画

2019年，日本漫画出版物总体（纸质＋电子）推定销售额为4980亿日元，比2018年增加12.8%，连续两年实现增长。以"异世界转生"为题材的漫画热度不减，另据调查，10月份的增税并没有对漫画的销售造成太大的影响，10月份以后的销售额反而有所增加。

纸质漫画，包括漫画期刊（comic）和单行本（comics）销售额为2387亿日元，同比下降1.0%，相比2018年降幅有所缩小。其中纸质单行本销售额同比增加4.8%，为1665亿日元。纸质漫画在总体纸质出版市场的占比为19.3%，与2018年相比增加了0.6个百分点。漫画期刊为722亿日元，同比下降12.4%。电子漫画（含电子漫画期刊）实现了29.5%的增幅，为2593亿日元。（见表8）

表8 2014—2019年漫画总体市场销售额情况

单位：亿日元

类别		2014年	2015年	2016年	2017年	2018年	2019年	同比（%）
纸质	单行本	2256	2102	1947	1666	1588	1665	104.8
	期刊	1313	1166	1016	917	824	722	87.6
	小计	3569	3268	2963	2583	2412	2387	99.0
电子漫画（含期刊）		887	1169	1491	1747	2002	2593	129.5
合计		4456	4437	4454	4330	4414	4980	112.8

资料来源：全国出版协会出版科学研究所《出版指标年报2020年版》

1. 纸质漫画单行本

2019年，纸质漫画单行本的销售额为1665亿日元，同比增加4.8%。单行本的销售量为29960万册，同比增加3.6%。2018年，集英社 SLAM DUNK 新装再编版大卖，图书销售额有所增加。2019年无此热卖作品，因此造成了下降。单行本的新书为12805种，同比减少1.3%。平均价格是557日元，同比增加2.2%。单行本因新书价格上调，加上各出版社的影视化作品的原著销售看好，特别是集英社的《鬼灭之刃》热卖，改变了纸质漫画自2014年以来一路下跌的态势，实现了增长。

除了《鬼灭之刃》，集英社的《约定的梦幻岛》（『約束のネバーランド』）、*Dr. STONE*，秋田书店的 *BEASTARS* 等动画化的作品较受欢迎。此外，一些经典作品，如集英社的《海贼王》（*ONE PIECE*）、讲谈社的《进击的巨人》（『進撃の巨人』）、小学馆的《名侦探柯南》（『名探偵コナン』）、《哆啦A梦》（『ドラえもん』）等作品依旧稳定销售，是各大出版社的支柱产品。其中，《海贼王》在全世界的销量突破了 4.6 亿册，仅日本国内就达到了惊人的 4 亿册。《进击的巨人》的纸版和电子版在全世界的销量也突破 1 亿册。另有一些面向成年人的漫画，如《王者天下》（『キングダム』）、《杀手寓言》（『ザ・ファブル』）等作品，也因影视化而再次广受瞩目。此外，还有一些作品通过作者在推特（Twitter）等社交媒体上发表而走红，如《大叔和猫》（『おじさまと猫』）等。

2. 纸质漫画期刊

2019 年，纸质漫画期刊的推定销售额为 722 亿日元，同比减少 12.4%。推定销售量为 19936 万册，同比减少 15.2%，跌破 2 亿册大关。月刊和周刊推定销售额和销售量的跌幅都超过 10%。退货率为 44.5%，增加 1.2 个百分点。由于互联网的飞速发展，很多作品可以通过 APP 或者线上服务免费读取，纸质期刊的连载功能都渐渐向线上转移，无论销售额还是销售量都出现了两位数的降幅，形势不容乐观。

2019 年，纸质漫画期刊的推定发行金额为 1301 亿日元，同比减少 10.5%，发行数量为 34022 万册，同比减少 12.5%。平均价格为 382 日元，同比上涨 2.1%。趁着增税的时机，各大期刊均上调了价格。同时，纸质漫画期刊创刊 4 种，停刊 10 种，成人类期刊停刊较多。很多期刊停刊后作品转向电子书。

纸质期刊中附赠角色周边产品或者偶像 DVD 的期号相对销量较好，但是持续购买该刊的读者群体规模不断缩小。

3. 电子漫画

由于 2018 年 4 月关闭了盗版网站"漫画村"等，促进了正规的电子书店和 APP 的发展，电子漫画销售额获得近 30% 的增幅，超过纸质漫画。

电子漫画销售策略依然围绕增加免费阅读页数、打折、返点等展开。如讲谈社的《进击的巨人》促销力度空前，电子漫画 1～28 卷免费，第 29 卷 100 日元。"异世界转生"题材依旧受欢迎，出版该题材作品的出版社销量也相对较好。面向男性的作品除了"异世界"题材之外，《王者天下》《杀手寓言》之类的作品和纸质作品一样较受欢迎。《鬼灭之刃》纸版卖到断货，电子版销量也同样增长较快。面向女性读者群体的作品中，恋爱、婚外恋等题材较受欢迎。

销售靠前的电子书商店在电视广告等媒体投入较大，注册用户数增加。此外，为了突出和其他出版社不同的个性，不少出版社开始致力于开发原创作品。如 LINE 和白泉社 7 月开启了"白泉社原创 ×LINE 漫画"的合作项目，努力推送原创漫画。此外，一些知名出版社开始开发本社专门的 APP 和推送服务，如芳文社自 3 月开始推行 APP 和线上服务"COMIC FUZ"，集英社于 12 月开始的"稍等就免费"的线上和 APP 服务。事实上，"稍等就免费"的服务模型也被讲谈社、小学馆等大型出版社用于该社的推送服务。

4. 爆款《鬼灭之刃》

2019 年最火的漫画莫过于《周刊少年 Jump》（『週刊少年ジャンプ』）上连载的《鬼灭之刃》。该漫画在日本几乎无人不知，已经成为一种新的社会风潮、社会现象。《鬼灭之刃》是日本漫画家吾峠呼世晴所著的少年漫画，自 2016 年 2 月 15 日开始在《周刊少年 Jump》上连载，至 2019 年末，该系列累计发行量达到了 2500 万册。

《鬼灭之刃》大火，除了作品本身的魅力之外，出版社的宣传和书店的努力功不可没。《鬼灭之刃》推出以来，集英社将其和另外几部作品作为重点扶植对象，在书店专门开辟了一角来宣传。到 2017 年末，累计发行量达到 200 万册。2019 年 4 月，发行量累计达到 500 万册，由于动画化导致其人气直接以爆炸趋势增长，动画的大火，又带动粉丝们去重新关注原作，进一步推动了漫画大卖，到 9 月销量翻番。书店一旦上架，马上被抢购一空。到 2020 年 2 月，包括电子版在内，《鬼灭之刃》的累计发行量达到惊人的 4000 万册。（见图 13）

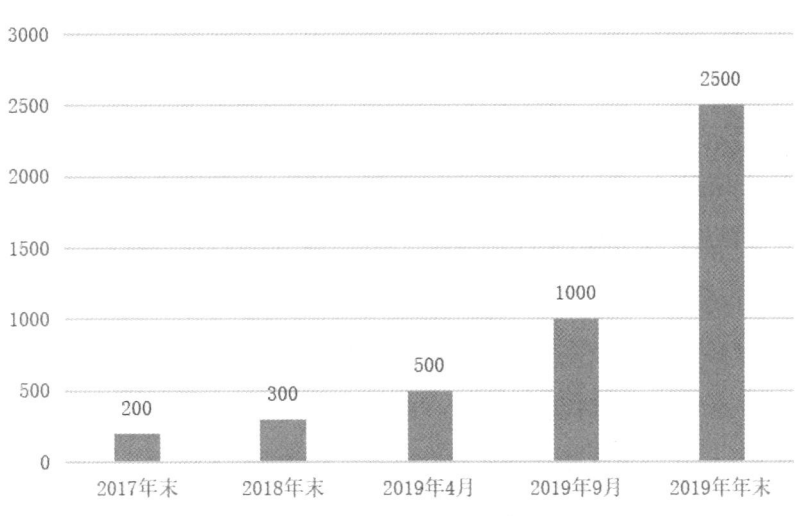

单位：万册

图 13 《鬼灭之刃》系列累计发行数量变化情况

资料来源：全国出版协会出版科学研究所《出版指标年报 2020 年版》

五、阅读情况

2019年,日本国民的"不读率"依旧超过了"读书率","不买书"的比率也有所下降,读电子图书的人再创新高。图书馆的预算连续下降,图书馆运营也开始面临资金问题。与实体图书馆相比,电子图书馆发展较好。

(一)国民阅读情况

1. 阅读率

据日本每日新闻社发表的《第73次读书舆论调查》(『第73回読書世論調査』),日本人的"读书率"是图书45%、期刊43%。"不读率"为图书51%,期刊54%,基本与上一年持平。日本的图书和期刊的"不读率"已经连续三年超过了"读书率"。

图书或期刊两者至少读一种的"综合读书率"为64%,两者皆不读的"综合不读率"为33%。从过去的10年来看,阅读书刊的人的比例似乎有所下降。(见表9)

表9　2019年日本图书阅读率

类别	全体	男性	女性
图书	45%	46%	45%
期刊	43%	49%	42%
漫画	19%	21%	17%
录像带·DVD	43%	43%	43%
综合阅读率(图书+期刊)	65%	66%	64%

资料来源:每日新闻社《第73次读书舆论调查》

另据《每日新闻第65次学校读书调查》显示,2019年5月份的一整个月里,除了教科书、学习参考书、漫画、杂志之外,一本图书都没看过的学生比例,小学生为7%,初中生为13%,高中生为55%。从性别来看,男生比女生的"不读率"要高出5~9个百分点。5月份的平均读书量,小学生为11.3册,初中生为4.7册,高中生为1.4册。这些都显示出年级越高越远离书籍的倾向。期刊的"不读率",小学生为49%,初中生为61%,高中生为69%。月平均期刊阅读量为小学生3.0册,初中生2.3册,高中生0.9册。自1972年设此问题后,第一次低于1册。与此相对,智能手机和平板电脑的使用率特别高，小学生 80%，初中生 90%，高中生几乎为百分百。更多的时间被花在了手机、电脑以及游戏机上。

2. 阅读与购买情况

2019年，日本人每天平均读书时间为图书 21 分钟、期刊 15 分钟，同比均有所下降。两者合在一起平均阅读时间为 37 分钟，同比减少 4 分钟。每月平均读书量为图书 1.1 册，期刊 1.3 册。图书和期刊合在一起平均阅读为 2.4 册，同比持平。

对包括期刊和漫画在内的出版物的平均每月购买费进行调查的结果显示，"不买书"的人为 22%，同比下降了 2 个百分点。月均购书费用方面，"不足 1000 日元"比例最高，为 39%，同比增加 2 个百分点，1000~2000 日元的 23%，2000~3000 日元的 8% 紧随其后。3000~4000 日元、4000~5000 日元、5000 日元以上的均为 2%。"不买书"和"不足 1000 日元"的比例和为 61%，可见人们在图书方面的投入普遍不高。（见图 14）

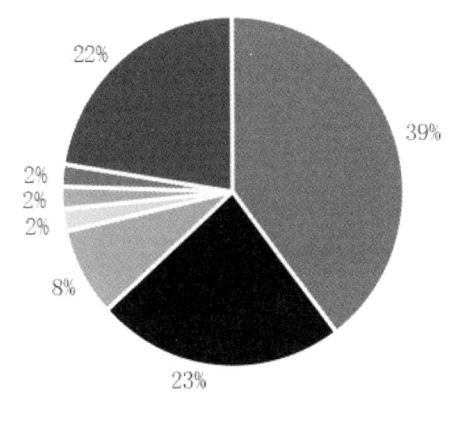

图 14　2019 年日本国民购书费用情况

资料来源：每日新闻社《第 73 次读书舆论调查》

同时藏书情况也不乐观。1~20 册的占比最高，为 42%；21~50 册的为 21%；0 册为 8%；401 册以上为 3%。越是年轻人藏书量越少，在藏书量 20 册以下的人群中，20 岁以下为 64%，60 岁以上为 46%。针对"如果有想看的书会怎么办"这一问题，

70%的人选择"买新书",12%的人选择"买旧书"。事实上,有13%的人通过二手物品APP买卖过图书。越来越多的年轻人倾向于通过二手物品的APP购买图书,30岁以下人群中,有20%的人有过使用经验。即使暂时没有该经历,但也有不少人表示愿意使用该类APP进行二手图书买卖。

3. 电子书阅读情况

2019年,日本人读过电子书的占35%,同比增加了4个百分点。从读者年龄段来看,30~39岁比例最高,为67%,20~29岁比例为65%,15~19岁的为61%,40~49岁为46%。由此可见,中青年阅读电子书的比例较高。选择"读过"的人中,漫画的阅读者最多,为65%,其次为小说41%、期刊36%、报纸19%,等等。

从阅读时使用的终端来看,"智能手机"占80%,同比增加了4个百分点,独占鳌头。"iPad等平板终端"为31%,"个人电脑"为20%,"Kindle等电子书专用终端"仅占7%。阅读频率中,"几乎每天"为21%,"至少一周一次"为19%,"至少每月一次"为21%。有阅读电子书经历的人中,有六成是定期阅读。

(二)公共图书馆和大学图书馆情况

1. 公共图书馆

随着在网络搜索相关图书并预约的功能逐渐完善,越来越多的图书馆不仅出借图书,也开始了期刊、乐谱、CD/DVD、漫画,甚至是电子书的出借服务。公共图书馆和20年前相比,增加了700余所。

公立图书馆的藏书册数也在不断增加,2018年为44918万册,相比1998年的263121万册,几乎翻倍。1998年日本人均图书拥有量为2.0册,2018年为3.5册。随着智能手机和平板电脑的普及,人们的休闲娱乐方式发生变化,除了书之外,游戏、社交网站、动画等方式也开始兴起,影响了图书的借出数。个人借出数在2010年达到顶峰的71618万册后,大体呈现略微下降趋势。由于财政困难,公立图书馆的图书资料费呈逐年下降趋势。2018年的预算比1998年减少了20%。图书馆还要面临物价上涨、增税,图书系统开发维护占去图书费等问题,财政紧张一直困扰着日本的公立图书馆。此外,日本公立图书馆实施"指定管理者制度",即将公立图书馆委托给企业、NPO等民间组织运营,合同期限是五年。由于缺乏专门的人才培养机制和长效机制,导致专业的图书管理员占比越来越低。2018年专业和兼任的图书管理员占比仅为

27.0%，而这个数字在 20 年前是 66.8%。

日本图书馆协会公布的《公共图书馆集计 2019》资料显示，2019 年，日本公共图书馆总数为 3303 所，同比增加了 7 所。藏书册数为 4.53 亿册，同比增加 422.7 万册。公共图书馆面向个人借出的各类图书及影像视听资料为 6.84 亿余册，比上一年减少 0.14%。采购图书册数为 1554.3 万册，同比减少了 0.31%。2019 年，日本公共图书馆资料费预算为 279 亿日元，同比略有减少。（见表 10）

表 10 2014—2019 年日本公共图书馆情况

年份	图书馆数	藏书册数（万册）	年度采购图书册数（万册）	馆外个人借出总数（万册）	资料费预算（万日元）
2014	3246	42382.8	1728.2	69527.7	2851733
2015	3261	43099.3	1630.8	69048.0	2812894
2016	3280	43696.1	1646.7	70351.7	2792309
2017	3292	44282.2	1636.1	69147.1	2796404
2018	3296	44918.3	1604.7	68516.6	2811748
2019	3303	45341.0	1554.3	68421.5	2790907

资料来源：日本图书馆协会《公共图书馆集计 2019》

2. 大学图书馆

2019 年，日本大学图书馆数量为 1430 所，同比增加了 3 所。总藏书册数为 3.29 亿册，比上一年增加 0.9%。年度收入图书册数为 415.2 万册，同比减少 6.0%。图书资料费为 154 亿日元，同比减少 4.9%。（见表 11）

表 11 2014—2019 年日本大学图书馆情况

年份	图书馆数	藏书册数（万册）	年度收入图书册数（万册）	个人借阅数（万种）	资料费（图书费）（万日元）
2014	1419	31626.4	559.2	3004.3	2018499
2015	1423	31662.6	503.5	3001	1889309
2016	1418	32044.5	471.7	2998.3	1794978
2017	1424	32359.5	461.7	2916	1692515
2018	1427	32569.7	441.9	2901.9	1618134

续表

年份	图书馆数	藏书册数（万册）	年度收入图书册数（万册）	个人借阅数（万种）	资料费（图书费）（万日元）
2019	1430	32866.2	415.2	2820.0	1538792

资料来源：日本图书馆协会《公共图书馆集计 2019》

2019 年 4 月 17 日，县立长野图书馆和从事旧书交易的 valuebooks 签订合作协议，将研究探讨如何通过"旧书再利用"服务社区，为社会做贡献，从而更好实现图书的社会服务功能。8 月 25 日，"2019 都道府县立图书馆峰会"在县立长野图书馆召开，与会人士就都道府县立图书馆的现状和应承担的责任等进行了交流。11 月 12 日至 14 日，第 21 届"图书馆综合展"在横滨召开，共有图书馆相关人士等 30402 人观展，出版社展区有 34 家企业和团体出展。该展会首次设置了由 16 家出版社组成的"儿童图书联合展台"。"向图书馆推荐图书角"共展出了 268 家出版社的 1800 种图书。

此外，电子图书馆的发展引人注目。2019 年 3 月 7 日，提供日本电子图书馆服务的"LibrariE"的加入馆数突破 100 家，导入的图书大约 4.8 万种。"LibrariE"于 2015 年 4 月开始运行，主要向图书馆提供电子图书馆系统和电子书。纪伊国屋书店和图书馆流通中心（図書館流通センター，TRC）是其销售代理店。加入的图书馆中有 40 家大学图书馆、26 家学校图书馆、33 家公共图书馆、1 家其他类型。过去一年间又增加了 40 家图书馆。电子图书馆的发展已经初具规模。

六、主要企业情况

2019 年，各出版相关企业几家欢喜几家愁。大型出版社由于电子出版和版权收入，收益大幅增长。书店数量进一步减少，很多大型书店开始采取多样化经营方式。代销商采取措施降低退货率，提高物流效率。

（一）出版社情况

2020 年"全球出版 50 强"最新榜单发布，排名基于各公司 2019 年的营收数据，收录世界各个国家或地区出版年收入超过 1.5 亿欧元（或 2 亿美元）的 50 家公司。日本共有五家大型综合出版社入围该榜单，分别是讲谈社（16 位）、集英社（17 位）、角川（22 位）、小学馆（25 位）、学研（48 位）。这五家出版社年营业收入同比均有增长，讲谈社和集英社增长较多，排名也在上升中，角川、小学馆排名下跌了一位，学研排名保持不变（见表12）。

表12　2019年全球出版50强中日本出版集团情况

出版集团	年度排名（位）		年营业收入（亿欧元）	
	2019年	2018年	2019年	2018年
讲谈社	16	17	11	9.54
集英社	17	20	10.8	9.23
角川	22	21	9.5	9.18
小学馆	25	24	7.92	7.69
学研	48	48	2.39	2.38

资料来源：《全球出版业50强（2019年、2020年）》

2019年，因电子出版和版权收入大幅增加，小学馆、集英社、讲谈社等出版巨头都实现了盈利。5月23日，小学馆公布了第81期决算（2018.3.1～2019.2.28），时隔四年又实现了盈利。销售额中"数字收入"同比增加16.0%，达到了205.31亿日元。"广告收入"同比增加10.6%，为105.72亿日元，"版权收入"同比增加9.6%，为114.64亿日元。这几项的增长十分显著。无独有偶，集英社8月29日公布的第78期（2018.6.1～2019.5.31）决算显示，以"电子漫画"为中心的数字产品和版权收入等"其他"项，销售额达到599.65亿日元，同比增长率达到惊人的30.0%，该销售额占了总体销售额的45%。讲谈社2020年2月20日发布的第81期（2018.12.1～2019.11.30）结算显示，"数字相关收入"为465亿日元，同比增长39.2%。国内版权81亿日元，同比增长36.5%，海外版权66亿日元，同比增长39.5%。数字出版，特别是电子漫画，以及版权收入已经成为这些出版巨头新的增长点。

2019年，出版社的并购活动进一步深化。岩崎书店合并了专门从事海外绘本引进和零售的"绘本之家"，以期扩大英语绘本市场。IMAGICA GROUP收购了"妇女之友"的子公司"妇女之友infos"的一部分股权，将之变成子公司，主要目的是获取内容产业方面为主的版权。宝岛社合并了从事杂志、新书及漫画发行的洋泉社，继承全部权利义务，洋泉社彻底解散。Froebel馆完全合并了主要刊行童谣和绘本的

JULA 出版局。文响社完全合并了专门从事健康和医疗相关出版的 WAKASA。发行经济类期刊"Forbes JAPAN"的 linkties 完全合并了男性期刊"OCEANS"的发行商 LIGHTHOUSE MEDIA，表示要继续深化两个期刊的合作，发掘新的可能性。

除了并购之外，出版社之间以及和其他机构之间也展开了一系列的合作。集英社和 DeNA 在娱乐领域展开合作，成立合资公司"集英社 DeNAprojects"，从事 IP 游戏以及数字服务等的共同开发。世界文化社则成立子公司，从事旅行事业开发。针对近年来物流成本高涨、配送员不足、上市时间限制等问题，为稳定物流配送服务，1 月 16 日，学研教育未来和世界文化社以及 Froebel 馆合作开始了绘本共同配送的实证实验。将埼玉县入间郡的学研物流仓库作为配送据点，利用一年时间进行验证，争取于 2020 年正式运行。对象商品为各出版社直接销售给保育园和幼儿园的绘本，不在一般书店流通。

6 月 20 日，讲谈社和乐天签订备忘录，针对乐天运营的乐天市场以及跳蚤市场 APP "rakuma"上侵害知识产权的仿制品提出合作意见。讲谈社在乐天市场或者 "rakuma"上的商品主页上发现该社产品的仿制品，可以不经过发布者同意要求乐天删除该信息。乐天判断店家是否有违反开店规则的行为，若确有其事，则针对店家采取停止出售、停止开店等惩罚措施，以保证及时停止侵害行为。

7 月 25 日，讲谈社在众筹网站"Bluebacks Outreach（BBO）"上发布与立命馆大学进行合作的消息。讲谈社从资金筹措方面支持立命馆大学的研究人员。Bluebacks 是讲谈社于 1963 年创刊的著名科普系列丛书，讲谈社的目的是将其从"科学图书品牌"发展为"综合科学媒体品牌"。BBO 是讲谈社发起的众筹网站，由研究人员向讲谈社提出科学内容方案，由讲谈社通过网络公布，大众感兴趣即可预约表示支持。讲谈社和研究人员一起参与产品的企划和制作过程，如该科学内容产品顺利面世，预约者支付钱款，讲谈社将产品配送给预约者，并向研究人员支付一定报酬。不同于一般的众筹项目，研究人员无需负担产品的制造和配送等，这些全都由讲谈社协助完成。

除此之外，白杨社和东京大学大学院教育学研究科附属发育保育实践政策学中心（东京大学 Cedep）开始了一项合作项目"儿童与绘本、图书相关研究"。该项目就儿童的发育过程中，绘本和图书对儿童的认知能力和非认知能力的作用等展开研究，由此发掘数字时代中绘本和图书的新价值，以便为儿童创造更为丰富的读书环境。

（二）代销商情况

由于整体出版市场不景气，加上物流业人手不足、成本上升等问题对出版物配送的影响，日本最大的两家图书代销商，东贩和日贩，近三年的营业额一再下跌，且出现了负收益。（见表13）

表13 东贩和日贩的结算情况

单位：亿日元

结算时间	东贩 营业额	东贩 经常利润	东贩 当期纯利润	日贩 营业额	日贩 经常利润	日贩 当期纯利润
2018年3月	4274.64	30.1	18.18	5790.94	25.50	7.21
2019年3月	3971.6	21.39	6.52	5457.61	10.84	−2.09
2020年3月	3834.89	−4.72	−55.92	5159.22	24.41	7.81

资料来源：东贩和日贩官网[①]

2019年3月5日，日本出版物代销商协会（日本出版取次協会）发布通告，4月1日起，中部地区5县和九州地区7县，书刊的配送要比现有时间晚一天。这是基于物流公司要求而提出的变更。多数物流公司面临人手不足和成本上升等问题，经营状态不断恶化。该物流危机也渐渐影响到出版物的配送，造成一定程度的延迟。

2018年11月7日，日贩和东贩签订了物流合作的基本协议书。在此基础上，2019年4月9日，两社在"期刊退货处理""图书退货处理""图书新刊送货"三方面达成合作协议。以该协议为开端，为提高物流效率，2020年以后将统合两家的物流据点。

东贩开始启动从2019年至2023年的五年中期经营计划"REBORN"，该计划致力于创造基于读者和书店需要进行配送的买方市场式出版流通模式。在该模式下，将有机融合预约供给和AI助力的配送服务，以期将退货率从超过40%下降至33.4%。5月7日，东贩新的图书新刊发送点"东贩和光中心"开始运转。5月15日，东贩利用和出版社共有的在库信息，开始向客户书店提供"出版社合作在库服务"。该服务是上述中期经营计划"REBORN"的一环，合作对象是33家出版社的11.5万册库存书刊。

---

① 东贩主页"业绩推移". https://tohan.jp/about/businessresults.html.
日贩主页"结算情报". https://www.nippan-group.co.jp/ir/financial_results/.

通过书店提供的"TONETS V"的订购画面，可以确认商品的在库情况。

除了图书经销的老本行，东贩还在积极拓宽经营范围，进行新业态事业的开展。3月6日，和健身俱乐部 axtos 签订加盟合同，开始进入健身行业。东贩加盟了4家，其中，群马和千叶的店铺为书店并设型。5月31日，东贩取得从事文具杂货的企划、销售、进出口的 DELFONICS 的股权，将其变成子公司，从事相关产业的开发和销售。DELFONICS 创立于1988年，有独立的品牌，拥有32家店铺。11月22日，旗舰店"DELFONICS 涉谷"[①]正式开张营业，主要从事创意文具用品的销售。

4月15日，日贩和 Seicomart 达成了共同配送协议。Seicomart 是以北海道为中心的连锁便利店，由 sekoma group 管理经营。根据协议，北海道境内的 sekoma group 店铺中日贩负责的出版物由 sekoma group 的物流公司承担配送任务。这是日贩首次尝试用专用出版物配送途径进行配送，以解决越发严重的物流配送问题。10月1日，日贩变更为控股公司体制，名称改为"日贩集团控股"。在新体制下，将集团事业分为代销、零售、海外、杂货、内容商品、娱乐、其他等七项事业，以及集团 IT 公司和共享服务中心。从事代销业务的子公司的商号为"日本出版贩卖"。

随着学校教育法修订案的实施，电子教科书开始被使用，编程学习和信息技术相关的学习内容被导入学校教育。面对这样的时代趋势和需求，主要从事教科书代销的日贩教，在电子教科书、教材、学习 APP 等数字学习内容产品的流通和普及方面，和日本电气（NEC）展开合作，支持学校教育的信息化。

（三）书店情况

2019年，日本的实体书店依旧面临店铺减少、中小书店生存艰难等困境。大型书店开始进一步探索"书店＋零售"结合的商业模式。

1. 实体书店

2019年，日本的实体书店店铺数仍然在减少。据日本出版基础设施中心·书店管理中心的统计，2019年日本书店的总店铺数为12653家，同比减少3.3%。卖场总面积为397万平米，平均每家书店的面积为427平米。新开实体书店数量为156家，同比增加7家，闭店数为613家，同比减少77家，虽然情况稍有改善，但闭店数仍

---

① 旗舰店"DELFONICS 涉谷"主页 . https://shop.delfonics.com/feature/shibuya/.

远远高于新开数。(见图 15)

单位:家

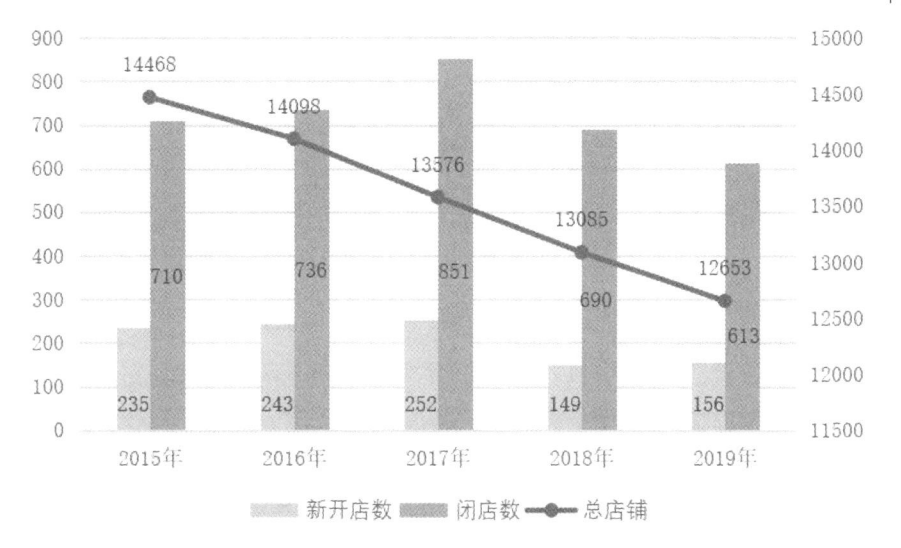

图 15　2015—2019 年日本的书店数量变化情况

资料来源:日本出版基础设施中心书店管理中心①

和 2009 年相比,实体书店减少了 4534 家,除了占地在 1000 平米以上的大型书店增加了 9.2% 之外,其余面积的书店数量均有不同程度的下降。书店数量虽有下降,但书店的平均面积从 2009 年的 371 平米增加到了 2019 年的 427 平米。这均说明书店走向大型化,中小书店生存日益艰难。(见图 16)

越来越多的书店在适应时代的需要,进行多样化的经营模式。2019 年 3 月 16 日,大垣书店在京都开设了"京都本店"②,租借了面积约为 2300 平米的整个楼层。其中一半用于直营书店,另一半开了 10 家饮食和零售店,旨在向客人提供具有京都风情的商品。在经营书店的同时从事其他服务行业,其创新的商业模式引起广泛关注。9 月末,台湾企业"诚品生活"登陆日本。区别于以往的直营模式,本次由诚品生活和日本三井不动产成立合资公司,再授权给日本百年书店有邻堂负责书店的具体运营,地点就在东京最为繁华的区域之一日本桥。"诚品生活日本桥"③面积约为 2900 平方米,

---

① 書店マスタ管理センター. https://www.jpoksmaster.jp/.
② 大垣书店京都本店主页. https://www.books-ogaki.co.jp/stores/kyoto-honten/.
③ 诚品生活日本桥主页. http://www.eslitespectrum.jp/.

除了书店外，还包括"诚品生活expo"、餐饮区和文具区。"书店+零售"的商业模式打造了别具一格的书香世界。

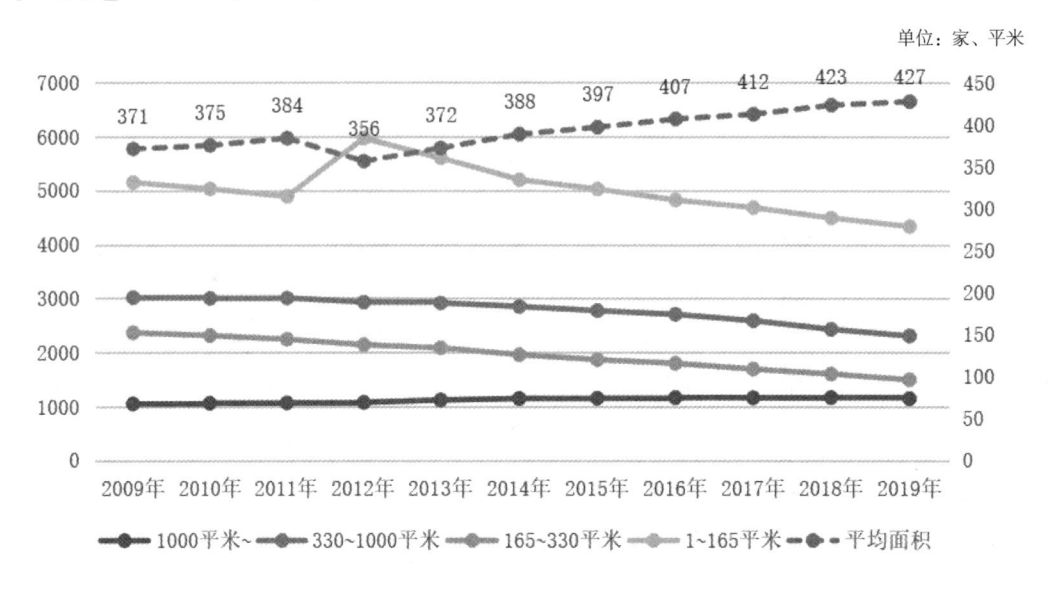

图16 2009—2019年日本的书店面积变化情况

资料来源：日本出版基础设施中心·书店管理中心

在书店行业普遍不景气的市场背景下，纪伊国屋书店的销量却实现了逆势增长。11月29日发布的第125期（2018.9.1—2019.8.21）决算数据表明，销售额达到1212.5亿日元，纯利润达9.8亿日元，同比增加11.0%，实现连续12年黑字决算。纪伊国屋书店能够保持良好经营业绩的主要原因在于海外市场的扩张。6月，纪伊国屋书店合并了美国的子公司，在海外的店铺数从29家增加到36家。10月，纪伊国屋书店成为德国著名学术出版社德古意特（De Gruyter）的电子书日本销售总代理店。这是日本的书店首次担任海外大型学术出版社的电子书总代理店。

除了纪伊国屋书店外，茑屋书店、精文馆书店、丸善CHI、有邻堂等书店都实现了正收益。茑屋书店取得旭屋书店和东京旭屋书店的股份，将之变成了子公司。但与此同时，三洋堂HD、文教堂GHD、未来屋等书店均为负收益。大和书店、天牛堺书店、浪速书房（なにわ書房）、BOOKJAM等拥有悠久历史的老店纷纷申请破产，可谓"几家欢喜几家愁"。

为支援新书书店的经营、促进读书、改善书店环境，2018年12月全国书店相关的有识之士创立了"全国书店再生支援财团"。该财团于2019年4月3日开始接受书店等团体的补助金申请。目前，该财团的主要事业有三种：①中小书店的无现金收款支援；②中小书店的POS机收款支援；③书店开业。财团利用捐款针对以上三种情形进行资金支援。

2. 网上书店

2019年1月31日，日本最大的网上书店日本亚马逊公布了2019年的决策，即"从事直接交易的出版社包购"和"新刊订购系统的自动化"，其目的是改善退货率。2019年，和日本亚马逊开展直接交易的出版社同比增加了623家，共2942家。"包购"是指在一定期间内按出版社的定价进行销售，卖剩部分和出版社协议重新商定价格，包括降价促销等内容。"新刊订购系统自动化"是运用人工智能，使新刊和旧刊一样实现自动化订购，以降低退货率。

10月，运营日本最大的网络期刊书店的富士山期刊服务公司和经营新闻网站的iid成立合资公司"株式会社IDEA"，从事面向出版社的电子商务运营支援业务，以及电子商务店铺的运营。富士山期刊服务公司拥有约300万人规模的期刊定期订阅者，可以利用该资源进行电子商务服务。同时，iid拥有电子商务网站运营的"marbleASP EC服务"，以及店铺运营不可或缺的商品企划和资金筹措等市场营销经验。两者利用各自市场和技术优势，强强联合，抓住时代需求，挖掘期刊的新价值，开拓新的服务体系，为期刊提供店铺构建、商品企划、商品供应、潜在客户市场支援等服务。

七、期刊业发展概况

期刊的长期衰退在目前阶段尚无好转的趋势，但是相比上一年，得益于政府和业界打击盗版的努力和漫画作品的影视化，2019年下半年开始，期刊业的整体情况有所好转。

（一）出版情况

2019年，日本期刊的出版种数为2734种，同比减少3.1%。其中，月刊2652种，同比减少3.2%，周刊82种，同比持平。（见图17）

单位：种

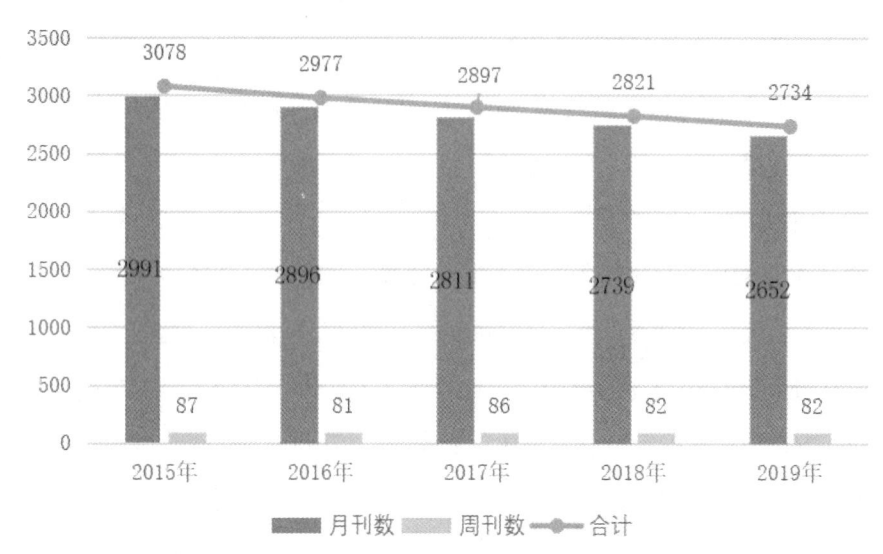

年份	月刊数	周刊数	合计
2015年	2991	87	3078
2016年	2896	81	2977
2017年	2811	86	2897
2018年	2739	82	2821
2019年	2652	82	2734

图 17　2015—2019 年日本期刊出版种数情况

资料来源：全国出版协会出版科学研究所《出版指标年报 2020 年版》

创复刊数为 58 种，同比减少 2 种，再次创下了历史最低值。创刊期刊中有季刊 14 种，不定期期刊 5 种，刊行频度较低的期刊较显著。大约半数为分册百科和趣味谜题类期刊。宝岛社面向 60 多岁女性的时尚期刊《出色的那人》（『素敵なあの人』）创刊，正式开拓中老年市场。期刊停刊 127 种，同比减少了 2 种。mer，nina's，Men's JOKER 等各类型的代表刊物相继停刊，其中也有创刊仅一年便停刊的期刊。

（二）销售情况

1. 期刊销售情况

2019 年，日本期刊的推定销售额为 5637 亿日元，同比减少 4.9%，减速放缓。其中月刊同比减少 4.2%，为 4639 亿日元；周刊同比减少 8.1%，为 998 亿日元。月刊中定期期刊则同比减少 8.6%，漫画期刊同比减少 7.4%，漫画单行本增加 6.1%。定期期刊中，女性期刊因提价原因，销售额同比下降幅度较小，原本畅销的美容相关期刊销售停滞不前。包括时尚期刊在内的期刊，带有附加商品和起用人气偶像的单期较受欢迎。因提价和《鬼灭之刃》等被影视化的作品热卖，漫画单行本销售额同比有所增加。

2019 年期刊的退货率有所改善，为 42.9%，同比减少 0.8 个百分点。其中月刊同比减少1.2个百分点，为43.1%；周刊同比增加1.1个百分点，为42.3%。月刊因漫画单行本的畅销，退货率有改善的迹象，周刊则没有，因此期刊退货率最终超过了40%。

从发行量上来看，2019年日本期刊的发行量为16.78亿册，同比减少8.6%，减速放缓。其中月刊同比减少8.5%，为12.22亿册，周刊同比减少8.9%，为4.56亿册。2018年后主要漫画单行本的价格上涨。受其影响，期刊平均价格为589日元，同比上涨2.6%，以涨价弥补发行量减少的趋势还在持续。

2019年的不定期期刊的新刊中，增刊和别册为3266种，同比减少50种；漫画期刊为7453种，同比减少468种。各出版社在抑制期刊发行，但带有附录商品的期刊仍然增加了83种，为11311种，时隔两年实现了增长。

此外，以"不拘泥于以往的刊行形态的商品开发和销售"为目的的期刊仍在刊行。2019年增加了8种。其中包括带有优惠券的"with SPECIAL"（讲谈社）和"我时间"（世界文化社）等。

2.期刊进出口情况

2019年日本期刊出口贸易总额为18.62亿日元，同比减少14.34%，连续两年下跌，且下跌率均超过了10%。从出口的国家和地区来看，日本期刊主要的出口地为亚洲、大洋洲、北美洲和西欧地区，面向非洲、中东、中东欧和俄罗斯地区的出口量很少。出口额排在前三位的国家和地区分别是中国台湾（5.85亿日元）、中国香港（3.37亿日元）和韩国（3.16亿日元），较上一年均有所下降。除中国大陆以外，各主要出口地区均有不同程度的下降。其中，中国台湾同比下降10.74%，中国香港同比下降11.79%。受日韩贸易冲突影响，韩国同比下降最为明显，为27.56%。（见表14）

表14　2018—2019年日本期刊出口情况

国家和地区	2018	2019
中国台湾	65567	58523
中国香港	38253	33743
韩国	43613	31592
中国大陆	16177	17606
美国	14846	12075
菲律宾	9951	8356

续表

国家和地区	2018	2019
泰国	7567	7077
新加坡	5161	3855

资料来源：全国出版协会出版科学研究所《出版指标年报2020年版》

2019年日本期刊的进口贸易总额为24.66亿日元，同比减少16.85%，呈连年下降趋势。和图书一样，英文期刊是日本最主要的进口期刊种类，其中从美国进口的期刊贸易额达12.43亿日元，占据了日本期刊进口的大半部分；一直是日本的期刊进口大国的英国近五年呈持续下跌趋势，2019年下跌了近一半，被中国大陆反超，位列第三；日本从中国大陆和中国香港进口期刊的数额实现了较大幅度的增长，分别为3.37亿日元和1.89亿日元，同比分别增长了74.47%和101.86%；从韩国进口期刊的贸易额也增加了19.58%。除了这三个主要国家和地区之外，其余地区均有不同程度的下跌。其中，德国同比下跌了53.26%。（见表15）

表15　2018—2019年日本期刊进口情况

国家/地区	2018	2019
美国	141795	124322
英国	65116	33108
中国大陆	19307	33685
新加坡	18972	6444
中国台湾	17651	9170
中国香港	9360	18894
法国	8403	6526
意大利	7610	6331
韩国	3642	4355
德国	1639	766

资料来源：全国出版协会出版科学研究所《出版指标年报2020年版》

（三）细分市场情况

2019年，"儿童"类期刊推定发行量除漫画单行本外，同比减少7.1%。很多期刊用控制发行量的方式维持实际售出率。与饮食、玩具企业合作，附有相关商品赠品的《幼稚园》相继有多期售罄，广受瞩目。

"女性"类期刊同比减少10.9%。附带有商品赠品的期刊单期销售较好的倾向一直在持续。宝岛社的女性期刊售价基本超过了1000日元。面向二三十岁女性的时尚期刊中，与杰尼斯（Johnny's）、K-POP等男性偶像相关的期刊较受欢迎。而面向四五十岁人群的期刊销量稳定的也不在少数。如《天然生活》改为由扶桑社出版后，成功复刊，复刊号4次增印，大受欢迎。

"大众"类期刊除漫画单行本外，同比减少16%。9月以后，三家大型连锁便利店宣布不出售成人期刊后，很多成人期刊纷纷停刊。以成人期刊为主打商品的出版代销商日本杂志贩卖于7月申请破产。户外信息期刊 BE-PAL 恰逢露营热潮，因此销量很好。男性时尚、生活方式等相关期刊销售情况则较为严峻。

"艺能"类期刊同比减少5.5%。动画信息类期刊同比有所上升。音乐期刊同比减少7.6%，但 ROCKIN'ON JAPAN 实际售出率超过了80%，维持较好的销售状况。"兴趣"类同比减少5.6%，总体形势较为严峻，趣味猜谜类期刊在青少年人群中人气较高，创刊数达10种。"运动"类同比减少11.1%。棒球和足球等日本国民比较关注的运动类期刊形势较为严峻。以在日本举办的橄榄球世界杯赛为契机，Sports Graphic Number 的相关特集大受欢迎，不断增印。

"周刊"同比减少8.9%。因缺乏热门话题，发行和销售规模均在缩小。由于高龄化的读者群对未来产生的不安心理趋势一直存在，有关"死后手续"内容的期刊特辑销售看好。

"漫画期刊"类的推定销售额同比减少7.4%。面向老年人的期刊较受欢迎，如《大人的周刊现代》（讲谈社）大火，2019年的五期累计销售量达到60万册。

"漫画单行本"类虽然经历了大型出版社的提价，但还是出现了不少爆款。特别是《鬼灭之刃》动画化之后，销量暴增。

参考文献

1. 全国出版协会出版科学研究所.《出版指标年报2020年版》.

2. 每日新闻社.《第 73 次读书舆论调查》.

3. 日本图书馆协会.《大学图书馆集计 2019》《公共图书馆集计 2019》.

4. 日本总务省.《平成 30 年特定服务产业实态调查报告》.

5. 日本内阁府.《平成 31 年 GDP 统计》.

6. 日本内阁府.《平成 31 年度年次经济财政报告》.

7. 日本出版基础设施中心.《店铺数的变化》.

8. 日本电通公司.《2019 日本的广告费》.

9. 日本财务省.《贸易统计 2019》.

（作者单位：华北科技学院）

2019年韩国出版业发展报告

叶 子 刘振磊

2019年，国际形势错综复杂，韩国经济形势严峻，出版业也不可避免地受到冲击，出版投入和产出均增长乏力。在整体的困顿局面中，韩国出版界努力探索，加速市场分化转型，在震荡中调整前进，并在细分领域取得了可喜的进展。

一、行业发展背景

经济方面，2019年世界经济持续下行，贸易紧张局势加剧。根据韩国央行公布的经济统计数据显示，2019年韩国完成名义国内生产总值（Nominal GDP）为1913.96万亿韩元，剔除价格因素，同比增加2%，为2009年（0.8%）以来的最低值，大大低于政府预期。2019年韩国人均国民总收入（GNI）为3.2115万美元（约3743万韩元），比2018年的3.3564万美元（3693万韩元）减少4.3%，也是自金融危机以后的最大降幅。以韩元为基准计算时，2019年韩国人均国民总收入增加1.4%。2019年韩国政府消费同比增加6.5%，而民间消费增速放缓，仅为1.9%，是2014年（2.0%）以来最低值。韩国制造业增速放缓至1.4%，服务业放缓至2.6%，建筑业下滑3.2%，设备投资、建设投资均出现较大幅度减少，分别减少8.1%和3.3%，出口增长也止步于1.5%。

产业政策方面，2019年，韩国政府在出版产业投入的预算约为425亿韩元，比2018年增加约6亿韩元，其中培养数字出版产业的预算从2017年的2932万韩元减少到2019年的2480万韩元。为了进一步促进出版流通系统的官民合作，韩国出版文化产业振兴院于2019年成立了出版流通信息化委员会，并计划于2021年成立韩国出版流通信息中心。

在图书流通市场，政府将"图书、报纸及期刊类零售业"指定为第1号生计型适合行业[①]，在2024年以前，大企业原则上被禁止收购或扩张自身事业规模，这一政策将大大促进中小型图书、报刊零售商的设立与发展。随着电子交易市场的逐步扩大与覆盖，许多通信运营商不再只是为网店提供平台，而是日渐成为一种图书品牌形象，并且通过优惠券等方式来调节图书价格。因此，2019年韩国大法院将这一部分图书经营者也归列为出版销售方。2018年开始的韩国小初高"一个学期读一本书"政策初步显现，儿童、青少年领域图书销量不断增加，与子女读书教育相关的图书在成年人中也大受欢迎。

针对图书馆振兴问题，韩国政府制定并公布了第三个图书馆发展五年计划（2019—2023），提出韩国图书馆的可持续发展方向，以更好地应对第四次工业革命的技术挑战。为加强市民的参与性和提高公开透明度，规定韩国图书馆协会会长必须由各会员直接选举产生，解决了困扰韩国图书馆界多年的难题。各地纷纷开始新建图书馆，综合设施内的图书馆、特色图书馆的设立推进活动也非常活跃。2019年《学校图书馆振兴法》（「학교도서관진흥법」）修订后，学校图书馆教员队伍不断壮大，尤其是京畿道的学校图书馆教员配置同比大增90.4%。与此同时，要求拓展公共图书馆功能的呼声也越来越高，韩国多位国会议员表示，公共图书馆不应只局限于为个人学习服务，而应转变为面向大众的开放式空间，同时，以读书、出版、图书馆为主题的研讨会也在各领域积极展开。

在消费环境方面，读者越来越看重"性价比"这一关键词。随着青年在失业群体中的比重不断加大，青年失业问题日益成为社会关注的热点，虽然韩国相关公共部门出台了一系列支持政策，但情况并没有改善。因此，大众逐渐将目光投向各行业中的高性价比商品，出版产业也不例外。虽然出版生产能力有所增长，但消费却持续减少。与纸质图书相比，价格低廉、通过移动电子设备就触手可得的电子出版物消费市场在最近5年间呈现出年均30%左右的增长趋势，这种现象反映出大众购买力及喜好正在发生变化。随着人们生活方式的改变和电脑、手机等电子设备使用率增加，出版行业迅速形成以网络书店为中心的图书流通新结构。韩国主要网络书店的销售额近年来

---

① 为了保护中小型工商业者，限制大企业和中坚企业进入某些指定行业的制度。

一直与电子商务市场保持着齐头并进的趋势，但随着纸质图书市场的萧条，网络书店的销售额增长势头也逐步放缓。因此，网络书店正在开拓电子书订阅服务、有声读物制作和流通等与纸质书市场密切相关的多种业务。另外，通过优途（YouTube）推荐一跃成为畅销书的"YouTube 畅销书"现象也引发出版界的高度重视。

在国际环境方面，韩国版权出口实现了质的飞跃，2019 年韩国文学逐渐进入世界出版市场的中心。在英美国家，韩国文学表现强势，在欧盟国家，读者对韩国文学的关注开始从小说逐渐扩大到随笔。由于日韩之间贸易矛盾的不利因素，虽然韩国女性叙事文学在日本图书市场上受到了极大欢迎，但版权出口成绩并不理想。2019 年，萨德事件影响逐渐消退，韩国向中国的版权出口贸易以儿童图书和学习漫画为中心呈现出回暖趋势。对东南亚地区的版权出品则以 K-POP、自我开发、实用、儿童相关图书为主。

与此同时，2019 年末新型冠状病毒疫情开始在全球蔓延，这对韩国国内出版产业也产生了一定影响。随着首尔国际图书展、其他海外国家和地区图书展等活动的相继延期或取消，版权交易量也将减少，现有的版权进出口咨询方式和韩国图书宣传平台将难以有效发挥作用。为应对新冠疫情冲击，韩国也加强了图书的云端出口服务，采取在线视频交易形式取代线下图书展，以促进出版界的出口洽谈和营销，这些措施的效果如何还有待时间检验。

在产业基础环境上，根据韩国文化体育观光部发表的《2019 年文化信息产业调查》报告可知，2019 年韩国文化信息产业总体销售额为 126.71 万亿韩元，出版业整体销售额为 21.34 万亿韩元，比 2018 年的 20.95 万亿韩元增加 1.8%。（见表 1）虽然近五年来出版业销售额平均增长率仅为 1.0%，但依旧是整个文化信息产业的主力军，年度销售额在各领域中位列第一。

表 1　2015—2019 年韩国文化信息产业销售情况

产业	销售额（亿韩元）					比重（%）	增长率（%）	年平均增长率（%）
	2015	2016	2017	2018	2019			
出版	205097.64	207658.78	207553.34	209537.72	213411.76	16.8	1.8	1.0
漫画	9194.08	9762.57	10822.28	11786.13	13372.48	1.1	13.5	9.8

续表

产业	销售额（亿韩元）					比重(%)	增长率(%)	年平均增长率(%)
	2015	2016	2017	2018	2019			
音乐	49751.96	53082.40	58043.07	60979.13	68118.18	5.4	11.7	8.2
电影	51122.19	52560.81	54946.70	58898.32	64323.93	5.1	9.2	5.9
游戏	107222.84	108945.08	131422.72	142902.24	155750.34	12.3	9.0	9.8
动画	6101.75	6769.60	6654.62	6292.57	6405.80	0.5	1.8	1.2
广播	164629.82	173311.38	180435.95	197622.10	208430.12	16.4	5.5	6.1
广告	144399.25	157952.29	164133.40	172118.63	181338.45	14.3	5.4	5.9
形象	100807.01	110661.97	119223.29	122070.43	125668.85	9.9	2.9	5.7
知识信息	123421.03	134622.58	150413.70	162909.92	176692.82	13.9	8.5	9.4
文化信息解决方案	43115.63	45835.49	48515.61	50949.16	53609.90	4.2	5.2	5.6
合计	1004863.20	1061162.95	1132164.68	1196066.35	1267122.64	100.0	5.9	6.0

资料来源：韩国文化体育观光部《2019年文化信息产业白皮书》（「2019 콘텐츠산업백서」）

二、图书业发展情况

由于经济不景气，消费者购买力下降，文化生产和消费趋缓。2019年，韩国图书业延续了此前的发展态势，多种、少量生产现象持续，纸质图书销售额小幅降低，电子书销售额大幅增长。线下图书批发零售增长乏力，网络书店逐渐成为销售主流渠道，出版社、书店经营集中度明显增强，出版业依然需要不断注入新的活力。

（一）图书出版情况

2019年，在大韩出版文化协会纳本[①]后出版的新版图书共65432种，其中文学、社会科学、儿童类图书所占比重较大。2019年韩国新版图书发行量为9979.4万册，辅导书和儿童类图书优势明显。发行种数比2018年增加3.1%，册数减少1.9%。（见图1）平均每种图书发行1525册，平均每册图书页数为278页，平均每册图书价格为16486韩元。

[①] 出版社将出版的所有种类的出版物提交大韩出版文化协会进行检阅的流程。

单位：%

—○—种数增长率 —●—册数增长率

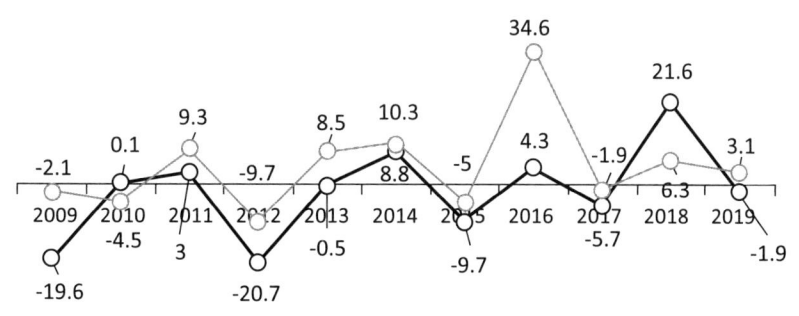

图1　2009—2019年韩国出版图书种数与册数变化趋势

资料来源：大韩出版文化协会《2020年韩国出版年鉴》（대한출판문화협회「2020 한국출판연감」）

2019年，韩国新版图书品种中辅导类图书同比增长最高，涨幅为11%，其次为儿童类（10.8%）、语言学类（8.7%）、社会科学类（4.1%）、哲学类（2%）等。文学类图书共出版13567种，占有率依旧保持最高，为整体的20.7%；其次为社会科学类，共出版12375种，占整体的18.9%；儿童类共出版8078种，占整体的12.4%；宗教类、综合类、技术科学类出版种数下降。与2018年相比，2019年韩国新版图书发行册数增长的有辅导书类（14%）、语言学类（8%）、历史类（4%）、哲学类（0.9%），其余图书发行量均呈下降趋势，宗教类图书和漫画发行量降幅较大，分别为-16.1%和-14.7%。发行册数最多的种类为辅导书，2019年共发行2625.3万册，占总发行册数的26.3%，其余依次为儿童类（17.7%）、文学类（14.0%）、社会科学类（12.7%）和漫画类（6.7%）。（见表2）

表2　2018—2019年各类图书总体发行情况

类别	新版图书出版种数				新版图书发行册数			
	2018（种）	2019（种）	增长率（%）	比例（%）	2018（册）	2019（册）	增长率（%）	比例（%）
综合	1418	1388	-2.1	2.1	2153274	1910400	-11.3	1.9
哲学	2245	2291	2.0	3.5	2798642	2822843	0.9	2.9
宗教	3110	2957	-4.9	4.5	3702185	3105389	-16.1	3.1
社会科学	11881	12375	4.1	18.9	13148703	12666599	-3.7	12.7
自然科学	947	965	1.9	1.5	1169202	1108389	-5.2	1.1

续表

类别	新版图书出版种数				新版图书发行册数			
	2018（种）	2019（种）	增长率（%）	比例（%）	2018（册）	2019（册）	增长率（%）	比例（%）
技术科学	7193	7140	-0.7	10.9	5833032	5510122	-5.5	5.5
艺术	2404	2411	0.3	3.7	2357404	2188682	-7.2	2.2
语言学	2116	2300	8.7	3.5	2719062	2936620	8.0	3.0
文学	13346	13567	1.7	20.7	14259651	13992195	-1.9	14.0
历史	2288	2308	0.9	3.5	2809203	2921914	4.0	2.9
辅导书	2572	2855	11.0	4.4	23026696	26253199	14.0	26.3
儿童	7289	8078	10.8	12.4	19904680	17678565	-11.2	17.7
小计	56809	58635	3.2	89.6	93881734	93094917	-0.8	93.3
漫画	6667	6797	1.9	10.4	7855380	6698726	-14.7	6.7
合计	63476	65432	3.1	100	101737114	99793643	-1.9	100

资料来源：大韩出版文化协会《2020年韩国出版年鉴》。

2019年每种图书约发行1525册，与2018年的1603册相比减少4.9%。其中平均发行册数最多的种类为辅导书类，每种发行9196册，同比增加2.7%，历史类图书涨幅最大，每种发行1266册，同比增加3.1%，其余均为负增长。平均发行册数最少的种类为技术科学类图书，每种发行722册，与2018年相比减少4.8%，儿童类图书降幅最大，减少19.9%。

2019年韩国图书的平均定价为16486韩元，与2018年（16347韩元）相比上涨0.9%，价格增幅最大的是技术科学类图书，同比增长8.9%，其次为儿童类图书，涨幅为3.9%；艺术类图书价格跌幅最大，下跌8.3%，其次为辅导书，下跌6.2%。价格最高的图书种类依然是技术科学类（26380韩元），其他依次为历史类（22567韩元）、综合类（22262韩元）、社会科学类（21740韩元），价格最低的图书种类是漫画类（5615韩元），其他依次为儿童类（11296韩元）、文学类（12779韩元）、辅导书类（13309韩元）。

图书页数方面，每册图书平均页数为278页，与2018年相比减少了1页，基本稳定。从品种来看，图书页数最多的种类为综合类，平均每册为396页，其余依次为社会科学类（388页）、历史类（374页）。其中综合类图书页数增加幅度最大，为7.9%；自然科学类和辅导书类的图书页数减少较为明显，各减少32.4%和9.4%。（见表3）

表3 2018—2019年各类图书平均发行情况

类别	平均册数 2018（册）	平均册数 2019（册）	增长率（%）	平均定价 2018（韩元）	平均定价 2019（韩元）	增长率（%）	平均页数 2018（册）	平均页数 2019（册）	增长率（%）
综合类	1519	1376	-9.4	21852	22262	1.9	367	396	7.9
哲学	1247	1232	-1.2	18481	18425	-0.3	309	327	5.8
宗教	1190	1050	-11.8	16270	15973	-1.8	317	320	0.9
社会科学	1107	1024	-7.5	21906	21740	-0.8	387	388	0.3
自然科学	1235	1149	-7	21154	20527	-3.0	355	240	-32.4
技术科学	811	772	-4.8	24227	26380	8.9	345	355	2.9
艺术	981	908	-7.4	21829	20019	-8.3	232	224	-3.4
语言学	1285	1277	-0.6	17692	17407	-1.6	304	310	2.0
文学	1068	1031	-3.5	12419	12779	2.9	270	268	-0.7
历史	1228	1266	3.1	22463	22567	0.5	382	374	-2.1
辅导书	8953	9196	2.7	14194	13309	-6.2	267	242	-9.4
儿童	2731	2188	-19.9	10876	11296	3.9	98	95	-3.1
漫画	1178	986	-16.3	5573	5615	0.8	156	161	3.2
平均	1603	1525	-4.9	16347	16486	0.9	279	278	-0.4

资料来源：大韩出版文化协会《2020年韩国出版年鉴》

就国外翻译图书情况来看，2019年韩国翻译图书种数占整体图书出版种数的18.8%，共有12314种（新增辅导类翻译图书3种），与2018年的12151种相比增加1.3%。其中漫画类3050种、文学类2775种、儿童类1973种，位列国外翻译图书种类的前三。漫画类翻译图书同比增加13.9%，其余依次为哲学（2.9%）、历史（1.6%）、社会科学（1.3%）、文学（0.7%）。2019年翻译图书中减幅最大的为语言学类，减少22.4%，其余依次为综合类减少11%，技术科学类减少9.2%，艺术类减少6.3%。（见表4）

表4 2018—2019年翻译图书分类情况

类别	翻译图书（种） 2018	翻译图书（种） 2019	比例（%） 2018	比例（%） 2019	增长率（%）
综合	300	267	2.5	2.2	−11.0
哲学	735	756	6.0	6.1	2.9
宗教	664	633	5.5	5.1	−4.7
社会科学	1140	1155	9.4	9.4	1.3
自然科学	339	326	2.8	2.6	−3.8
技术科学	688	625	5.7	5.1	−9.2
艺术	382	358	3.1	2.9	−6.3
语言学	98	76	0.8	0.6	−22.4
文学	2756	2775	22.7	22.5	0.7
历史	321	317	2.6	2.6	1.6
辅导书	0	3	0.0	0.0	—
儿童	2059	1973	16.9	16.0	−4.2
漫画	2678	3050	22.0	24.8	13.9
合计	12151	12314	100.0	100.0	1.3
总出版种数	63476	65432	—	—	—

资料来源：大韩出版文化协会《2020年韩国出版年鉴》

（二）图书销售情况

韩国出版产业分成出版业、印刷业、出版零售批发业、网络出版物流通业和出版物租赁业五大部分。2019年韩国出版产业整体销售规模为21.34万亿韩元，同比增长1.8%，2017—2019年年均增长1.4%。从具体数据来看，2019年出版业的销售收入为9.24万亿韩元，占全行业的43.3%；印刷业为4.22万亿韩元，占全行业的19.8%；出版零售业、批发业（包括网络书店）的销售额为7.53万亿韩元，占全行业的35.3%；网络出版物流通业为2947.33亿韩元，占全行业的1.4%；出版物租赁业为583.35亿韩元，占全行业的0.3%。与2018年相比较，出版业2019年收入增加1.2%，印刷业收入增加5.4%，出版零售批发业收入增加0.4%，出版物租赁业收入增加4.8%，网络出版物流通业收入增加13.5%，增速均有提升。（见表5）

表5 2017—2019年韩国出版产业各业种销售情况

大分类	小分类	销售额（亿韩元） 2017	2018	2019	占比	2019/2018增长率	年均增长率
出版业	图书出版业（纸质出版物）	11698.48	11533.40	11637.20	5.5	0.9	−0.3
	教科书及辅导书出版业	28286.54	28576.46	28420.49	13.3	−0.5	0.2
	网络与手机电子出版业	3403.57	3830.26	4420.12	2.1	15.4	14.0
	报纸出版业	28543.63	28846.17	28958.27	13.6	0.4	0.7
	期刊	11228.41	11488.05	11791.78	5.5	2.6	2.5
	广告刊行物发行业	4917.92	5044.43	5127.05	2.4	1.6	2.1
	其他印刷物出版业	2010.33	2038.44	2060.86	1.0	1.1	1.2
	小计	90088.88	91357.21	92415.77	43.3	1.2	1.3
印刷业	印刷	39328.66	40019.51	42179.16	19.8	5.4	3.6
出版零售批发业	图书和期刊类批发业	26307.76	25772.98	25788.90	12.1	0.1	−1.0
	图书和期刊类零售业	48888.13	49234.40	49497.24	23.2	0.5	0.6
	小计	75195.89	75007.38	75286.14	35.3	0.4	0.1
网络出版物流通业	网络与手机电子出版服务业	2388.46	2596.77	2947.33	1.4	13.5	11.1
出版物租赁业	图书租赁业（漫画除外）	55.145	556.85	583.35	0.3	4.8	2.9
合计		207553.34	209537.72	213411.76	100.0	1.8	1.4

资料来源：韩国文化体育观光部《2019年文化信息产业白皮书》

从狭义范畴来分析的话，韩国的出版业主要指的是纸质及电子图书出版业、期刊出版业、报纸出版业等。2019年，一般图书出版业（即纸质图书）销售额为1.16万亿韩元，教科书及辅导书出版业销售额为2.84万亿韩元，整体图书出版市场规模为4万亿韩元。网络/手机电子出版业的发展情况最好，连续三年稳定增长，年平均增长率为14%。

根据韩国统计厅数据显示，2019年书籍出版行业的生产指数为96.8，同比增长7.8%，主要批发类书店销售额为2979.85亿韩元，同比减少2.8%，主要出版物流企业的销售额为211.12亿韩元，同比增长6.2%。书籍类网络购物交易额为1.86万亿韩元，同比增长5%。书籍文具类零售额为6.78万亿韩元，比2018年减少6.5%，而6家大型零售书店的销售额同比增长 3.1%，可以推测出其他中小型地区书店的整体销售额降幅远远超过 6.5%。

三、数字出版情况

根据韩国出版文化产业振兴院发布的《2019 年出版产业论坛——总结与展望》（「2019 출판산업콘퍼런스 - 결산과전망」），2018 年韩国纸质书销售额小幅下降，而电子书呈现出较高的增长势头，据推测，2019 年电子书销售额约为 2600 亿~2800 亿韩元。

韩国文化体育观光部发表的《2019 年国民阅读现状调查》（「2019 년국민독서실태조사」）资料显示，2019 年国民纸质图书阅读率为 52.1%，比 2017 年减少了 7.8%，阅读量也从 2017 年的 8.3 本减少到 2019 年的 6.1 本。2019 年电子书阅读率为 16.5%，与 2017 年相比上升 2.4%，这主要得益于年轻读者层的壮大，他们更偏向于选择各类数字订阅服务进行阅读消费。

韩国的主要出版社对数字出版的关注度也有所提高，力图通过电子书销售来提高收益率。在发行图书时，出版社对同一本书的纸质版和电子版进行差别定价，有针对性地定制适合不同消费者的销售方式。网络漫画、网络小说内容轻松活泼，通俗易懂，且不受地点和时间的限制，满足了人们碎片化阅读的需求，因此，电子书成为主要发展趋势，韩国国内电子出版市场持续增长。随着电子出版市场重心的变化，韩国政府积极扶持优秀电子书事业，在优秀电子书制作（文本型、多媒体型）领域加大投资，选定和嘉奖优秀电子出版物，以提高电子出版物整体质量。同时为了便于残障人士阅读，电子书和有声读物等多种形式出版物的开发和制作也得到政府的大力支持。

文本型电子书制作扶持项目是指投入经费支持将已发行的优秀纸质图书制作成 EPUB、PDF 等格式的文本型电子书，在多种销售渠道流通。2019 年，共有 5344 种图书申请文本型电子书扶持项目，韩国出版文化产业振兴院从中筛选出 736 家出版社的 1818 种优质图书，并投入 5.59 亿韩元电子书制作费。多媒体型电子书制作扶持项目是指在出版前征集优秀图书企划案，如果通过多媒体展现后专家判断其在学术、文化上价值巨大，就进行投资制作。2019 年共选取了 20 家出版社的 20 种图书，每种资助 1000 万韩元制作费。有声读物制作扶持项目是在需求持续增加的情况下，通过扶持优秀有声读物来加强有声读物项目的生产能力，并确保项目的多样性。2019 年，韩

国出版文化产业振兴院对34家出版社42种有声读物提供了制作费支持。（见表6）

表6 2019年优秀电子出版物制作扶持情况

单位：种

类别	文化	实用	人文	学术	儿童	教养	青少年	政治社会	经济经营	宗教	艺术	其他	合计
文本型	414	105	186	72	230	83	93	130	107	63	45	290	1818
多媒体型	1	1	—	—	8	—	1	—	—	—	1	8	20
有声读物	14	1	10	—	3	1	3	3	—	—	—	7	42
合计	429	107	196	72	241	84	97	133	107	63	46	305	1880

资料来源：韩国文化体育观光部《2019年文化信息产业白皮书》。

有声读物一方面有效地缓解了当代人日常工作、生活中累积的视觉疲劳，并且给无暇进行纸质阅读的人提供了一种新型阅读方式，这就无形中维护了一定数量的客户群体。另一方面，目前有声读物制作费用高于电子书，且流通渠道尚未发育成熟，存在一定市场局限性。有声读物从2018年开始在韩国出版市场崭露头角，在2019年正式进军出版业，尤其是语音合成技术的发展使有声读物的制作成本大大降低，并且大大提高了用户体验。教保文库数据显示，2019年在韩国销售的有声读物达2429种，比上一年度增长了418%，越来越多的出版方选择不出版纸质书，直接以有声读物的形式让出版物与读者见面。在日常使用电子产品的年轻人中，有声读物深受喜爱，而且越来越多的平台开始提供有声读物订阅服务。有声读物是当前韩国发展最迅速的新型出版产业模式，未来有声读物市场规模有望超过电子书，成为数字出版的主要形式。

2003年以来，韩国实施图书定价制，因电子书归属于图书，这一制度一直饱受争议。2019年11月，超过20万韩国民众在青瓦台请愿网站上要求废止图书定价制，请愿者认为该制度并没有促进出版市场积极发展，反而导致图书销售价格上涨、电子书市场萎缩等负面效果。韩国现行的图书定价制将于2020年11月失效，因此2020年后电子书的定价机制也将成为备受关注的话题。

四、图书细分市场情况

2019年，在韩国图书细分市场中，教辅类图书表现一枝独秀，而畅销书榜单进一步向儿童类和文化类图书集中。在少子化的现代韩国，关注儿童教育、关注自身成长正成为主导畅销书的两大主题。

（一）各类图书具体情况

在图书类别中，辅导类、儿童类、文学类和社会科学类图书占总出版种数的56.4%、总出版册数的70.7%，可以成为2019年韩国图书市场的发展表征。其中，后三者在出版种数和发行册数方面占比均超过总量的10%，成为出版业偏重的图书；而辅导类图书虽然发行种数仅占4.4%，但发行册数占比达到26.3%，远远超过其他类别的图书发行数量，同时辅导类图书比第二名的儿童类图书（17.7%）高出8.6%，成为韩国出版业内一种现象级的存在，值得观察研究。

细分来看，与2018年相比，辅导类图书在出版种数、总册数、平均册数上均实现正增长，其中出版种数和册数涨幅超过10%，在近几年持续占据市场榜首的基础上，辅导类图书仍然兴盛不衰；文学类图书共出版13567种，实现微弱增长，种类依旧保持最多，占比总种类数的20.7%，但发行册数略有下降；社会科学类图书共出版12375种，增加了4.1%，位居第二，占比18.9%；但发行册数下降了3.7%。儿童类图书共出版8078种，增长了10.8%，占比为12.4%，但发行册数下降了11.2%，增长率下滑相对明显。（见表7）

表7 2018—2019年四类图书出版情况

类别	新版图书出版种数 2018（种）	2019（种）	增长率（%）	比例（%）	新版图书发行册数 2018（册）	2019（册）	增长率（%）	比例（%）
辅导书	2572	2855	11.0	4.4	23026696	26253199	14.0	26.3
文学	13346	13567	1.7	20.7	14259651	13992195	-1.9	14.0
社会科学	11881	12375	4.1	18.9	13148703	12666599	-3.7	12.7
儿童	7289	8078	10.8	12.4	19904680	17678565	-11.2	17.7
合计	35088	36875	5.1	56.4	70339730	70590558	0.4	70.7

资料来源：大韩出版文化协会《2020年韩国出版年鉴》。

教育和辅导书出版市场受教育课程、教育政策、入学考试制度等影响较大。2019年是新教育课程政策(2015年修订)实施的第二年,因此以小学3～4年级、初中2年级、高中深化选修科目相关的自习书及评价问题最受相关读者群体关注，新版辅导书大量出版。另外，因为今后高考科目范围扩大及 EBS 教材与高考内容关联率减少 50% 的政策，近年来因保送及 EBS 教材垄断而停滞的高考书市场逐渐找回了活力，多家出版社出版了高考往年试卷集及多种多样的高考辅导书。

文学类图书中，戏剧类涨幅最大，为 1232.5%，随笔类和诗歌类涨幅分别为 16.5% 和 14.2%，其余均减少，小说类减少了 11.1%，其他减少 4.2%。（见表 8）

表 8　2018—2019 年文学图书出版情况

类别	文学图书出版种数（种）						
	诗歌	戏剧	小说	随笔	评论	其他	合计
2019	2505	533	4224	1164	2	5139	13567
2018	2193	40	4750	999	—	5364	13346
增长率（%）	14.2	1232.5	-11.1	16.5	—	-4.2	1.7

资料来源：大韩出版文化协会《2020 年韩国出版年鉴》。

2019 年，韩国文学的女权主义潮流依然盛行，并开始向关注性少数群体的同性文学扩展。此外，韩国科幻小说崛起，正式进军海外市场，科幻期刊实现创刊。而讨论当代工作和生活关系、关注底层民众的劳动和生计问题的 "21 世纪劳动文学" 受到广泛关注，可以说是韩国文学界发展的亮点之一。

2019 年儿童类图书的发行市场比往年更加活跃。2015 年韩国教育部修订教育课程，并从 2018 年开始施行 "一个学期读一本书" 的教育政策，这对儿童类图书市场的发展起到了很大促进作用。根据韩国第一网络书店——YES24 书店统计，2019 年儿童类图书销售量与 2018 年相比增长了 20%，创下了最高增长率；同时，在 2019 年畅销书前 100 位的榜单中，儿童类图书以 19 本的数量占据第一位。

另外，大韩出版文化协会根据教保文库、永丰文库、阿拉丁、YES24、韩国出版流通振兴院、国立中央图书馆等相关统计资料为基础，发布了《出版产业动向——2019 下半年》（「출판산업동향-2019 하반기」），采用的统计标准与《2020 年韩国出版年鉴》有所差别，但可以从另一个角度来观察 2019 年韩国图书出版细分市场的情况。（见表 9）

表9　2018—2019年 KPIPA[①] 新版图书发行种数

类别	细分	发行种数（种） 2018	发行种数（种） 2019	增长率（%）
幼儿童	幼儿	2739	2863	4.5
幼儿童	儿童	4559	4474	−1.9
幼儿童	小计	7298	7337	0.5
教育	小学辅导书	3944	4385	11.2
教育	中学辅导书	6092	4827	−20.8
教育	外语	1923	1951	1.5
教育	就业/考试/资格证	10658	11983	12.4
教育	小计	22617	23146	2.3
文学	小说	7573	7124	−5.9
文学	诗歌/随笔/戏剧等	7064	7873	11.5
文学	小计	14637	14997	2.5
人文	哲学/心理	1621	1753	8.1
人文	历史/文化	1903	1962	3.1
人文	宗教	4936	5388	9.2
人文	其他人文学	3217	2314	−28.1
人文	小计	11677	11417	−2.2
艺术/大众文化	艺术/大众文化	3835	3764	−1.9
实用	自我开发	1490	1528	2.6
实用	家庭/生活	544	559	2.8
实用	料理/兴趣	1130	1082	−4.2
实用	健康/体育/休闲	1067	996	−6.7
实用	旅游	879	985	12.1
实用	小计	5110	5150	0.8
社会科学	政治/社会	5505	5527	0.4
社会科学	经济/经营	3929	3804	−3.2
社会科学	小计	9434	9331	−1.1
科学技术	IT/电脑	1498	1483	−1.0
科学技术	自然科学	971	1033	6.4
科学技术	技术科学	4813	4057	−15.7
科学技术	小计	7282	6573	−9.7

① 韩国出版文化产业振兴院。

续表

类别	细分	发行种数（种） 2018	发行种数（种） 2019	增长率（%）
	合计	81890	81715	-0.2

资料来源：大韩出版文化协会《出版产业动向——2019下半年》

在教育类和文学类图书统计项中，前后两种统计方法在数值上有较大差别，但在发展趋势上却是一致的，可以进行相互印证。

首先，教育类实现了2.3%的增长，其中"就业/考试/资格证"类图书2019年共发行11983种，与2018年相比增加了1325种，增幅为12.4%。韩国青年就业问题严峻，中年劳动者提前退休和重新就业现象频发、各类资格证书在就业中的需求增强等原因使部分读者对相关领域图书需求增加。在学生教育类图书方面，小学辅导书同比增长11.2%，而中学辅导书却同比减少20.8%。

2019年，文学图书中的"诗歌/随笔/戏剧"类图书发行种数为7873种，与前一年相比增加了809种，其中相当一部分为随笔类图书。近年来，一些贴近生活、浅显易懂的感性散文类图书深受韩国年轻人的追捧，销量持续上升。2019年，著名文学作家的随笔集比往年出版、再版更频繁。随笔类图书的属性已随着时代发展变得多元化，已经很难再被归类为文学图书的下级类别，同时传统文学性散文、随笔所占的比例非常小。

在图书分类销售方面，可以通过韩国YES24书店2018—2019年各类图书销售数据管中窥豹。在2019年各类别的图书销售量中，初高中辅导书销售量为15.9%，继2018年之后再次位居第一。受韩国教育政策改革的影响，儿童和青少年图书销量分别增长20%和15%，小学辅导书销量也增长19%。与此同时，读书教育法、共情对话法等子女教育类图书和简餐食谱类图书人气颇高，家庭生活类图书的销售量也比2018年增加了20%。

另一方面，日本单方面将韩国移出贸易白名单，导致日韩关系恶化，韩国国民反日情绪高涨。同时，韩国民间展开抵制日货运动，也反对前往日本旅游。受此影响，2019年下半年旅游类图书的销售量大幅减少，同比下降16%。漫画/轻小说类图书也受抵制日货运动的影响，销售量降幅较大。（见表10）

表10 2018—2019年YES24书店各类别图书销售量比例及增长率

单位：%

分类	销售量比例 2018	销售量比例 2019	销售量增长率
初高中辅导书	15.1	15.9	11
儿童	8.8	10.1	20
小学辅导书	7.4	8.4	19
小说/诗歌/戏剧	6.7	6.1	−5
考试/资格证	5.6	5.7	7
幼儿	6.0	5.6	−1
漫画/轻小说	5.9	4.9	−13
国语/外语	4.9	4.6	−2
经济/经营	4.4	4.4	7
散文	4.0	3.7	−3
人文	3.4	3.6	12
家庭生活	2.8	3.2	20
自我开发	3.3	3.0	−4
期刊	3.2	2.8	−10
宗教	2.7	2.7	9
艺术	2.3	2.3	7
青少年	1.9	2.1	15
社会/政治	2.1	2.1	6
健康/兴趣	2.2	2.0	−2
IT/手机	2.0	1.9	0
大学教材	1.5	1.5	3
历史	1.3	1.2	−2
自然科学	1.1	1.1	6
旅游	0.8	0.6	−16
全集	0.6	0.4	−18
合计	100.0	100.0	5

资料来源：YES24《2019年YES24畅销书分析和图书销售动向报告》

（二）畅销书情况

"读书教育""YouTuber"和"矛盾"可以说是2019年畅销书的三大流行趋势和关键词。从2019年YES24书店的前100位畅销书在各领域的分布情况来看，儿童、小说/诗歌/戏剧和经济/经营类图书比重上升，自我开发类图书比重下降。教育政策改革大大促进了儿童书市场的发展，将热门YouTube内容制作成漫画形式的儿童图书和《薛民锡的韩国历史大冒险》等系列学习漫画受到儿童和父母的欢迎。优途（YouTube）视频已然成为读者发现和接触图书的重要渠道之一，正悄然改变着各大畅销书排行榜，小说家和诗人出版的随笔也通过YouTube得到很好的宣传效果。另外，"日韩贸易纷争""性别平等"和"90后正式进入社会"等社会热点问题提高了大众对历史、性别、年龄等话题的关注度，并带动相关图书的销售流行趋势。（见表11）

表11　2019年YES24综合畅销书前100名分类情况

类别	2018（种）	2019（种）	增减量（%）
儿童	13	19	6
小说/诗歌/戏剧	13	14	1
随笔	13	13	0
人文	11	12	1
国语/外语/词典	14	10	−4
经济/经营	6	9	3
家庭生活	4	7	3
自我开发	11	5	−6
历史	2	4	2
自然科学	3	2	−1
社会/政治	3	1	−2
青少年	0	1	1
幼儿	2	1	−1
健康/兴趣	0	1	1
艺术	0	1	1
考试/资格证	4	0	−4
外国图书	1	0	−1
合计	100	100	—

资料来源：YES24《2019年YES24畅销书分析和图书销售动向报告》

随笔类图书已连续三年占据韩国年度畅销书榜首位。2019年综合畅销书排行榜的第一名是作家金荣夏的旅行随笔《旅行的理由》，书中记录了作者在旅行中获得的感想。慧敏大师的《越宁静越明亮的事物》排名第六，作家金秀贤的《我以我的方式生活》排名第七。在繁忙的现代社会，人们越发容易失去自我，这些随笔为如何坚守本心、活出自我提供了各种建议，从而聚集了大量人气。值得一提的是，在优途（YouTube）拥有110多万名订阅者的EBS新卡通形象——企鹅"Pengsoo"一经面世就吸引了众多粉丝，收录其经典语录的日记本《今天也是Pengsoo，明天也是Pengsoo》仅预售就排在畅销榜第13位。

2019年是韩国"三一"运动和临时政府成立100周年，随着日本和韩国贸易争端的爆发，回顾韩国历史的图书和对日本政治、文化、历史认识深度分析的图书受到读者的广泛关注。金英玉（音）的《我们太不了解了》出版后连续9周登上当年历史类畅销书榜首，《1919》《菊与刀》《反日种族主义》等图书也出现在历史类畅销书榜单的前列。

小说《82年生的金智英》再现了韩国当代女性生活，唤起韩国社会对性别平等问题的关注。2019年年初，以男性的视角看待性别平等的《82年生的金振宇的辩解》出版，再次引发大众关于性别矛盾的讨论。而2019年10月，《82年生的金智英》同名电影上映后，小说逆势重新回到10月第4周综合畅销书排行第1位，并在YES24综合畅销书榜排名年度第17位、小说领域排名年度第1位。

2019年，实用主义人文教养类图书销售市场表现突出，在畅销书排行榜位列前位，以通俗笔法阐述人生哲学、心理学的图书受到人们的欢迎，相关代表作品有日本作家山口周的《哲学如何成为人生的武器》（第5位）、韩国精神科医学家郑惠信（音）的《你是正确的》（第9位）以及《人生十二法则》（第20位）。

知名人士的推荐已然成为图书畅销的有力推动因素之一。2019年通过名人宣传而进入畅销榜单的图书也占了很大比例。比如排名第3位的《90后来了》就是由文在寅总统推荐给青瓦台职员的图书。排名第4位的《小习惯的力量》也是通过优途（YouTube）热门频道"金美京TV"的介绍为大家所熟知。另外，拥有150万名订阅者的人气优途（YouTube）创作者"常见兄妹"出版的儿童漫画《常见兄妹》第一部和第二部分别排在第18位和第15位。（见表12）

表 12　2019 年 YES24 综合畅销书前 20 位

排名	领域	书名
1	随笔	《旅行的理由》
2	家庭生活	《学习头脑读书法》
3	经济经营	《90 后来了》
4	自我开发	《小习惯的力量》
5	人文	《哲学如何成为人生的武器》
6	随笔	《越宁静越明亮的事物》
7	随笔	《我以我的方式生活》
8	小说/诗歌/戏剧	《像看花一样看你》
9	人文	《你是正确的》
10	国语/外语/词典	《Hackers 托业单词》
11	国语/外语/词典	《ETS 托业定期考试——往年试题集 1000 READING》
12	儿童	《薛民锡的韩国历史大冒险 9》
13	随笔	《今天也是 Pengsoo，明天也是 Pengsoo》
14	国语/外语/词典	《ETS 托业定期考试——往年试题集 1000 LISTENING》
15	儿童	《常见兄妹 2》
16	自我开发	《说话的艺术》
17	小说/诗歌/戏剧	《82 年生的金智英》
18	儿童	《常见兄妹 1》
19	人文	《人类简史：从动物到上帝》
20	人文	《人生十二法则》

资料来源：YES24《2019 年 YES24 畅销书分析和图书销售动向报告》

五、图书销售渠道情况

书店是图书销售的主渠道。近年来，韩国实体书店持续减少，受益于政策保护，独立书店虽发展迅速，但兴替频繁；网络书店逐渐成为销售主要途径，图书经营向头部企业集中、向手机端倾斜的趋势日益明显。

（一）书店发展概况

2014 年 11 月，修订后的图书定价制开始施行，主要销售咖啡、酒类和其他综合商品的"独立书店"（也被称为复合型书店、综合书店、潮流书店等）在 2015 年后如雨后春笋般涌现，韩国出版业将其作为"其他书店（独立书店）"类别进行单独统

计，并不包括在一般书店统计数据内。根据韩国书店组织联合会（한국서점조합연합회）两年一次的定期调查结果，截至2019年韩国实体书店共有2320家，除去一般书店1976家，其他书店（独立书店）有344家。与2017年相比，一般书店同比减少3.6%，其他书店数量同比增加14.3%。近年来，韩国书店数量持续减少，但是下降趋势有所减缓。

韩国一般书店地域分布不均，在韩国首都首尔以及六大广域市（仁川、釜山、蔚山、大邱、大田、光州）的一般书店有1022家，占全国51.7%，京畿道及地方的一般书店数量占全国的48.3%。但是在韩国以郡为单位的二级行政区中，仍有5个郡目前没有书店，44个郡目前只有1家书店，由于"少子化"和人口向大城市集中的趋势，当地的一般书店正濒临绝迹。

截至2019年底，全国共有344家独立书店，与2017年相比增加43家，与2015年相比增加295家，这些独立书店主要分布在年轻人聚集的首都圈和著名旅游城市济州岛。（见表13）

表13 2003—2019年书店数量情况

单位：家

年份	2003	2005	2007	2009	2011	2013	2015	2017	2019
一般书店	3589	3429	3247	2846	2577	2331	2116	2050	1976
其他书店（独立书店）	—	—	—	—	—	—	49	301	344
合计	—	—	—	—	—	—	2165	2351	2320

资料来源：大韩出版文化协会《2020年韩国出版年鉴》。

另一方面，根据"小区书店"网站统计，2019年在该网站登录注册的独立书店达到650家，其中551家正常运营，与2015年的97家相比增长了4倍以上，另外99家宣布休业或停业。（见图2）该数据或可说明，独立书店在韩国发展迅速，但兴替频繁，业态远未成熟。目前去独立书店的消费者主要还是以体验展示、阅读讨论、开展图书研讨会等为主，以购买图书为目的的消费者并不多。

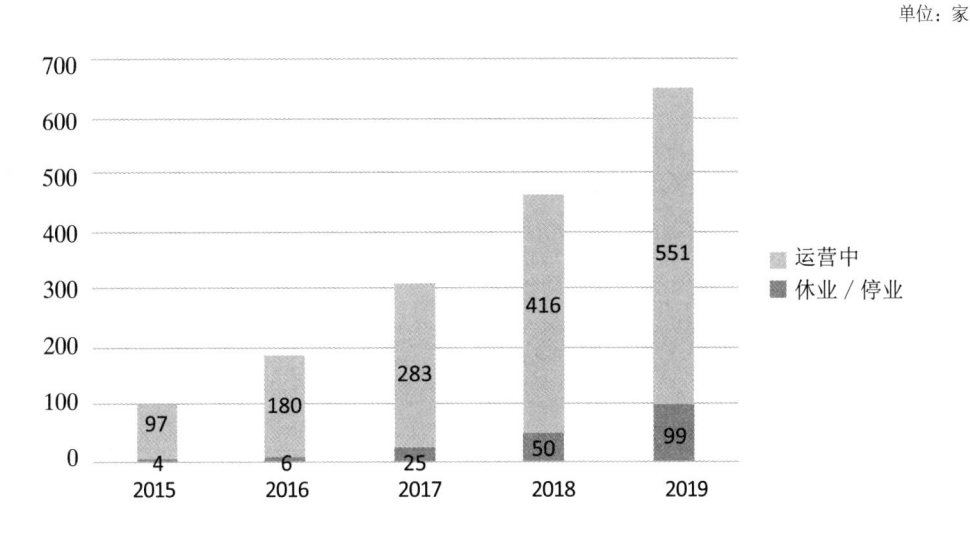

图 2　2015—2019 年其他书店（独立书店）发展情况

资料来源：小区书店网站数据 https://www.bookshopmap.com/

（二）韩国六大书店运营情况

韩国大型零售书店主要有六家，分别为教保文库、YES24、阿拉丁、InterParkINT、首尔文库、永丰文库。其中教保文库、首尔文库和永丰文库兼具实体书店和网络书店业务，YES24、InterParkINT 和阿拉丁则为专门的网络书店。

2019 年韩国六大零售书店的图书销售额为 1.88 万亿韩元，与 2018 年相比增加了 573 亿韩元，同比增加 3.1%。YES24、阿拉丁、InterParkINT（图书部分）三家网络书店 2019 年销售额为 1.06 万亿韩元，同比增长 2.8%。另外三家线上 / 线下并行的综合书店（教保文库、永丰文库、首尔文库）的销售额为 8241 亿韩元，同比增长 3.6%。（见表 14）

表 14　2017—2019 年六家大型零售书店销售情况

2019 排名	2018 排名	书店名	销售额（亿韩元） 2017	销售额（亿韩元） 2018	销售额（亿韩元） 2019	2019/2018 增长率（%）
1	1	教保文库	5450	5684	6100	7.3
2	2	YES24	4397	4586	5120	5.4
3	3	阿拉丁	3237	3563	3570	0.2

续表

2019 排名	2018 排名	书店名	销售额（亿韩元） 2017	销售额（亿韩元） 2018	销售额（亿韩元） 2019	2019/2018 增长率（%）
4	4	InterParkINT（图书部分）	1578	1870①	1886	0.9
5	5	永丰文库	1365②	1443	1449	0.4
6	6	首尔文库	1105	827	692	−16.3
合计			17131	18243	18817	3.1
仅有线上销售渠道书店小计（YES24+阿拉丁+InterParkINT）			9212	10290	10576	2.8
线上+线下销售渠道书店小计（教保文库+永丰文库+首尔文库）			7920	7954	8241	3.6

资料来源：金融监督院电子公示、大韩出版文化协会《2019年出版市场统计（2020.5.26）》

图书流通市场结构逐渐趋向于网络市场主导。2019年，韩国六大网络/实体书店的营业利润为380.47亿韩元，同比增加33.9%，三家网络书店增幅50.4%，三家线上/线下并行书店只增加了1.8%。（见表15）

表15 2017—2019年主要书店利润情况

2019 排名	2018 排名	书店名称	营业利润（亿韩元） 2017	营业利润（亿韩元） 2018	营业利润（亿韩元） 2019	2019/2018 增长率（%）
1	1	阿拉丁	129.30	167.39	168.48	0.6
2	4	YES24	26.28	17.79	80.24	351.1
3	2	教保文库	55.56	49.58	56.21	13.4
4	6	InterParkINT（图书部分）	−94.71	2.48	33.55	1251.4
5	3	永丰文库	24.46	40.01	27.37	−31.6
6	5	首尔文库	1.23	6.87	14.62	112.9
合计			142.12	284.12	380.47	33.9
仅有线上销售渠道书店小计（YES24+阿拉丁+InterParkINT）			60.87	187.66	282.27	50.4
线上+线下销售渠道书店小计（教保文库+永丰文库+首尔文库）			81.25	96.46	98.20	1.8

资料来源：金融监督院电子公示、各出版社2019年审计报告书数据摘要、大韩出版文化协会《2019年出版市场统计（2020.5.26）》

① InterParkINT（图书部分）：在2019年的《事业报告书》中对2018年各部门业绩数据进行调整，销售额由1880亿韩元更新为1870亿韩元，营业利润由12.21亿韩元更新为2.48亿韩元。

② 永丰文库：2018年开始首次使用一般企业会计基准进行结算，对2017年经营结果进行了调整，销售额由1352亿韩元更新为1365亿韩元，营业利润由21.05亿韩元更新为24.46亿韩元。详细参照2018年永丰文库审计报告书第26条注释。

（三）网络书店发展情况

据韩国统计局公布的《2019年韩国图书类网络购物交易额》数据显示，2019年，韩国图书类的网络购物销售额为1.86万亿韩元，同比增长5%。从2012年起，韩国的网络书店销售额一直呈下降趋势，直至2014年才回升到1.28万亿韩元，同比增长7.0%。但2015年，交易额仅有1.15万亿韩元，同比大降10.1%。为打破市场萎缩局面，韩国各大网络书店积极采取市场促销措施，从2016年开始，网络书店的销售额呈恢复趋势。（见表16）

表16　2012—2019年网络书店销售额情况

年份	2012	2013	2014	2015	2016	2017（旧）	2017（新）[①]	2018	2019
销售额规模（亿韩元）	12728	11962	12804	11512	13406	14820	16819	17694	18587
增长率（%）	-0.1	-6.0	7.0	-10.1	16.5	10.5	—	5.2	5.0

资料来源：韩国国家统计局国家统计信息门户（KOSIS）《2019年网络购物动向调查》

以韩国3家大型网络书店的2019年销售情况为例。YES24的2019年销售额为5120亿韩元，同比增长5.4%，2015年以后一直亏损的状况也得到了扭转。阿拉丁2019年的销售额为3570亿韩元，同比增加0.2%，保持原地踏步。InterParkINT图书部门2019年销售额为1886亿韩元，同比增加0.9%。3家网络书店总销售额连续两年突破1万亿韩元，发展势头正在逐步超越实体书店。（见表14）2020年，网络书店能否再接再厉保持正增长趋势，备受各界关注。

近年来，越来越多的读者通过社交网络平台（SNS）、YouTube视频等形式来了解最新图书或者畅销书的主要内容和制作质量，网络书店购买图书的主要渠道也迅速由电脑端向手机端转移。2019年，通过电脑端进行图书交易的销售额为1.07万亿韩元，与2018年的1.1万亿韩元相比减少2.5%。另一方面，得益于智能手机的普及和各类购物应用程序的不断开发完善，2019年韩国通过手机渠道购买图书的销售额比例占整体的42.5%，为7904亿韩元，与2018年相比增加17.3%。（见表17）近年来，

---

① 2017年韩国网络购物动向调查的调查样本新加入了中小型购物网站的交易额，因此2017年新的网络书店销售额数据与上一年发生较大偏差，2016年以前的数据和2017年以后的数据无法进行直接比较。

手机端销售额一直保持两位数高速增长，所占比例越来越大。可以预见，手机端销售额很快将会超越电脑端，因此越来越多的出版社也将图书销售宣传的重心向手机平台转移。

表17 2015—2019年图书网络销售情况细分

年份	总销售情况 销售额(亿韩元)	年增长率(%)	电脑端销售 销售额(亿韩元)	年增长率(%)	手机端销售 销售额(亿韩元)	年增长率(%)	比例(%)
2015	11511.95	-10.1	8719.46	-17.7	2792.49	26.1	24.3
2016	13406.29	16.5	9359.04	7.3	4047.26	44.9	30.2
2017（旧）	14819.71	10.5	9509.74	1.6	5309.98	31.2	35.8
2017（新）	16818.76	—	11246.35	—	5572.38	—	33.1
2018	17693.97	5.2	10955.96	-2.6	6738.01	20.9	38.1
2019	18587.12	5.0	10683.17	-2.5	7903.96	17.3	42.5

资料来源：韩国国家统计局国家统计信息门户（KOSIS）《2019年网络购物动向调查》

六、国民阅读情况

近年来，韩国国民阅读率、阅读量持续走低，视频媒体软件使用率大幅上升。尽管图书馆使用率保持稳定，但是年龄越大的人去图书馆读书越少的问题值得关注。

（一）2019年国民阅读情况

根据韩国统计厅《家庭收支情况动向调查》（청한국통계청「가계동향조사」），2009年以来韩国家庭的文化娱乐支出一直呈增长趋势。2019年韩国人每周最主要休闲娱乐活动为"收看电视"，占71.4%，其次为"聊天、通话、发信息""购物、外出就餐"和"上网冲浪、制作视频、使用社交网络平台（SNS）"等，分别占调查对象的38.2%、37.4%和35.5%，"阅读"并没有出现在2019年韩国人十大休闲娱乐活动的榜单上。购买图书这一项目所占的比重自2010年以来不断下降，2019年韩国家庭月平均购买图书的费用为11069韩元，与2018年相比减少8.2%，所占比重也仅有6.1%。（见表18）

表18 2009—2019年韩国家庭月平均文化娱乐和购买图书支出情况

项目	分类	2009	2010	2011	2012	2013	2014	2015	2016	2017[①]	2018	2019
娱乐文化	金额（韩元）	112251	126568	128946	135691	138991	146814	149908	149652	174693	191772	180301
图书	金额（韩元）	21211	21902	20570	19026	18690	18154	16623	15335	12157	12054	11069
	比例（%）	18.9	17.3	16.0	14.0	13.4	12.4	11.1	10.2	7.0	6.3	6.1

资料来源：韩国统计厅《2019年家庭收支情况动向调查》

2019年，韩国国民人均纸质书购买数量为成人2.5本、学生4.3本，人均购买图书费用分别为35000韩元和37000韩元。电子书人均年购买数量成人为0.9本，学生为0.9本，人均年购买费用分别为5000韩元和3000韩元。有声读物年人均购买数量成人为0.1本，学生为0.2本，年人均购买费用分别为1000韩元和1000韩元以下。

韩国文化观光部2019年进行的国民阅读情况调查[②]数据显示，2019年国民阅读率[③]和阅读量[④]均有所减少。在过去一年间（2018年10月至2019年9月），韩国19岁以上的成人中，除了教科书、辅导书、高考书以外，阅读了一本以上普通纸质书的比例为52.1%；不满19岁的国民中，这个比例为90.7%。

如果加上电子书阅读，韩国2019年纸质书和电子书综合阅读率为成人55.4%、学生91.9%，与2017年的调查结果相比，成人减少6.9%，学生减少1.3%。在2019年的调查中，将有声读物收听情况也进行了统计，纸质书、电子书和有声读物年度综合读书率（一种以上纸质书、电子书、有声读物的阅读或收听比率）为成人55.7%、学生92.1%。（见图3、图4）

---

① 2017年开始，调查对象变更为1人以上家庭，而2017年之前则为2人以上家庭，所以前后数据不宜直接比较。
② 调查期间为2018年10月至2019年9月，人数共9329名，其中成人6000名（19岁以上）、学生3126名（小学/初中/高中）。
③ 年阅读率：去年一年（2018年10月至2019年9月）读过一本以上一般图书的人的比率（不包括定价刊物、漫画等）。
④ 年阅读量：包括一年间（2018年10月至2019年9月）一本一般图书都没读过的受访者。

图 3 2019 年韩国成人读书率情况

单位：%

类别	2017 年	2019 年
纸质书	59.9	52.1
纸质书＋电子书	62.3	55.4
纸质书＋电子书＋有声读物	0	55.7

资料来源：韩国文化体育观光部《2019 年国民阅读现状调查》

图 4 2019 年韩国学生读书率情况

单位：%

类别	2017 年	2019 年
纸质书	91.7	90.7
纸质书＋电子书	93.2	91.9
纸质书＋电子书＋有声读物	0	92.1

资料来源：韩国文化体育观光部《2019 年国民阅读现状调查》

韩国 19 岁以上成年人 2019 年阅读率为纸质书 52.1%、电子书 16.5%、有声读物 3.5%，其中电子书与 2017 年相比增加了 2.4%。50 岁以上成年人及社会经济弱者（低收入者、蓝领、无业、低学历、偏远地区居住者）的读书率呈现出减少的趋势。成人纸质图书阅读率从 2011 年的 66.8% 下降到 2019 年的 52.1%，10 年间减少了近 20%，下降幅度很大。（见表 19）另外，成人纸质期刊和网络漫画阅读率分别为 20.1% 和 19.9%。

表 19 2011—2019 年成人阅读率情况

单位：%

种类	2011	2013	2015	2017	2019
纸质书	66.8	71.4	65.3	59.9	52.1
电子书	16.5	13.9	10.2	14.1	16.5

续表

种类	2011	2013	2015	2017	2019
有声读物	—	—	—	—	3.5
纸质书＋电子书	73.7	72.2	67.4	62.4	55.4
纸质书＋电子书＋有声读物	—	—	—	—	55.7

资料来源：韩国文化体育观光部《2019年国民阅读现状调查》

学生群体在不同媒介的阅读率为纸质书90.7%、电子书37.2%、有声读物18.7%，与2017年相比，纸质书减少1.0%，电子书增加7.4%。据调查，学生的期刊阅读率在30%以上（纸质期刊32.6%，网络期刊31.6%），漫画阅读率在70%以上（漫画书74.3%，网络漫画79.8%）。

纸质书阅读量方面，除教科书、辅导书和考试书以外，2019年韩国成人人均年阅读量为6.1本，与2017年调查结果相比减少2.2本。2007年成人人均年阅读量为12.1本，自此一直呈下降趋势。在读者群体当中，2019年纸质书人均阅读量为11.8本，比2017年减少2本。2019年学生人均阅读量为32.4本，与2017年相比减少2.2本。其中小学生为69.8本，初中生为20.1本，高中生为8.8本；与2017年相比，小学生的阅读量增加2.7本，初中生增加1.6本，高中生阅读量保持不变。如果从年龄进行细分，成人年龄越低，读书量越多，学生则是年级越低，读书活动越丰富。

2019年韩国成人纸质书和电子书的人均阅读量为7.3本，与2017年9.4本相比减少2.1本，学生人均为38.8本，增加4.5本。仅看读者群体，成人阅读量为13.2本，学生为42.7本，与2017年相比各减少1.8本和5.9本。

从2019年纸质书、电子书和有声读物综合阅读量来看，韩国成人整体平均为7.5本，学生整体平均为41本，其中小学生为86.9本，初中生25.5本，高中生12.5本。58.2%的成人和48.8%的学生认为自己的阅读量太少。（见图5、表20）

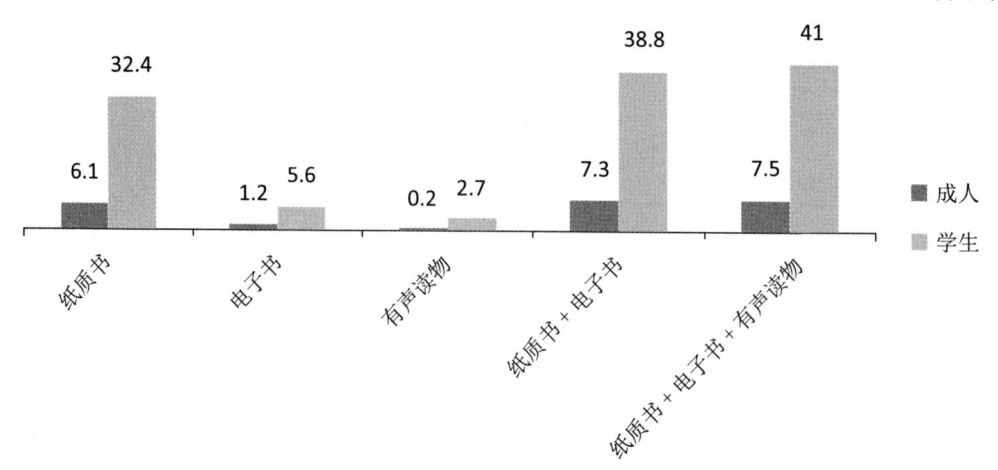

图 5　2019 年成人、学生读书量情况

资料来源：韩国文化体育观光部《2019 年国民阅读现状调查》

表 20　2011—2019 年成人阅读量情况

单位：本

阅读量	2011 整体平均	2011 读者基准	2013 整体平均	2013 读者基准	2015 整体平均	2015 读者基准	2017 整体平均	2017 读者基准	2019 整体平均	2019 读者基准
纸质书	9.9	14.8	9.2	12.9	9.1	14.0	8.3	13.8	6.1	11.8
电子书	—	—	1.0	6.9	0.7	7.2	1.1	7.9	1.2	7.1
有声读物	—	—	—	—	—	—	—	—	0.2	5.5
纸质书+电子书	—	—	10.2	19.8	9.9	14.6	9.4	15.0	7.3	13.2
纸质书+电子书+有声读物	—	—	—	—	—	—	—	—	7.5	13.5

资料来源：韩国文化体育观光部《2019 年国民阅读现状调查》

另外，韩国统计厅《2019 年社会调查》的结果显示，2018 年 5 月 15 日至 2019 年 5 月 14 日的一年间，韩国 13 岁以上的读书人口占全体国民的 50.6%，他们的年阅读量为 14.4 本，为 10 年来的最低值。年龄越大，读书人群的比重和阅读量就越低，在所有年龄层里，教养类图书最受欢迎。（见图 6）

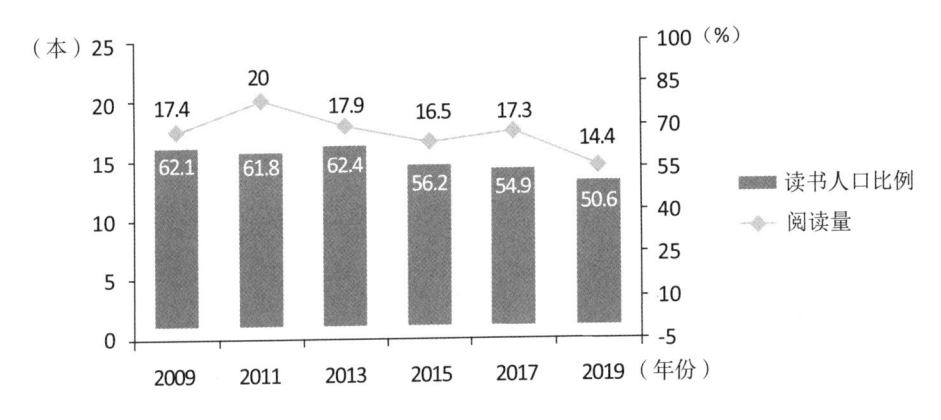

图 6 2009—2019 年读者（13 岁以上）平均读书量情况

资料来源：韩国统计厅《2019 年社会调查》

以纸质书为例，包括非读书人群在内的成人平均读书时间为平日 25.0 分钟、休息日为 21.9 分钟，学生平日为 69.5 分钟、休息日为 56.9 分钟，成人和学生更多使用平日时间进行阅读。排除非阅读人群后，成人平日读书 48 分钟、周末 41.9 分钟，学生平日读书 78.2 分钟、周末 64 分钟。（见表 21）

表 21 2019 年成人、学生使用各媒介的阅读时间情况

单位：分钟

媒介	平日 整体平均 成人	平日 整体平均 学生	平日 除去非阅读人群 成人	平日 除去非阅读人群 学生	周末 整体平均 成人	周末 整体平均 学生	周末 除去非阅读人群 成人	周末 除去非阅读人群 学生
纸质书	25.0	69.5	48.0	78.2	21.9	56.9	41.9	64.0
电子书	6.8	20.0	41.4	62.5	5.6	22.8	34.1	71.5
有声读物	1.3	6.3	37.4	41.9	1.0	4.7	29..3	30.9
纸质报纸	7.4	5.8	26.6	24.4	3.0	4.5	10.8	19.1
网络报纸	14.9	15.4	25.9	28.3	11.2	13.9	19.4	25.5
纸质期刊	4.7	7.2	23.4	27.9	3.5	5.8	17.5	22.5
网络期刊	1.6	8.3	25.1	33.1	1.3	7.6	19.7	30.2
漫画书	3.6	40.1	42.3	57.4	3.5	38.9	41.4	55.8
网络漫画	7.0	46.3	34.7	60.1	6.3	53.8	31.6	69.8

资料来源：韩国文化体育观光部《2019 年国民阅读现状调查》

调查结果显示，71.5%的成人纸质书和电子书的"阅读时间没有变化"，21.6%"阅读时间减少"，6.8%"阅读时间增加"；36.8%的学生"阅读时间增加"，36.7%"阅读时间没有变化"，4.2%"阅读时间减少"。在有声读物的阅读时间方面，大多数成人和学生均表示基本"没有变化"。

在纸质图书中，文学和题材小说在成人和学生中的人气最高。29.5%的成人喜欢阅读诗歌、小说、随笔等文学类图书，14.4%喜欢阅读推理、武侠、科幻、浪漫等主题明确的题材小说，10.3%的成人喜欢阅读自我开发相关图书，10.0%的成人喜欢阅读旅游、健康、娱乐类图书。成人对电子书种类喜好程度依次为题材小说（30.8%）、文学（19%）、旅游/健康/娱乐（10.2%）等，有声读物则依次为文学（26.1%）、题材小说（22.0%）、自我开发（9.3%）等。小学生喜好的纸质图书依次分别为小说（19.5%）、人物传记（12.2%）、娱乐（11.2%）、历史（10.9%）等，与2017年的调查结果基本一致。30.4%中学生喜欢阅读题材小说，17.3%喜欢阅读诗歌等文学作品，10.6%喜欢阅读和娱乐、演艺、体育、旅行等有关的图书，8.1%喜欢阅读科学、电脑、技术相关图书，6.7%则对就业类图书感兴趣。

调查数据显示，韩国成人年均纸质书阅读量和阅读率均呈现下降趋势，被问及阅读主要障碍时，29.1%的成人表示主要是因为受到智能手机、网络、游戏的影响，且该因素所占比例最大。而在2017年同一主题的问卷调查结果中，最大阅读障碍则是工作繁忙、没有时间。短短两年间，电子产品对人们生活所产生的影响值得深思。对学生来说，阻碍阅读的第一因素仍然是因为学业繁重，占比27.6%。

读书率持续下降、视频媒体使用率直线上升，对出版业产生了很大影响，提高包括弱势群体在内的所有国民的读书率，成为非常重要的出版产业支持方向。2019年，韩国政府投入9.95亿韩元制作并发放了7.3万张图书交换券，用于小学、初中学生在地区书店和读书展上交换图书，后续还可用于参加各类读后感活动。同时，政府通过各类媒体进行多种读书宣传活动，积极营造全民阅读的文化氛围。

（二）图书馆情况

1. 公共图书馆使用情况

《2019年国民阅读现状调查》报告显示，成人公共图书馆使用率为23.9%，学生公共图书馆使用率为60.8%（其中小学生为68.5%，初中生为60.9%，高中生为

54%），与2017年相比，成人公共图书馆使用率上升1.7%，学生公共图书馆使用率减少2.2%。随着年龄的增加，公共图书馆使用率随之下降，20~30岁人群使用率为46.6%，60岁以上人群使用率则为9.7%，且成人与学生的阅读量和公共图书馆使用率成正比。

2019年，韩国19岁以上成人每月平均使用公共图书馆0.6次，学生每月平均使用2.0次，与2017年调查数据持平。如果只以公共图书馆使用者为调查对象，那么月平均使用次数为成人2.7次，学生3.3次（小学生4.4次，初中生2.8次，高中生2.7次）。年龄层越低（年级越低），公共图书馆的月使用率就越高，阅读量和公共图书馆使用率也成正比。整体来看，和2017年相比，2019年韩国成人和学生的公共图书馆月使用率变化不大。（见图7）

单位：次

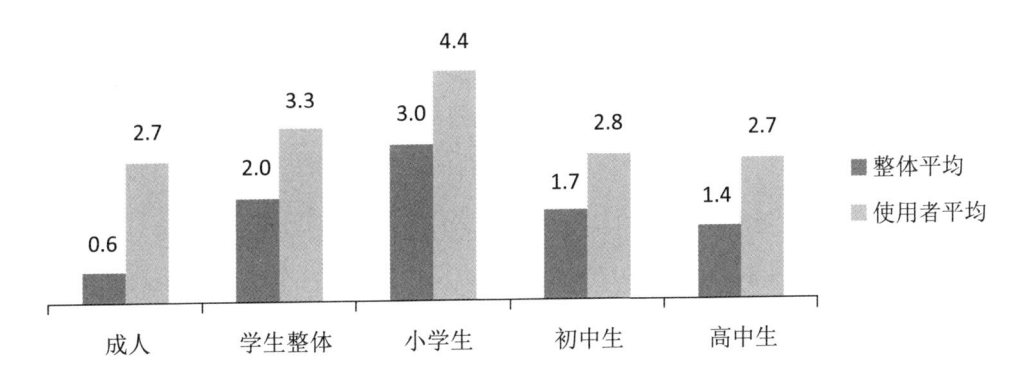

图7 2019年公共图书馆月平均使用情况

资料来源：韩国文化体育观光部《2019年国民阅读现状调查》。

在公共图书馆使用目的方面，59.8%的成人主要是为了读书或者借书，25.1%是为了学习，11.8%是为了检索资料、开展研究；52.8%的学生主要是为了借阅图书，26.8%是为了考试而在图书馆复习，11.4%是为了完成学校作业而在图书馆检索资料。成人和学生整体上使用公共图书馆的目的均为读书或者借书，但是高中生或者20岁左右的年轻人主要是为了学习和考试。

在谈及不使用公共图书馆的理由时，76.1%的成人表示工作太忙没有时间去，39.9%的成人表示自己并不看书所以不去；33.9%的学生表示离家远，24.2%的学生表示由于参加培训班和补习班没有时间去图书馆，13.2%则认为学校图书馆更加便利。

2. 学校图书馆使用情况

2019年韩国学生学校图书馆使用率为82.8%（小学生90.1%，初中生81.2%，高中生77.7%），与2017年学校图书馆的使用率相比略为减少，学生年级越高，学校图书馆的使用率越低，并且图书馆使用率与学生的阅读量有密切的关系。在使用学校图书馆的学生当中，大约13.9%的学生每天都去，45.8%的学生（小学生58.4%，初中生42%，高中生36.3%）每周去1~2次，可见由于学业负担加重，年级越高的学生学校图书馆使用率越低。

根据《2019年国民阅读现状调查》，43.1%的学生使用学校图书馆是为了借书，24.3%是为了阅读，除此以外，14%表示是为了学习和完成学校作业，8.1%则表示使用学校图书馆是因为有课程在图书馆进行。

就学校图书馆使用目的而言，年级越高，以"借书"为使用目的比例越高，以"读书"为使用目的比例越低，而主要以读书为使用目的的学生年读书量也相对较多。

在2019年参加调查的3126名学生中，有511名表示从来不使用学校图书馆。这些学生当中，30.5%的学生认为学校图书馆没有值得阅读的图书，这种回答主要集中在高年级学生群体。24.1%因为要上补习班而没有时间去学校图书馆，这种回答则主要集中在低年级学生群体。另外20.6%的学生不使用学校图书馆是因为距离问题。

七、相关企业情况

1987年10月，韩国政府开始施行《出版社登记自律化措施》（「'출판자율화'조치」），出版社成立由登记制转向申请制，大量出版社随之涌现。到了1988年，韩国国内出版社数量激增至4397家，与1987年的3000家相比，增加了46.6%。2003年2月27日《出版印刷振兴法》（「출판인쇄진흥법」）实施后，出版社或者印刷厂必须在政府注册登记，增长趋势因此逐渐放缓。

（一）2019年韩国出版社发展概况

2019年，韩国依据《出版文化产业振兴法》上报注册的国内出版社有62983家，比2018年增加6.2%。（见表22）2019年，韩国全国出版社中的77.0%（48474家）都聚集在首都圈（首尔、仁川、京畿道）附近，其中34126家位于首尔。

表22 2013—2019年出版社数量情况

类别	2013	2014	2015	2016	2017	2018	2019
出版社数量（家）	44148	46982	50178	53574	57135	59306	62983
同比增长率（%）	4.7	6.4	6.8	6.8	6.7	3.8	6.2
有业绩出版社数量（家）	5740	6131	6414	7209	7775	8058	7930
有业绩出版社比率（%）	13.0	13.0	12.8	13.5	13.9	13.6	12.6

资料来源：大韩出版文化协会《出版产业动向》（2019下）

根据大韩出版文化协会以纳本图书种类为调查对象进行的统计，2019年发行5种以下图书的出版社占韩国全部出版社的8.9%，6~10种的占1.5%，11~20种的占0.7%，其中发行1种图书以上的出版社为7930家，同比减少1.6%，无业绩出版社所占比例为87.4%，共有55053家。由此可以看出，从2017年以来，虽然出版社总量在不断增长，但是有业绩的出版社数量保持在8000家左右，或可说明韩国出版市场已经趋于饱和。（见表23）

表23 2015—2019年出版社业绩情况

发行种数	2015 出版社数量（家）	比例（%）	2016 出版社数量（家）	比例（%）	2017 出版社数量（家）	比例（%）	2018 出版社数量（家）	比例（%）	2019 出版社数量（家）	比例（%）
1~5	4278	8.5	4938	9.2	5397	9.4	5628	9.5	5580	8.9
6~10	837	1.7	906	1.7	969	1.7	967	1.6	934	1.5
11~15	381	0.8	406	0.8	421	0.7	475	0.8	441	0.7
16~20	234	0.5	240	0.4	239	0.4	233	0.4	221	0.4
21~25	148	0.3	122	0.2	159	0.3	165	0.3	152	0.2
26~30	108	0.2	100	0.2	98	0.2	107	0.2	104	0.2
31~40	120	0.2	132	0.2	146	0.3	137	0.2	137	0.2
41~50	71	0.1	80	0.1	75	0.1	75	0.1	85	0.1
51~100	138	0.3	162	0.3	159	0.3	150	0.3	161	0.3
100以上	99	0.2	112	0.2	112	0.2	121	0.2	115	0.2
小计	6414	12.8	7209	13.5	7775	13.6	8058	13.6	7930	12.6
无业绩出版社数量	43764	87.2	46365	86.5	49378	86.4	51248	86.4	55053	87.4

续表

发行种数	2015 出版社数量(家)	比例(%)	2016 出版社数量(家)	比例(%)	2017 出版社数量(家)	比例(%)	2018 出版社数量(家)	比例(%)	2019 出版社数量(家)	比例(%)
出版社总数	50178	100.0	53574	100.0	57153	100.0	59306	100.0	62983	100.0

资料来源：大韩出版文化协会《出版产业动向——2019下半年》

（二）主要出版社经营业绩情况

大韩出版文化协会公布的《2019年韩国出版市场统计》(「2019년출판시장통계」)调查结果显示，2019年韩国72家主要出版社的销售额为5.38万亿韩元，与2018年的5.03万亿韩元相比增长7.0%。72家主要出版社的利润为4685亿韩元，同比增长54.5%，出版社平均营业利润率为8.7%，比2018年的6.0%增加了2.7%。在72家出版社中，2019年盈利的出版社共有60家，占整体的83.3%。2019年，在销售额平稳增长的情况下，主要出版社利润实现大幅增长，经营情况明显改善。

从各出版社核心出版内容来看，主要有习题集、全集（成套出版销售图书）/教具、教科书/学习辅导书、单行本、外语及其他这五个部分。其中，出版"外语及其他""教科书/学习辅导书"为主的出版社实现了20%左右销售增长，其他出版社销售增长平稳，只有以习题集为主的出版社销售额出现了负增长，同比减少1.1%。（见表24）

表24　2017—2019年72家主要出版社销售业绩情况

出版主要内容类别	出版社数量	2019 销售额(亿韩元)	增长率(%)	利润额(亿韩元)	增长率(%)	2018 销售额(亿韩元)	利润额(亿韩元)	2017 销售额(亿韩元)	利润额(亿韩元)
习题集	9	23245	-1.1	1135	-2.5	23500	1164	24364	1454
全集/教具	13	9024	6.2	15	-93.8	8501	240	8451	432
教科书/学习辅导书	14	11622	19.2	2592	125.2	9746	1151	9278	1020
单行本	24	3613	8.9	337	12.3	3318	300	3032	284
外语及其他	12	6333	20.1	605	239.9	5271	178	4813	370
总计	72	53836	7.0	4685	54.5	50336	3033	49937	3680

资料来源：大韩出版文化协会《2019年韩国出版市场统计》

在营业利润方面，2018年韩国主要出版社整体营业利润比2017年有所减少，但

2019年大幅增加。外语及其他部门的营业利润在2018年减少到2017年的一半左右，但2019年大幅增长2倍以上，增减变化十分剧烈。唯有全集/教具部门的营业利润连续两年大幅下降。

综合来看，教科书/学习辅导书销售业绩优势明显，与习题集部门的销售业绩形成鲜明对比。在过去十年间，在小初高的教育出版市场，许多主营学习辅导书的中小出版社黯然消失，大型出版社逐渐支配教育市场，市场集中化趋势明显。

全球排名前50位的出版社中有2家来自韩国，分别是教元集团（Kyowon）和熊津ThinkBig，这两家出版社均致力于习题集、辅导书、幼儿图书全集等学习教育类图书的出版。2019年，教元集团（Kyowon）在习题集出版方面的销售额为6263亿韩元，熊津ThinkBig为4119亿韩元，在全集/教具方面，Kyowon销售额为4493亿韩元，熊津ThinkBig为2073亿韩元。这两家出版社在韩国规模数一数二，常年高居韩国学习教育类出版社的前三位。

2019年熊津ThinkBig销售额为6383亿韩元，同比增长1.1%，出版经营范围涉及习题集、全集、单行本、外语等教育服务领域，习题集类出版物在所有销售额中比重最大，全集占第二位。熊津ThinkBig作为上市企业，仍然维持着以线下领域为中心的经营模式，得益于3~5岁婴幼儿教育领域硬性需求的支撑，销售额持续上升。但是，从中长期角度来看，能否解决学龄人口减少等可能导致市场停滞的问题将成为熊津ThinkBig发展的关键。为了顺应时代变化趋势，熊津ThinkBig正在摸索开发以智能教育为基础的新经营模式，把以教育服务为特色的"儿童平台"事业作为未来企业的核心发展动力。从熊津ThinkBig的销售结构来看，国内教育服务及出版业务的比例保持在95%以上。具体来看，学习管理服务的销售比例四年来缓慢下降，读书管理服务的销售比例在近年持续上升，2019年增加至31.8%。（见表25）

表25 2016—2019年熊津集团各事业部门销售比例情况

单位：%

部门	2016	2017	2018	2019
学习管理服务	67.4	66.9	63.6	63.2
读书管理服务	27.6	28.5	31.1	31.8

续表

部门	2016	2017	2018	2019
英语教育事业	1.8	1.8	1.9	2.2
其他	4.7	3.2	2.8	2.9

资料来源：大韩出版文化协会《出版产业动向——2019下半年》

八、期刊业发展情况

2015年开始，韩国文化体育观光部每年都对优秀期刊进行扶持，严格筛选各类期刊后进行国内外的宣传。截至2019年年末，五年间共投入106亿韩元的优质期刊扶持资金，对995种、114.72万册期刊进行了推广宣传，尽管如此，韩国期刊产业规模正在全面萎缩。

（一）2019年期刊产业概况

2019年韩国期刊产业规模为7775亿韩元，相关从业者9104人，与2017年的调查数据相比，销售额减少24.9%，从业者减少25.1%。（见表26）

表26 2014—2019年韩国期刊产业基本情况

年份	期刊社数量（家）	销售额（亿韩元）	平均销售额（亿韩元）	从业者人数（名）
2014	2509	13753.93	5.48	18314
2017	2021	10353.51	5.15	12154
2019	1777	7775.39	4.38	9104
增长率	-12.1	-24.9	-15.0	-25.1

数据来源：韩国舆论振兴财团《2019年韩国期刊产业现状调查》

韩国期刊销售额主要由销售收益（期刊订阅费）、广告收益、文化信息内容收益和其他收益组成，2019年各部分销售额分别为3298亿韩元、2431亿韩元、235亿韩元和1812亿韩元，其中销售和广告收益均明显减少。（见表27）

表27　2017—2019年期刊收益情况

分类		销售收益	广告收益	文化信息内容收益	其他	合计
2017	销售额（亿韩元）	4393.05	3904.68	180.47	1875.31	10353.51
	比重（%）	42.4	37.7	1.7	18.0	100.0
2019	销售额（亿韩元）	3298.26	2430.55	234.84	1811.74	7775.39
	比重（%）	39.4	34.2	2.3	23.9	100.0

数据来源：韩国舆论振兴财团《2019年韩国期刊产业现状调查》

根据韩国舆论振兴财团的统计，2019年韩国注册期刊社共有4375家，注册期刊种类达5384种，其中1777家公司以期刊出版为主，拥有长期订阅读者的期刊约占92.9%。提供在线网络服务的期刊社不到整体的一半，占45.2%，而这其中可以提供在线完整版面阅读的期刊社仅占24.7%。在媒体技术日新月异发展的大环境下，韩国期刊业似乎还没有摸索出自身未来的发展道路。

2019年正式注册的期刊种数与2017年的5107种相比，增加了5.4%。其中，月刊种类最多，注册3268种，占比60.7%；季刊次之，注册1104种，占比20.5%；571种半年刊/年刊占比10.6%，432种双月刊占比8%，其他期刊占比0.2%。（见表28）

虽然期刊的发行和销售情况每况愈下，但是实际注册期刊数量并无减少，2016年短暂下降之后又保持增长势头。

表28　2015—2019年注册期刊种数情况

单位：种

年份	月刊	双月刊	季刊	半年刊/年刊	其他	合计
2015	3224	390	990	392	12	5008
2016	3152	401	975	393	10	4931
2017	3170	413	1006	509	9	5107
2019	3268	432	1104	571	9	5384

数据来源：韩国舆论振兴财团《2019年韩国期刊产业现状调查》

2019年韩国期刊平均发行册数为6473册，其中，月刊9155册，双月刊4947册，季刊3417册，半年刊1326册，其他刊物6313册。从各种类期刊2019年发行种数来看，文学/文化/艺术类期刊所占比重最高，为22.3%，社刊/机关刊物/会刊和产业/经济/经营类期刊位列第二位和第三位。专家认为，相对于一般期刊，社刊/机关刊物/会刊类的专业性期刊与经济产业内容紧密衔接，基本需求一直存在，受到经济环境的影响较小，因此该类期刊生命力更为顽强。（见表29）

近年来，韩国不婚不育率居高不下，独居者的陪伴需求日益增长；人们外出减少、电子设备使用率增加，各大网站吃播视频迅速流行。在此时代背景下，宠物和美食期刊的发行量随之逐年递增。此外，随着韩国高尔夫球文化的普及，高尔夫球期刊种类增多，时尚和美妆类期刊依旧深受读者欢迎。

表29 2019年各类期刊发行种数所占比例情况

单位：%

分类	比例
文学/文化/艺术	22.3
社刊/机关刊物/会刊	12.7
产业/经济/经营	9.3
宗教	6.8
实事/教养	6.8
学术/学会	5.0
兴趣/体育/娱乐	4.9
教育/学习	3.8
健康/医药学	3.0
农水产/畜牧	2.6
机械/技术	2.5
生活信息	2.4
幼儿/儿童/青少年	2.4
建筑/建设	1.9
劳动/福祉	1.8
旅游/交通	1.7
电脑/科学	1.6
地区/海外	1.4
环境	1.2
女性/男性	1.1
法律/考试	0.5

续表

分类	比例
娱乐	0.4
漫画/动漫	0.3
成人	0.3
其他	3.3
合计	100.0

资料来源：韩国舆论振兴财团《2019年韩国期刊产业现状调查》

期刊发行页数方面，2019年韩国期刊平均发行页数为144.5页，与2017年的155.7页相比，页数减少11.2页。200页以上的期刊比重最大，占26.0%，100~150页的占25.2%，50~100页的占20.6%。在付费期刊中，每本期刊平均定价为10367韩元，比2017年上涨186韩元。从期刊内容构成比例来看，期刊文章占89.9%，广告占10.1%。

（二）广告收入情况

近三年（2017—2019年）期刊的发行种数保持递增趋势，行业竞争愈发激烈，期刊的经营条件一直没有得到改善，而随着视频媒体使用率的增加，报纸和期刊等传统媒体使用率下降，市场地位更加岌岌可危。

在媒体使用率方面，电视机以91.6%居首位，互联网（手机+电脑）使用率为86.7%，手机和电脑分别为86.4%和40.2%。另外，网络社交平台使用率为49.2%，在线视频平台为47.1%。值得注意的是，在线视频平台使用率显著上升，短短一年从33.6%提高至47.1%，而纸质报纸和PC网络的使用率则有明显下降。在媒体间生存竞争进一步激化的情况下，以手机为中心的移动视频媒体使用率急速上升，使市场呈现出急剧转换的趋势。（见表30）

表30　2018—2019年各类媒体使用率情况

单位：%

媒体	2018	2019
电视	93.1	91.6
互联网（手机+电脑）	87.1	86.7
手机	86.7	86.4

续表

媒体	2018	2019
电脑	45.4	40.2
通信服务	81.9	80.2
SNS（网络社交平台）	49.9	49.2
纸质报纸	17.7	12.3
广播	20.8	17.2
期刊	4.2	3.0
播客	5.0	3.7
在线视频平台	33.6	47.1

资料来源：韩国文化体育观光部《2019年文化信息产业白皮书》

据韩国第一企划发表的2019年韩国广告费总结报告显示，2019年整个广告市场比2018年增加了2.3%，达到11.97万亿韩元。其中新媒体（有线电视、卫星、网络、手机、IPTV、DMB）广告费共7.32万亿韩元，比2018年增加9.2%，特别是随着搜索广告和视频广告的增加，2019年韩国国内网络广告（电脑+手机端）市场首次超过了5万亿韩元，其中手机广告的广告费突破3万亿韩元，是网络广告市场迅速发展的核心动力。而四大传统媒体（TV、广播、报纸、期刊）2019年广告费为3.11万亿韩元，比2018年下降8.5%，与新媒体广告市场形成鲜明对比。韩国地面波广播和有线电视广告费有所减少，IPTV、网络、移动广告费有所增加。按照媒体类别分类来看，广播类（地面电视、广播、有线电视、IPTV、卫星电视、DMB）广告费为3.69万亿韩元，占媒体广告费的30.8%，网络类广告费为5.05万亿韩元，占整体42.2%，其余依次为屋外广告费1.04万亿韩元（8.7%），印刷类广告费1.68万亿韩元（14.1%），广告制作费5101亿韩元（4.3%）。（见表31）

表31 2018—2019年各类媒体广告费情况

种类	媒体	广告费（亿韩元） 2018	广告费（亿韩元） 2019	比例（%）	增长率（%）
四大媒体	地面电视	14122	11958	10.0	−15.3
	广播	2498	2319	1.8	−7.2
	报纸	14294	13997	11.7	−2.1

续表

种类	媒体	广告费（亿韩元） 2018	广告费（亿韩元） 2019	比例（%）	增长率（%）
四大媒体	期刊	3082	2832	2.4	-5.1
四大媒体	小计	33996	31106	26.0	-8.5
新媒体	有线电视	19903	19477	16.3	-2.1
新媒体	PC	15924	17708	14.8	11.2
新媒体	手机	28011	32824	27.4	17.2
新媒体	IPTV	1161	1239	1.0	6.7
新媒体	卫星电视、DMB	1980	1912	1.6	-3.4
新媒体	小计	66989	73160	61.1	9.2
屋外广告、剧场、交通等OOH		10342	10380	8.7	0.4
广告制作		5731	5101	4.3	-11.0
合计		117048	119747	100.0	2.3

资料来源：第一企划

从企业经营状况与广告收入来看，以线下为中心的期刊面对的困境将会持续，以互联网+数字技术为基础的新媒体广告市场将会维持增长趋势。作为全球媒体产业增长动力的5G、人工智能、AR、VR等数码技术将对韩国出版市场产生巨大影响，期刊产业的生态系统必将随着新技术应用而发生剧烈变化。因此，期刊产业需要对内容生产和流通过程进行革新，提供个性化、主题鲜明的信息服务，进行差异化竞争，才能逐渐摆脱困境、行稳致远。

参考文献

1. 大韩出版文化协会.《2020年韩国出版年鉴》.
2. 韩国文化体育观光部.《2019年韩国出版产业现状调查》.
3. 韩国文化体育观光部.《2019年国民阅读现状调查》.
4. 韩国舆论振兴财团.《2019年韩国期刊产业现状调查》.
5. 韩国图书馆协会.《2020年韩国图书馆年鉴》.
6. 大韩出版文化协会.《出版产业动向——2019下半年》.

7. 韩国文化体育观光部.《2019年文化信息产业白皮书》.

8. 大韩出版文化协会.《2019年出版市场统计》.

9. 韩国出版研究所统计数据.

10. 大韩出版文化协会统计数据.

11. YES24 统计数据.

（作者单位：韩国出版业观察员、青岛市社会科学院）

附录

2019年12月31日人民币对各币种汇率中间价表

类别	汇率
1美元对人民币汇率中间价	6.9762
1加元对人民币汇率中间价	5.3421
1欧元对人民币汇率中间价	7.8155
1英镑对人民币汇率中间价	9.1501
100日元对人民币汇率中间价	6.4086
1人民币对韩元汇率中间价	165.79
1人民币对卢布汇率中间价	8.8809
1澳元对人民币汇率中间价	4.8843
1人民币对挪威克朗汇率中间价	1.2638

资料来源：中国人民银行官方网站